数字电子技术基础

主　编　李丽敏　张玲玉
副主编　玄子玉　叶洪海　包　宇　黄金侠

机 械 工 业 出 版 社

本书全面系统地介绍了数字电子技术的基本理论、基本分析方法和设计方法。全书共9章，主要内容包括数字电路基础、逻辑代数基础、门电路、组合逻辑电路、触发器、时序逻辑电路、脉冲波形的产生与整形、D/A与A/D转换、半导体存储器和PLD。在数字资源配置上，配套有全套的课件、习题及解答、知识图谱、应用案例、微课视频及试题库等。本书在编写过程中，采用"先逻辑、后电路"的顺序安排内容，形成"理论、应用、设计"三个过程相统一的立体化知识体系，并且遵循"由浅入深、循序渐进"的学习规律，便于读者快速理解、掌握。

本书可作为高等学校、高等职业院校理工科相关专业的参考教材，也可作为相关专业研究生入学考试以及相关工程技术人员的参考用书。

图书在版编目（CIP）数据

数字电子技术基础 / 李丽敏，张玲玉主编. -- 北京：机械工业出版社，2024.11. -- ISBN 978-7-111-76901-9

Ⅰ．TN79

中国国家版本馆CIP数据核字第2024ZN4395号

机械工业出版社（北京市百万庄大街22号　邮政编码100037）
策划编辑：任　鑫　　　　　责任编辑：任　鑫　闫洪庆
责任校对：郑　雪　宋　安　封面设计：马若濛
责任印制：常天培
北京机工印刷厂有限公司印刷
2024年11月第1版第1次印刷
184mm×260mm・14.25印张・398千字
标准书号：ISBN 978-7-111-76901-9
定价：59.00元

电话服务　　　　　　　　　网络服务
客服电话：010-88361066　　机　工　官　网：www.cmpbook.com
　　　　　010-88379833　　机　工　官　博：weibo.com/cmp1952
　　　　　010-68326294　　金　书　网：www.golden-book.com
封底无防伪标均为盗版　　机工教育服务网：www.cmpedu.com

前言

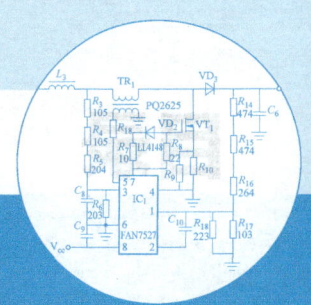

本书符合教育部高等学校电工电子基础课程教学指导分委员会于2019年制定的"数字电子技术基础"课程教学基本要求,以培养高素质、创新型电子、电气信息类高级应用型人才为培养目标,从电专业的人才培养和学生就业最需要的专业知识出发,重点强调"实践性""应用性"和"工程性",结合现代数字电子技术的发展趋势编写而成。以"保证基础、精选内容、重视应用"为主旨,立足数字电子技术的发展和我国高等教育人才培养目标,力求反映当前数字电子技术发展的主流和趋势。

全书共9章,主要内容包括数字电路基础、逻辑代数基础、门电路、组合逻辑电路、触发器、时序逻辑电路、脉冲波形的产生与整形、D/A与A/D转换、半导体存储器和PLD。本书采用"先逻辑、后电路"的顺序安排内容,形成"理论、应用、设计"三个过程相统一的立体化知识体系,遵循"由浅入深,循序渐进"的学习规律,编写时立足"深入浅出、化难为易、好学易懂、重点突出、便于自学、利于教学"的原则,在表格、图形、图解的设计方面做到图文并茂,增加教材的可读性,以调动和激发学生学习的主观能动性,目标是培养学生理论联系实际的综合应用能力。为适应多媒体教学的需要,以方便教师施教和学生学习,全部内容、例题都配有精美的PPT动画课件,以及详细的解题步骤和图解说明;还配有实用的配套电子教案和微课动画视频、知识图谱、应用案例及案例分析、能力检测题及详细答案、10套试题及标准答案的试题库、课程思政、授课方案、教学大纲、授课计划书等。本书结构新颖、内容全面、概念清晰、注重实用、工程实践性强,在体现科学性、实践性、实用性、时代性、先进性和系统性方面具有特色。

本书由李丽敏、张玲玉担任主编,具体编写分工为:李丽敏编写第1章、刘超编写第2章、叶洪海编写第3章、玄子玉编写第4章、李凤霞编写第5章、张玲玉编写第6章、王荣凯编写第7章、包宇编写第8章、黄金侠编写第9章。全书由李丽敏统编定稿,由赵化启教授和刘德胜教授担任主审,对所有为本教材进行审阅并给予帮助的人,在此谨致以诚挚的谢意。

由于作者水平有限,书中难免有疏漏和不当之处,恳请广大同仁和读者不吝赐教、批评指正。

目录

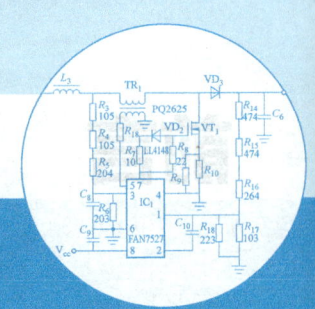

前言
第1章 数字电路基础 ………………………… 1
1.1 概述 …………………………………… 2
1.1.1 数字信号及其描述方法 …………… 2
1.1.2 数字电路的分类及特点 …………… 4
1.1.3 数字电子技术的发展及应用 ……… 4
1.1.4 课程性质、任务与学习方法 ……… 5
1.2 数制 …………………………………… 6
1.2.1 进位计数制 ………………………… 6
1.2.2 进位计数制之间的转换 …………… 7
1.3 二进制数的算术运算 ………………… 9
1.3.1 无符号二进制数的算术运算 ……… 9
1.3.2 有符号二进制数的算术运算 ……… 10
1.4 码制 …………………………………… 13
1.4.1 二-十进制编码（BCD码） ……… 13
1.4.2 可靠性编码 ………………………… 14
1.4.3 字符编码（ASCII码） …………… 15
1.5 应用案例 ……………………………… 16
1.5.1 拨码开关 …………………………… 16
1.5.2 奇偶校验电路 ……………………… 17
本章小结 …………………………………… 18
能力检测题 ………………………………… 18

第2章 逻辑代数基础 ………………………… 20
2.1 概述 …………………………………… 21
2.2 基本和复合逻辑运算 ………………… 21
2.2.1 基本逻辑运算 ……………………… 21
2.2.2 复合逻辑运算 ……………………… 22
2.3 逻辑代数的基本公式和常用公式 …… 25
2.3.1 逻辑代数的基本公式 ……………… 25
2.3.2 逻辑代数的常用公式 ……………… 26
2.4 逻辑代数的基本定理 ………………… 27
2.4.1 代入定理 …………………………… 27
2.4.2 反演定理 …………………………… 27
2.4.3 对偶定理 …………………………… 27
2.5 逻辑函数及其表示方法 ……………… 28
2.5.1 逻辑函数 …………………………… 28
2.5.2 逻辑函数的表示方法 ……………… 29
2.5.3 各种表示方法间的相互转换 ……… 29
2.5.4 逻辑函数的两种标准形式 ………… 31
2.6 逻辑函数的化简方法 ………………… 34
2.6.1 公式化简法 ………………………… 34
2.6.2 卡诺图化简法 ……………………… 35
2.7 具有无关项的逻辑函数及其化简 …… 39
2.8 应用案例 ……………………………… 40
本章小结 …………………………………… 40
能力检测题 ………………………………… 41

第3章 门电路 ………………………………… 44
3.1 概述 …………………………………… 45
3.1.1 门电路的常用类型 ………………… 45
3.1.2 高低电平的实现 …………………… 45
3.1.3 正逻辑与负逻辑 …………………… 46
3.2 半导体器件开关特性 ………………… 46
3.2.1 半导体二极管的开关特性 ………… 46
3.2.2 晶体管的开关特性 ………………… 47
3.2.3 场效应晶体管的开关特性 ………… 48
3.3 分立元件门电路 ……………………… 49
3.3.1 基本逻辑门电路 …………………… 49
3.3.2 复合逻辑门电路 …………………… 51
3.4 TTL门电路 …………………………… 52
3.4.1 TTL与非门 ………………………… 52
3.4.2 TTL门电路的其他类型 …………… 57
3.4.3 TTL集成逻辑门电路系列简介 …… 62
3.5 CMOS门电路 ………………………… 63
3.5.1 CMOS反相器 ……………………… 63
3.5.2 CMOS与非门 ……………………… 65
3.5.3 CMOS或非门 ……………………… 65
3.5.4 CMOS传输门 ……………………… 66
3.5.5 CMOS三态门 ……………………… 66
3.5.6 CMOS门电路的系列及特点 ……… 67
3.6 集成逻辑门电路的应用 ……………… 68
3.6.1 TTL与CMOS器件之间的接口问题 ………………………………… 68
3.6.2 TTL集成电路的使用 ……………… 68
3.6.3 CMOS集成电路的使用 …………… 69
3.7 应用案例 ……………………………… 71
本章小结 …………………………………… 71
能力检测题 ………………………………… 72

第4章 组合逻辑电路 …… 76
4.1 概述 …… 77
4.1.1 组合逻辑电路的特点 …… 77
4.1.2 组合逻辑电路的功能描述 …… 77
4.2 组合逻辑电路的分析和设计 …… 78
4.2.1 组合逻辑电路的分析方法 …… 78
4.2.2 组合逻辑电路的设计方法 …… 79
4.3 常用中规模组合逻辑电路 …… 81
4.3.1 编码器 …… 81
4.3.2 译码器 …… 83
4.3.3 数据选择器和数据分配器 …… 88
4.3.4 加法器 …… 92
4.3.5 数值比较器 …… 94
4.4 组合逻辑电路中的竞争-冒险现象 …… 96
4.4.1 竞争-冒险现象及其成因 …… 96
4.4.2 竞争-冒险现象的判断 …… 96
4.4.3 消除竞争-冒险现象的方法 …… 98
4.5 应用案例 …… 99
本章小结 …… 100
能力检测题 …… 100

第5章 触发器 …… 103
5.1 概述 …… 104
5.1.1 触发器的概念及特点 …… 104
5.1.2 触发器的分类及逻辑功能描述 …… 104
5.2 基本RS触发器 …… 104
5.2.1 用与非门构成的基本RS触发器 …… 104
5.2.2 用或非门构成的基本RS触发器 …… 107
5.3 同步触发器 …… 108
5.3.1 同步RS触发器 …… 108
5.3.2 同步D触发器 …… 111
5.4 主从触发器 …… 113
5.4.1 主从RS触发器 …… 113
5.4.2 主从JK触发器 …… 114
5.4.3 主从T触发器和T'触发器 …… 117
5.5 边沿触发器 …… 118
5.5.1 维持-阻塞边沿D触发器 …… 118
5.5.2 CMOS主从结构的边沿触发器 …… 119
5.6 各种触发器功能的比较与转换 …… 120
5.6.1 触发器的逻辑功能和电路结构 …… 120
5.6.2 触发器逻辑功能的转换 …… 121
5.7 应用案例 …… 123
本章小结 …… 124
能力检测题 …… 125

第6章 时序逻辑电路 …… 129
6.1 概述 …… 130
6.1.1 时序逻辑电路的结构及特点 …… 130
6.1.2 时序逻辑电路分类 …… 130
6.2 时序逻辑电路的分析 …… 131
6.2.1 时序逻辑电路的分析步骤 …… 131
6.2.2 同步时序逻辑电路的分析 …… 132
6.2.3 异步时序逻辑电路的分析 …… 135
6.3 常用时序逻辑电路 …… 136
6.3.1 计数器 …… 136
6.3.2 寄存器 …… 146
6.4 时序逻辑电路的设计 …… 148
6.4.1 时序逻辑电路的设计步骤 …… 148
6.4.2 时序逻辑电路的设计举例 …… 149
6.5 应用案例 …… 154
本章小结 …… 154
能力检测题 …… 155

第7章 脉冲波形的产生与整形 …… 160
7.1 概述 …… 160
7.1.1 脉冲波形的主要参数 …… 161
7.1.2 脉冲波形的产生与整形 …… 161
7.2 施密特触发器 …… 162
7.2.1 用门电路构成的施密特触发器 …… 162
7.2.2 施密特触发器的应用 …… 164
7.3 单稳态触发器 …… 165
7.3.1 用门电路构成的单稳态触发器 …… 165
7.3.2 单稳态触发器的应用 …… 167
7.4 多谐振荡器 …… 168
7.4.1 用门电路构成的多谐振荡器 …… 168
7.4.2 采用石英晶体的多谐振荡器 …… 170
7.5 555定时器及其应用 …… 171
7.5.1 555定时器的电路结构与工作原理 …… 171
7.5.2 555定时器的基本功能 …… 172
7.5.3 用555定时器构成的脉冲波形产生与整形电路 …… 173
7.6 应用案例 …… 178
本章小结 …… 179
能力检测题 …… 179

第8章 D/A与A/D转换 …… 183
8.1 概述 …… 183
8.2 D/A转换器 …… 184
8.2.1 D/A转换器的基本概念 …… 184
8.2.2 典型的D/A转换器 …… 185
8.2.3 集成D/A转换器 …… 188
8.2.4 D/A转换器的主要技术指标 …… 189
8.3 A/D转换器 …… 190
8.3.1 A/D转换器的基本概念 …… 190
8.3.2 典型的A/D转换器 …… 193
8.3.3 集成A/D转换器 …… 197
8.3.4 A/D转换器的主要技术指标和

　　　　　选用原则 …………………… 198
8.4　应用案例 ………………………… 200
本章小结 ………………………………… 200
能力检测题 ……………………………… 201

第9章　半导体存储器和 PLD …… 204

9.1　概述 ……………………………… 205
9.2　半导体存储器 …………………… 206
　　9.2.1　RAM ……………………… 206
　　9.2.2　ROM ……………………… 207
　　9.2.3　存储器容量的扩展 ………… 212
9.3　PLD ……………………………… 213
　　9.3.1　PLD 概述 ………………… 213
　　9.3.2　LDPLD …………………… 215
　　9.3.3　HDPLD …………………… 217
9.4　应用案例 ………………………… 219
本章小结 ………………………………… 219
能力检测题 ……………………………… 219

参考文献 …………………………………… 222

第 1 章 数字电路基础

知识图谱（★表示重点，△表示难点）

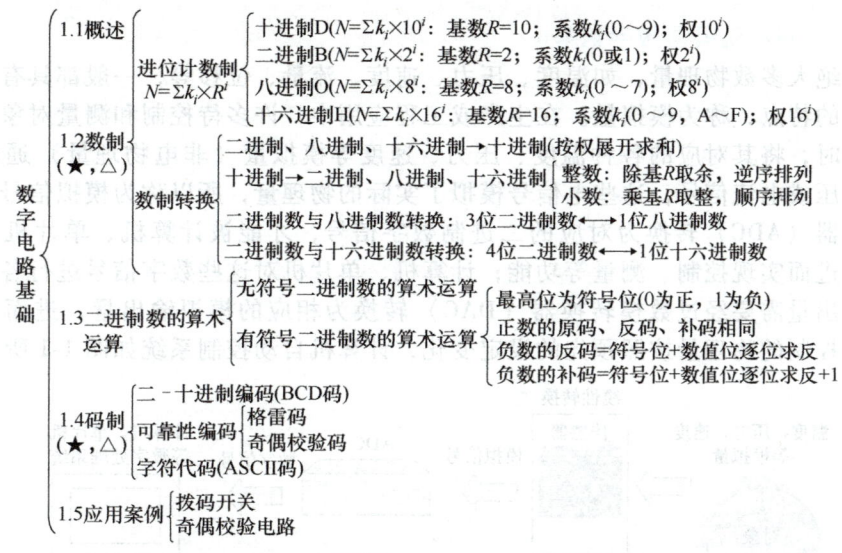

本章将探究为什么要学习数字电子技术，数字电路中的数值表达，以及计算机是如何运算处理信息等数字电路基础知识。主要内容有：数字信号及其描述方法、数字电路的分类及特点、数字电子技术的发展及应用、常用数制及各种数制间的转换、码制、二进制算术运算。

【学习目标】

1. 知识目标

1) 了解数制、码制的概念。
2) 理解位权表示法。
3) 熟练掌握各种数制和码制之间的转换方法。

2. 能力目标

1) 具有非十进制数与十进制数相互转换以及二进制数与八进制数、十六进制数之间相互转换的能力。
2) 具有辨识有权码和无权码以及各种码制之间的转换能力。

3. 素质目标

1) 扩充前沿知识，了解国际形势，正确认识我国集成电路现状和发展方向，提升我们的全球视野，扩大思考问题的格局。在了解集成芯片发展历程的基础上，了解当前的"卡脖子"技术，厚植科技报国的家国情怀，增强科技强国的使命担当，勇敢地肩负起时代赋予的光荣责任，为了我们的中国"芯"从"中国制造"到"中国创造"，实现中国"智"造而努力学习，奋发图强。

2）通过0、1的哲学含义认识到系好人生的第一粒扣子的重要性。做任何事情都必须先把握好方向和定位，在正确的方向上，越多的努力就会有越多的结果，倘若方向不对，再多的努力都是枉然。好奇心、梦想、行动力以及人格的培养对人一生的成长至关重要，是无数个0前面的1，没有伟大的梦想就不会有伟大的行动，播种向往星辰大海的种子，激发内在的原动力，把发动机装进我们的心里，培根、铸魂、启智、润心。

扫一扫
看视频

1.1　概述

1.1.1　数字信号及其描述方法

1. 模拟信号与数字信号

自然界中绝大多数物理量，如温度、压力、速度、流量、位移等，一般都具有在时间和数值上连续变化的特点，称为模拟量。在生产或工程应用中，许多待控制和测量对象在实现控制和测量等功能时，将其对应的各种温度、压力、速度等模拟量（非电物理量）通过传感器转变为相应的电压或电流信号，这些电信号模拟了实际的物理量，所以称为模拟信号。模拟信号再由模数转换器（ADC）转换为对应的二进制数字信号，才能被计算机、单片机等数字处理系统所识别，进而实现控制、测量等功能；计算机、单片机对这些数字信号进行各种计算和处理后的数字输出量需要经过数模转换器（DAC）转换为相应的模拟输出量，进而去驱动执行机构，实现被控制的物理量按照预先的设定变化，计算机自动控制系统如图1-1所示。

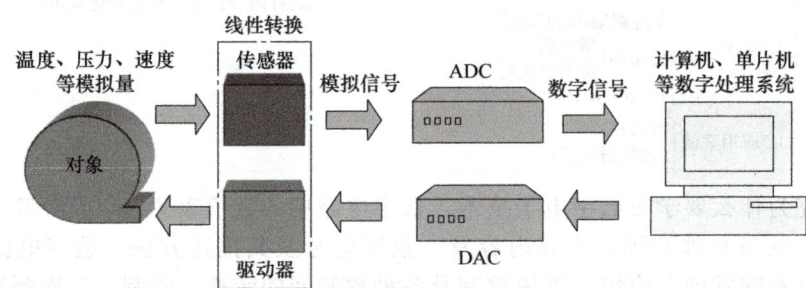

图1-1　计算机自动控制系统

信号分为模拟信号和数字信号两大类。模拟信号是在时间和数值上连续的电信号，例如人们常用温度传感器将温度转化为电压信号，如图1-2a所示。产生、传送、接收、处理模拟信号的电子电路叫做模拟电路。随着计算机的广泛应用，绝大多数电子系统都采用计算机来对信号进行处理。由于计算机无法直接处理模拟信号，所以需要将模拟信号进行取样、保持、量化、编码。为便于理解，选取量化单位为1V，用取样点的值除以量化单位并按照"四舍五入"方式取二进制整数，如图1-2b所示A点、B点、C点的数值分别为1.6V、1.7V、2V，四舍五入量化后的数值都是2V，都用010表示。按照此方法，最终一个连续的模拟信号就变成了在时间和数值上都离散，并且能用多位二进制数表示的数字信号，如图1-2b所示，只考虑时间轴上整点的温度值，这实际上是对温度曲线的特定点处进行取样。取样越密，取样值就越多，其取样信号的包络线也就越接近模拟信号的波形。可见，如果取样点足够多，量化单位足够小，数字信号就可以较真实地反映模拟信号。产生、传送、接收、处理数字信号的电子电路叫做数字电路。如何实现模拟信号向数字信号的转化（数字化）是我们将要研究的数字电路问题。

2. 数字信号的描述方法

在数字电路中，数字信号的描述方法是采用二值数字逻辑、逻辑电平及对应的数字波形来表示。

第1章　数字电路基础

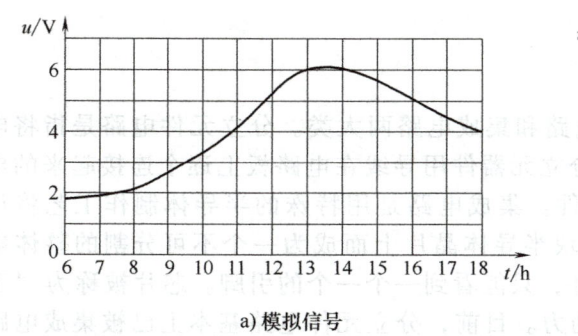
a) 模拟信号

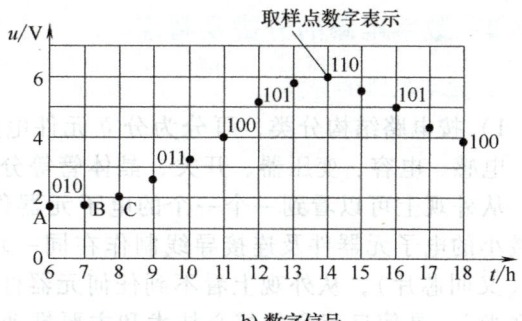
b) 数字信号

图 1-2　模拟信号和数字信号

数字信号可以用两个离散值 1 和 0 来表示。1 和 0 表示数值的大小时，称为二进制数。1 和 0 也可以用来描述客观世界中两种相互对立的状态，比如是否、开关、高低、通断、亮灭等，此时，1 和 0 表示的不再是数值，而是两种对立的逻辑状态，称为二值数字逻辑 1 和逻辑 0，简称数字逻辑，可以进行逻辑运算和逻辑判断，实现数字电路的各种功能，所以又将数字电路称为数字逻辑电路。

数字信号还可以用逻辑电平来表示。在数字电路中，电子器件导通和截止时输出的高低电平统称为逻辑电平。逻辑电平通常与一定范围内的电压值相对应，如图 1-3 所示。电压值在 V_{Lmin} 到 V_{Lmax} 范围内称为低电平，通常用逻辑 0 表示。电压值在 V_{Hmin} 到 V_{Hmax} 范围内就称为高电平，通常用逻辑 1 表示。电压值在中间 V_{Lmax} 到 V_{Hmin} 范围内，电路无法准确判别其为何种

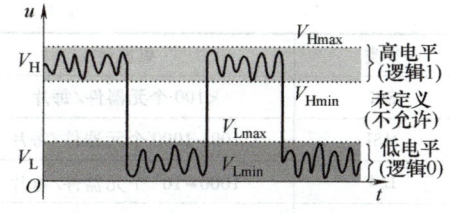

图 1-3　叠加干扰后的逻辑电平

电平，这有可能使电路产生逻辑错误。因此，该范围为不允许的电平范围，未定义，不允许使用，这种表示称为正逻辑体制，是一种常用的表示方法。本书将采用这种逻辑体制。实际电路中总是存在噪声和干扰。它们通常叠加在原信号之上，使信号产生畸变。作为数字信号，只要噪声和干扰不使信号超出原高低电平的取值范围，则信号的电平维持不变，仍然能够被正确地识别和判定，恢复出原数字信号。但是对于模拟信号，其叠加的噪声和干扰则很难完全消除。因此，与模拟信号相比，数字信号具有较强的抗干扰能力。

数字信号的第三种表示方法为数字波形。数字波形是逻辑电平相对于时间的图形表示。当电路的电压值在高电平和低电平之间变化时，就可以将电压值随时间变化的关系用脉冲波形表示出来。在只关注各信号之间的逻辑关系时，通常将数字波形画成理想波形，图 1-4a 所示的波形标出了时间及幅值。在同一数字系统中，通常采用统一的逻辑电平标准，因此，数字波形不标注高、低电平的电压值，同时也不画时间轴，如图 1-4b 所示。

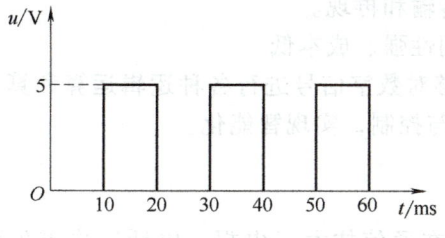
a) 标明时间及幅值的数字波形

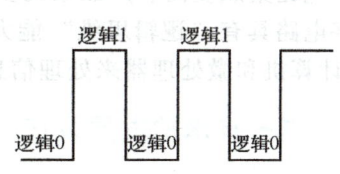
b) 数字波形的常规表示

图 1-4　理想的数字波形

1.1.2 数字电路的分类及特点

1. 数字电路的分类

1）按电路结构分类，可分为分立元件电路和集成电路两大类。分立元件电路是指将电阻、电感、电容、变压器、开关、晶体管等分立元器件用导线在电路板上逐个连接起来的电路，从外观上可以看到一个一个的电子元器件。集成电路是用特殊的半导体制作工艺将许多微小的电子元器件及连接导线制作在同一块半导体晶片上而成为一个不可分割的整体电路（又叫芯片），从外观上看不到任何元器件，只能看到一个一个的引脚。芯片被称为"工业之米"，是信息革命的核心技术和主要推动力。目前，分立元件电路基本上已被集成电路所取代。

2）按所用器件类型分类，可分为双极型（TTL型）和单极型（MOS型）两类。随着技术的进步，集成电路工艺也已从以 TTL 电路为主变为以 CMOS 电路为主。

3）按集成度分类，可分为小规模集成电路（SSI）、中规模集成电路（MSI）、大规模集成电路（LSI）、超大规模集成电路（VLSI）和特大规模集成电路（ULSI）等，通常把一个芯片封装后含有等效元器件的个数定义为集成度，见表 1-1。

表 1-1 数字集成电路集成度的分类

分类	集成度	典型的数字集成电路
SSI	<100 个元器件/每片	各种逻辑门电路、触发器
MSI	100~1000 个元器件/每片	计数器、译码器、寄存器、转换电路
LSI	1000~10^5 个元器件/每片	小型存储器、门阵列、中央控制器
VLSI	10^5~10^6 个元器件/每片	大型存储器、单片机、各种接口电路
ULSI	>10^6 个元器件/每片	可编程逻辑器件、多功能集成电路

4）按逻辑功能特点分类，可分为组合逻辑电路和时序逻辑电路两类。组合逻辑电路没有记忆功能，其输出信号只与当时的输入信号有关，而与电路以前的状态无关。时序逻辑电路具有记忆功能，其输出信号不仅与当时的输入信号有关，而且与电路以前的状态有关。

2. 数字电路的特点

与模拟电路相比，数字电路具有以下特点：

1）数字电路实现很简单，易于设计。数字电路中半导体器件工作在开关状态，饱和和截止两种状态的外部表现是电流的有、无，电压的高、低，这与二进制信号的要求是相对应的。

2）数字电路稳定性好，抗干扰能力强，对元器件的精度要求不高，只要能可靠地区分 1 和 0 两种状态就可以了，允许有较大的误差，在一定条件下可通过扩充数字的位数获得较高的精度，便于电路集成化、系列化生产，并具有使用方便、可靠性高等优点。

3）数字信号更便于存储、加密、压缩、传输和再现。

4）数字电路集成度高、产品系列多、通用性强、成本低。

5）数字电路具有"逻辑思维"能力，能够对数字信号进行各种逻辑运算和算术运算，便于采用数字计算机和微处理器来处理信息和参与控制，实现智能化。

1.1.3 数字电子技术的发展及应用

数字电子技术产生于 20 世纪 30 年代，是在通信技术（电报、电话）中首先引入二进制的信息存储技术。1847 年由英国科学家乔治·布尔（George Boole）创立布尔代数，形成开关代数，有一套完整的数字逻辑电路的分析和设计方法，并在电子电路中得到应用。

数字电子技术是一门应用学科,数字电路的发展与应用可分为五个阶段:

第一阶段:1906 年,美国李·德福雷斯特发明真空三极管,20 世纪 40 年代以电子管(真空管)作为基本器件,在电子计算机、电话交换机和数字通信方面得到应用。

第二阶段:1947 年贝尔实验室的巴丁、肖克利、布拉顿发明晶体管,晶体管的出现,使得数字电子技术有一个飞跃发展,除了计算机、通信领域应用外,在其他如测量领域也得到应用。

第三阶段:1958 年,基尔比制成第一块集成电路。20 世纪 50 年代末期集成电路的出现,使得数字电子技术有了更广泛的推广,在医疗、雷达、卫星等领域都得到应用。

第四阶段:20 世纪 70 年代中期,微电子技术开始发展,使得数字电子技术得到迅猛的发展,产生了大规模和超大规模的集成数字芯片,应用在各行各业和我们的日常生活中。

第五阶段:20 世纪 80 年代中后期,产生一些专用和通用的集成芯片,以及一些可编程的数字芯片,并且制作技术日益成熟,数字电路的设计模块化和可编程的特点,提高了设备的性能、适用性,并降低了成本。越来越多的设计,越来越短的推向市场的时间,越来越低的价格,多层次的设计表述,大量使用复用技术,大量使用计算机辅助设计工具(EDA 技术)是数字电路今后发展的趋势。

随着微电子技术、光电子技术、纳米电子技术及集成电路(IC)工艺技术的迅猛发展,数字电路在计算机、通信系统、仪器仪表、数控技术、家电等领域都得到了广泛应用。电子电路数字化是当今电子技术的发展趋势。数字电路的分析与设计,成为电子工程技术人员必备的专业基础知识。

1.1.4　课程性质、任务与学习方法

数字电子技术是高等院校电类各专业的一门理论性和实践性均较强的电子技术入门阶段直接面向应用的重要的专业基础课程,也是考研科目之一。它逻辑性强、发展快、应用广,并且工程实践性强。课程任务是通过对常用电子器件、数字电路与系统分析方法和设计方法的学习,使我们能够建立一个完整的数字系统的概念,获得数字逻辑电路的基础知识、基本理论和基本技能,从而具备一定的数字电路分析和设计的能力,培养工匠精神、创新意识,具备健全的人格,厚植家国情怀,牢记使命担当,养成严谨踏实的学习习惯和精益求精的工作态度,提升工程实践能力,为后续课程的深入学习和实际应用打下坚实的理论和技术基础,实现知识、能力、素质的协调发展。通过对数字电子技术基础课程的学习,要求处理好基础知识、基本理论和基本技能与众多新电路、新技术之间的关系,尽量做到以下几点:

1)打好基础——从各种典型的单元电路、功能部件入手,抓住与分析实际数字电路相关的基本概念、基本理论和基本方法,为实际应用各种数字电路、数字电子新技术打下坚实的基础。

2)重视方法——以数字逻辑电路的分析方法和设计方法为主线,抓住各种数字电路的共性。只有学会了数字电路的基本分析方法,具备了分析解决问题的能力,才能做到对实际问题举一反三。

3)加强应用——对于电类各专业而言,数字电子技术工程实践性强,学习数字电子技术的主要目的在于应用。只有把注意力集中在数字电路的外特性、逻辑功能和典型应用的分析上,才能够深入理解实际集成电路的功能。对于集成电路内部的工作状态、参数计算及工艺设计则不必深入探讨,一般了解即可。

4)主动更新——微电子技术迅猛发展的今天,数字电子技术也日新月异,发展快、应用广,因此,在数字电子技术基础课程的学习中,应当以集成电路为起点,逐步提高阅读集成电路产品手册的能力,以便从中获取更多的信息。

1.1-1　模拟信号和数字信号有何不同？
1.1-2　数字电路按集成度的不同是如何进行分类的？
1.1-3　叙述数字电路中"1"和"0"，以及高电平和低电平的含义。
1.1-4　数字电路可分为几大类？数字电路具有哪些特点？

1.2　数制

1.2.1　进位计数制

数制是进位计数制的简称，是指多位数码中每一位的构成以及从低位向高位的进位规则。常用的数制有十进制、二进制、八进制、十六进制。

1. 十进制（Decimal）

十进制用 0~9 十个数码，按一定规律排列起来计数，计数制中所用到的数码的个数称为"基数"，十进制的基数是 10，超过 9 的数则用多位数码表示，由低位向高位的进位规则是"逢十进一"（9+1=10）。

任何一个十进制数都可能由整数和小数两部分组成，并且具有位置计数法和按权展开法两种书写形式。

例如：$(129.34)_{10} = 1\times10^2+2\times10^1+9\times10^0+3\times10^{-1}+4\times10^{-2}$

（位置计数法）（按权展开法）

如用 k 表示数码，对于一个具有 n 位整数和 m 位小数的十进制数 N 的通式为

$$(N)_{10} = (k_{n-1}k_{n-2}\cdots k_1k_0.k_{-1}\cdots k_{-m})_{10} = \sum_{i=-m}^{n-1} k_i \times 10^i \tag{1-1}$$

对任意 R 进制数 $(N)_R$ 可表示为

$$(N)_R = (k_{n-1}k_{n-2}\cdots k_1k_0.k_{-1}\cdots k_{-m})_R = \sum_{i=-m}^{n-1} k_i \times R^i \tag{1-2}$$

$(N)_R$ 表示 R 进制的数 N，R 是计数的基数，k_i 是第 i 位的系数，R^i 称为第 i 位的位权。

十进制数 308 可以表示为 $(308)_{10}$、$(308)_D$ 或 308（缺省不做任何标记）。

用数字电路来存储或处理十进制数是不方便的，因为构成数字电路的基本思路是把电路的状态与数码对应起来。而十进制的 10 个数码要求电路有 10 个完全不同的状态，这会使电路很复杂，因此数字电路不直接处理十进制数。

2. 二进制（Binary）

在日常生活中最常用的是十进制，而现代的计算机和数字系统都用到二进制，二进制有 0 和 1 两个数码，基数为 2，超过 2 的数用多位数码表示，由低位向高位的进位规则是"逢二进一"（1+1=10），读作"一零"，它并不代表数"十"。位权为 2^i，其按权展开式为

$$(N)_2 = (k_{n-1}k_{n-2}\cdots k_1k_0.k_{-1}\cdots k_{-m})_2 = \sum_{i=-m}^{n-1} k_i \times 2^i \tag{1-3}$$

二进制数一般用下标 2 或 B 表示，对于二进制数 $(1011.101)_2$ 可表示为

$(1011.101)_2 = 1\times2^3+0\times2^2+1\times2^1+1\times2^0+1\times2^{-1}+0\times2^{-2}+1\times2^{-3}$

采用二进制计数制，对计算机等数字系统来说，运算、存储和传输极为方便可靠，但二进制数书写冗长、易错、难记，所以一般用十六进制数或八进制数作为二进制数的缩写来进行编写程序或打印。

3. 八进制（Octal）

八进制是以 8 为基数的计数体制，有 0~7 八个不同数码，它的进位规则是"逢八进一"（7+1=10）。各位权值为 8^i，其按权展开式为

$$(N)_8 = (k_{n-1}k_{n-2}\cdots k_1 k_0 . k_{-1}\cdots k_{-m})_8 = \sum_{i=-m}^{n-1} k_i \times 8^i \qquad (1\text{-}4)$$

八进制数一般用下标 8 或 O 表示，如 $(324)_8$、$(324)_O$ 等。对于八进制数 $(207.04)_8$ 可表示为

$$(207.04)_8 = 2\times 8^2 + 0\times 8^1 + 7\times 8^0 + 0\times 8^{-1} + 4\times 8^{-2}$$

4. 十六进制（Hexadecimal）

十六进制是以 16 为基数的计数体制，有 0、1、2、3、4、5、6、7、8、9、A(10)、B(11)、C(12)、D(13)、E(14)、F(15) 十六个不同数码，它的进位规则是"逢十六进一"（F+1=10）。各位权值为 16^i，其按权展开式为

$$(N)_{16} = (k_{n-1}k_{n-2}\cdots k_1 k_0 . k_{-1}\cdots k_{-m})_{16} = \sum_{i=-m}^{n-1} k_i \times 16^i \qquad (1\text{-}5)$$

十六进制数一般用下标 16 或 H 表示，如 $(B2C)_{16}$、$(B2C)_H$ 等。对于十六进制数 $(D8.A)_{16}$ 可表示为

$$(D8.A)_{16} = 13\times 16^1 + 8\times 16^0 + 10\times 16^{-1}$$

为便于记忆和理解，表 1-2 对十进制、二进制、八进制和十六进制进行了对照和比较。

表 1-2 十进制、二进制、八进制和十六进制对照表

数制	十进制(D)	二进制(B)	八进制(O)	十六进制(H)
基数	10	2	8	16
数码	0~9	0,1	0~7	0~9、A、B、C、D、E、F
位权	10^i	2^i	8^i	16^i
计数规则	逢十进一	逢二进一	逢八进一	逢十六进一
按权展开式	$\sum_{i=-m}^{n-1} k_i \times 10^i$	$\sum_{i=-m}^{n-1} k_i \times 2^i$	$\sum_{i=-m}^{n-1} k_i \times 8^i$	$\sum_{i=-m}^{n-1} k_i \times 16^i$

1.2.2 进位计数制之间的转换

1. 非十进制数转换为十进制数

按权展开求和：先将非十进制数的每一位系数与对应的位权相乘，再将所得乘积累加起来就可以得到该数的十进制数。

【例 1-1】 分别将 $(110.11)_2$、$(316.04)_8$、$(E5.C)_{16}$ 转换成十进制数。

解：将每一位进制数码乘以位权，然后相加，可得

$(110.11)_2 = 1\times 2^2 + 1\times 2^1 + 0\times 2^0 + 1\times 2^{-1} + 1\times 2^{-2} = (6.75)_{10}$

$(316.04)_8 = 3\times 8^2 + 1\times 8^1 + 6\times 8^0 + 0\times 8^{-1} + 4\times 8^{-2} = (206.0625)_{10}$

$(E5.C)_{16} = 14\times 16^1 + 5\times 16^0 + 12\times 16^{-1} = (229.75)_{10}$

2. 十进制数转换为非十进制数

把一个带有整数和小数的十进制数转换为非十进制数时，是将整数部分和小数部分分别进行转换，然后将结果合并起来。

1）整数转换——除基取余法：除基取余，逆序排列。
2）小数转换——乘基取整法：乘基取整，顺序排列。

【例 1-2】 将十进制数 44.375 转换成二进制数。

解：如图 1-5 所示。

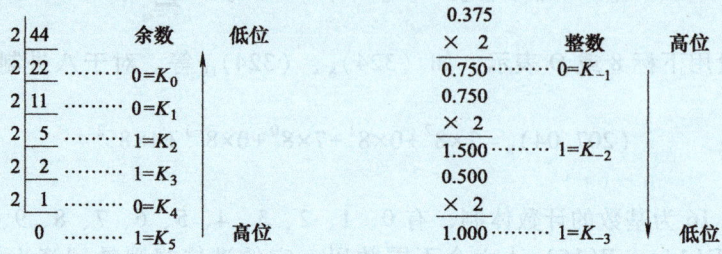

图 1-5 例 1-2 图解

$$(44.375)_{10} = (101100.011)_2$$

整数部分采用基数连除法，先得到的余数为低位，后得到的余数为高位。小数部分采用基数连乘法，先得到的整数为高位，后得到的整数为低位。

说明：小数部分过程一直做下去，直到余下的纯小数为 0 或满足所要求的精度为止。

采用基数连除、连乘法，可将十进制数转换为任意的非十进制数。

3. 二进制数与八进制数、十六进制数之间的转换

由于二进制数与八进制数和十六进制数之间正好满足 $8 = 2^3$ 和 $16 = 2^4$ 的关系，所以它们之间的相互转换是很方便的。

方法：以小数点为界，分别向左右两个方向，将二进制数按每 3 位（或 4 位）一组进行分组（不足位数的补 0），然后写出每一组等值的八进制数或十六进制数。

【例 1-3】 将 $(11100101.001)_2$ 转换为八进制数和十六进制数。

解：$(11100101.001)_2 = (011\ 100\ 101.001)_2 = (345.1)_8$
$\qquad\qquad\qquad\; = (1110\ 0101.0010)_2 = (E5.2)_{16}$

结果：$(11100101.001)_2 = (345.1)_8 = (E5.2)_{16}$

八进制数或十六进制数转换成二进制数是上述的逆过程，只需将每位八进制数或十六进制数用二进制数写出来，但整数部分高位的 0 和小数部分低位的 0 不用写出。

【例 1-4】 将八进制数 $(147.2)_8$ 转换为二进制数。

解：$(147.2)_8 = (001\ 100\ 111.010)_2 = (1\ 100\ 111.01)_2$

【例 1-5】 将十六进制数 4FB.CA 转换成二进制数。

解：$(4FB.CA)_{16} = (0100\ 1111\ 1011.1100\ 1010)_2 = (100\ 1111\ 1011.1100\ 101)_2$

当要求将八进制数与十六进制数相互转换时，以二进制数作为中间桥梁来完成。

【例 1-6】 将 $(5A3.21)_{16}$ 转换为八进制数。

解：$(5A3.21)_{16} = (0101\ 1010\ 0011.0010\ 0001)_2$
$\qquad\qquad\quad\; = (010\ 110\ 100\ 011.001\ 000\ 010)_2$
$\qquad\qquad\quad\; = (2643.102)_8$

几种常用数制之间的转换关系见表 1-3。

表 1-3　几种常用数制之间的转换关系对照表

十进制数（D）	二进制数（B）	八进制数（O）	十六进制数（H）
0	0000	0	0
1	0001	1	1
2	0010	2	2
3	0011	3	3
4	0100	4	4
5	0101	5	5
6	0110	6	6
7	0111	7	7
8	1000	10	8
9	1001	11	9
10	1010	12	A
11	1011	13	B
12	1100	14	C
13	1101	15	D
14	1110	16	E
15	1111	17	F
16	10000	20	10

思考与练习

1.2-1　基数和位权分别表示数制的什么内容？
1.2-2　同一个数用不同进制表示时有什么不同？
1.2-3　为什么要使用二进制数制？
1.2-4　常用的数制有几种？

1.3　二进制数的算术运算

二进制数加、减、乘、除四则运算，在数字系统中是经常遇到的，下面介绍无符号二进制数和有符号二进制数的算术运算。

1.3.1　无符号二进制数的算术运算

无符号二进制数算术运算规则与十进制数很相似，唯一的区别在于二进制数是"逢二进一，借一当二"，而不是十进制数的"逢十进一，借一当十"，其运算规则如下：

1）加法规则：0+0=0；0+1=1+0=1；1+1=[1]0（方括号中的 1 是进位位，表示两个 1 相加"逢二进一"）。

2）减法规则：0-0=1-1=0；1-0=1；0-1=[-1]1（方括号中的-1 是借位位，表示 0 减 1 时不够减，向高位借位，"借一当二"）。

3）乘法规则：0×0=0；0×1=1×0=0；1×1=1。

4）除法规则：0÷1=0；1÷1=1。

多位数二进制数加、减、乘、除四则运算列竖式的计算过程如下：

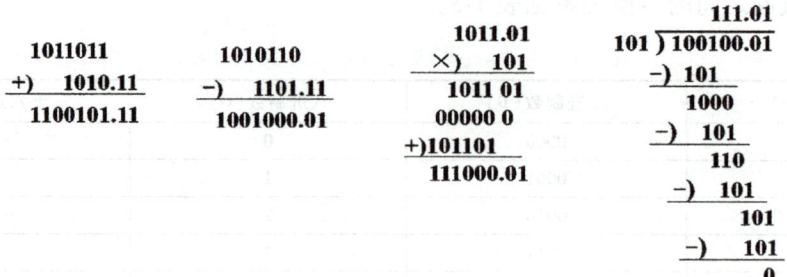

可见，二进制数乘法运算可归结为"移位与加法"。二进制数除法运算可归结为"移位与减法"。在无符号二进制数减法运算中无法表示负数，故要求被减数必须大于减数。但在计算机中为了节省设备和简化运算，一般只有加法器而无减法器，这就需要将减法运算转化为加法运算，从而使得算术运算只需要加法和移位两种操作。如果使用有符号的二进制数，那么二进制数减法运算也可以转换为加法运算。因此，二进制数的算术运算可以统一为加法运算的形式，这为电路的简化带来了极大的方便。

1.3.2 有符号二进制数的算术运算

1. 原码、反码和补码

数字系统只能识别和处理用 0 和 1 表示的二进制形式的数码。有符号二进制数包含符号和数值信息，符号位一般放在最高位，用 0 和 1 分别表示这个数是正数还是负数，数值位则表示该数的大小。用"+""-"符号表示出来的数称为真值。将数的"+""-"符号和数值数码化后的二进制数称为机器数。机器数表示形式有三种：原码、反码和补码。

计算机中实际用 8 位二进制代码表示一个字符，称为一个字节。若计算机的寄存器为 8 位（一个字节），则数的存储格式如图 1-6 所示。最高位（MSB）为符号位，若此符号位为 0，则该数为正（+）；若符号位为 1，则该数为负（-）。剩下的 7 位表示该数的绝对值大小。这种自然表示机器数的形式称为原码。原码表示简单、直观，但用原码进行减法运算时，首先需要比较两个数绝对值的大小，然后

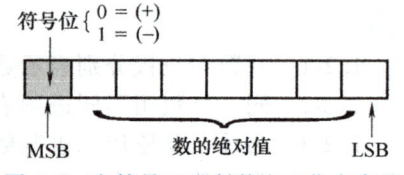

图 1-6 有符号二进制数在 8 位寄存器中的存储格式

用绝对值大的数减去绝对值小的数求出差值，并以绝对值大的数的符号作为差值的符号。这个操作过程比较麻烦，还需使用数值比较电路和减法运算电路，不容易实现。计算机等数字系统均采用补码进行有符号二进制数的减法运算。为了计算减法方便，因此引入了反码和补码。

正数的原码、反码和补码完全相同。

负数的原码、反码和补码符号位都为 1，反码的数值位是原码的逐位求反（即 1 变 0，0 变 1），反码也因此而得名。补码数值位为其反码加 1 得到，或简称"逐位求反加 1"。

例如：$[+6]_{原码} = [+6]_{反码} = [+6]_{补码} = 0\ 0110$

$[-6]_{原码} = 1\ 0110 \quad [-6]_{反码} = 1\ 1001 \quad [-6]_{补码} = 1\ 1010$

特殊：$[+0]_{原码} = [+0]_{反码} = [+0]_{补码} = 0\ 0000000$

$[-0]_{原码} = 1\ 0000000 \quad [-0]_{反码} = 1\ 1111111$

$[-0]_{补码} = 1\ 1111111 + 1 = 0\ 0000000$

所以有：$[+0]_{补码} = [-0]_{补码} = 0\ 0000000$

【例 1-7】 求二进制数 $x = +1011$，$y = -1011$ 在八位存储器中的原码、反码和补码的表示形式。

解： 无论是原码、反码和补码形式，八位存储器的最高位为符号位，其他位则是数值部分的编码表示。在数值部分中，对于正数，原码、反码和补码按位相同，而对于负数，反码是原码的逐位求反，补码则是原码的逐位求反加1。所以，二进制数 x 和 y 的原码、反码和补码分别表示如下：

$$[x]_{原码} = 0\ 0001011, \quad [x]_{反码} = 0\ 0001011, \quad [x]_{补码} = 0\ 0001011$$

$$[y]_{原码} = 1\ 0001011, \quad [y]_{反码} = 1\ 1110100, \quad [y]_{补码} = 1\ 1110101$$

表1-4列出了带符号的3位二进制数原码、反码、补码对应关系。

对于 n 位有符号的二进制数的原码、反码及补码所表示的二进制数的范围分别为

1) 原码：$-(2^{n-1}-1) \sim +(2^{n-1}-1)$。
2) 反码：$-(2^{n-1}-1) \sim +(2^{n-1}-1)$。
3) 补码：$-2^{n-1} \sim +(2^{n-1}-1)$。

表1-4　3位二进制数的原码、反码、补码对照

十进制数	二进制原码	二进制反码	二进制补码
+7	0111	0111	0111
+6	0110	0110	0110
+5	0101	0101	0101
+4	0100	0100	0100
+3	0011	0011	0011
+2	0010	0010	0010
+1	0001	0001	0001
+0	0000	0000	0000
-1	1001	1110	1111
-2	1010	1101	1110
-3	1011	1100	1101
-4	1100	1011	1100
-5	1101	1010	1011
-6	1110	1001	1010
-7	1111	1000	1001

2. 补码运算

补码的原理可以用时钟调整来说明。如图1-7所示，如果要将时钟从9点拨到4点，可以向后拨5个格，9-5=4，也可以向前拨7个格，9+7=16。由于时钟是一个十二进制的计数体制，一个计数系统的计数基数称为"模"，超过模12以后的"进位"将自动消失，舍去进位（溢出）后，剩下的余数即为需要的结果，即16-12=4，也将表针拨回到了4点。这个例子说明，9-5的减法运算可以用9+7的加法运算代替。所以称7为-5对模12的补数，也称为补码（Complement）。

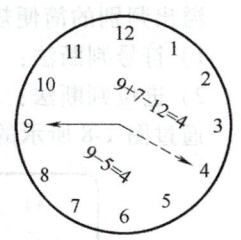

图1-7　说明补码运算原理的例子

在数字系统中，有符号二进制数一律用补码进行存储和计算。通过引入补码，减法运算可以变为加法运算（减去一个正数相当于加上一个负数）。补码加、减运算规则如下：

$$[X+Y]_{补} = [X]_{补} + [Y]_{补}$$

$$[X-Y]_{补} = [X+(-Y)]_{补} = [X]_{补} + [-Y]_{补}$$

$$\{[X \pm Y]_{补}\}_{补} = [X \pm Y]_{原}$$

【例1-8】 试用4位二进制补码计算6-2。

解：因为$(6-2)_{补} = (6)_{补} + (-2)_{补}$
$= 0110 + 1110$
$= 0100$

由计算过程可得：6-2=4。

```
    0 1 1 0
  + 1 1 1 0
  ───────────
 [1] 0 1 0 0
      自动舍去
```

进行二进制补码运算时，被加数和加数的补码的位数要相同，因此两个二进制数的补码采用相同的位数表示，即让两个二进制数的补码的符号位对齐。两个二进制数的补码相加时，方括号中的1是进位，在计算时自动舍去，因为上述运算是以4位二进制补码表示的，计算结果仍然保留4位。

【例1-9】 试用4位二进制补码计算7+4。

解：因为$(7+4)_{补} = (7)_{补} + (4)_{补}$
$= 0111 + 0100$
$= 1011$

```
    0 1 1 1
  + 0 1 0 0
  ───────────
 [1] 0 1 1
```

计算结果补码1011表示-5，而实际正确的结果应该为11。错误产生的原因在于4位二进制补码中，有3位是数值位，它所表示的范围为-8～+7，而本题的结果需要4位数值位表示，因而产生溢出。

解决溢出的方法：进行位扩展，即用5位以上的二进制数补码表示，就不会产生溢出了。

即$(7+4)_{补} = (7)_{补} + (4)_{补}$
$= 00111 + 00100$
$= 01011$

计算结果01011表示+11，而实际正确的结果也是11。

3. 溢出的判别

溢出的判别对有符号数的运算是非常重要的，它表明结果是否超出范围。"溢出"仅发生在两个同符号的数（两个正数或者两个负数）相加的情况下。如果两个正数相加的结果大于机器数所能表示的最大正数，称为正溢出；如果两个负数相加的结果小于机器数所能表示的最小负数，称为负溢出。

溢出判别的简便规则如下：

1) 符号判断法：同符号数相加可能溢出，异符号数相加不会溢出。
2) 进位判断法：若进位位和数的符号位取值相同，则运算没有产生溢出，否则发生溢出。通过图1-8所示的实例来说明两个同符号的数溢出判别问题。

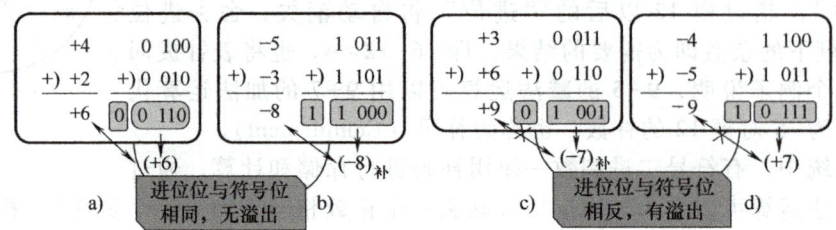

图1-8 溢出的判别

对于两个符号相同的数做加法运算，若进位位和数的符号位取值相同，则运算没有产生溢出，结果是正确的，如图1-8a、b所示；若进位位和数的符号位取值相反，则其运算产生了溢出，结果是错误的，如图 1-8c、d 所示。错误产生的原因在于 4 位二进制补码中有 3 位是数值位，所表示的范围为 $-8 \sim +7$。而图 1-8c、d 的计算结果分别为 $+9$（1001 为 -7 的补码）和 -9（0111 为 $+7$ 的补码），均超过了该表示范围，因而产生了溢出。当产生溢出时，可通过扩展二进制数的位数来保证计算结果的正确性。

思考与练习

1.3-1 为什么说二进制数的加法运算是算术运算的基础？
1.3-2 二进制数的减法运算过程有什么规律？
1.3-3 说明反码与补码之间的关系。
1.3-4 说明溢出产生的原因。

1.4 码制

扫一扫
看视频

数码不仅可以表示数量的大小，还可以表示不同的事物或状态。例如，邮政编码、电话号码、运动员编号、身份证号码、学生学号、房间号、汽车牌号等。在数字系统中，表示不同事物的二进制数码称为代码。用一定位数的二进制代码来表示十进制数码、字母、符号等信息称为编码。为了便于记忆和查找，在编制代码时总要遵循一定的规则，这些规则就称为码制。常用的编码有二-十进制编码（也称 BCD 码）、可靠性编码（格雷码、奇偶校验码等）、字符编码（ASCII 码）等。考虑到信息交换的需要，通常会制定一些共同使用的通用代码。例如，目前国际上通用的美国信息交换标准码（ASCII 码，即字符编码）。

1.4.1 二-十进制编码（BCD 码）

用 4 位二进制数码来表示 1 位十进制数（0~9）的方法，称为二进制编码的十进制数（Binary-Coded-Decimal），简称二-十进制码或 BCD 码。由于 4 位二进制编码可以产生 $2^4 = 16$ 种组合，而一位十进制数只需用到其中的 10 种组合，因此用 4 位二进制数表示 1 位十进制数，有 6 种组合不用，是多余的，称为禁用码或伪码。BCD 码有多种方案。表 1-5 所示为几种常用的 BCD 码。

表 1-5 常用 BCD 码

十进制数	有权码			无权码
	8421 码	5421 码	2421 码	余 3 码
0	0000	0000	0000	0011
1	0001	0001	0001	0100
2	0010	0010	0010	0101
3	0011	0011	0011	0110
4	0100	0100	0100	0111
5	0101	1000	1011	1000
6	0110	1001	1100	1001
7	0111	1010	1101	1010
8	1000	1011	1110	1011
9	1001	1100	1111	1100

BCD 码可以分为有权码和无权码。所谓有权码，每位二进制数都有确定的位权值，常用的有权码有 8421 码、2421 码、5421 码。8421 码的位权从高位到低位分别是 $2^3 = 8$、$2^2 = 4$、

$2^1=2$、$2^0=1$,因此而得名。8421 码和二进制数的位权值一致,它取了 4 位自然二进制数的前 10 种组合,即 0000~1001,有时也称为自然权码,是有权码中最简单、最常用的一种编码。

2421 BCD 码从高位到低位的位权分别是 2、4、2、1。最高位只改变 1 次,若以最高位 0 和 1 之间的交界为轴,则 0 和 9、1 和 8、2 和 7、3 和 6、4 和 5 分别互为反码,具有对 9 互补的特点,称为具有自补性,这对于求取补码是很方便的,在数字系统中很有用。

5421 BCD 码也是有权码,代码中从高位到低位的位权依次为 5、4、2、1。

余 3 码为无权码,它的每一位没有固定的权值。它是由 8421 BCD 码加上十进制数 3(0011)形成的,所以叫余 3 码。余 3 码具有自补性,用余 3 码进行加减运算比 8421 BCD 码方便。

对于有权 BCD 码,可以根据按权展开式求得所代表的十进制数。例如:

$[0111]_{8421} = 0×8+1×4+1×2+1×1 = (7)_D$

$[1101]_{2421} = 1×2+1×4+0×2+1×1 = (7)_D$

在 BCD 码中,一位十进制数要用 4 位二进制代码来表示。当需要表示多位十进制数时,则需要对每一位十进制数进行编码。用 BCD 码来表示十进制数,只要 BCD 码以小数点为起点向左、右每四位分成一组,再写出每一组代码代表的十进制数,并保持原排序即可。例如:

$(463.5)_{10} = [\underbrace{0100}_{4}\ \underbrace{0110}_{6}\ \underbrace{0011}_{3}.\ \underbrace{0101}_{5}]_{8421}$

$(863.2)_{10} = [\underbrace{1110}_{8}\ \underbrace{1100}_{6}\ \underbrace{0011}_{3}.\ \underbrace{0010}_{2}]_{2421}$

【例 1-10】 将十进制数 83 分别用 8421 码、2421 码和余 3 码表示。

解: 由表 1-5 可得

$(83)_{10} = (1000\ 0011)_{8421} = (1110\ 0011)_{2421} = (1011\ 0110)_{余3}$

1.4.2 可靠性编码

代码在产生及传送的过程中难免发生错误,为减少错误的发生,或者在出错时能迅速地发现或纠正,甚至能查出错误的位置,除了要提高计算机本身的可靠性外,人们还广泛地采用了可靠性编码。目前,常用的可靠性编码有格雷(Gray)码和奇偶校验码。

1. 格雷码

格雷码是一种无权循环码,其特点是相邻的两个代码(包括首、尾两个代码)仅有一位不同。另外,格雷码还具有反射特性,为镜像码。n 位格雷码的前、后 2^{n-1} 位码字除首位不同(前 2^{n-1} 位码字首位为 0,后 2^{n-1} 位码字首位为 1),后面各位互为镜像,即以最高位的 0 和 1 之间的交界为反射对称轴,上、下对称位置的其余位是相同的。利用这一特点,可以方便地构成位数不同的格雷码,如图 1-9 所示。这个特点使它在代码的形成与传输时引起的误差比较小。因此,按这种码型接成计数器时,每次状态转换过程中只有一个触发器翻转,译码时不会发生竞争-冒险现象。

格雷码常用于模拟量的转换中。当模拟量发生微小变化而可能引起数字量发生变化时,格雷码仅改变 1 位,这样与其他码同时改变两位或多位的情况相比更为可靠,可减少出错的可能性,因此在通信和测量中得到了广泛的应用。

2. 奇偶校验码

二进制信息在传送时,可能因外界干扰或其他原因而发生错误,代码在传输过程中可能会发生"0"错成"1",或者"1"错成"0"的差错,奇偶校验码(Parity Check Code)是一种具有检错能力、可以检测代码在传送过程中是否出现一位错误的可靠性编码。奇偶校验码由两部分组成:一部分是信息位,即需要传递的信息本身,可以是位数不限的任何一种二进制码;

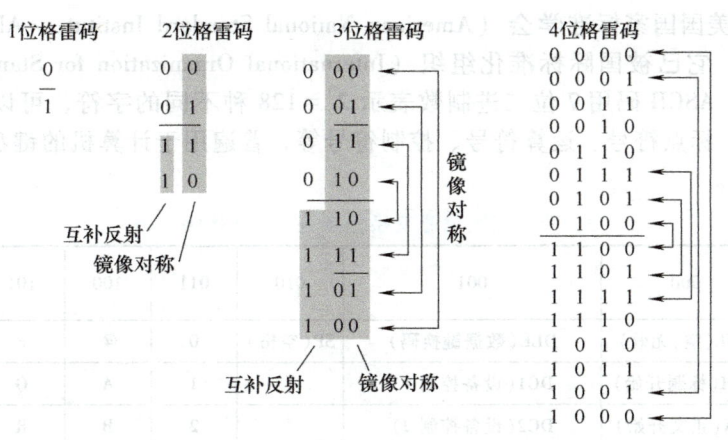

图 1-9 格雷码

另一部分是奇偶校验位，仅有一位，可以添加在信息位的前面或后面。在编码时，需根据信息位中 1 的个数决定添加的奇偶校验位是 1 还是 0。一般有下列两种方式："奇校验"时，使信息位和校验位所组成的每组代码中含有奇数个 1；"偶校验"时，使信息位和校验位所组成的每组代码中含有偶数个 1。通常采用奇校验，因为它排除了全 0 的情况。由 4 位信息位及 1 位奇偶校验位构成的 5 位奇偶校验码见表 1-6。

表 1-6 十进制数码的奇偶校验码

十进制数码	带奇校验的 8421 码		带偶校验的 8421 码	
	信息位	校验位	信息位	校验位
0	0000	1	0000	0
1	0001	0	0001	1
2	0010	0	0010	1
3	0011	1	0011	0
4	0100	0	0100	1
5	0101	1	0101	0
6	0110	1	0110	0
7	0111	0	0111	1
8	1000	0	1000	1
9	1001	1	1001	0

这种编码的特点是每一个代码中含有 1 的个数总是奇（偶）数个。这样，一旦某代码在传送过程中出现 1 的个数不是奇（偶）数时，就会被发现。例如，当采用偶校验时，若收到的代码中含有奇数个 1，则说明发生了错误。但判断出错后，并不能确定是哪一位出错，也就无法纠正。因此，奇偶检验码只有检错能力，没有纠错能力。其次，奇偶校验码只能发现单个错误，不能发现双错（即两位同时出错的情况）。但由于数据传送中出现单错的概率远远高于双错，因此，奇偶校验码还是很有实用价值的。加之它编码简单、容易实现，因而在数字系统中被广泛采用。

1.4.3 字符编码（ASCII 码）

字符编码（ASCII 码）即美国信息交换标准码（American Standard Code for Information Interchange），是由美国国家标准学会（American National Standard Institute，ANSI）制定的一种常用的字符编码。它已被国际标准化组织（International Organization for Standardization，ISO）确定为国际标准。ASCII 码用 7 位二进制数表示 $2^7 = 128$ 种不同的字符，可以表示大小写英文字母、十进制数、标点符号、运算符号、控制符号等，普遍用于计算机的键盘指令输入和数据等。具体见表 1-7。

表 1-7 美国信息交换标准码（ASCII 码）表

位 4321 \ 位 765	000	001	010	011	100	101	110	111
0000	NUL(空,无效)	DLE(数据键换码)	SP(空格)	0	@	P	`	p
0001	SOH(标题开始)	DC1(设备控制1)	!	1	A	Q	a	q
0010	STX(正文开始)	DC2(设备控制2)	"	2	B	R	b	r
0011	ETX(本文结束)	DC3(设备控制3)	#	3	C	S	c	s
0100	EOT(传输结束)	DC4(设备控制4)	$	4	D	T	d	t
0101	ENQ(询问)	NAK(否定)	%	5	E	U	e	u
0110	ACK(承认)	SYN(空转同步)	&	6	F	V	f	v
0111	BEL(报警铃响)	ETB(信息组传输结束)	'	7	G	W	g	w
1000	BS(退一格)	CAN(作废)	(	8	H	X	h	x
1001	HT(横向列表)	EM(纸尽)	)	9	I	Y	i	y
1010	LF(换行)	SUB(减)	*	:	J	Z	j	z
1011	VT(垂直列表)	ESC(换码)	+	;	K	[	k	{
1100	FF(走纸控制)	FS(文字分隔符)	,	<	L	\	l		
1101	CR(回车)	GS(组分隔符)	-	=	M	]	m	}
1110	SO(移位输出)	RS(记录分隔符)	.	>	N	^	n	~
1111	SI(移位输入)	US(单元分隔符)	/	?	O	—	o	DEL

思考与练习

1.4-1　什么叫编码，数字电路系统中为什么要使用编码？

1.4-2　主要的编码方式有几种？

1.4-3　格雷码具有什么优点，用于什么场合？格雷码的特点是什么？为什么说它是可靠性代码？

1.4-4　什么是 ASCII 码？试说明它的用途。

1.5　应用案例

1.5.1　拨码开关

拨码开关是在开关的基座上安装有若干拨码器，利用拨码器的位置和走线来输出不同的代码以控制相应器件的开关。其常用于数据处理、通信、遥控和防盗自动警铃系统等。拨码开关的主要功能是通过控制电路的通断来实现对编码功能的选择、选项、选址。

拨码开关对应的十进制关系如图 1-10 所示，在电路板上从左到右有字符 128、64、32、16、8、4、2、1 表示该拨码开关对应一个十进制数的权值关系。

第 1 个拨码开关的权值是 $2^7 = 128$ （10000000）。
第 2 个拨码开关的权值是 $2^6 = 64$ （01000000）。
第 3 个拨码开关的权值是 $2^5 = 32$ （00100000）。
第 4 个拨码开关的权值是 $2^4 = 16$ （00010000）。
第 5 个拨码开关的权值是 $2^3 = 8$ （00001000）。
第 6 个拨码开关的权值是 $2^2 = 4$ （00000100）。
第 7 个拨码开关的权值是 $2^1 = 2$ （00000010）。
第 8 个拨码开关的权值是 $2^0 = 1$ （00000001）。

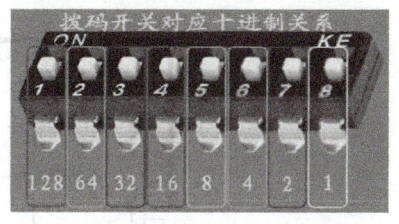

图 1-10　拨码开关对应一个十进制数的权值关系

拨码开关拨上为开（ON），拨下为关（OFF）。在二进制中 ON 为 1，表示该拨码开关的权值有效；OFF 为 0，表示该拨码开关的权值无效。

二进制和十进制是相通的，对应拨码开关的权值相等（$128 = 2^7$）。二进制对应的十进制是所有拨码开关的权值之和（相加）。比如，二进制 11111111→十进制 255（$2^0 + 2^1 + \cdots + 2^6 + 2^7$）。

拨码开关产生的是 8421 BCD 码，与"53"对应的 BCD 码为"0101 0011"，如图 1-11 所示。

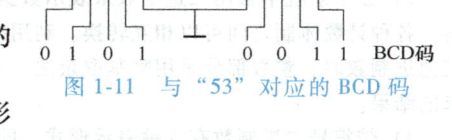

图 1-11　与"53"对应的 BCD 码

由于在数控系统中数据的存储和操作都是二进制形式，因此，数控系统还要通过程序将 8421 BCD 码转换为二进制形式后才能作为操作数据，即拨码开关产生"53"→$[0101\ 0011]_{8421}$→$(11\ 0101)_2$。

1.5.2　奇偶校验电路

1. 奇偶校验码

奇偶校验码 = 信息位（n 位二进制代码）+ 奇偶校验位（1 位代码）

奇偶校验位的取值原则如下：

1）采用奇校验时，使整个代码组中"1"的个数为奇数。
2）采用偶校验时，使整个代码组中"1"的个数为偶数。

2. 奇偶校验电路

奇偶校验电路用于检测代码在传输和存储过程中是否出现差错。奇偶校验电路有奇、偶校验两个输出标志，可用作发送端的奇偶校验位发生器；也可用作接收端的奇偶检验器，产生奇偶校验和。若约定为奇校验，一般采用偶校验电路产生发送端的校验位，而用奇校验电路在接收端检验数据的正确性；若约定为偶校验，一般采用奇校验电路产生发送端的校验位，而用偶校验电路在接收端检验数据的正确性。由于它很简单，所以奇偶校验电路用于许多计算机硬件中遇到麻烦时能够重新操作或者通过简单的错误检测就能起到很大作用的场合。例如 SCSI（小型计算机系统接口）总线使用奇偶校验电路检测传输错误，许多微处理器的指令高速缓存中也包括奇偶校验电路保护。因为指令缓存数据是主内存数据的副本，所以在发现错误时能够抛弃错误数据并且重新取回数据。偶校验应用示意图如图 1-12 所示。

在串行数据通信中，常用的格式是 7 个数据位、1 个校验位、1~2 个停止位。这种格式用方便的 8 位字节巧妙地适应了所有的 7 位 ASCII 字符。也可以用其他的格式表示，8 位数据加上 1 个校验位可以传输任意的 8 位字节数据。

在串行通信中，奇偶校验电路通常是由 UART（通用异步收发器）这样的接口硬件生成、校验的，在接收方，通过接口硬件中的寄存器的状态位传给 CPU 以及操作系统。错误数据的恢复通常是通过重新发送数据，这个过程通常是由操作系统输入输出程序来处理的。

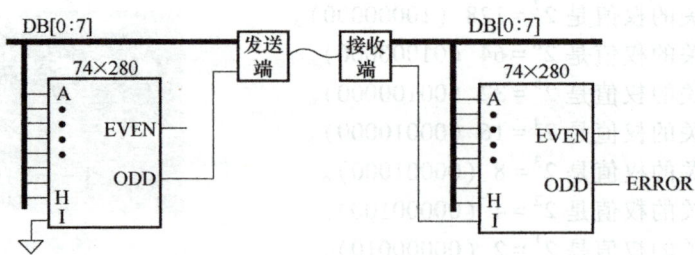

图 1-12 偶校验应用示意图

本 章 小 结

1）不同的数码既可以用来表示不同数值的大小，也可以用来表示不同的事物。在用数码表示数量的大小时，采用的各种计数进位制规则称为数制。十进制、二进制、八进制、十六进制的构成法是相同的，不同点仅在于它们的基数和权不相等。基数是指数制中使用的数码的个数；权是指数制中每一位所具有的值的大小。

2）数字系统中常用二进制数来表示数据。在二进制位数较多时，常用十六进制或八进制作为二进制的简写。各种计数体制之间可以相互转换。利用按权展开式可将任意进制数转换为十进制数。将十进制数转换为其他进制数时，整数部分采用除基取余法，十进制纯小数的转换采用乘基取整法，然后合并起来就可得到所求的结果。

3）带符号二进制数有 3 种表示形式，即原码、反码和补码，而在二进制数的运算中常用补码进行带符号数加法运算。

4）在数字系统中，任何数字、字母、符号都必须变成 0 和 1 的形式，才能传送和处理。为表达众多的信息，产生了二进制编码。本章中列举了 BCD 码、格雷码、奇偶校验码、ASCII 码等几种常见的编码。

能力检测题

扫一扫
看答案

一、单选题

1. 十进制数 25 转换为二进制数为（　　）。
A. 110001　　　　　B. 10111　　　　　C. 10011　　　　　D. 11001
2. 一位十六进制数可以用（　　）位二进制数来表示。
A. 1　　　　　　　B. 2　　　　　　　C. 4　　　　　　　D. 16
3. 以下代码中为无权码的是（　　）。
A. 8421 BCD 码　　B. 2421 BCD 码　　C. 5421 BCD 码　　D. 格雷码
4. 十进制数 25 用 8421 BCD 码表示为（　　）。
A. 10101　　　　　B. 00100101　　　　C. 100101　　　　　D. 10101
5. 下列 4 个数中与十进制数 $(163)_{10}$ 不相等的是（　　）。
A. $(A3)_{16}$　　B. $(10100011)_2$　　C. $(000101100011)_{8421}$　　D. $(100100011)_8$
6. 表示一位十进制数至少需要（　　）位二进制数。
A. 3　　　　　　　B. 2　　　　　　　C. 5　　　　　　　D. 4
7. 十进制数 100 对应的二进制数为（　　）。
A. 1011110　　　　B. 1100010　　　　C. 1100100　　　　D. 11000100
8. 处理（　　）的电子电路是数字电路。
A. 交流电压信号　　　　　　　　　　B. 时间和幅值上都连续变化的信号
C. 直流电压信号　　　　　　　　　　D. 时间和幅值上都离散的信号
9. 将二进制、八进制和十六进制数转换为十进制数的共同规则是（　　）。
A. 除 n 取余　　　　　　　　　　　B. n 位转 1 位
C. 按权展开　　　　　　　　　　　　D. 乘 n 取整
10. 十六进制数 5FE 对应的二进制数为（　　）。
A. 101 1100 1011　　　　　　　　　B. 111 0011 1100

C. 1101 0101　　　　　　　　　　　　　　　D. 101 1111 1110

二、判断题（正确的打√，错误的打×）

1. 一个数字量具有 10 个离散的值。（　　）
2. 在时间和幅度上都断续变化的信号是数字信号，语音信号不是数字信号。（　　）
3. 数字电路中用"0"和"1"分别表示两种状态，两者无大小之分。（　　）
4. 格雷码具有任何相邻码只有一位码元不同的特性。（　　）
5. 八进制数 $(17)_8$ 比十进制数 $(18)_{10}$ 小。（　　）
6. 十进制数 26.625 对应的二进制数为 11010.101。（　　）
7. 十六进制数 5FD 对应的二进制数为 010111111110。（　　）
8. 二进制数 1101011 对应的十进制数为 107。（　　）
9. 二进制数 1101011 对应的 8421 BCD 码为 000100000111。（　　）
10. 当传送十进制数 5 时，在 8421 奇校验码的校验位上值应为 1。（　　）

三、填空题

1. 8421 BCD 码又称（　　）码，是一组（　　）代码表示一位十进制数字。
2. 数字信号的特点是在（　　）上和（　　）上都是断续变化的，其高电平和低电平常用（　　）和（　　）来表示。
3. 计数制中的数码个数称为（　　），计数制中的每一位数都对应该位上的数码乘以一个固定的数，这个固定的数称为（　　）。
4. 在数字电路中，常用的计数制除十进制外，还有（　　）、（　　）、（　　）。
5. 常用的 BCD 码有（　　）、（　　）、（　　）、（　　）等。常用的可靠性代码有（　　）、（　　）等。
6. $(47.5)_8 = ($　　$)_{16}$；$(FD)_{16} = ($　　$)_2$。
7. $(35.4)_8 = ($　　$)_2 = ($　　$)_{10} = ($　　$)_{16} = ($　　$)_{8421}$。
8. $(39.75)_{10} = ($　　$)_2 = ($　　$)_8 = ($　　$)_{16}$。
9. $(5E.C)_{16} = ($　　$)_2 = ($　　$)_8 = ($　　$)_{10} = ($　　$)_{8421}$。
10. $(0111\ 1000)_{8421} = ($　　$)_2 = ($　　$)_8 = ($　　$)_{10} = ($　　$)_{16}$。

四、综合题

1. 将下列各数转换成十进制数：$(101)_2$，$(101)_{16}$。
2. 将二进制数 110111、1001101 分别转换成十进制数和十六进制数。
3. 将十进制数 75 转换成二进制和十六进制数。
4. 将十进制数 92 转换成二进制数及 8421 BCD 码。
5. 数码 100100101001 作为二进制码或 8421 BCD 码时，其相应的十进制数各为多少？
6. 写出下列二进制数的原码和补码。
　(1) $(+1011)_2$；(2) $(+00110)_2$；(3) $(-1101)_2$；(4) $(-00101)_2$。
7. 试用二进制补码运算方法计算下列各式。
　(1) 5+7　　　(2) 9+4　　　(3) 13-5　　　(4) 15-11
　(5) 20-30　　(6) 17-19　　(7) -11-13　　(8) -4-18

第 2 章 逻辑代数基础

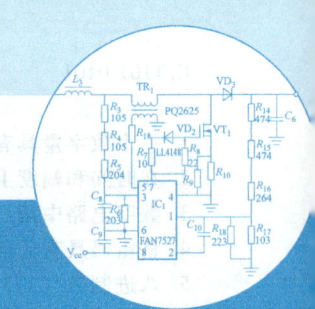

知识图谱（★表示重点，△表示难点）

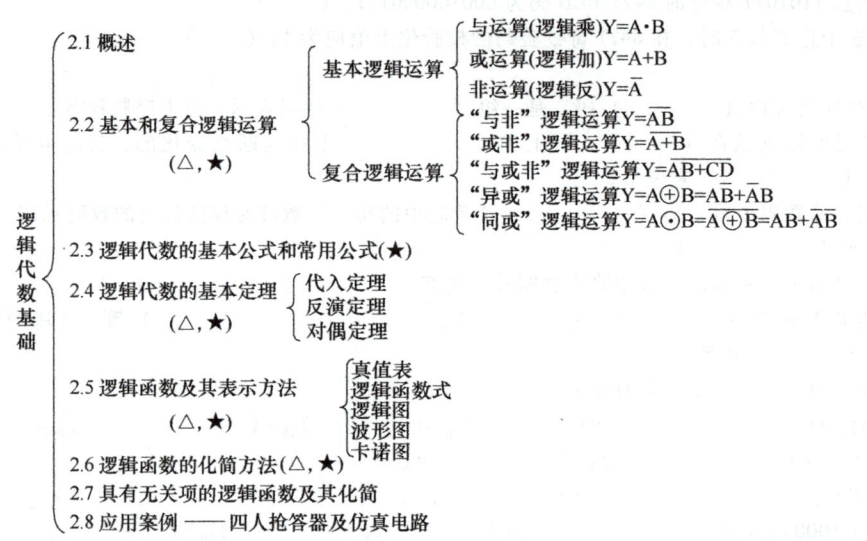

逻辑代数是分析和设计数字逻辑电路的基本数学工具。本章首先介绍逻辑代数的基本运算、常用公式和基本定理，然后介绍逻辑函数及其表示方法，逻辑函数的化简，为后续课程打下基础。

【学习目标】

1. 知识目标

1) 了解逻辑代数和最小项的基本概念。

2) 理解逻辑代数基础理论：逻辑代数基本和复合逻辑运算、基本公式和基本定理、逻辑函数的表示法。

3) 熟练掌握逻辑函数的公式化简法和卡诺图化简法。

2. 能力目标

1) 具有进行基本和复合逻辑运算、逻辑函数的 5 种表示法之间相互转化的能力。

2) 具有应用公式化简法和卡诺图化简法化简逻辑函数的能力。

3. 素质目标

1) 乔治·布尔是皮匠之子，家境贫寒，但其一生对许多领域都有涉及，并均取得不菲的成就。通过此具体案例进而可以增强我们的伟人意识、工匠精神和探索精神，不断地提升学习的积极性和内驱力，激发刻苦学习、不怕困难、坚持理想、挑战学科前沿的勇气，为树立正确的人生观和世界观夯实基础。

2) 通过学习基本和常用逻辑运算规则，使我们明白在一定的框架下，循规守矩、遵纪守法，才能在社会上更加出色、成功，以此增强我们的规则意识、法律意识，严于律己，养成严格遵守各种标准规定的良好的行为习惯和意识。

2.1 概述

逻辑代数是19世纪中叶英国数学家乔治·布尔创立的研究客观事物逻辑关系所遵循的规律的一门应用数学，由于它最先应用于电话继电器开关电路，所以逻辑代数又称为开关代数或布尔代数。逻辑代数是按一定的逻辑关系进行运算的代数，是分析和设计数字电路的重要数学工具。逻辑关系常用逻辑函数来描述。其中决定事物的原因称为逻辑自变量，也可以称为输入变量，被决定的事物结果称为逻辑因变量，也可以称为输出变量。可以借助逻辑代数的运算方法分析和设计数字电路。

逻辑代数和普通代数相同之处在于它们都是用字母A、B、C等表示变量，用代数式描述客观事物间的关系。不同的是逻辑代数描述客观事物间的逻辑关系，相应的函数称为逻辑函数。逻辑代数中通常用一个字母代表一个变量，称为逻辑变量。逻辑变量和逻辑函数的取值都只有两个，通常用"1"和"0"表示，且无大小、正负之分，不可能有第三种情况。这里逻辑值"1"或"0"不再具有数量大小的意义，只表示两种不同的逻辑状态，代表了矛盾和对立的两个方面，如开关的接通与断开、电压的高与低、电机的起动与停止、电灯的亮与灭、信号的有与无、负载的通电与断电、二极管的导通与截止等。只有两种对立逻辑状态的逻辑关系，称为二值逻辑。这使逻辑代数可以直接用于二值系统逻辑电路的研究。逻辑代数和普通代数运算规律有很多不同，在逻辑运算中1+1=1（或运算）。

思考与练习

2.1-1 逻辑代数的特点是什么？
2.1-2 逻辑代数和普通代数有什么区别？
2.1-3 逻辑变量能取哪些数值？它代表的是数量关系吗？
2.1-4 为什么数字逻辑是二值的？

2.2 基本和复合逻辑运算

逻辑代数是用来处理逻辑运算的代数。所谓逻辑运算，就是按照人们事先设定好的规则，进行逻辑推理和逻辑判断。参与逻辑运算的变量称为逻辑变量，用字母来表示。

扫一扫
看视频

2.2.1 基本逻辑运算

逻辑代数中只有三种基本运算：与运算、或运算、非运算。

1. 与运算

决定事情结果的条件全部具备时，事情才会发生，即"缺一不可"，这种因果关系称为与运算。与运算也叫逻辑乘或逻辑与。在图2-1a所示的电路图中，两个开关A、B和一盏灯Y串联到电源上，只有两个开关A、B同时闭合时灯泡Y才会亮。图2-1b为与运算逻辑关系。逻辑函数式可写为 $Y = A \times B = A \cdot B = AB$。如果开关不通和灯不亮均用"0"表示，而开关接通和灯亮均用"1"表示（逻辑赋值），则可得到输入、输出的真值表如图2-1c所示。在数字电路中能实现与运算的电路称为与门，其逻辑符号如图2-1d所示。

2. 或运算

决定一件事情的几个条件中，只要有一个或一个以上条件具备，这件事情就会发生。我们

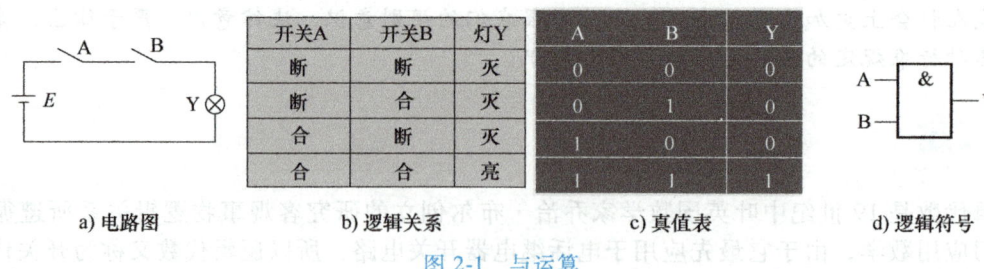

a) 电路图　　　　b) 逻辑关系　　　　c) 真值表　　　　d) 逻辑符号

图 2-1　与运算

把这种因果关系称为或运算。或运算也叫逻辑加或逻辑或，即当其中一个条件满足时，事情就会发生，即"有一即可"。

如图 2-2a 所示电路，两个开关 A、B 并联和一盏灯 Y 串联到电源上，两个开关中有一个或两个闭合时，灯泡 Y 都会亮。图 2-2b 为或运算逻辑关系。逻辑函数式可写为 Y=A+B。如果开关不通和灯不亮均用"0"表示，而开关接通和灯亮均用"1"表示（逻辑赋值），则可得到输入、输出的真值表如图 2-2c 所示。在数字电路中能实现或运算的电路称为或门，其逻辑符号如图 2-2d 所示。

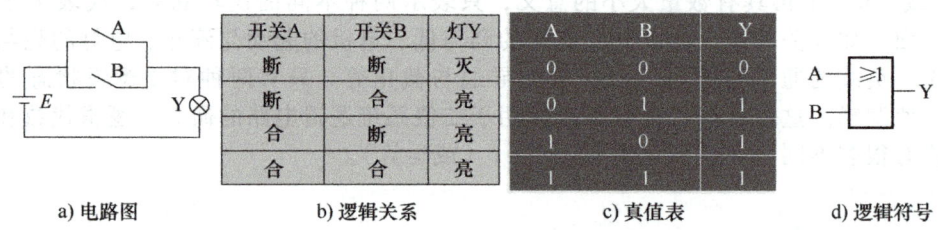

a) 电路图　　　　b) 逻辑关系　　　　c) 真值表　　　　d) 逻辑符号

图 2-2　或运算

3. 非运算

决定事情结果的条件不具备时，事情才会发生，这种因果关系称为逻辑非。在图 2-3a 所示的电路中，一个开关 A 和一盏灯 Y 并联到电源上，开关 A 断开时，灯泡 Y 则亮。其逻辑关系如图 2-3b 所示，若用逻辑函数式来描述，则可写为 $Y=\overline{A}$，其真值表如图 2-3c 所示，从真值表中可以看出，非逻辑的运算规律 $\overline{0}=1$、$\overline{1}=0$，即"输入、输出始终相反"，其逻辑符号如图 2-3d 所示。在数字电路中实现非运算的电路称为非门电路（反相器）。

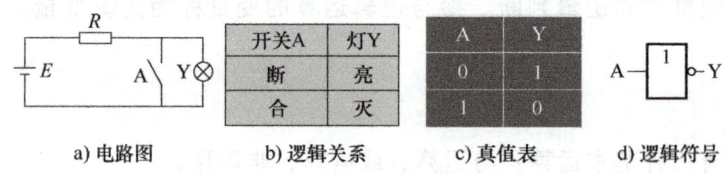

a) 电路图　　　　b) 逻辑关系　　　　c) 真值表　　　　d) 逻辑符号

图 2-3　非运算

2.2.2　复合逻辑运算

其他复杂的复合逻辑运算都建立在与、或、非三种基本逻辑运算基础之上。将基本逻辑运算进行各种组合，可以获得与非、或非、与或非、异或、同或等组合逻辑运算。

1. 与非运算

与非运算是由与运算和非运算组合起来实现的。先进行与运算，把与运算的结果再进行非运算。与非运算的逻辑符号、真值表如图 2-4a 和 b 所示。逻辑函数式可以写成 $Y=\overline{AB}$。

从其真值表中可以看出，只有 A、B 都为 1 时，Y 才为 0。与非逻辑正好和与逻辑相反，即"当一件事情的几个条件全部具备之后，这件事情才不发生"。

2. 或非运算

或非运算是由或运算和非运算组合而成。或非运算的表达式可以写成 $Y = \overline{A+B}$。

图 2-4　与非运算

或非运算的逻辑符号、真值表如图 2-5a 和 b 所示。或非逻辑与或逻辑也正好相反。

3. 与或非运算

与或非运算是把与运算、或运算和非运算组合起来实现的。先进行与运算，把与运算的结果进行或运算，最后进行非运算。根据实际需要可以选用不同数量输入端的与或非逻辑电路。与或非运算的表达式可以写成 $Y = \overline{AB+CD}$。与或非运算的逻辑符号、等效符号如图 2-6a 和 b 所示。

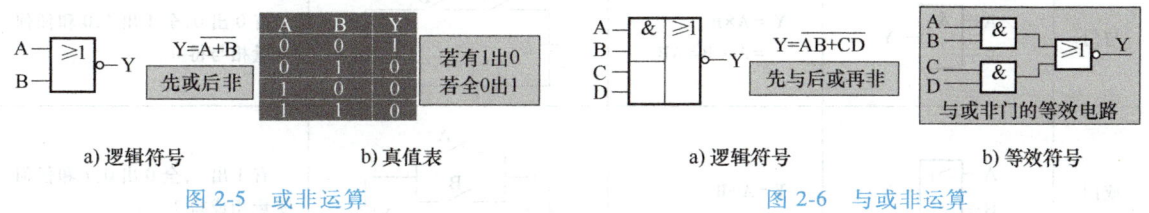

图 2-5　或非运算　　　　　　　　　　　图 2-6　与或非运算

4. 异或运算

异或运算是一种两变量逻辑运算，当两个变量取值相同时，逻辑函数值为 0；当两个变量取值不同时，逻辑函数值为 1。异或运算的逻辑符号、真值表如图 2-7a 和 b 所示。异或运算的表达式可以写成 $Y = A \oplus B = \overline{A}B + A\overline{B}$。异或运算功能：输入相同时，输出为 0；输入相异时，输出为 1。

5. 同或运算

同或运算的逻辑关系是，输入相同时，输出为 1；输入相异时，输出为 0。同或运算的表达式可以写成 $Y = A \odot B = \overline{\overline{A}B} \cdot \overline{A\overline{B}} = \overline{A \oplus B}$。同或运算的逻辑符号和逻辑真值表如图 2-8a 和 b 所示。比较异或运算和同或运算真值表可知，异或函数与同或函数在逻辑上是互为反函数。

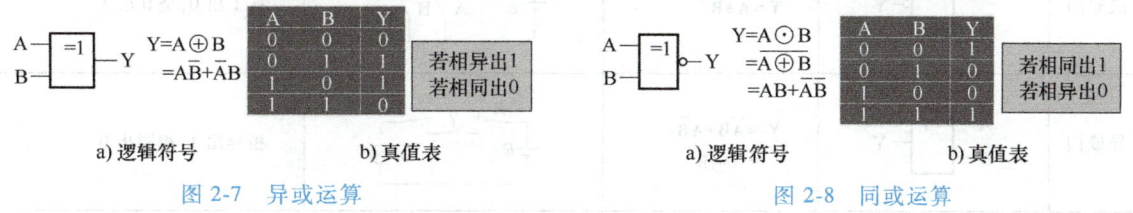

图 2-7　异或运算　　　　　　　　　　　图 2-8　同或运算

用与、或、非三种基本逻辑运算可以组合成各种复杂逻辑运算，用与门、或门、非门三种最基本的门电路可以组合成具有不同功能的多种复合门，完成较复杂的逻辑功能。常用逻辑符号对照如图 2-9 所示。

注意：一次异或逻辑运算只有两个输入变量，多个变量的异或运算，必须两个、两个变量分别进行。例如 $A \oplus B \oplus C$，先进行其中两个变量的异或运算，其结果再和第三个变量进行异或运算。以下的同或运算也具有同样的特点。常用的逻辑运算的逻辑函数式及其逻辑符号归纳见表 2-1。请自行熟悉表中所示常用逻辑运算及其逻辑门符号。

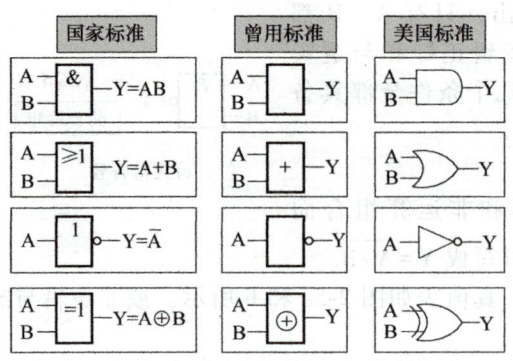

图 2-9　常用逻辑符号对照

表 2-1　逻辑符号归纳

类型	符号	逻辑函数式	运算模型	运算规律
与门	A—&—Y, B	$Y = A \times B = A \cdot B = AB$		有0出0,全1出1,0和任何变量相与得0
或门	A—≥1—Y, B	$Y = A + B$		有1出1,全0出0,1和任何变量相或得1
非门	A—1—Y	$Y = \overline{A}$		取反 反0出1,反1出0
与非门	A—&—Y, B	$Y = \overline{AB}$		有0出1,全1出0
或非门	A—≥1—Y, B	$Y = \overline{A+B}$		有1出0,全0出1
异或门	A—=1—Y, B	$Y = \overline{A}B + A\overline{B} = A \oplus B$		相异出1,相同出0
同或门	A—=1—Y, B	$Y = \overline{A}\,\overline{B} + AB = \overline{A \oplus B} = A \odot B$		相异出0,相同出1
与或非门	A,B,C,D—&/≥1—Y	$Y = \overline{AB + CD}$		先与后或再取非

【例 2-1】 试对应输入信号波形分别画出图 2-10 所示各电路的输出波形。

解：各电路的输出波形如图 2-10 所示。

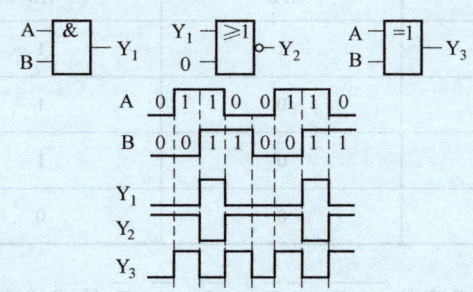

图 2-10　例 2-1 的输出波形

思考与练习

2.2-1　"与""或""非"运算的规律是什么？
2.2-2　绘图表示用与非门实现与门、或门、非门的功能，并由此理解与非门的完备性。
2.2-3　试列出三变量与非、或非逻辑的真值表。
2.2-4　两个变量的异或运算和同或运算之间是什么关系？

2.3　逻辑代数的基本公式和常用公式

逻辑代数和普通代数一样，有一套完整的运算规则，包括公式、定理和定律，用它们对逻辑函数式进行处理，可以完成对电路的化简、变换、分析与设计。

2.3.1　逻辑代数的基本公式

逻辑代数是通过它特有的基本公式来实现各种逻辑函数化简的，其常用基本公式见表 2-2。

表 2-2　逻辑代数的基本公式

公式、定律名称	公式	公式、定律名称	公式	说明
常量与常量或运算	$0+0=0;0+1=1;1+1=1$	常量与常量与运算	$0 \cdot 0=0;0 \cdot 1=0;1 \cdot 1=1$	逻辑运算公式
变量与常量或运算	$A+0=A;A+1=1$	变量与常量与运算	$A \cdot 1=A;A \cdot 0=0$	
常量取反	$\bar{0}=1;\bar{1}=0$(0-1 律)			
变量与反变量或运算	$A+\bar{A}=1$	变量与反变量与运算	$A \cdot \bar{A}=0$	互补律
相同变量或运算	$A+A=A$	相同变量与运算	$A \cdot A=A$	重叠律
不同变量或运算	$A+B=B+A$	不同变量与运算	$A \cdot B=B \cdot A$	交换律
不同变量或运算	$A+B+C=(A+B)+C$	不同变量与运算	$A \cdot B \cdot C=(A \cdot B) \cdot C$	结合律
加法分配律	$A+BC=(A+B) \cdot (A+C)$	乘法分配律	$A(B+C)=AB+AC$	分配律
摩根定律	$\overline{A+B}=\bar{A} \cdot \bar{B}$	摩根定律	$\overline{A \cdot B}=\bar{A}+\bar{B}$	反演律
变量两次取反		$\bar{\bar{A}}=A$		还原律

以上基本公式也叫布尔恒等式，其正确性均可用真值表证明。

【例 2-2】 用真值表证明反演律 $\overline{AB}=\bar{A}+\bar{B}$ 和 $\overline{A+B}=\bar{A}\bar{B}$。

证明：列举 A、B 的所有取值，并计算出 $\overline{A+B}$、$\bar{A}\bar{B}$、$\overline{AB}$、$\bar{A}+\bar{B}$。其真值表见表 2-3。

表 2-3 例 2-2 真值表

A	B	$\overline{A+B}$	$\overline{A}\,\overline{B}$	$\overline{AB}$	$\overline{A}+\overline{B}$
0	0	1	1	1	1
0	1	0	0	1	1
1	0	0	0	1	1
1	1	0	0	0	0

从表 2-3 可以直接看出反演律 $\overline{A+B}=\overline{A}\,\overline{B}$、$\overline{AB}=\overline{A}+\overline{B}$ 是成立的。反演律又称摩根定律,是非常重要又非常有用的公式,它经常用于逻辑函数的变换。推广后,有:

$$\overline{ABC\cdots}=\overline{A}+\overline{B}+\overline{C}+\cdots \qquad \overline{A+B+C+\cdots}=\overline{A}\,\overline{B}\,\overline{C}\cdots$$

以下是它的两个变形公式,也是常用的。

$$AB=\overline{\overline{A}+\overline{B}} \qquad A+B=\overline{\overline{A}\,\overline{B}}$$

2.3.2 逻辑代数的常用公式

这些常用公式是利用基本公式导出的,可以给化简逻辑函数的工作带来很大方便。

1. $A+A\cdot B=A$

证明:$A+A\cdot B=A\cdot(1+B)=A\cdot 1=A$

2. $A+\overline{A}\cdot B=A+B$

证明:$A+\overline{A}\cdot B=(A+\overline{A})(A+B)=1\cdot(A+B)=A+B$

3. $A\cdot B+A\cdot \overline{B}=A$

证明:$A\cdot B+A\cdot \overline{B}=A(B+\overline{B})=A\cdot 1=A$

4. $A\cdot(A+B)=A$

证明:$A\cdot(A+B)=A\cdot A+A\cdot B=A+A\cdot B=A\cdot(1+B)=A\cdot 1=A$

5. $A\cdot B+\overline{A}\cdot C+B\cdot C=A\cdot B+\overline{A}\cdot C$

证明: $A\cdot B+\overline{A}\cdot C+B\cdot C=A\cdot B+\overline{A}\cdot C+B\cdot C(A+\overline{A})$
$=A\cdot B+\overline{A}\cdot C+A\cdot B\cdot C+\overline{A}\cdot B\cdot C$
$=A\cdot B\cdot(1+C)+\overline{A}\cdot C\cdot(1+B)=A\cdot B+\overline{A}\cdot C$

从上式不难进一步导出:$A\cdot B+\overline{A}\cdot C+B\cdot C\cdot D=A\cdot B+\overline{A}\cdot C$

6. $A\cdot \overline{A\cdot B}=A\cdot \overline{B}$;$\overline{A}\cdot \overline{A\cdot B}=\overline{A}$

证明:$A\cdot \overline{A\cdot B}=A\cdot(\overline{A}+\overline{B})=A\cdot \overline{A}+A\cdot \overline{B}=A\cdot \overline{B}$
$\overline{A}\cdot \overline{A\cdot B}=\overline{A}\cdot(\overline{A}+\overline{B})=\overline{A}\cdot \overline{A}+\overline{A}\cdot \overline{B}=\overline{A}\cdot(1+\overline{B})=\overline{A}$

思考与练习

2.3-1 求:(1) $A+1$;(2) $A\cdot 0$;(3) $A\cdot A$;(4) $A+A$。

2.3-2 写出三变量摩根定律的表达式。

2.3-3 若 $AB=AC$,$A+B=A+C$,$A+AB=A+AC$,那么 $B=C$,对吗?

2.3-4 在逻辑代数的基本公式中哪些公式的运算规则和普通代数的运算规则是相同的？哪些是不同的、需要特别记住的？

2.4 逻辑代数的基本定理

扫一扫
看视频

逻辑代数中除上述公式和定律外，在运算时还有三个基本定理，即代入定理、反演定理、对偶定理，它们和基本定律一起构成了完整的逻辑代数系统，可以用来对逻辑函数进行描述、推导和变换，可以扩大公式的应用范围，还可以减少一些公式的证明。

2.4.1 代入定理

将逻辑等式两边的某一个变量均用同一个逻辑函数替代，等式仍然成立。 代入定理可以扩大公式的应用范围。

【例 2-3】 证明：$\overline{ABC}=\overline{A}+\overline{B}+\overline{C}$，$\overline{A+B+C}=\overline{A}\cdot\overline{B}\cdot\overline{C}$。

证明： 由摩根定律知，$\overline{AB}=\overline{A}+\overline{B}$，若将等式两端的 B 用 BC 代替可得

$$\overline{ABC}=\overline{A\cdot(BC)}=\overline{A}+\overline{BC}=\overline{A}+\overline{B}+\overline{C}$$

即多个变量之积的非，等于各变量之非的和。

由摩根定律知，$\overline{A+B}=\overline{A}\cdot\overline{B}$，若将等式两端的 B 用 B+C 代替可得

$$\overline{A+B+C}=\overline{A+(B+C)}=\overline{A}\cdot\overline{B+C}=\overline{A}\cdot\overline{B}\cdot\overline{C}$$

即多个变量之和的非，等于各变量之非的积。

2.4.2 反演定理

将逻辑函数式 Y 中的与（·）和或（+）互换；"0" 和 "1" 互换；再将原变量和反变量互换；长非号即两个或两个以上变量的非号不变，并保持原来的运算顺序不变，则得到函数 Y 的反函数 $\overline{Y}$，这就是反演定理，可以用于方便地求出一个函数的反函数。

【例 2-4】 求函数 $Y=\overline{A}C+B\overline{D}$ 的反函数。

解：$\overline{Y}=(A+\overline{C})\cdot(\overline{B}+D)$

【例 2-5】 求函数 $Y=A\cdot\overline{B+C+\overline{D}}$ 的反函数。

解：$\overline{Y}=\overline{A}+\overline{B}\cdot\overline{C}\cdot D$

在应用反演定理求反函数时要注意以下两点：

1）要注意运算符号的优先顺序（先括号，然后乘，最后加），不应改变原式的运算顺序，必要时加括号，如例 2-4。

2）变换中，不是一个变量上的非号应保持不变，即几个变量（一个以上）的公共非号保持不变，如例 2-5。

2.4.3 对偶定理

将逻辑函数式 Y 中的与（·）换成或（+），或（+）换成与（·）；并将 1 换成 0，0 换成 1；那么，所得的函数式就是 Y 的对偶式，记作 Y′（注意不实行原反互换）。它用于方便地证明一个逻辑等式。

【例 2-6】 求函数 $Y = \overline{A+B+\overline{C}+D+\overline{\overline{E}}}$ 的对偶函数 Y'。

解： 按对偶定理得

$$Y' = \overline{A \cdot B \cdot \overline{C} \cdot D \cdot \overline{\overline{E}}}$$

【例 2-7】 求 $Y = AB + \overline{A}C$ 的对偶函数 Y'。

解： 按对偶定理得

$$Y' = (A+B) \cdot (\overline{A}+C)$$

注意原来的逻辑优先级，即 Y 表达式总体上是两个与项相加，应该变成两大项相乘才对，否则会有

$$Y' = A+B \cdot \overline{A}+C$$

这个结果显然是错误的。由此可见正确使用括号的重要性。

若等式 $Y = W$ 成立，则等式 $Y' = W'$ 也成立。例如，$A + BC = (A+B) \cdot (A+C)$，利用对偶定理，等式左边的对偶式是 $A(B+C)$，等式右边的对偶式是 $AB + AC$，根据乘法分配律可知，显然这两个对偶式是相等的。利用对偶定理，表 2-2 中需要证明和记忆的基本公式和常用公式数量减少了一半，这在证明逻辑等式时十分有用。当一个逻辑等式较难证明时，往往可用它们的对偶式来证明。

思考与练习

2.4-1 代入定理中对代入逻辑函数式的形式和复杂程度有无限制？

2.4-2 利用反演定理对给定逻辑函数式求反时，应如何处理变换的优先顺序和式中所有的非运算符号？

2.4-3 反演定理和对偶定理的联系和区别是什么？

2.4-4 运用对偶定理的注意事项是什么？对偶定理有什么用处？

2.5 逻辑函数及其表示方法

2.5.1 逻辑函数

一个逻辑问题可用逻辑函数来描述，将表示原因的逻辑变量作为输入，将运算结果作为输出，当输入变量的取值确定之后，输出的值便被唯一地确定下来。这种输出与输入之间的逻辑关系，称为逻辑函数。逻辑函数的一般表达式可写为

$$Y = f(A, B, C, \cdots) \text{ 或 } F = f(A, B, C, \cdots) \tag{2-1}$$

逻辑函数的概念与普通代数中的函数一样，不过，在逻辑函数中，将自变量 A、B、C 等叫做输入变量或逻辑变量，将因变量 Y 或 F 叫做输出变量或逻辑函数，取值只能是"0"或是"1"，f 为某种对应的逻辑关系。

逻辑函数与普通代数中的函数相比较，有以下几个突出的特点：

1）逻辑变量（输入变量）和逻辑函数（输出变量）只能取两个值 0 和 1。

2）逻辑函数与输入变量之间的关系是由"与""或""非"三种基本逻辑运算决定的。

3）逻辑函数的相等：要求很严格，对应于输入变量的任何一组取值组合，两个函数的值都应该相同，这两个逻辑函数才相等，否则为不相等。

2.5.2 逻辑函数的表示方法

数字逻辑系统中一个逻辑函数有五种表示方法，分别是逻辑真值表（简称真值表）、逻辑函数式（简称逻辑式或函数式）、逻辑图、波形图和卡诺图。这五种逻辑描述方法可以相互转换。这里先介绍前四种。

1. 真值表

真值表是将输入逻辑变量的各种可能取值和相应的函数值排列在一起而组成的表格。为避免遗漏，按 n 位二进制数递增的方式列出输入变量的各种取值组合 2^n。

【例 2-8】 三个人表决一件事情，结果按"少数服从多数"的原则决定，试建立该逻辑函数。

解：第一步：设置自变量和因变量。将三人的意见设置为自变量 A、B、C，并规定只能有同意或不同意两种意见；将表决结果设置为因变量 Y，显然也只有两种情况。

第二步：状态赋值。对于自变量 A、B、C，设同意为逻辑"1"，不同意为逻辑"0"。对于因变量 Y，设事情通过为逻辑"1"，没通过为逻辑"0"。

第三步：因此 A、B、C 为输入量，Y 为输出量。根据题意及上述规定列出输入量与输出量之间关系的真值表见表 2-4。

表 2-4　例 2-8 真值表

A	B	C	Y	A	B	C	Y
0	0	0	0	1	0	0	0
0	0	1	0	1	0	1	1
0	1	0	0	1	1	0	1
0	1	1	1	1	1	1	1

由真值表可以看出，当自变量 A、B、C 取确定值后，因变量 Y 的值就完全确定了。所以，Y 就是 A、B、C 的函数。A、B、C 常称为输入逻辑变量，Y 称为输出逻辑变量。

2. 逻辑函数式

逻辑函数式就是用各逻辑变量相互间与、或、非逻辑运算组合表示的逻辑函数。书写逻辑函数式的方法是，把真值表中逻辑值为 1 的所有项相加（或），每一项中，A、B、C 的关系为"与"，输入变量值为 1 时取原码，输入变量值为 0 时取反码。如上述三人多数表决通过的逻辑函数式为

$$Y = \overline{A}BC + A\overline{B}C + AB\overline{C} + ABC$$

3. 逻辑图

逻辑图就是用规定的逻辑电路符号及它们之间的连线连接组成的电路图。根据逻辑函数式画逻辑图的方法是，逻辑乘用与门实现，逻辑加用或门实现，逻辑非用非门实现。图 2-11 为三人多数表决逻辑图。

4. 波形图

波形图是逻辑函数输入变量每一种可能出现的取值与对应的输出值按时间顺序依次排列的图形，也称为时序图。图 2-12 为三人多数表决逻辑函数的波形图。

2.5.3 各种表示方法间的相互转换

对同一逻辑函数，真值表、卡诺图和波形图具有唯一性；逻辑函数式和逻辑图可有多种不同的表达形式。下面介绍它们之间的转换。

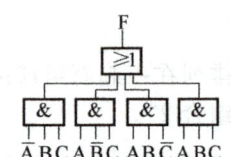

图 2-11 三人多数表决逻辑图

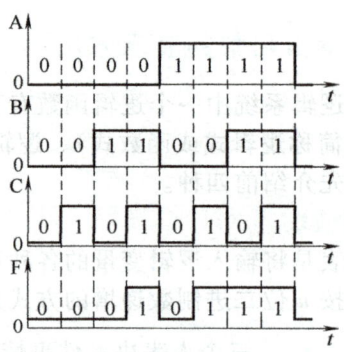

图 2-12 三人多数表决逻辑函数的波形图

1. 由真值表写出逻辑函数式

方法是将真值表中 Y 为 1 的输入变量相与，取值为 1 的用原变量表示，为 0 的用反变量表示，将这些与项相加，就得到逻辑函数式。例如，异或逻辑关系，根据真值表可以直接写出 $Y = \bar{A}B + A\bar{B}$。

2. 由逻辑函数式列真值表

画出真值表的表格，将变量及变量的所有取值组合按照二进制递增的次序列入表格左边，真值表左边输入变量的取值组合是固定的，把真值表左边每一种输入变量的取值的所有状态组合逐一列出，代入逻辑函数式中，求出相应的函数值，填入表格右边对应的位置上，列成表格即得到该函数的真值表。

【例 2-9】 列出函数 $L = A \cdot B + \bar{A} \cdot \bar{B}$ 的真值表。

解：该函数有 2 个变量，有 4 种取值的可能组合，将它们按顺序排列起来即可得出真值表，见表 2-5。

表 2-5 $L = A \cdot B + \bar{A} \cdot \bar{B}$ 的真值表

A	B	L	A	B	L
0	0	1	1	0	0
0	1	0	1	1	1

3. 由逻辑函数式画逻辑图

把逻辑函数式中的每一种逻辑关系用相对应的逻辑符号表示出来即可得到该逻辑函数的逻辑图。

方法是，从输入端到输出端，逐级画出各个门电路的逻辑图，最后画出各个输出端的逻辑图。

【例 2-10】 画出逻辑函数 $L = A \cdot B + \bar{A} \cdot \bar{B}$ 的逻辑图。

解：如图 2-13 所示。

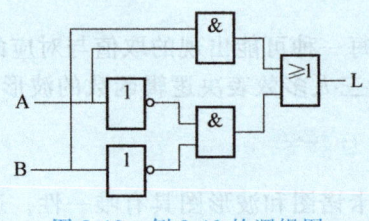

图 2-13 例 2-10 的逻辑图

4. 由逻辑图写逻辑函数式

从输入端开始逐级写出每个逻辑图形符号对应的逻辑运算，直至输出，就可以得到逻辑函数式。

【**例 2-11**】 写出图 2-14 所示逻辑图的逻辑函数式。

解： 该逻辑图是由基本的"与""或"逻辑符号组成的，可由输入至输出逐步写出逻辑函数式：

$$L = AB + BC + AC$$

【**例 2-12**】 已知函数 Y 的逻辑图如图 2-15 所示，写出函数 Y 的逻辑函数式。

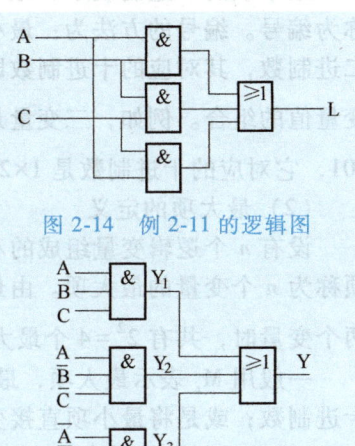

图 2-14 例 2-11 的逻辑图

解： 根据逻辑图逐级写出输出端逻辑函数式如下：

$$Y_1 = A\overline{B}C \quad Y_2 = \overline{A}B\overline{C} \quad Y_3 = \overline{A}\overline{B}C$$

最后得到函数 Y 的表达式为

$$Y = A\overline{B}C + \overline{A}B\overline{C} + \overline{A}\overline{B}C$$

【**例 2-13**】 已知函数的连接表达式 $Y = B + \overline{A}C$。要求：列出相应的真值表；已知输入波形，画出输出波形；画出逻辑图。

图 2-15 例 2-12 的逻辑图

解： 1) 根据逻辑函数式，画出逻辑图如图 2-16a 所示。

2) 将 A、B、C 的所有组合代入逻辑函数式中进行计算，得到真值表如图 2-16b 所示。

3) 根据真值表，画出的波形图如图 2-16c 所示。

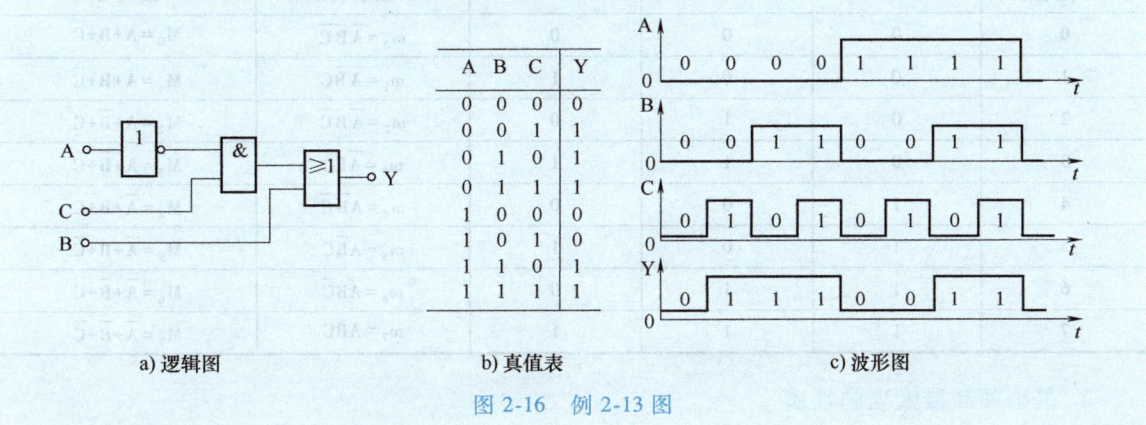

图 2-16 例 2-13 图

2.5.4 逻辑函数的两种标准形式

逻辑函数的表示方法除了前面介绍的五种常用形式之外，还有两种标准形式：最小项表达式（标准与或式）和最大项表达式（标准或与式）。

1. 最小项和最大项的定义

（1）最小项的定义

如果一个逻辑函数的某个乘积项包含了逻辑函数的表达式整个域所有的变量，其中每个变量都以原变量或反变量的形式出现，且仅出现一次，则这个乘积项称为该函数的一个标准乘积项，通常也称为最小项。

扫一扫
看视频

一个变量 A 共有 $2^1 = 2$ 个最小项：A、$\overline{A}$；

两个变量 A、B 共有 $2^2 = 4$ 个最小项：$\overline{A}\overline{B}$、$\overline{A}B$、$A\overline{B}$、AB；

三个变量 A、B、C 共有 $2^3 = 8$ 个最小项：$\overline{A}\overline{B}\overline{C}$、$\overline{A}\overline{B}C$、$\overline{A}B\overline{C}$、$\overline{A}BC$、$A\overline{B}\overline{C}$、$A\overline{B}C$、

ABC。

依此类推，n 个变量一共有 2^n 个最小项。

最小项的二进制表示：最小项用小写字母 m_i 表示，其中，m 是最小项通用符号，下标 i 称为编号。编号的方法为：最小项中的原变量取"1"，反变量取"0"，则最小项取值为一组二进制数，其对应的十进制数即为最小项的编号。一个最小项等于 1，这时仅对应一种二进制变量值的组合。例如，三变量最小项 $A\bar{B}C = 1$，这时 $A = 1$，$B = 0$，$C = 1$，对应的变量取值是 101，它对应的十进制数是 $1 \times 2^2 + 0 \times 2^1 + 1 \times 2^0 = 4 + 0 + 1 = 5$。因此该最小项 $A\bar{B}C$ 为 m_5。

（2）最大项的定义

设有 n 个逻辑变量组成的和项中每个变量以原变量形式或以反变量形式仅出现一次，此和项称为 n 个变量的最大项。由最大项的定义可知，n 个变量可以构成 2^n 个最大项。如有 A、B 两个变量时，共有 $2^2 = 4$ 个最大项，分别为 $\bar{A}+\bar{B}$、$\bar{A}+B$、$A+\bar{B}$、$A+B$。

一般用 M_i 表示最大项，最大项的下标是使该最大项为"0"时，输入二进制码所对应的十进制数；或是将最小项直接变为或项时，最大项的下标是最小项的补数。例如 m 的下标为 5，三位二进制数的最大数为 7，所以最大项的下标是 7-5=2。也就是说，最小项和与之对应的最大项下标之和等于二进制码的最大数。

有三个变量 A、B、C 时的最小项和最大项见表 2-6。

表 2-6 三变量最小项和最大项的表示方法

十进制数	A	B	C	最小项	最大项
0	0	0	0	$m_0 = \bar{A}\bar{B}\bar{C}$	$M_0 = A+B+C$
1	0	0	1	$m_1 = \bar{A}\bar{B}C$	$M_1 = A+B+\bar{C}$
2	0	1	0	$m_2 = \bar{A}B\bar{C}$	$M_2 = A+\bar{B}+C$
3	0	1	1	$m_3 = \bar{A}BC$	$M_3 = A+\bar{B}+\bar{C}$
4	1	0	0	$m_4 = A\bar{B}\bar{C}$	$M_4 = \bar{A}+B+C$
5	1	0	1	$m_5 = A\bar{B}C$	$M_5 = \bar{A}+B+\bar{C}$
6	1	1	0	$m_6 = AB\bar{C}$	$M_6 = \bar{A}+\bar{B}+C$
7	1	1	1	$m_7 = ABC$	$M_7 = \bar{A}+\bar{B}+\bar{C}$

2. 最小项和最大项的性质

掌握最小项和最大项的性质，有助于逻辑函数式的化简和变换，下面对它们的性质加以介绍。

1）对于任意一个最小项，仅对应一组二进制变量值的组合等于 1，而其他变量取值都使它的值为 0。

2）任意两个不同的最小项的乘积恒为 0。

3）全部最小项之和恒为 1。

4）同变量数下标相同的最大项和最小项互为反函数，即 $\overline{m_i} = M_i$，$\overline{M_i} = m_i$。例如：$\overline{m_0} = \overline{\bar{A}\bar{B}\bar{C}} = A+B+C = M_0$。

5）最小项的性质和最大项的性质之间具有对偶性。例如，全部最小项之和恒等于 1；那么，全部最大项之积恒等于 0，其他性质可类推。

有了最小项的概念，就可以将任意一个逻辑函数式展成若干个最小项之和的形式，这一形式称为与或标准型。例如：

$$Y(A,B,C) = AB + \overline{A}\overline{B}\overline{C} = AB(C+\overline{C}) + \overline{A}\overline{B}\overline{C}$$
$$= ABC + AB\overline{C} + \overline{A}\overline{B}\overline{C}$$
$$= m_0 + m_6 + m_7 = \sum m(0,6,7)$$

为了分析最小项的性质，表2-7列出3个变量的所有最小项的真值表。

表 2-7 三变量最小项真值表

A	B	C	$\overline{A}\overline{B}\overline{C}$	$\overline{A}\overline{B}C$	$\overline{A}B\overline{C}$	$\overline{A}BC$	$A\overline{B}\overline{C}$	$A\overline{B}C$	$AB\overline{C}$	ABC
0	0	0	1	0	0	0	0	0	0	0
0	0	1	0	1	0	0	0	0	0	0
0	1	0	0	0	1	0	0	0	0	0
0	1	1	0	0	0	1	0	0	0	0
1	0	0	0	0	0	0	1	0	0	0
1	0	1	0	0	0	0	0	1	0	0
1	1	0	0	0	0	0	0	0	1	0
1	1	1	0	0	0	0	0	0	0	1

【例 2-14】 将逻辑函数 $F(A，B，C) = AB + \overline{A}C$ 转换成最小项表达式。

解：该函数为三变量函数，而表达式中每项只含有两个变量，不是最小项。要变为最小项，就应补齐缺少的变量，办法为将各项乘以1，如 AB 项乘以 $(C+\overline{C})$。

$$Y(A,B,C) = AB + \overline{A}C = AB(C+\overline{C}) + \overline{A}C(B+\overline{B}) = ABC + AB\overline{C} + \overline{A}BC + \overline{A}\overline{B}C$$
$$= m_7 + m_6 + m_3 + m_1 = \sum m(1,3,6,7)$$

3. 逻辑函数形式的变换

逻辑函数的变换是指保持逻辑函数真值表不变的条件下，逻辑函数形式上的变换。一个逻辑函数式除了与或型及或与型之外，还有与非与非型、或非或非型及与或非型。逻辑函数的这五种表达形式可以相互转换。例如：

$$F = AB + \overline{A}C \qquad \text{与或型}$$

$$F = \overline{\overline{AB} \cdot \overline{\overline{A}C}} \qquad \text{与非与非型}$$

$$F = (\overline{A}+B)(A+C) \qquad \text{或与型}$$

$$F = \overline{\overline{\overline{A}+B} + \overline{A+C}} \qquad \text{或非或非型}$$

$$F = \overline{A\overline{B} + \overline{A}\overline{C}} \qquad \text{与或非型}$$

这些逻辑函数式都可以用相应的与门、或门、与非门、或非门以及与或非门来实现，其电路如图 2-17 所示。

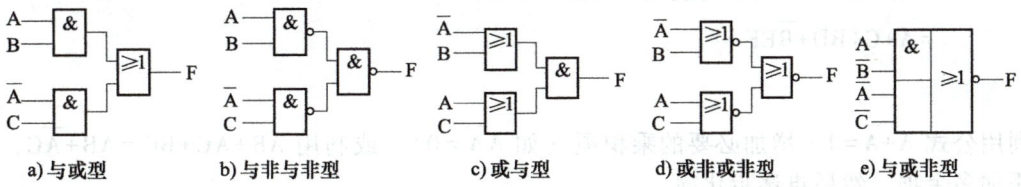

图 2-17 同一逻辑关系的五种逻辑函数式

由于受到器件供货的限制，在用电子元器件组成实际的逻辑电路时，应该根据元器件的资源情况决定采用哪一种类型，并将逻辑函数式变换成相应的形式。为了实现逻辑函数式的逻辑关系，要采用相应的具体电路，有时需要对逻辑函数式进行变换或化简。逻辑函数的变换是指保持逻辑函数真值表不变的条件下，逻辑函数形式上的变换，以顺应实际设计的需要。下面学习逻辑函数的化简。

思考与练习

2.5-1 叙述逻辑函数的建立步骤，以及逻辑函数的几种表示方法。
2.5-2 思考真值表、逻辑函数式、逻辑图和波形图四种形式逻辑转换关系。
2.5-3 真值表的含义是什么，归纳列出真值表的方法。
2.5-4 什么是逻辑函数的最小项表达式？

2.6 逻辑函数的化简方法

逻辑函数的化简是将逻辑函数变为最简与或式，式中含有的乘积项最少，并且每一个乘积项包含的变量也最少。这意味着实现逻辑函数的电路元器件少，才能最大限度地节省元器件，从而降低成本，优化生产工艺，提高系统的可靠性，同时提高产品在市场上的竞争力。逻辑函数的化简方法很多，主要有公式化简法（代数化简法）和卡诺图化简法。

2.6.1 公式化简法

扫一扫
看视频

公式化简法是运用逻辑代数的基本公式和常用公式消去函数中多余的乘积项和多余的因子，最后得出逻辑函数的最简形式。

1. 并项法

运用公式 $A+\overline{A}=1$，将两项合并为一项，消去一个变量。

【例 2-15】 化简逻辑函数 $Y=A\overline{B}+A\overline{C}+A\overline{D}+ABCD$。

解：$Y=A(\overline{B}+\overline{C}+\overline{D})+ABCD=A\overline{BCD}+ABCD=A(\overline{BCD}+BCD)=A$

2. 吸收法

运用吸收律 $A+AB=A$ 可将 AB 项消去，它是利用了基本运算 $[A+AB=A(1+B)=A]$，A 和 B 可以是任何一个复杂的逻辑函数式。

3. 消去法

运用吸收律 $A+\overline{A}B=A+B$，将 $\overline{A}$ 消去。

【例 2-16】 化简逻辑函数 $Y=AD+A\overline{D}+AB+\overline{A}C+BD+A\overline{B}EF+\overline{B}EF$。

解：$Y=A+AB+\overline{A}C+BD+A\overline{B}EF+\overline{B}EF$（利用 $A+AB=A$）

$=A+\overline{A}C+BD+\overline{B}EF$（利用 $A+\overline{A}B=A+B$）

$=A+C+BD+\overline{B}EF$

4. 配项法

利用公式 $A+\overline{A}=1$，增加必要的乘积项（如 $A\overline{A}=0$），或利用 $AB+\overline{A}C+BC=AB+\overline{A}C$，先配项或添加多余项，然后再逐步化简。

【例2-17】 化简逻辑函数 $Y=A\bar{B}+\bar{B}C+\bar{B}\bar{C}+\bar{A}B$。

解法1：$Y=A\bar{B}+\bar{B}C+\bar{B}\bar{C}+\bar{A}B+\bar{A}C$ （增加冗余项 $\bar{A}C$）

$=A\bar{B}+\bar{B}\bar{C}+\bar{A}B+\bar{A}C$ （消去1个冗余项 $\bar{B}C$）

$=\bar{B}\bar{C}+\bar{A}B+\bar{A}C$ （再消去1个冗余项 $A\bar{B}$）

解法2：$Y=A\bar{B}+\bar{B}C+\bar{B}\bar{C}+\bar{A}B+\bar{A}C$ （增加冗余项 $\bar{A}C$）

$=A\bar{B}+\bar{B}\bar{C}+\bar{A}B+\bar{A}C$ （消去1个冗余项 $\bar{B}C$）

$=A\bar{B}+\bar{B}\bar{C}+\bar{A}C$ （再消去1个冗余项 $\bar{A}B$）

逻辑函数的化简结果不是唯一的，最后的表示形式也可能稍有不同。利用公式法化简，有时虽然很简单，但并不都是很方便和很快奏效的，没有固定的步骤可循，需要熟练运用各种公式和定理，以及一定的技巧和经验，有时很难判定化简结果是否最简。所以下面介绍卡诺图化简法，以弥补公式法的不足。

2.6.2 卡诺图化简法

卡诺图化简法是一种比公式法更简便、直观的化简逻辑函数的方法。它是一种图形法，是由美国工程师卡诺（Karnaugh）发明的，适合逻辑函数的变量数 $N\leq 5$ 的逻辑化简。

扫一扫
看视频

1. 卡诺图的构成及特点

卡诺图也叫最小项方格图，它将最小项按一定的规则排列成方格阵列。根据变量的数目n，则应有 2^n 个小方格，每个小方格代表一个最小项。

图2-18a所示是两个变量的卡诺图。行和列的符号相交就以最小项的与逻辑形式记入该方格中。有时为了更简便，我们用"1"表示原变量，用"0"表示反变量，这样就改画成图2-18b的形式，四个小方格中心的数字0、1、2、3就代表最小项的编号。

图2-18 两变量卡诺图

三变量的卡诺图如图2-19所示，方格编号即最小项编号。最小项的排列要求每对几何相邻方格之间仅有一个变量互为反变量，其他变量都相同。逻辑相邻的最小项排列起来就形成循环码。

四变量的最小项图如图2-20所示。卡诺图的主要缺点是随着变量数目的增加，图形迅速复杂化，当逻辑变量在5个以上时，很少使用卡诺图。

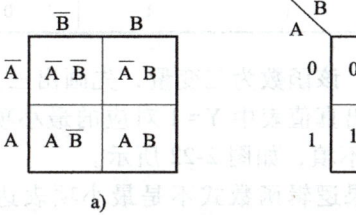

图2-19 三变量卡诺图   图2-20 四变量最小项图

2. 用卡诺图表示逻辑函数

用卡诺图表示逻辑函数时，将函数中出现的最小项，对应的小方格内填入1，没有的项填

0（或不填），以求图像清晰，就可以得到函数的卡诺图。

（1）逻辑函数式是"最小项之和"的形式

【例 2-18】 试画出函数 $Y = \sum m(0, 1, 12, 13, 15)$ 的卡诺图。

解：该函数为四变量，且为最小项表达式，写成简化形式 $Y = m_0 + m_1 + m_{12} + m_{13} + m_{15}$，然后画出四变量卡诺图，如图 2-21 所示。将卡诺图中 m_0、m_1、m_{12}、m_{13}、m_{15} 对应的小方格内填入 1 即可。

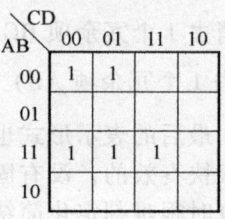

图 2-21 例 2-18 的卡诺图

（2）如果逻辑函数式是真值表，可先将其化成"与或表达式"或直接填入卡诺图

【例 2-19】 已知逻辑函数 Y 的真值表见表 2-8，试画出 Y 的卡诺图。

表 2-8 例 2-19 的真值表

A	B	C	Y	A	B	C	Y
0	0	0	1	1	0	0	1
0	0	1	0	1	0	1	0
0	1	0	1	1	1	0	1
0	1	1	0	1	1	1	0

解：1) 该函数为三变量，先画出三变量卡诺图。

2) 找出真值表中 Y=1 对应的最小项，在卡诺图相应方格中填 1，其余不填，如图 2-22 所示。

3) 如果逻辑函数式不是最小项表达式，不必先转化成最小项表达式，可以用这种方法直接填图，具体方法是，分别找出每一个与项所包含的所有小方格，全部填入 1。

图 2-22 例 2-19 的卡诺图

注意：如果在一个小方格内填了两个 1，最后就以一个 1 代替，因为 1+1=1。

【例 2-20】 用卡诺图表示逻辑函数 $Y = A\bar{B} + B\bar{C}D$。

解：由变量 D 知道，这是一个四变量函数。

由第一项 $A\bar{B}$ 知道，它与 C、D 无关，可以写作 $A\bar{B}\times\times$，在对应 $A\bar{B} = 10$ 的所有小格内填入 1。

由第二项 $B\bar{C}D$ 知道，它与 A 无关，可以写作 $\times B\bar{C}D$，第二列（01 列）符合 $\bar{C}D = 01$；第二行（01 行）和第三行（11 行）符合 B=1，所以在 0101 格和 1101 格内填入 1 即可，如图 2-23 所示。

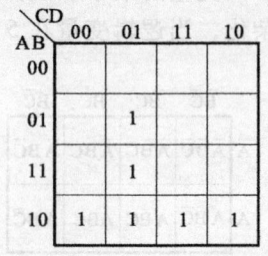

图 2-23 例 2-20 的卡诺图

【例 2-21】 用卡诺图表示逻辑函数 $Y = \bar{A}D + \overline{\bar{A}B(C+BD)}$。

解：1) 将逻辑函数式转化为与或式：$Y = \bar{A}D + \overline{\bar{A}B} + \overline{C+BD} = \bar{A}D + AB + \bar{C}\bar{B}\bar{D}$。

2）做变量卡诺图。

3）根据与或式填图，如图2-24所示。

由第一项 $\overline{A}D$ 知道，它与B、C无关，对应最小项为同时满足 $A=0$，$D=1$ 的方格。

由第二项 AB 知道，它与C、D无关，AB对应最小项为同时满足 $A=1$，$B=1$ 的方格。

由第三项 $\overline{C}BD$ 知道，它与A无关，对应最小项为同时满足 $B=1$，$C=0$，$D=1$ 的方格。

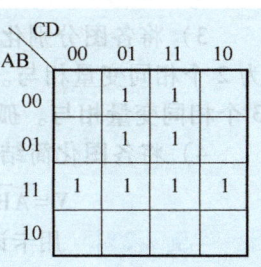

图2-24 例2-21的卡诺图

3. 卡诺图化简法

卡诺图化简的依据是具有相邻性的最小项可以合并，并消去互非的因子。

（1）合并最小项的规律

2个相邻的1方格圈在一起，可合并为一项，并消去1个变量，如图2-25所示。

4个相邻的1方格圈在一起，可合并为一项，并消去2个变量，如图2-26所示。

8个相邻的1方格圈在一起，可合并为一项，并消去3个变量，如图2-27所示。

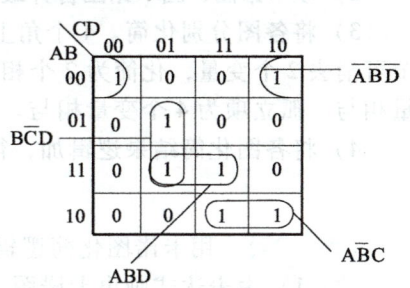

图2-25 2个相邻的最小项合并

总之，2^n 个相邻的1方格圈在一起，可以消去 n 个取值不同的变量而合并为一项。若一个卡诺图中所有的方格都是1方格，则合并后变量全部消去，这项为1。

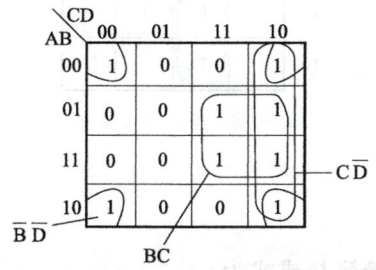

图2-26 4个相邻的最小项合并

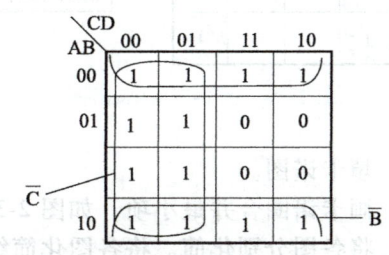

图2-27 8个相邻的最小项合并

（2）用卡诺图化简的步骤

1）根据变量的数目，画出相应方格数的卡诺图。

2）根据逻辑函数式，把所有为"1"的最小项填入卡诺图中。

3）用卡诺圈把相邻的最小项合并，合并时应遵循卡诺圈最大化原则。相邻小方格包括最上行与最下行及最左列与最右列同列或同行两端的两个小方格，即相邻方格包含上下底相邻、左右边相邻和四角相邻。

4）根据所圈的卡诺圈，消去圈内全部互非的变量，每一个圈作为一个与项，将各与项相加，即为化简后的最简与或表达式。

【例2-22】 用卡诺图化简逻辑函数：$F(A,B,C,D)=\sum m(0,2,4,5,6,7,9,15)$。

解：1）由表达式画出卡诺图。

2）填卡诺图，画卡诺圈合并最小项，如图2-28所示。

3) 将各图分别化简。圈4个可消去2个变量，化简为2个相同变量相与。圈2个可消去1个变量，化简为3个相同变量相与。孤立项为4个变量相与。

4) 将各图化简结果逻辑加，得最简与或式为

$$Y = \overline{AB}\,\overline{C}D + BCD + \overline{AB} + \overline{A}\,\overline{D}$$

【例 2-23】 用卡诺图化简逻辑函数：$F(A,B,C,D) = \sum m(0,2,5,7,8,10,12,14,15)$。

解：1) 由表达式画出卡诺图。

2) 填卡诺图，画卡诺圈合并最小项，如图2-29所示。

3) 将各图分别化简。4个角上的最小项循环相邻，消1个剩3个，消2个剩2个。圈4个可消去2个变量，化简为2个相同变量相与。圈2个可消去1个变量，化简为3个相同变量相与。孤立项为4个变量相与。

4) 将各图化简结果逻辑加，得最简与或式为

$$Y = \overline{A}BD + BCD + A\overline{D} + \overline{B}\,\overline{D}$$

【例 2-24】 用卡诺图化简逻辑函数 $Y = \overline{A}\,\overline{B}CD + \overline{A}BC\overline{D} + \overline{A}CD + \overline{A}BC + BD$。

解：1) 由表达式画出卡诺图。

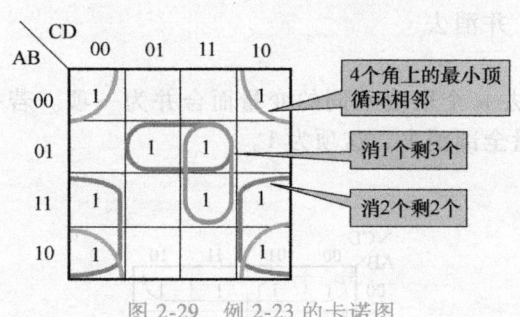

图 2-29 例 2-23 的卡诺图

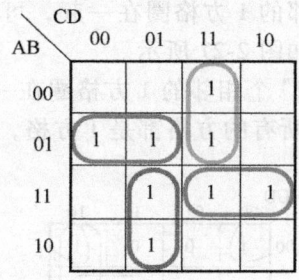

图 2-30 例 2-24 的卡诺图

2) 填卡诺图。

3) 画卡诺圈合并最小项，如图2-30所示。

4) 将各图分别化简。将各图化简结果逻辑加，得最简与或式为

$$Y = \overline{A}BC + \overline{A}CD + ABC + A\overline{C}D$$

（3）有时需要比较、检查才能写出最简与或表达式

在某些情况下，最小项的圈法不唯一，虽然它们同样都包含了全部最小项，但是谁是最简单的，需要比较、检查才能确定。而且有时还会出现几个表达式都是最简式的情况。

【例 2-25】 已知函数真值表见表2-9，试用卡诺图法求其最简与或式。

表 2-9 例 2-25 的真值表

A	B	C	Y	A	B	C	Y
0	0	0	1	1	0	0	1
0	0	1	1	1	0	1	0
0	1	0	0	1	1	0	1
0	1	1	1	1	1	1	1

解：1）画函数卡诺图。
2）画卡诺圈如图 2-31 所示。
3）化简：$Y = \overline{B}\overline{C} + \overline{A}C + AB$。

注意：该卡诺图还有其他画圈法，如图 2-32 所示。可见，最简结果未必唯一。

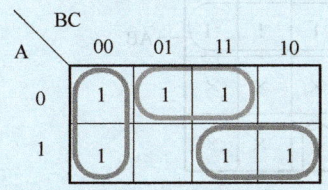

图 2-31 例 2-25 的卡诺图

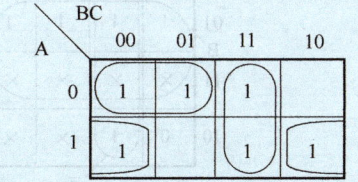

图 2-32 例 2-25 的另一种卡诺图

思考与练习

2.6-1 化简逻辑函数的目的是什么？公式法和卡诺图化简法各有何优缺点？

2.6-2 最简与或表达式的标准是什么？

2.6-3 卡诺图化简法所依据的基本原理是什么？

2.6-4 卡诺图两侧变量取值的标注次序应遵守什么规则？

2.7 具有无关项的逻辑函数及其化简

无关项是特殊的最小项，这种最小项所对应的变量取值组合或者不允许出现或者根本不会出现。例如 8421 BCD 码取值为 0000~1001 共 10 个状态，而 1010~1111 这 6 个状态是不允许出现的，把不允许出现的输入变量的取值组合称为约束项。把根本不会出现的变量取值组合称为任意项。例如，在联动互锁开关系统中，各个开关的状态是互相排斥的，每次只能闭合一个开关，即其中一个开关闭合时，其余开关必须断开。因此在这种系统中，两个以上的开关同时闭合的情况在客观上是不存在的。

无关项（约束项和任意项）的取值对逻辑函数没有任何影响，不影响系统的逻辑功能。因此，无关项的取值取 0 还是取 1 可以根据使逻辑函数尽量得到化简而定。无关项在卡诺图中用符号"×"来表示其逻辑值。在逻辑函数式中用 $\sum d(\cdots)$ 表示。具有无关项的逻辑函数的化简步骤如下：

1）填入具有无关项的逻辑函数的卡诺图。
2）画卡诺圈合并（无关项画"×"，使化简结果简化的视为"1"，否则视为"0"）。
3）写出化简结果。

【例 2-26】某逻辑函数输入是 8421 BCD 码（即不可能出现 1010~1111 这 6 种输入组合），其逻辑函数式为 $Y(A,B,C,D) = \sum m(1,4,5,6,7,9) + \sum d(10,11,12,13,14,15)$，用卡诺图法化简该逻辑函数。

解：1）画出四变量卡诺图。将 1、4、5、6、7、9 号小方格填入 1；将 10、11、12、13、14、15 号小方格填入"×"。

2）合并最小项。与 1 方格圈在一起的无关项被当作 1，没有圈的无关项被当作 0，如图 2-33a 所示。注意，1 方格不能漏。"×"方格根据需要，可以圈入，也可以放弃。

3）写出逻辑函数的最简与或表达式为

$$Y = B + \overline{C}D$$

如果不考虑无关项，如图 2-33b 所示，写出表达式为 $Y = \overline{A}B + \overline{B}\,\overline{C}D$，可见不是最简。

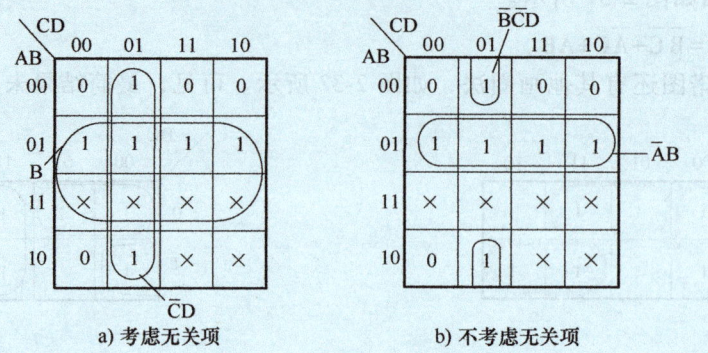

图 2-33　例 2-26 的卡诺图

思考与练习

2.7-1　什么是约束项、任意项和逻辑函数中的无关项？

2.7-2　将一个约束项写入逻辑函数式或者不写入逻辑函数式，对函数的输出是否有影响？

2.7-3　怎样利用无关项才能得到更简单的逻辑函数化简结果？

2.8　应用案例

图 2-34 所示为简易四人抢答器电路。初始状态（无开关按下）时，a、b、c、d 端均为低电平，各与非门的输出端为高电平，反相器的输出则都为低电平（小于 0.7V），因此全部发光二极管都不亮。当某一开关被按下后（如开关 A 按下后），则与其连接的与非门的输入端变为高电平，与非门的输出端与其他 3 个与非门的输入端相连，它输出的低电平维持其他 3 个与非门输出高电平，因此反相后其他发光二极管都不亮。

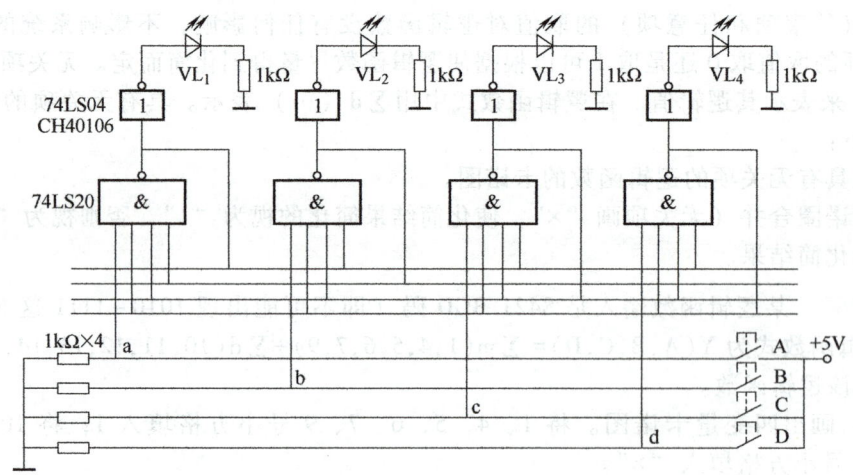

图 2-34　简易四人抢答器电路

本　章　小　结

1）逻辑代数是分析和设计数字电路的重要工具。利用逻辑代数，可以把实际逻辑问题抽象为逻辑函数来描述，并且可以用逻辑运算的方法，解决逻辑电路的分析和设计问题。

2）与、或、非是三种基本逻辑关系，也是三种基本逻辑运算。与非、或非、与或非、异或、同或则是由与、或、非三种基本逻辑运算复合而成的五种常用逻辑运算。逻辑代数的基本公式和运算规则是逻辑运算的基础。

3）逻辑函数通常有五种表示方式，即真值表、逻辑函数式、逻辑图、波形图和卡诺图，它们之间是可以互相转换的。

4）逻辑代数的公式和定理是推演、变换及化简逻辑函数的依据。

5）逻辑函数的化简有公式法和图形法等。公式法是利用逻辑代数的公式、定理和规则来对逻辑函数化简，这种方法适用于各种复杂的逻辑函数，但需要熟练地运用公式和定理，且具有一定的运算技巧。图形法就是利用函数的卡诺图来对逻辑函数化简，这种方法简单直观，容易掌握，但变量太多时卡诺图太复杂，图形法就不再适用。在对逻辑函数化简时，充分利用无关项可以得到十分简单的结果。

能力检测题

一、单选题

1. 以下表达式中符合逻辑运算法则的是（　　）。
 A. $C \cdot C = C^2$　　B. $1+1=10$　　C. $0<1$　　D. $A+1=1$

2. 当逻辑函数有 n 个变量时，共有（　　）个变量取值组合。
 A. n　　B. $2n$　　C. n^2　　D. 2^n

3. 逻辑函数的表示方法中不具有唯一性的是（　　）。
 A. 真值表　　B. 波形图　　C. 逻辑图　　D. 卡诺图

4. 和逻辑函数式 $\overline{AB}$ 表示不同逻辑关系的逻辑函数式是（　　）。
 A. $\overline{A}+\overline{B}$　　B. $\overline{A} \cdot \overline{B}$　　C. $\overline{A} \cdot B + \overline{B}$　　D. $A\overline{B}+\overline{A}$

5. 下列逻辑函数式中，正确的是（　　）。
 A. $\overline{A \oplus B} = A \odot B$　　B. $A+A=1$　　C. $A \cdot \overline{A}=0$　　D. $A \cdot A=1$

6. 与逻辑函数式 $\overline{A}+ABC$ 相等的式子是（　　）。
 A. ABC　　B. $1+BC$　　C. A　　D. $\overline{A}+BC$

7. 根据反演定理，逻辑函数 $F=\overline{\overline{A}\overline{B}+CD}$ 的反函数 $\overline{F}=$（　　）。
 A. $\overline{AB+\overline{C}\overline{D}}$　　B. $(A+B) \cdot (\overline{C}+\overline{D})$　　C. $(A+B)+(\overline{C}+\overline{D})$　　D. $\overline{A+B\overline{C}+D}$

8. 逻辑函数 $F=AB+B\overline{C}$ 的对偶式 $F'=$（　　）。
 A. $(\overline{A}+\overline{B})(\overline{B}+C)$　　B. $(A+B)(B+\overline{C})$　　C. $\overline{A}+\overline{B}+C$　　D. $\overline{A}\overline{B}+\overline{B}C$

9. 标准或与式是由（　　）构成的逻辑函数式。
 A. 与项相或　　B. 最小项相或　　C. 最大项相与　　D. 或项相与

10. $AB\overline{C}+\overline{A}D$ 在四变量卡诺图中有（　　）个小方格是"1"。
 A. 13　　B. 12　　C. 6　　D. 5

二、判断题（正确的打√，错误的打×）

1. 逻辑变量的取值，1 比 0 大。（　　）
2. 异或函数与同或函数在逻辑上互为反函数。（　　）
3. 每个最小项都是各变量相"与"构成的，即 n 个变量的最小项含有 n 个因子。（　　）
4. 逻辑函数两次求反则还原，逻辑函数的对偶式再做对偶变换也还原为它本身。（　　）
5. 逻辑函数 $Y=A\overline{B}+\overline{A}B+\overline{B}C+B\overline{C}$ 已是最简与或表达式。（　　）
6. 若两个函数具有相同的真值表，则两个逻辑函数必然相等。（　　）
7. 若两个函数具有不同的逻辑函数式，则两个逻辑函数必然不相等。（　　）
8. 在逻辑运算中，"与"逻辑的符号级别最高。（　　）
9. 利用约束项化简时，将全部约束项都画入卡诺图，可得到函数的最简形式。（　　）

扫一扫
看答案

10. 卡诺图中为1的方格均表示逻辑函数的一个最小项。（ ）

三、填空题

1. 逻辑代数又称为（ ）代数。最基本的逻辑关系有（ ）、（ ）、（ ）三种。常用的复合逻辑运算为（ ）、（ ）、（ ）、（ ）、（ ）。

2. 逻辑代数中与普通代数相似的定律有（ ）、（ ）、（ ）。摩根定律又称为（ ）。

3. 逻辑代数的三个重要定理是（ ）、（ ）、（ ）。

4. 逻辑函数 $F = \overline{A} + B + \overline{CD}$ 的反函数 $\overline{F} = ($ $)$。

5. 逻辑函数 $F = A(B+C) \cdot 1$ 的对偶函数是（ ）。

6. 两输入与非门输入为01时，输出为（ ）。两输入或非门输入为01时，输出为（ ）。

7. 根据（ ）定理可从 $\overline{AB} = \overline{A} + \overline{B}$ 可得到 $\overline{ABC} = \overline{A} + \overline{B} + \overline{C}$。

8. 逻辑函数 $F = \overline{A}\,\overline{B}\,\overline{C}\,\overline{D} + A + B + C + D = ($ $)$。

9. 逻辑函数 $F = \overline{AB} + \overline{A}B + \overline{A}\,\overline{B} + AB = ($ $)$。

10. 已知函数的对偶式为 $A\overline{B} + \overline{CD} + \overline{B}C$，则它的原函数为（ ）。

四、综合题

1. 求函数 $F = A\overline{B} + C(\overline{A} + D)$ 的反函数。

2. 求下列函数的对偶式。

   （1） $Y = A\overline{B} \cdot \overline{CD} \cdot \overline{DAB}$ 　　　　（2） $Y = \overline{A + \overline{C} + B + \overline{C} + \overline{A} + B + B + C}$

3. 用基本定理和公式证明下列等式。

   （1） $ABC + A\overline{B}C + AB\overline{C} = AB + AC$ 　　（2） $AB + \overline{AC} + \overline{B}C = AB + C$

   （3） $BC + D + \overline{D}(\overline{B} + \overline{C})(DA + B) = B + D$ 　（4） $(A+B)(A+\overline{B})(\overline{A}+B)(\overline{A}+\overline{B}) = 0$

   （5） $A \oplus B \oplus C = A \odot B \odot C$

4. 试用与非门实现逻辑函数 $L = AB + BC$。

5. 写出图 2-35 所示逻辑电路的与或表达式，并列出真值表。

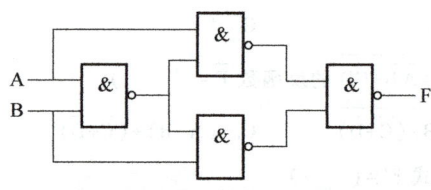

图 2-35　综合题 5 图

6. 用逻辑代数的基本公式和常用公式将下列逻辑函数化为最简与或形式。

   （1） $Y = A\overline{B} + B + \overline{A}B$ 　　　　　　　（2） $Y = \overline{AB}C + \overline{A} + B + \overline{C}$

   （3） $Y = \overline{A}BC + A\overline{B}$ 　　　　　　　　（4） $Y = \overline{A}BCD + ABD + \overline{A}C\overline{D}$

   （5） $Y = A\overline{B}(\overline{A}CD + AD + \overline{B}\overline{C})(\overline{A} + B)$ 　（6） $Y = AC(\overline{CD} + \overline{AB}) + BC\,\overline{\overline{B} + AD + CE}$

   （7） $Y = A\overline{C} + ABC + AC\overline{D} + CD$ 　　　（8） $Y = \overline{A + B + \overline{C}}(\overline{A} + \overline{B} + C)(A + B + C)$

   （9） $Y = B\overline{C} + ABCE + \overline{B}\,\overline{A}D + AD + B(\overline{AD} + \overline{A}D)$

   （10） $Y = AC + A\overline{C}D + AB\overline{E}F + B(D \oplus E) + \overline{BC}DE + BC\overline{D}E + ABEF$

7. 用公式法化简下列逻辑函数式。

   （1） $F = ABC + \overline{BC}$ 　　　　　　　　（2） $F = A\overline{B}(A+B)$

   （3） $F = AB + \overline{A}C + BC$ 　　　　　　　（4） $F = ABCD + \overline{BC} + \overline{AD}$

   （5） $F = \overline{C}D + C\overline{D} + \overline{CD} + CD$ 　　　　（6） $F = \overline{A}BD + AB\overline{C} + A$

8. 列出逻辑函数 $Y = A\overline{B} + \overline{BC}$ 的真值表。

9. 用公式法化简逻辑函数。

(1) $F = AB + \overline{A}C + \overline{B}C + \overline{A}BCD$ (2) $F = AB + \overline{A}C + \overline{B}C + \overline{C}D + \overline{D}$

(3) $F = \overline{A}\overline{B} + AC + \overline{C}D + \overline{B}\overline{C}D + BCE + \overline{B}CE + BCDFG$

(4) $F = AB\overline{C} + BD + B\overline{C} + \overline{C}\overline{D} + A\overline{C}E + \overline{B}E + CDE$

10. 将 $F = A\overline{B} + A(\overline{B}C + B\overline{C})$ 写成为最小项表达式。

11. 将 $F = AB\overline{C} + \overline{A}BC + AC$ 化为最简与或式。

12. 试用卡诺图法将逻辑函数化为最简与或式。

(1) $F(A,B,C) = \sum m(0,1,2,4,5,7)$

(2) $F(A,B,C,D) = \sum m(4,5,6,7,8,9,10,11,12,13)$

(3) $F(A,B,C,D) = \sum m(0,2,4,5,6,7,12) + \sum d(8,10)$

(4) $F(A,B,C,D) = \sum m(5,7,13,14) + \sum d(3,9,10,11,15)$

13. 用卡诺图化简逻辑函数 $Y = B\overline{C}D + \overline{A}BCD + A\overline{B}\,\overline{C}D$，给定约束条件为 $CD + \overline{C}\,\overline{D} = 0$。

14. 用卡诺图将下列函数化为最简与或式。

(1) $Y = ABC + ABD + \overline{C}\overline{D} + A\overline{B}C + \overline{A}CD + A\overline{C}D$

(2) $Y = A\overline{B} + \overline{A}C + BC + \overline{C}D$

(3) $Y = \overline{A}B + \overline{B}\overline{C} + \overline{A} + \overline{B} + ABC$

(4) $Y = \overline{A}\,\overline{B} + AC + \overline{B}C$

15. 将下列函数化为最简与或函数式。

(1) $Y = (A\overline{B} + B)\overline{C}D + (A+B)(\overline{B}+C)$，给定约束条件为 $ABC + ABD + ACD + BCD = 0$

(2) $Y(A,B,C,D) = \sum (m_3, m_5, m_6, m_7, m_{10})$，给定约束条件为 $m_0 + m_1 + m_2 + m_4 + m_8 = 0$

(3) $Y(A,B,C) = \sum (m_0, m_1, m_2, m_4)$，给定约束条件为 $m_3 + m_5 + m_6 + m_7 = 0$

第 3 章 门电路

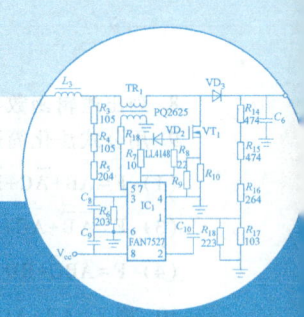

知识图谱（★表示重点，△表示难点）

```
         ┌ 3.1 概述 ┬ 门电路的常用类型 ┬ 双极型逻辑门TTL
         │          │                  └ 单极型逻辑门CMOS
         │          ├ 高低电平的实现
         │          └ 正逻辑与负逻辑
         │
         ├ 3.2 半导体器件开关特性 ┬ 二极管：单向导电性
         │                        ├ 晶体管：截止与饱和状态
         │                        └ 场效应晶体管：截止与导通状态
         │
         ├ 3.3 分立元件门电路 ┬ 基本逻辑门电路
门        │                    └ 复合逻辑门电路
电        │
路        ├ 3.4 TTL门电路 ┬ 基本门电路：与门、或门、非门
         │    (★，△)     ├ 常用门电路：与非门、或非门、与或非门、异或门
         │                 └ 特殊门电路 ┬ 集电极开路门(OC门)：实现线与
         │                              └ 三态门(TS门)：高电平、低电平、高阻态
         │
         ├ 3.5 CMOS门电路 ┬ 基本门电路：与门、或门、非门
         │    (★，△)      ├ 常用门电路：与非门、或非门、与或非门、异或门
         │                  └ 特殊门电路 ┬ 漏极开路门(OD门)：实现线与
         │                               ├ 三态门(TS门)：高电平、低电平、高阻态
         │                               └ 传输门：双向传输
         │
         ├ 3.6 集成逻辑门电路的应用
         └ 3.7 应用案例
```

　　本章着重介绍三个方面的内容：一是二极管、晶体管和场效应晶体管（MOS 管）的开关特性；二是分立元件门电路；三是集成逻辑门电路的两种主要类型 TTL 和 CMOS 门电路的工作原理、逻辑功能及外部特性，同时对内部结构也做了简要介绍，为实际使用这些器件进行逻辑设计打下基础。

【学习目标】

1. 知识目标
1) 了解二极管、晶体管、场效应晶体管的开关特性。
2) 掌握各种 TTL 和 CMOS 门的逻辑功能、逻辑符号、输出逻辑函数式。
3) 熟悉掌握 OC 门及 OD 门上拉电阻的求法和各种门电路的逻辑功能。

2. 能力目标
1) 具有求解 OC 门及 OD 门上拉电阻的能力。
2) 具有正确使用逻辑门的能力。

3. 素质目标
1) 在组合逻辑电路中各功能的实现依靠的是电路中的每个门电路，每个门电路只可以实现一个功能，只有将所有功能叠加在一起，才能构成一套完整的逻辑。少年强则国强，我们要做有理想、敢担当、能吃苦、肯奋斗的新时代好青年，成为担当民族复兴大任的时代新人。

2) 在学习集成门电路这部分知识时，要深刻理解产业的核心技术才是国之重器，科技强则国家强、民族兴，而依赖别人就会受制约，我们要发奋学习，刻苦钻研技术，掌握扎实的专业知识，具有核心竞争力，努力创新，为实现中华民族伟大复兴的中国梦而努力。

3.1 概述

能够实现基本和常用逻辑运算的电路为逻辑门电路，简称门电路。所谓门就是一种开关，它能按照一定的条件去控制信号是否通过。在用门电路实现逻辑运算时，用输入端的电压或电平表示自变量，用输出端的电压或电平表示因变量。当输入条件满足时，门电路开启，按一定逻辑关系输出信号；否则，门电路关闭。门电路是组成数字电路的基本逻辑单元，触发器、计数器、寄存器等都是由门电路组成的。门电路在自动程序控制和自动检测电路中也有着重要的作用。

3.1.1 门电路的常用类型

在最初的数字逻辑电路中，门电路是用若干分立的半导体器件和电阻、电容连接而成的。用这种单元电路组成大规模的数字电路是非常困难的，这就严重地制约了数字电路的普遍应用。1961年美国德克萨斯仪器公司率先将数字电路的元器件制作在同一硅片上，制成了数字集成电路（Integrated Circuits，IC）。由于集成电路体积小、重量轻、可靠性好，因而在众多领域里迅速取代了分立元件组成的数字电路。

数字集成电路的规模一般是根据门的数目来划分的。小规模集成电路（SSI）约为10个门，中规模集成电路（MSI）约为100个门，大规模集成电路（LSI）约为1万个门，而超大规模集成电路（VLSI）则为100万个门，构成功能复杂的"片上系统"。

集成逻辑门电路按功能特点不同分普通门（推拉式输出）、输出开路门、三态门、CMOS传输门。从制造工艺上可以将目前使用的数字集成电路分为双极型、单极型和混合型三种。应用最广的是双极型和单极型逻辑门。

1. 双极型逻辑门

双极型逻辑门主要有晶体管-晶体管逻辑（TTL）、射极耦合逻辑（ECL）和集成注入逻辑（I^2L）三种。TTL速度快、抗干扰能力和带负载能力强、功耗大、集成度较低，不适合做成大规模集成电路，在小规模集成电路中应用广泛。ECL速度快、带负载能力强、功耗大，主要用于高速中小规模集成电路。I^2L面积小、功耗低、速度慢、抗干扰能力弱，适合做成大规模集成逻辑门。

2. 单极型逻辑门

单极型逻辑门以MOS作为开关器件，分为PMOS逻辑门、NMOS逻辑门和CMOS逻辑门。CMOS采用了NMOS和PMOS互补电路，所以速度比NMOS更快、功耗更小。虽然它的制造工艺比较复杂，但其优点非常突出，在数字系统中逐渐占据了主导地位。目前，使用最广泛的是TTL和CMOS集成门电路。

3.1.2 高低电平的实现

数字系统中所用的二值逻辑1和0，一般利用半导体开关器件的截止、导通（即开、关）两种工作状态获得高、低电平，用图3-1中的两个电路说明。在图3-1a所示的单开关电路中，当开关S断开时，输出电压$u_o = V_{CC}$，为高电平"1"；当开关闭合时，输出电压$u_o = 0$，为低电平"0"；只要能通过输入信号u_i控制二极管或晶体管工作在截止和导通两个状态，它们就可以起到开关S的作用。

单开关电路功耗较大，当S闭合使u_o为低电平时，电源电压全部加在电阻R上，消耗在R上的功率为V_{CC}^2/R。目前出现互补开关电路（如CMOS门电路），即用一个管子代替图3-1a中的电阻，如图3-1b所示。互补开关电路的原理为：开关S_1和S_2受同一输入信号u_i的控制，而且闭合和断开的状态相反。当 S_1 闭合时，S_2 断开，输出为高电平"1"；相反当 S_1 断开时，S_2 闭合，输出为低电平"0"。互补开关电路由于两个开关总有一个是断开的，流过的电流为零，故电路的功耗非常低，因此在数字电路中得到了广泛的应用。

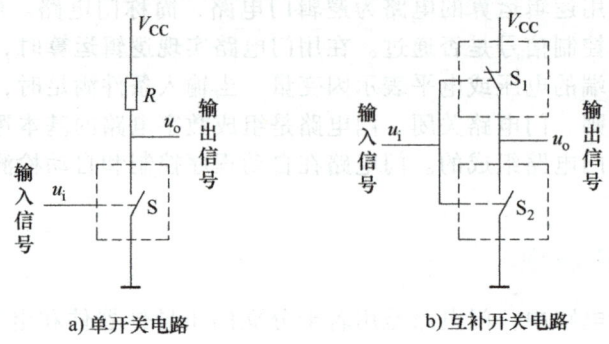

a) 单开关电路　　　　　　b) 互补开关电路

图 3-1　高低电平实现原理电路

3.1.3　正逻辑与负逻辑

若规定以"1"表示高电平逻辑，"0"表示低电平逻辑，这种规定称为正逻辑。反之，若规定"1"表示低电平逻辑，"0"表示高电平逻辑，这种规定称为负逻辑，如图 3-2 所示。

同一个门电路，若逻辑规定不同，可能表现不同的逻辑功能。则按正逻辑规定，它是与门，则按负逻辑规定是或门。在数字系统的逻辑设计中，若采用 NPN 型管和 NMOS 管，电源电压是正值，一般采用正逻辑。若采用的是 PNP 型管和 PMOS 管，电源电压为负值，则采用负逻辑比较方便。目前在数字技术中，实际电路中大都采用正逻辑工作，本书采用正逻辑。

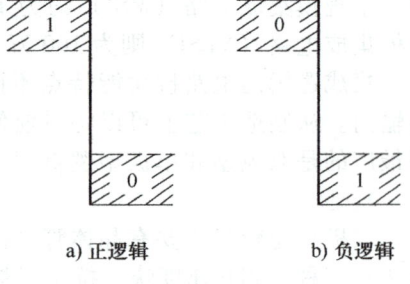

a) 正逻辑　　　　b) 负逻辑

图 3-2　正负逻辑示意图

在数字电路中由于采用高低电平，并且高低电平都有一个允许的范围，故对元器件的精度和电源的稳定性的要求都比模拟电路要低，抗干扰能力也强。

思考与练习

3.1-1　集成门电路按内部有源器件可分为几类？
3.1-2　门电路按集成度可分为几类？
3.1-3　什么是高电平？什么是低电平？
3.1-4　什么是正逻辑？什么是负逻辑？

扫一扫
看视频

3.2　半导体器件开关特性

在模拟电路中，二极管工作在正向导通或反向截止状态，晶体管工作在放大状态。在数字电路中，二极管、晶体管和场效应晶体管往往工作于截止或饱和状态，即工作于"开"或"关"的状态，是构成电子开关的基本器件。

3.2.1　半导体二极管的开关特性

半导体二极管是一种具有单向导电特性的半导体器件。当给二极管外加一定的正向电压时，二极管正偏导通，正向电阻很小；当外加反向电压时，二极管反偏截止，反向电阻很大，可近似看成一个开关。图 3-3 所示是硅半导体二极管的结构和伏安特性，它具有下列开关特性。

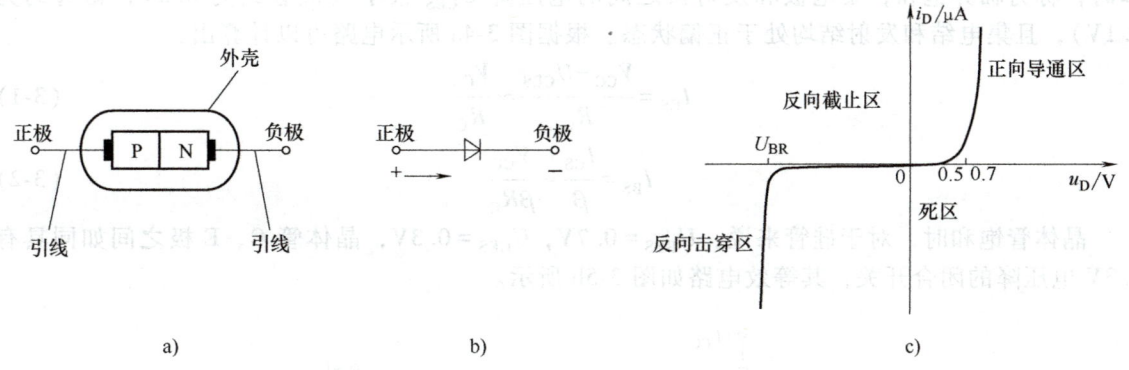

图 3-3　硅半导体二极管的结构和伏安特性

1. 截止

当外加电压 $u_D < 0.5V$ 时，二极管工作在死区，二极管截止，$i_D \approx 0$，如同一个断开的开关。当外加反向电压大于 U_{BR} 时反向饱和电流会急剧增加，二极管就会因过热而击穿损坏。

2. 导通

当外加正向电压 $u_D > 0.7V$ 时，二极管导通，而且一旦导通之后，就可近似地认为 $u_D \approx 0.7V$ 不变，如同一个具有 0.7V 电压降的闭合的开关。

3.2.2　晶体管的开关特性

在数字电路中，晶体管作为电子开关工作在截止和饱和状态，即工作于"开"或"关"的状态。NPN 型晶体管开关电路如图 3-4a 所示。晶体管 C、E 两极之间相当于开关，其饱和及截止状态相当于开关的闭合及断开。晶体管的输出特性曲线如图 3-4b 所示。晶体管有截止、放大、饱和三种工作状态。

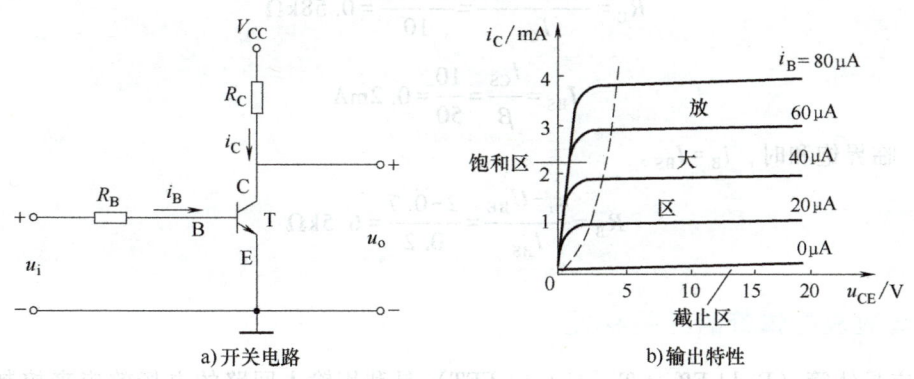

图 3-4　晶体管开关电路及输出特性

1. 截止

当输入信号使 $u_{BE} < U_T = 0.7V$ 时（NPN 型管），发射结和集电结均处于反向偏压下；$i_B \leq 0$，$i_C \approx 0$，晶体管截止，相当一个断开的开关。输出为高电平，输出特性如图 3-4b 所示，其等效电路如图 3-5a 所示。

2. 饱和

随着输入电压 u_i（正电压）增大，当 $i_B \geq I_{BS}$（I_{BS} 称为临界饱和基极电流）时，i_B 增大，i_C 不再增大，i_C 达到最大值 I_{CS}（I_{CS} 称为集电极饱和电流），晶体管进入饱和区。电路刚好饱和时，称为临界饱和，集电极和发射极之间的电压降 U_{CES} 很小（硅管约为 0.3V，锗管约为 0.1V），且集电结和发射结均处于正偏状态。根据图 3-4a 所示电路可以计算出：

$$I_{CS} = \frac{V_{CC} - U_{CES}}{R_C} \approx \frac{V_{CC}}{R_C} \quad (3-1)$$

$$I_{BS} = \frac{I_{CS}}{\beta} \approx \frac{V_{CC}}{\beta R_C} \quad (3-2)$$

晶体管饱和时，对于硅管来说，$U_{BES} = 0.7V$，$U_{CES} = 0.3V$，晶体管 C、E 极之间如同具有 0.3V 电压降的闭合开关，其等效电路如图 3-5b 所示。

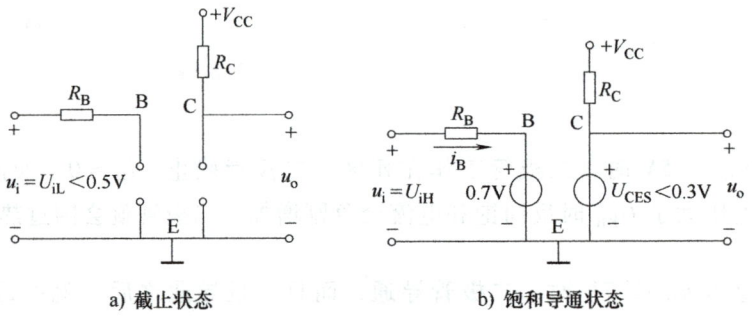

a）截止状态   b）饱和导通状态

图 3-5 硅晶体管直流等效电路

【例 3-1】 一个电路如图 3-4a 所示。（1）已知 $V_{CC} = 6V$，$U_{CES} = 0.2V$，$I_{CS} = 10mA$，求集电极电阻 R_C 的值。（2）已知晶体管的 $\beta = 50$、$U_{BE} = 0.7V$，输入高电平 $u_i = 2V$，当电路处于临界饱和时，R_B 值应是多少？

解：（1）

$$R_C = \frac{V_{CC} - U_{CES}}{I_{CS}} = \frac{6 - 0.2}{10} = 0.58 \text{k}\Omega$$

$$I_{BS} = \frac{I_{CS}}{\beta} = \frac{10}{50} = 0.2 \text{mA}$$

（2）临界饱和时，$i_B = I_{BS}$。

$$R_B = \frac{u_i - U_{BE}}{I_{BS}} = \frac{2 - 0.7}{0.2} = 6.5 \text{k}\Omega$$

3.2.3 场效应晶体管的开关特性

场效应晶体管（Field Effect Transistor，FET）是利用输入回路的电场效应来控制输出回路电流的一种半导体器件，并以此命名。由于它仅靠半导体中的多数载流子导电，又称单极型晶体管。FET 又分为绝缘栅型场效应晶体管（IGFET）和结型场效应晶体管（JFET）两种类型。结型用于线性电路，绝缘栅型用于数字电路。现常用的绝缘栅型场效应晶体管是由金属-氧化物-半导体组成的，故又简称为 MOS（Metal-Oxide-Semiconductor）管。根据导电沟道不同，MOS 管可分为 N 沟道和 P 沟道两类，简称为 NMOS 管和 PMOS 管，每一类又分为增强型和耗尽型两种。栅-源电压 u_{GS} 为零时漏极电流也为零的管子属于增强型管；栅-源电压 u_{GS} 为零时漏极电流不为零的管子属于耗尽型管。下面以 N 沟道增强型 MOS 管（增强型 NMOS 管）为例介绍其开关特性。

N 沟道增强型 MOS 管的输入输出特性曲线如图 3-6a 所示，开关电路如图 3-6b 所示。N 沟道增强型 MOS 管的开关特性如下：

1. 截止

当 $u_i = u_{iL} < U_T$（$U_T > 0$，为开启电压）时，NMOS 管截止，因为漏极和源极之间还未形成导电沟道，NMOS 管如同一个断开的开关。$i_D = 0$，$u_o = V_{DD} - i_D R_D \approx V_{DD} = V_{OH}$。漏极 D 和源极 S 间呈现高电阻，约为 $10^9 \Omega$ 以上，相当于开关断开，其等效电路如图 3-6c 所示。

2. 导通

当 $u_i = u_{iH} > U_T$ 时，NMOS 管是导通的，在数字电路中，NMOS 管导通时，一般都工作在可变电阻区，其导通电阻 R_{ON} 只有几百欧，较小。由于场效应晶体管的导通电阻 $R_{ON} \ll R_D$，所以输出电压 $u_o = \dfrac{R_{ON}}{R_D + R_{ON}} V_{DD} = V_{OL} \approx 0$，即输出低电平。D 极与 S 极之间相当于开关闭合，如图 3-6d 所示。

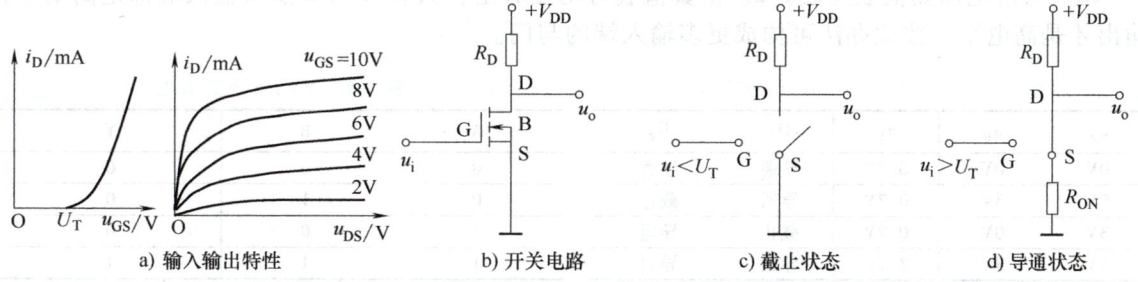

a) 输入输出特性　　b) 开关电路　　c) 截止状态　　d) 导通状态

图 3-6　N 沟道增强型 MOS 管的输出特性和开关特性

思考与练习

3.2-1 二极管作为开关应用时，呈现的瞬态开关特性与理想开关有哪些区别？

3.2-2 什么是晶体管的饱和状态？如何判断晶体管处于导通、饱和和截止状态？

3.2-3 数字电路中的晶体管工作在何种工作状态？它与放大电路中的晶体管有何不同？

3.2-4 数字电路中的场效应晶体管工作在何种工作状态？如何判断 MOS 管所处的工作状态？

3.3　分立元件门电路

由分立的半导体二极管、晶体管和 MOS 管以及电阻等元器件组成的门电路，称为分立元件门电路。

扫一扫
看视频

3.3.1　基本逻辑门电路

在数字电路中，门电路就是实现输入信号与输出信号之间逻辑关系的电路。用输入端的电压或电平表示自变量，用输出端的电压或电平表示因变量。最基本的逻辑门是与门、或门和非门。

1. 二极管与门电路

实现与逻辑关系的电路称为与门。由二极管构成的双输入与门电路及其符号如图 3-7 所示。图中 A、B 为输入信号，它们的高电平是 3V，低电平是 0V。Y 为输出信号。

1) $u_A = u_B = 0V$。此时二极管 D_1 和 D_2 都导通，$u_Y = u_A + u_{D1} = u_B + u_{D2} = 0 + 0.7 = 0.7V$。

2) $u_A = 0V$、$u_B = 3V$。此时二极管 D_1 优先导通，$u_{D1} = u_A + u_{D1} = 0 + 0.7 = 0.7V$，$u_{D2} = u_Y - u_B = 0.7 - 3 = -2.3V$，二极管 D_2 承受的是反向电压，故截止。通常二极管导通之后，如果其阴极电位是不变的，那么就把它的阳极电位固定在比阴极高 0.7V 的电位上；如果其阳极电位是不变的，那么就把它的阴极电位固定在比阳极低 0.7V 的电位上，人们将导通后二极管的这种作用称为钳位。由于钳位作用，$u_Y = u_A + u_{D1} = 0 + 0.7 = 0.7V$。

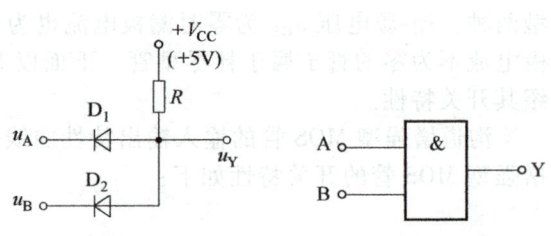

a) 二极管双输入与门电路　　b) 电路符号

图 3-7　二极管构成的双输入与门电路及其符号

3) $u_A = 3V$、$u_B = 0V$。此时 D_2 导通，$u_Y = u_B + u_{D1} = 0 + 0.7 = 0.7V$，由于钳位作用，$D_1$ 受反向电压而截止。

4) $u_A = u_B = 3V$。此时二极管 D_1 和 D_2 都导通，$u_Y = 3 + 0.7 = 3.7V$。

把上述分析归纳起来列入表 3-1 中，采用正逻辑，很容易看出它实现与逻辑运算：$Y = A \cdot B = AB$。与门电路真值表见表 3-2。由真值表可明显看出，只有 A 与 B 所有输入端都是高电平，输出才是高电平。按此办法可构成更多输入端的与门。

表 3-1　与门输入输出电压的关系

u_A	u_B	u_Y	D_1	D_2
0V	0V	0.7V	导通	导通
0V	3V	0.7V	导通	截止
3V	0V	0.7V	截止	导通
3V	3V	3.7V	导通	导通

表 3-2　与门电路真值表

A	B	Y
0	0	0
0	1	0
1	0	0
1	1	1

2. 二极管或门电路

实现或逻辑关系的电路称为或门。由二极管构成的双输入或门电路及其符号如图 3-8 所示。

1) $u_A = u_B = 0V$，即均为低电平，D_1 和 D_2 由于导通，$u_Y = -0.7V$。

2) $u_A = 0V$、$u_B = 3V$ 时，D_2 导通，$u_Y = 3 - 0.7 = 2.3V$，D_1 反向偏置截止。

3) $u_A = 3V$、$u_B = 0V$ 时，D_1 导通，$u_Y = 3 - 0.7 = 2.3V$，D_2 反向偏置截止。

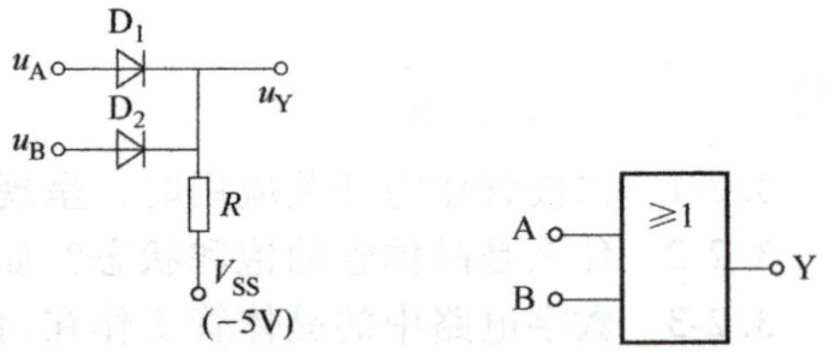

a) 二极管双输入或门电路　　b) 电路符号

图 3-8　二极管构成的双输入或门电路及其符号

4) $u_A = u_B = 3V$，即均为高电平，D_1 和 D_2 都正偏导通，$u_Y = 3 - 0.7 = 2.3V$。

采用正逻辑，即用 0 表示低电平，1 表示高电平，则可由表 3-3 所示的或门输入输出电压的关系再经过设定变量、状态赋值即可列出表 3-4 所示的或门真值表。从表中可以很容易看出它实现或逻辑运算：$Y = A + B$。

表 3-3　或门输入输出电压的关系

u_A	u_B	u_Y	D_1	D_2
0V	0V	-0.7V	导通	导通
0V	3V	2.3V	截止	导通
3V	0V	2.3V	导通	截止
3V	3V	2.3V	导通	导通

表 3-4　或门电路真值表

A	B	Y
0	0	0
0	1	1
1	0	1
1	1	1

同样，可用增加输入端和二极管的方法，构成更多输入端的或门。

3. 晶体管非门（反相器）

图 3-9 所示是由晶体管组成的非门电路，非门又称反相器。晶体管的开关特性已在前文做过详细讨论，这里重点分析它的逻辑关系。仍设输入信号为 +5V 或 0V。此电路只有以下两种工作情况：

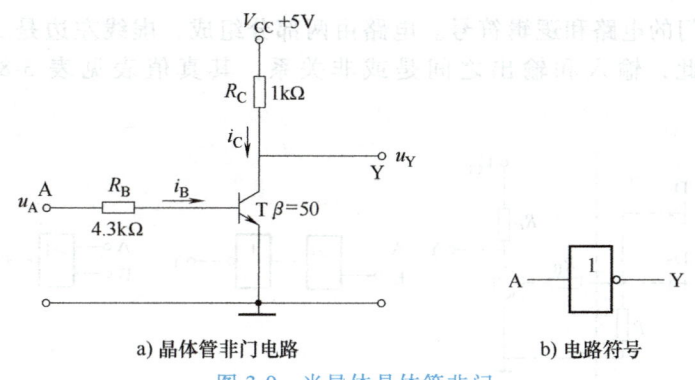

a) 晶体管非门电路　　　　　　　　b) 电路符号

图 3-9　半导体晶体管非门

1) $u_A = 0V$。此时晶体管的发射结电压小于死区电压，满足截止条件，所以晶体管截止，$u_Y = V_{CC} = 5V$。

2) $u_A = 5V$。此时晶体管的发射结正偏，管子导通，只要合理选择电路参数，使其满足饱和条件 $i_B > I_{BS}$，则管子工作于饱和状态，有 $u_Y = V_{CES} = 0.3V \approx 0V$。

把上述分析结果列入表 3-5 中，此电路不管采用正逻辑还是负逻辑，都满足非运算的逻辑关系。表 3-6 是非门电路真值表。

表 3-5　非门输入输出电压的关系

u_A	u_Y
0V	5V
5V	0.3V

表 3-6　非门电路真值表

A	Y
0	1
1	0

若用逻辑函数式来描述，则可写为 $Y = \overline{A}$。

3.3.2　复合逻辑门电路

数字电路中常采用二极管与晶体管的组合，组成与非门、或非门，在带负载能力、工作速度和可靠性方面都大为提高，因此这些复合门电路成为逻辑电路中最常用的基本单元。

1. DTL 与非门电路

图 3-10a 是一种较早期的简单与非门电路，它由二极管与门和晶体管非门串接而成，称为

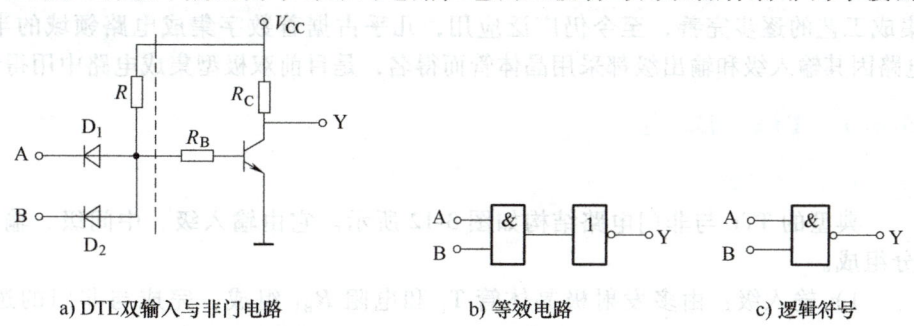

a) DTL双输入与非门电路　　　　b) 等效电路　　　　c) 逻辑符号

图 3-10　DTL 与非门的电路和逻辑符号

二极管-晶体管逻辑门,简称 DTL 电路。图 3-10b 和 c 是它的等效电路和逻辑符号。电路由两部分组成,虚线左边是二极管与门,右边是晶体管非门。因此,输入和输出之间是与非关系,逻辑表达式为 $Y = \overline{AB}$。

其真值表见表 3-7。

2. DTL 或非门电路

图 3-11 为或非门的电路和逻辑符号。电路由两部分组成,虚线左边是二极管或门,右边是晶体管非门。因此,输入和输出之间是或非关系,其真值表见表 3-8。逻辑表达式为 $Y = \overline{A+B}$。

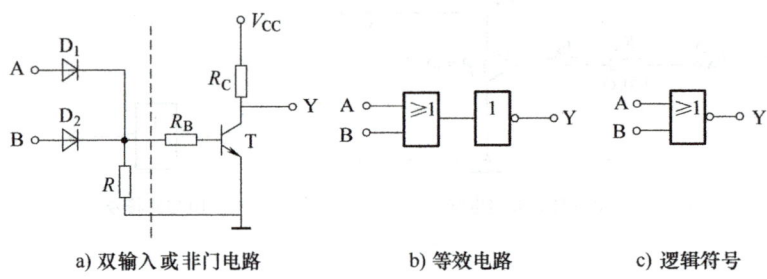

a) 双输入或非门电路　　　　b) 等效电路　　　　c) 逻辑符号

图 3-11　DTL 或非门的电路和逻辑符号

表 3-7　与非门电路真值表

A	B	Y
0	0	1
0	1	1
1	0	1
1	1	0

表 3-8　或非门电路真值表

A	B	Y
0	0	1
0	1	0
1	0	0
1	1	0

思考与练习

3.3-1　试默画出三种基本逻辑门的图形符号。
3.3-2　二极管与门、或门有何优点和缺点?
3.3-3　迅速说出与门、或门和非门的逻辑功能。
3.3-4　基本逻辑门有哪些?

3.4　TTL 门电路

TTL 门电路是一种数字集成电路,这种门电路于 20 世纪 60 年代问世,经过电路结构的不断改进和集成工艺的逐步完善,至今仍广泛应用,几乎占据着数字集成电路领域的半壁江山。TTL 集成电路因其输入级和输出级都采用晶体管而得名,是目前双极型集成电路中用得最多的。

3.4.1　TTL 与非门

1. 电路组成

典型的 TTL 与非门电路结构如图 3-12 所示。它由输入级、中间级、输出级三部分组成。

1) 输入级:由多发射极晶体管 T_1 和电阻 R_{B1} 组成,完成与非门的逻辑功能。可以把多发射极晶体管 T_1 的集电结看成一个二极管,三个发射结看成与集电结背靠背的三个二极管。由此看出输入级是与门，电路结构如图 3-13 所示。输入信号通过发射极晶体管的发射结实现与逻辑：$Y = A \cdot B \cdot C$。

2）中间级（倒相级）：由 T_2 和电阻 R_{C2}、R_{E2} 组成，主要作用是将 T_2 的基极电流放大，为后级提供较大的驱动电流，以增强对输出级的驱动能力。其电路结构是共射组态的基本放大电路，发射极和集电极分别向输出级提供同相和反相的信号，以控制输出级工作。

3）输出级：输出级应有较强的带负载能力，为此将晶体管的集电极负载电阻 R_C 换成由晶体管 T_3、T_4 和电阻 R_{C4}、二极管 D 组成的有源负载。由于 T_3 和 T_4 受两个互补信号 V_{E2} 和 V_{C2} 的驱动，所以在稳态时，它们总是一个导通，另一个截止。这种结构称为推拉式输出级，以提高 TTL 电路的开关速度和带负载能力。

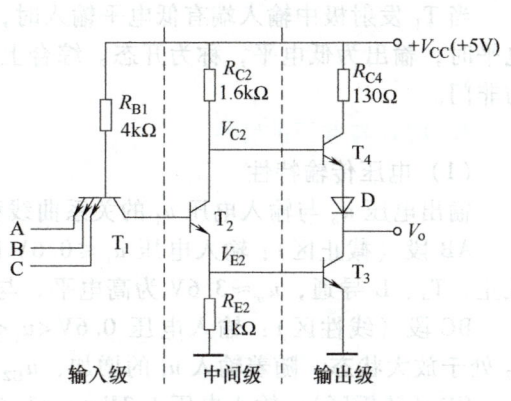

图 3-12　TTL 与非门电路

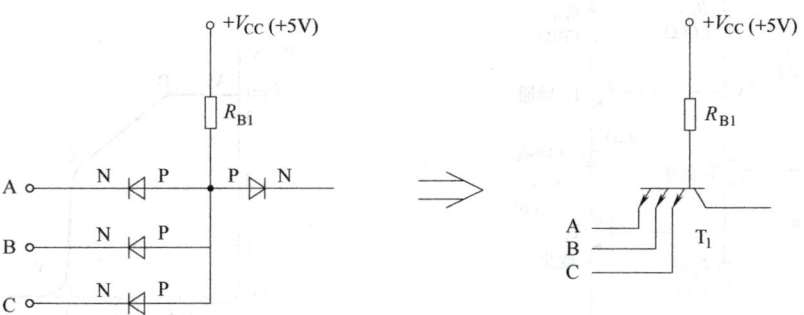

图 3-13　多发射极晶体管的等效电路

2. 工作原理

因为该电路的输出高低电平分别为 3.6V 和 0.3V，所以

1）输入全接高电平（3.6V），如图 3-14 所示。

T_2、T_3 饱和导通，$V_{B1} = 0.7 \times 3 = 2.1$V，从而使 T_1 的发射结因反偏而截止。T_1 的发射结电压 $V_{BE1} = V_{B1} - 3.6 = 2.1 - 3.6 = -1.5\text{V} < 0$。$T_1$ 处于发射结反偏、集电结正偏的"倒置"放大状态。

由于 T_3 饱和导通，输出电压为 $V_o = V_{CES3} \approx 0.3\text{V}$，这时 $V_{E2} = V_{B3} = 0.7\text{V}$，而 $V_{CE2} = 0.3\text{V}$，故有 $V_{C2} = V_{E2} + V_{CE2} = 1\text{V}$。1V 的电压作用于 T_4 的基极，使 T_4 和二极管 D 都截止。

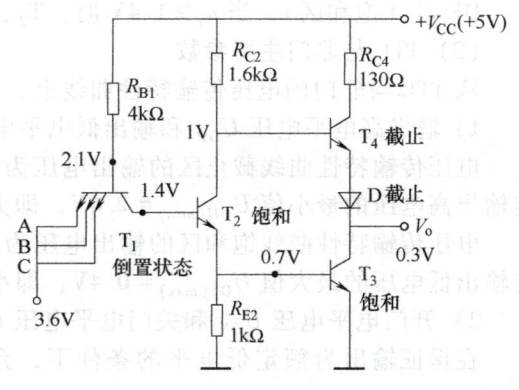

图 3-14　输入全为高电平时的工作情况

实现了与非门的逻辑功能之一：输入全为高电平时，输出为低电平。

2）输入端中有的接低电平（0.3V），电路如图 3-15 所示。

该发射结导通，T_1 的基极电位被钳位到 $V_{B1} = 1\text{V}$。T_2、T_3 都截止。由于 T_2 截止，流过 R_{C2} 的电流仅为 T_4 的基极电流，这个电流较小，在 R_{C2} 上产生的电压降也较小，可以忽略，所以 $V_{B4} \approx V_{CC} = 5\text{V}$，使 T_4 和 D 导通，则有 $V_o \approx V_{CC} - V_{BE4} - V_D = 5 - 0.7 - 0.7 = 3.6\text{V}$。

实现了与非门的逻辑功能的另一方面：输入有低电平时，输出为高电平。

当 T_1 发射极中输入端有低电平输入时,输出为高电平,称为关态;当 T_1 发射极中全为高电平时,输出为低电平,称为开态。综合上述两种情况,该电路满足与非的逻辑功能,是一个与非门。

3. TTL 与非门的特性

(1) 电压传输特性

输出电压 u_o 与输入电压 u_i 的关系曲线称为电压传输特性,如图 3-16 所示。

AB 段(截止区):输入电压 $u_i \leq 0.6V$ 时,T_1 的基极电位 $u_{B1} \leq 0.6+0.7=1.3V$,T_2、T_3 截止,T_4、D 导通,$u_o \approx 3.6V$ 为高电平,与非门处于关门状态。

BC 段(线性区):输入电压 $0.6V<u_i<1.3V$ 时,$u_{B1} \geq 1.3V$,T_2 开始导通,T_3 仍截止,T_2 处于放大状态。随着输入 u_i 的增加,u_{C2}、u_o 随着输入 u_i 的增加而线性下降。

CD(转折区):输入电压 $1.3V<u_i<1.4V$ 时,T_3 开始导通,并随 u_i 的增加趋于饱和。u_i 的微小增加会引起 u_o 的急剧下降,并迅速变为低电平。转折区中点对应的输入电压称为阈值电压,为 $1.3 \sim 1.4V$,用 U_{TH} 表示。

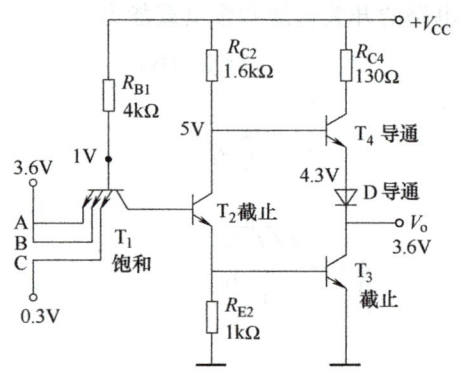

图 3-15　输入有低电平时的工作情况

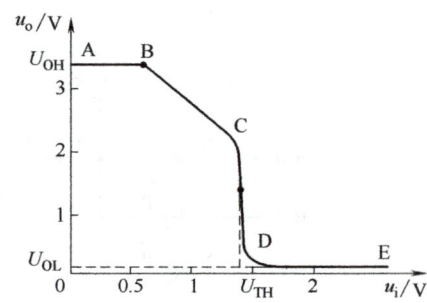

图 3-16　TTL 与非门电压传输特性

DE 段(饱和区):当 $u_i \geq 1.4V$ 时,T_2、T_3 饱和导通,T_4、D 截止,输出 u_o 为低电平。

(2) TTL 与非门主要参数

从 TTL 与非门的电压传输特性曲线上,可以定义几个重要的电路指标。

1) 输出高电平电压 U_{OH} 和输出低电平电压 U_{OL}:

电压传输特性曲线截止区的输出电压为输出高电平电压 U_{OH},其理论值为 3.6V,一般规定输出高电压的最小值 $U_{OH(min)}=2.4V$,即大于 2.4V 的输出电压就可称为输出高电压 U_{OH}。

电压传输特性曲线饱和区的输出电压为输出低电平电压 U_{OL},其理论值为 0.3V,一般规定输出低电压的最大值 $U_{OL(max)}=0.4V$,即小于 0.4V 的输出电压就可称为输出低电压 U_{OL}。

2) 开门电平电压 U_{ON} 和关门电平电压 U_{OFF}:

在保证输出为额定低电平的条件下,允许的最小输入高电平的数值,称为开门电平电压 U_{ON}。

开门电平电压 U_{ON} 是指输出电压下降到 $U_{OL(max)}$ 时对应的输入电压。显然只要 $u_i>U_{ON}$,输出就是低电平,所以 U_{ON} 就是输入高电平的最小值。从电压传输特性曲线上看,U_{ON} 略大于 1.3V,产品手册上规定是 2V。

关门电平电压 U_{OFF} 是指输出电压下降到 $U_{OH(min)}$ 时对应的输入电压。显然只要 $u_i<U_{OFF}$,输出就是高电平,所以 U_{OFF} 就是输入低电平的最大值。从电压传输特性曲线上看,$U_{OFF} \approx 1.3V$,产品手册上规定是 0.8V。

3) 噪声容限 U_N:

在输入信号上叠加的噪声电压只要不超过允许值,就不会影响电路的正常逻辑功能,这个允许值称为噪声容限。电路的噪声容限越大，其抗干扰能力就越强。提高器件噪声容限的关键是想办法提高器件的关门电压。

图 3-17 给出了噪声容限定义的示意图。若前一个门 G_1 输出为低电压，则后一个门 G_2 输入也为低电压。如果由于某种干扰，使 G_2 的输入低电压高于输出低电压的最大值 $V_{OL(max)}$。从电压传输特性曲线上看，只要这个值不大于 V_{OFF}，G_2 的输出电压仍大于 $V_{OH(min)}$，即逻辑关系仍是正确的。因此在输入低电压时，把关门电压 V_{OFF} 与 $V_{OL(max)}$ 之差称为低电平噪声容限，用 V_{NL} 来表示。低电平噪声容限为

$$V_{NL} = V_{OFF} - V_{OL(max)} = 0.8 - 0.4 = 0.4V$$

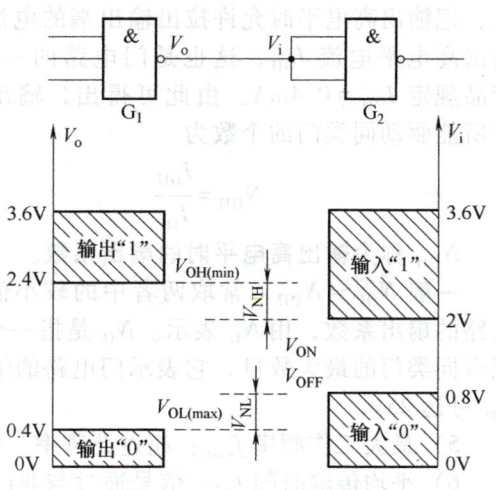

图 3-17 噪声容限图解

若前一个门 G_1 输出为高电压，则后一个门 G_2 输入也为高电压。如果由于某种干扰，使 G_2 的输入低电压低于输出高电压的最小值 $V_{OH(min)}$。从电压传输特性曲线上看，只要这个值不小于 V_{ON}，G_2 的输出电压仍小于 $V_{OL(max)}$，逻辑关系仍是正确的。因此在输入高电压时，把 $V_{OH(min)}$ 与开门电压 V_{ON} 之差称为高电平噪声容限，用 V_{NH} 来表示。高电平噪声容限为

$$V_{NH} = V_{OH(min)} - V_{ON} = 2.4 - 2.0 = 0.4V$$

噪声容限表示门电路的抗干扰能力。显然，噪声容限越大，电路的抗干扰能力越强。也可看出，二值数字逻辑中的"0"和"1"都是允许有一定的容差的，这也是数字电路的一个突出的特点。

4）扇出系数 N_O：

在数字系统中，门电路的输出端一般都要与其他门电路的输入端相连，称为带负载。

① 灌电流负载。前级驱动门的输出为低电平，后级负载电流流入驱动门，称为灌电流负载，如图 3-18 所示。当驱动门输出低电平时，T_4、D 截止，T_3 导通。这时有电流从负载门的输入端灌入驱动门的 T_3，"灌电流"由此得名。灌电流的来源是负载门的输入低电平电流 I_{IL}。很显然，负载门的个数增加，

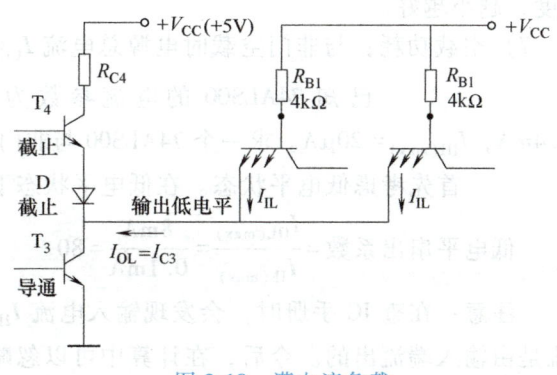

图 3-18 灌电流负载

灌电流增大，输出低电平升高。前面提到过输出低电平不得高于 $V_{OL(max)} = 0.4V$。因此，把输出低电平时允许灌入输出端的电流定义为输出低电平电流 I_{OL}，这是门电路的一个参数，产品规定 $I_{OL} = 16mA$。由此可得出，输出低电平时所能驱动同类门的个数为

$$N_{OL} = \frac{I_{OL}}{I_{IL}}$$

此时所能驱动同类门的个数 N_{OL} 称为输出低电平时的扇出系数。

② 拉电流负载。当驱动门输出高电平时，T_4、D 导通，T_3 截止。这时有电流从驱动门的 T_4、D 拉出而流至负载门的输入端，"拉电流"由此得名。由于拉电流是驱动门 T_4 的发射极电流 I_{E4}，同时又是负载门的输入高电平电流 I_{IH}，如图 3-19 所示，所以负载门的个数增加，拉电流增大，即驱动门的 T_4 发射极电流 I_{E4} 增加，R_{C4} 上的电压降增加。当 I_{E4} 增加到一定的

数值时，T_4 进入饱和状态，输出高电平降低。前面提到过输出高电平不得低于 $V_{OH(min)} = 2.4V$。因此，把输出高电平时允许拉出输出端的电流定义为输出高电平电流 I_{OH}，这也是门电路的一个参数，产品规定 $I_{OH} = 0.4mA$。由此可得出，输出高电平时所能驱动同类门的个数为

$$N_{OH} = \frac{I_{OH}}{I_{IH}}$$

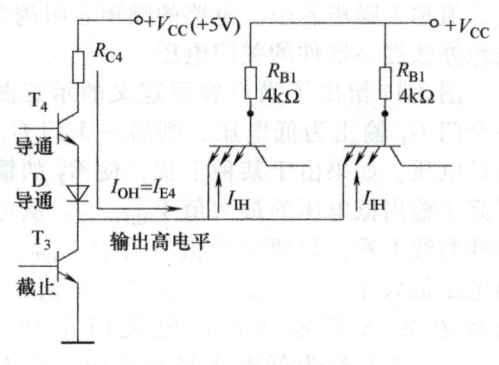

图 3-19 拉电流负载

N_{OH} 称为**输出高电平时的扇出系数**。

一般 $N_{OL} \ne N_{OH}$，常取两者中的较小值作为门电路的扇出系数，用 N_0 表示。N_0 是指一个门电路能带同类门的最大数目，它表示门电路的带负载能力。一般 TTL 门电路 $N_0 \ge 8$，功率驱动门的 N_0 可达 25。

5）最大工作频率 f_{max}：超过此频率，电路就不能正常工作。

6）平均传输时间 t_{pd}：信号通过与非门时所需的平均延迟时间。在工作频率较高的数字电路中，信号经过多级传输后造成的时间延迟，会影响电路的逻辑功能。

如图 3-20 所示，从输入波形上升沿的中点到输出波形下降沿的中点之间的时间延迟称为导通延迟时间 $t_{d(on)}$，从输入波形下降沿中点到输出波形上升沿中点之间的时间延迟称为截止延迟时间 $t_{d(off)}$。平均传输延迟时间定义为 $t_{pd} = \frac{t_{d(on)} + t_{d(off)}}{2}$，此值表示电路的开关速度，越小越好。

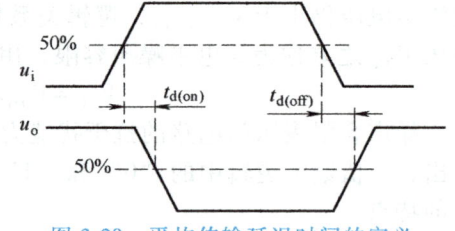

图 3-20 平均传输延迟时间的定义

7）空载功耗：与非门空载时电源总电流 I_{CC} 与电源电压 V_{CC} 的乘积。

【例 3-2】 已知 74ALS00 的电流参数为 $I_{OL(max)} = 8mA$，$I_{IL(max)} = 0.1mA$，$I_{OH(max)} = 0.4mA$，$I_{IH(max)} = 20\mu A$。求一个 74ALS00 与非门输出能驱动多少个 74ALS00 与非门的输入。

解：首先考虑低电平状态。在低电平状态下得到能被驱动的输入个数为

$$低电平扇出系数 = \frac{I_{OL(max)}}{I_{IL(max)}} = \frac{8mA}{0.1mA} = 80$$

注意：在查 IC 手册时，会发现输入电流 I_{IL} 实际上是 $-0.1mA$。这里的负号用来表示电流是由输入端流出的。今后，在计算中可以忽略负号。

当与非门输出为高电平时，后接的每个流入的电流为 I_{IH}，在高电平状态能驱动的输入个数为

$$高电平扇出系数 = \frac{I_{OH(max)}}{I_{IH(max)}} = \frac{400\mu A}{20\mu A} = 20$$

如果低电平扇出系数和高电平扇出系数不相同，扇出系数选择两个中的较小者。因此，74ALS00 与非门能驱动 20 个其他的 74ALS00 与非门输入端。

【例 3-3】 图 3-21 所示为 TTL 与非门。设其输出低电平 $U_{OL} \le 0.35V$，输出高电平 $U_{OH} \ge 3V$，允许最大灌入电流 $I_{OL} = 13mA$，关门电平 $U_{OFF} = 0.8V$，开门电平 $U_{ON} = 1.5V$。（1）试求 TTL 与非门的扇出系数 N_{OL}；（2）试求该 TTL 与非门的低电平噪声容限 U_{NL} 和高电平噪声容限 U_{NH}。

解：(1) $I_{IL} = \dfrac{V_{CC} - U_{BE1} - U_{OL}}{R_1} = \dfrac{5 - 0.7 - 0.35}{3000} = 1.32\text{mA}$

$N_{OL} = \dfrac{I_{OL}}{I_{IL}} = \dfrac{13}{1.32} \approx 10$

(2) 低电平噪声容限：$U_{NL} = U_{OFF} - U_{OL(max)} = 0.8 - 0.35 = 0.45\text{V}$

高电平噪声容限：$U_{NH} = U_{OH(min)} - U_{ON} = 3 - 1.5 = 1.5\text{V}$

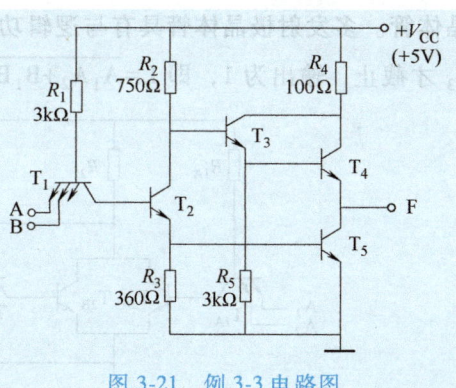

图 3-21 例 3-3 电路图

3.4.2 TTL 门电路的其他类型

TTL 门电路除了与非门外，还有非门、或非门、与或非门、异或门、三态门和集电极开路门（OC 门）等产品。下面对常用类型做一简单介绍。

1. 非门

非门电路是 TTL 集成门电路中结构最简单的一种电路，因非门电路的输出与输入反相，所以非门电路又称为反相器，典型的 TTL 反相器电路如图 3-22 所示。反相器电路由输入级、倒相级和输出级三部分组成，输出电压和输入电压的逻辑关系是 $Y = \overline{A}$。

2. TTL 或非门

TTL 或非门电路内部结构及逻辑符号如图 3-23 所示，中间级 T_2 采用了并联结构，只有 T_{2A} 和 T_{2B} 都截止（A 和 B 都为 0），T_3 才截止，输出高电平，即 $L = 1$。只要 T_{2A} 和 T_{2B} 中有一个导通（A 和 B 中有 1），T_3 就导通，输出低电平 $L = 0$。可见，中间级并联使图 3-23 所示门电路具有或非逻辑功能：$L = \overline{A + B}$。

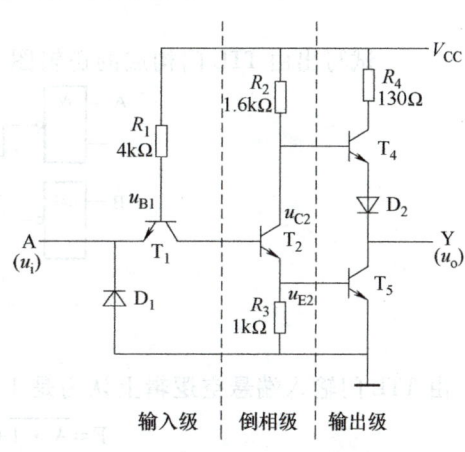

图 3-22 典型的 TTL 反相器电路

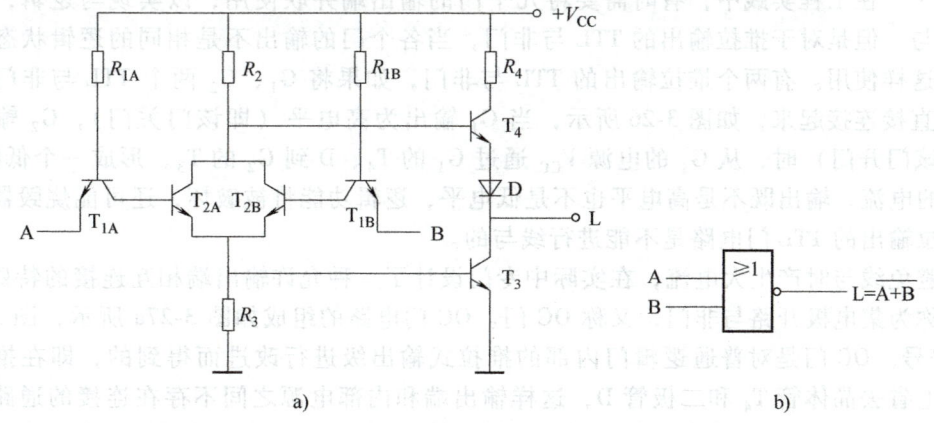

图 3-23 TTL 或非门

3. 与或非门

图 3-24 所示的与或非门中间级也采取 T_{2A} 和 T_{2B} 并联方式，所不同的是输入级为多发射极

晶体管。多发射极晶体管具有与逻辑功能，仅 A_1A_2 都为 1 或 B_1B_2 都为 1，T_{2A} 或 T_{2B} 导通时，T_3 才截止，输出为 1，即 $L=\overline{A_1A_2+B_1B_2}$。

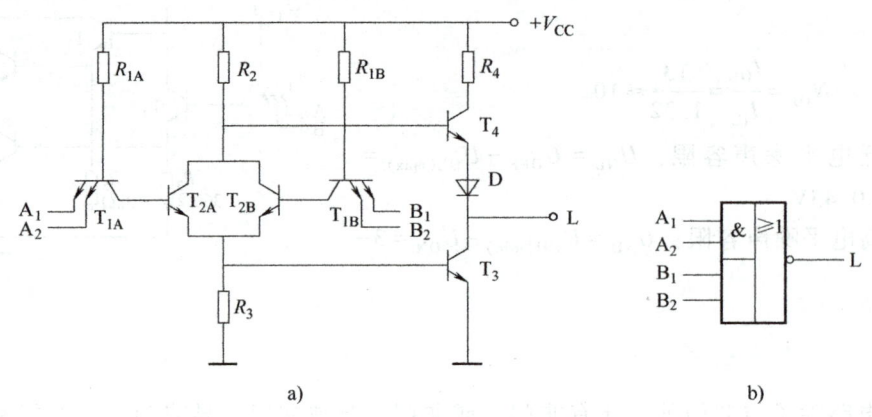

图 3-24　TTL 与或非门

【例 3-4】　试写出由 TTL 门构成的逻辑图（见图 3-25）的输出 F。

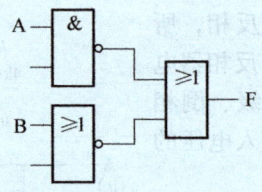

图 3-25　例 3-4 电路图

解： 由 TTL 门输入端悬空逻辑上认为是 1 可写出

$$F=\overline{\overline{A\cdot 1}+\overline{B+1}}=A$$

4. 集电极开路门（OC 门）

（1）OC 门

扫一扫
看视频

在工程实践中，有时需要将几个门的输出端并联使用，以实现与逻辑，称为线与。但是对于推拉输出的 TTL 与非门，当各个门的输出不是相同的逻辑状态时不能这样使用。有两个推拉输出的 TTL 与非门，如果将 G_1、G_2 两个 TTL 与非门的输出直接连接起来，如图 3-26 所示，当 G_1 输出为高电平（即该门关门），G_2 输出为低电平（即该门开门）时，从 G_1 的电源 V_{CC} 通过 G_1 的 T_4、D 到 G_2 的 T_3，形成一个低阻通路，产生很大的电流，输出既不是高电平也不是低电平，逻辑功能将被破坏，还可能烧毁器件，所以普通推拉输出的 TTL 门电路是不能进行线与的。

为了避免线与时产生大电流，在实际中专门设计了一种允许输出端相互连接的特殊的 TTL 门电路，称为集电极开路与非门，又称 OC 门。OC 门电路的组成如图 3-27a 所示，图 3-27b 是 OC 门的符号。OC 门是对普通逻辑门内部的推拉式输出级进行改进而得到的，即在推拉式输出级基础上省去晶体管 T_4 和二极管 D，这样输出端和内部电源之间不存在连接的通路，当晶体管 T_3 饱和导通时，门电路输出低电平；当晶体管 T_3 截止时，输出端既没有和地线相连，也没有和电源相连，这时输出端处于悬空状态。T_3 的集电极开路以后，为了保证与非功能成立，使用时必须外接上拉电阻 R_L。

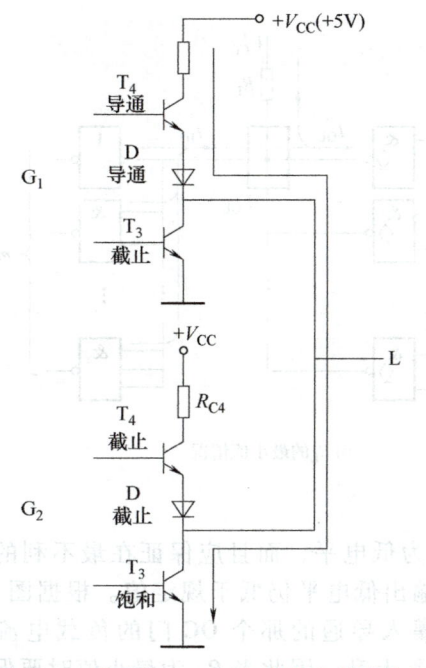

图 3-26　普通的 TTL 门电路输出并联使用

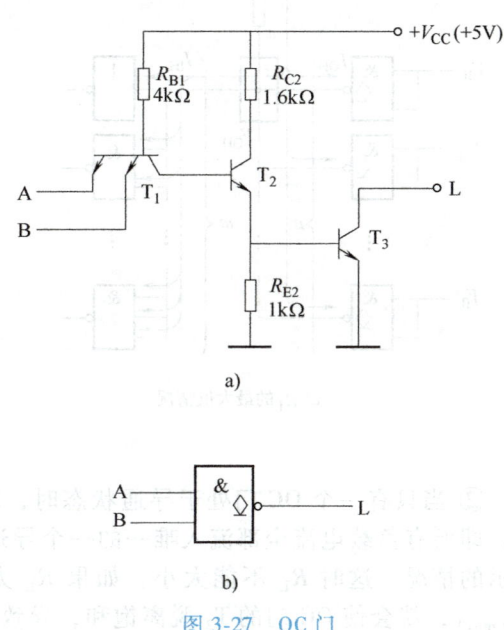

图 3-27　OC 门

(2) OC 门的应用

OC 门在计算机中的应用很广，它可实现线与逻辑、逻辑电平的转换等，下面分别介绍。

1) 实现线与。

图 3-28 给出了两个 OC 与非门输出端连接在一起的示意图，由于这种与逻辑是由两个 OC 门的输出端直接相连实现的，故称为线与。此时的逻辑关系为

$$L = L_1 \cdot L_2 = \overline{AB} \cdot \overline{CD} = \overline{AB+CD}$$

即在输出线上实现与运算，通过逻辑变换可转换为与或非运算。

在使用 OC 门进行线与时，外接上拉电阻 R_L 的选择非常重要，只有 R_L 选择得当，才能保证 OC 门输出满足要求的高电平和低电平。为了加大输出引脚的驱动能力，上拉电阻阻值的选择原则是，从降低功耗及芯片的灌电流能力考虑应当足够大，从确保足够的驱动电流考虑应当足够小。

外接电阻 R_L 的选取方法如下：

① 假设有 n 个 OC 门输出端并联，接成线与的形式，其输出负载为 m 个 TTL 门电路，当所有 OC 门都为截止状态时，输出电压为高电平，为保证输出的高电平不低于规定值，R_L 不能太大。根据图 3-29a 所示的情况，因此当 R_L 为最大值时要保证输出电压为 $V_{OH(min)}$，由

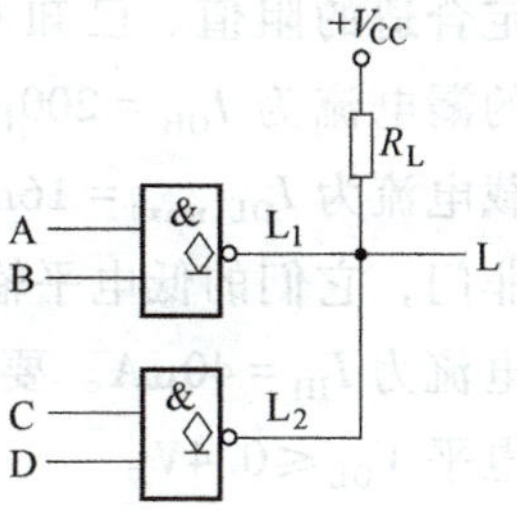

$$V'_{CC} - V_{OH(min)} = (nI_{OH} + mI_{IH}) \cdot R_{L(max)}$$

得 R_L 的最大值为

图 3-28　OC 门进行线与

$$R_{L(max)} = \frac{V'_{CC} - V_{OH(min)}}{nI_{OH} + mI_{IH}} \qquad (3-3)$$

式中，$V_{OH(min)}$ 为 OC 门输出高电平的下限值；n 为 OC 门并联的个数；m 为负载管输入端的个数；I_{OH} 为 OC 门输出管截止时的漏电流；I_{IH} 为负载门每个输入端的高电平输入电流。

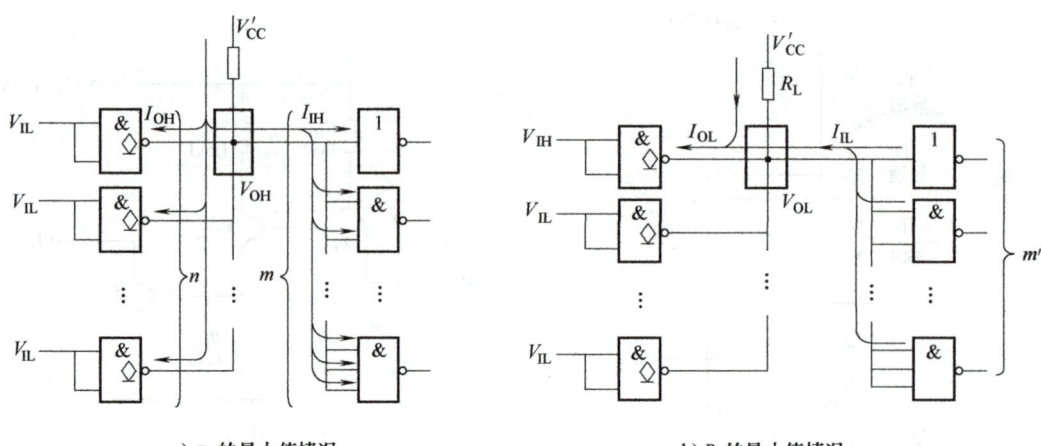

图 3-29 外接上拉电阻 R_L 的选择

② 当只有一个 OC 门处于导通状态时，输出电压为低电平，而且应保证在最不利的情况下，即所有负载电流全部流入唯一的一个导通门时，输出低电平仍低于规定值。根据图 3-29b 所示的情况，这时 R_L 不能太小，如果 R_L 太小，则灌入导通的那个 OC 门的负载电流超过 $I_{OL(max)}$，就会使 OC 门的 T_3 脱离饱和，导致输出低电平上升。因此当 R_L 为最小值时要保证输出电压为 $V_{OL(max)}$，R_L 的最小值为

$$R_{L(min)} = \frac{V'_{CC} - V_{OL(max)}}{I_{OL(max)} - m'I_{IL}} \tag{3-4}$$

式中，$V_{OL(max)}$ 为 OC 门输出低电平的上限值；m' 在与非门中等于负载门的个数，在其他情况下是输入端的个数；$I_{OL(max)}$ 为 OC 门导通时所允许的最大负载电流，是 OC 门输出低电平时的灌电流；I_{IL} 为负载门的输入低电平电流。

综合以上两种情况，R_L 的选取应满足：

$$R_{L(min)} < R_L < R_{L(max)} \tag{3-5}$$

为了减少负载电流的影响，R_L 值应选接近 $R_{L(min)}$ 的值。

【例 3-5】 试为图 3-30 所示电路中的外接电阻 R_L 选定合适的阻值。已知 G_1、G_2 为 OC 门，输出管截止时的漏电流为 $I_{OH} = 200\mu A$，输出管导通时允许的最大负载电流为 $I_{OL(max)} = 16mA$。G_3、G_4 和 G_5 均为 74 系列与非门，它们的低电平输入电流为 $I_{IL} = 1mA$，高电平输入电流为 $I_{IH} = 40\mu A$。要求 OC 门的高电平 $V_{OH} \geq 3.0V$，低电平 $V_{OL} \leq 0.4V$。

解：当输出为高电平时，有

$$R_{L(max)} = \frac{V'_{CC} - V_{OH(min)}}{nI_{OH} + mI_{IH}}$$

$$= \frac{5 - 3.0}{2 \times 0.2 + 3 \times 3 \times 0.04} = 2.63k\Omega$$

当输出为低电平时，有

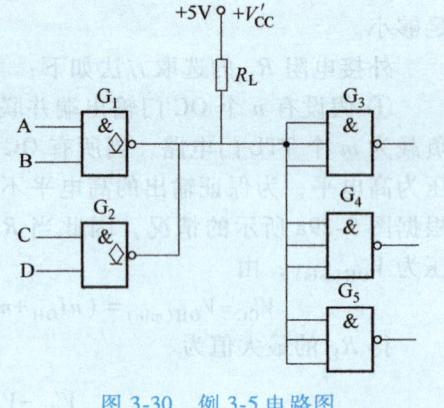

图 3-30 例 3-5 电路图

$$R_{L(min)} = \frac{V'_{CC} - V_{OL(max)}}{I_{OL(max)} - m'I_{IL}}$$

$$= \frac{5 - 0.4}{16 - 3 \times 1} = 0.35 \text{k}\Omega$$

选定的 R_L 值应为 $0.35 \sim 2.63\text{k}\Omega$，故取 $R_L = 1\text{k}\Omega$。

2) 实现电平转换。

在数字系统的接口部分需要有电平转换时，常用 OC 门来完成。如图 3-31 所示，TTL 有时需要驱动其他门电路，而不同种类门电路的高低电平标准不一样，应用 OC 门就可以适应负载门对电平的要求。

3) 用作驱动器。

可用 OC 门来驱动发光二极管、指示灯、继电器和脉冲变压器等。图 3-32 为 OC 门用来驱动发光二极管的电路。

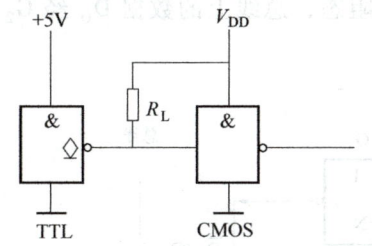

图 3-31 实现电平转换

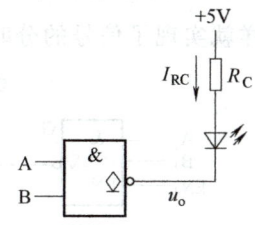

图 3-32 驱动发光二极管

5. 三态门（TS 门）

利用 OC 门虽然可以实现线与的功能，但外接电阻 R_L 的选择要受到一定的限制而不能取得太小，因此影响了工作速度。同时它省去了有源负载，使得带负载能力下降。为保持推拉式输出级的优点，同时还能做线与连接，人们又开发了一种三态门。

（1）三态门的结构及工作原理

图 3-33a 是 TTL 三态输出与非门电路，它是在 TTL 与非门电路中多加了二极管 D_1，并且将一个输入端变成控制端或称使能端 EN。

扫一扫
看视频

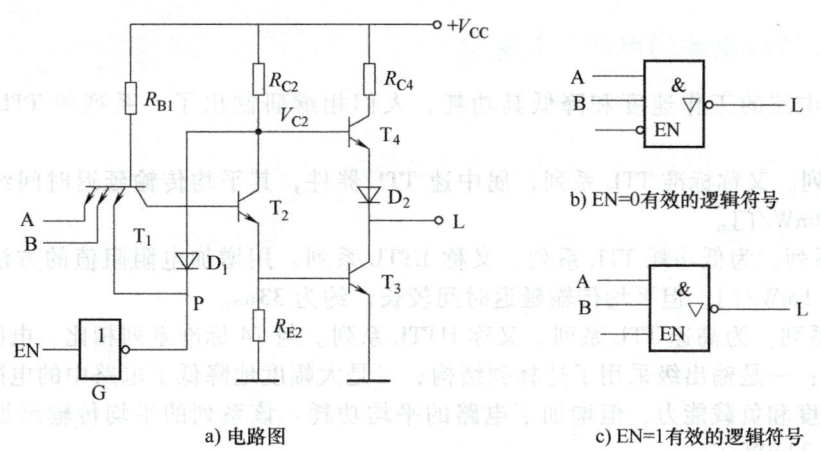

图 3-33 三态门

1) 当 EN = 0 时，G 输出为 1，D_1 截止，与非门为正常工作状态，输出 $L = \overline{AB}$。

2）当 EN=1 时，G 输出为 0，即 $V_P=0.3V$，这一方面使 D_1 导通，$V_{C2}=1V$，T_4、D_2 截止；另一方面使 $V_{B1}=1V$，T_2、T_3 也截止。这时从输出端 L 看进去，对地和对电源都相当于开路，呈现高阻态，或禁止态。

这种 EN=0 时为正常工作状态的三态门称为低电平有效的三态门，如图 3-33b 所示。如果将图 3-33a 中的非门 G 去掉，则使能端 EN=1 时为正常工作状态，这种三态门称为高电平有效的三态门，逻辑符号如图 3-33c 所示。三态门的输出端除高电平和低电平外，还有第三种状态——高阻态。三态门因输出有 0、1 和高阻态三种状态而得名。

（2）三态门的应用

三态门除了电平转换外，还可以构成数据的总线结构和双向传输，如图 3-34 所示。三态门在计算机总线结构中有着广泛的应用。若干个三态门挂在一条传输线上，其中一个是工作状态，其余的是高阻状态，就可以把各个三态门的输出信号轮流送到公共传输总线上而互不干扰，图 3-34a 所示为三态门组成的单向总线，可实现信号的分时传送。图 3-34b 所示为三态门组成的双向总线。当 EN 为高电平时，G_1 正常工作，G_2 为高阻态，输入数据 D_I 经 G_1 反相后送到总线上；当 EN 为低电平时，G_2 正常工作，G_1 为高阻态，总线上的数据 D_0 经 G_2 反相后输出 $\overline{D_O}$。这样就实现了信号的分时双向传送。

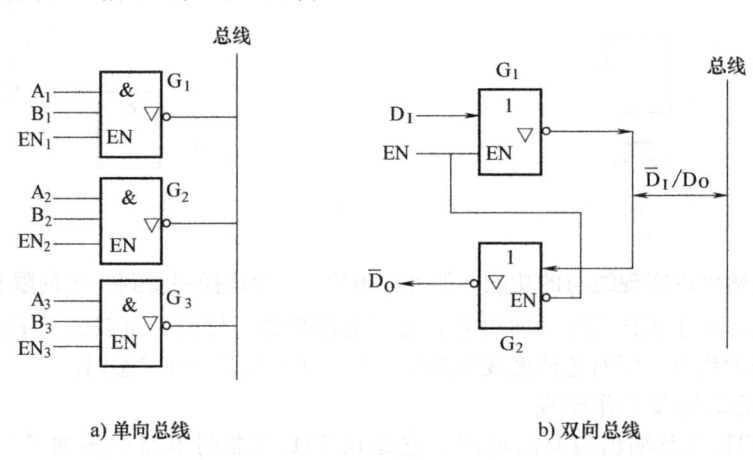

a) 单向总线　　　　　　　　　　b) 双向总线

图 3-34　三态门组成的总线

3.4.3　TTL 集成逻辑门电路系列简介

为了提高电路的工作速度和降低其功耗，人们相继研制出了一系列的 TTL 集成逻辑门电路。

1）74 系列。又称标准 TTL 系列，属中速 TTL 器件，其平均传输延迟时间约为 10ns，平均功耗约为 10mW/门。

2）74L 系列。为低功耗 TTL 系列，又称 LTTL 系列。用增加电阻阻值的方法将电路的平均功耗降低为 1mW/门，但平均传输延迟时间较长，约为 33ns。

3）74H 系列。为高速 TTL 系列，又称 HTTL 系列。与 74 标准系列相比，电路结构上主要做了两点改进：一是输出级采用了达林顿结构；二是大幅度地降低了电路中的电阻阻值，从而提高了工作速度和负载能力，但增加了电路的平均功耗。该系列的平均传输延迟时间为 6ns，平均功耗约为 22mW/门。

4）74S 系列。为肖特基 TTL 系列，又称 STTL 系列。74S 系列的延迟时间缩短为 3ns，但电路的平均功耗较大，约为 19mW/门。

5）74LS 系列。为低功耗肖特基系列，又称 LSTTL 系列。电路中采用了抗饱和晶体管和专门的肖特基二极管来提高工作速度，同时通过加大电路中的电阻阻值来降低电路的功耗，从而使电路既具有较高的工作速度，又有较低的平均功耗。其平均传输延迟时间为9ns，平均功耗约为2mW/门。74LS 系列产品具有最佳的综合性能，是 TTL 集成电路的主流，也是应用最广的系列。

6）74AS 系列。为先进肖特基系列，又称 ASTTL 系列，它是 74S 系列的后继产品，是在 74S 的基础上大大降低了电路中的电阻阻值，从而提高了工作速度。其平均传输延迟时间为 1.5ns，但平均功耗较大，约为 20mW/门。

7）74ALS 系列。为先进低功耗肖特基系列，又称 ALSTTL 系列，是 74LS 系列的后继产品，是在 74LS 的基础上通过增大电路中的电阻阻值、改进生产工艺和缩小内部器件的尺寸等措施，降低了电路的平均功耗，提高了工作速度。其平均传输延迟时间约为 4ns，平均功耗约为 1mW/门。

思考与练习

3.4-1 TTL 与非门有哪些主要外部特性？TTL 与非门有哪些主要参数？为什么 TTL 与非门电路的输入端悬空时，可视为输入高电平？

3.4-2 什么叫带负载能力？它是如何估算的？什么是抗干扰能力？什么是噪声容限？

3.4-3 什么是"线与"？普通 TTL 门电路为什么不能进行"线与"？

3.4-4 OC 门、三态门各有什么特点？什么是总线结构？如何用三态门实现数据双向传输？

3.5 CMOS 门电路

由金属-氧化物-半导体场效应晶体管构成的集成电路为单极型集成电路，称为 MOS 电路，MOS 电路是继 TTL 之后发展起来的另一种应用广泛的数字集成电路。它分为三种：由 N 沟道增强型 MOS 管构成的 NMOS 电路；由 P 沟道增强型 MOS 管构成的 PMOS 电路；兼有 N 沟道和 P 沟道两种增强型的互补 CMOS 电路。由于它功耗低，抗干扰能力强，工艺简单，几乎所有的大规模、超大规模数字集成器件都采用 MOS 工艺。就其发展趋势看，MOS 电路特别是 CMOS 电路有可能超越 TTL 成为占主导地位的逻辑器件。因为 CMOS 电路具有电压控制、静态功耗低、抗干扰能力强、工作稳定性好、开关速度高、连接方便等一系列优点，是目前应用最广泛的集成电路之一。

3.5.1 CMOS 反相器

1. 电路组成

图 3-35a 是一个由 NMOS 管和 PMOS 管构成的互补 CMOS 反相器电路。NMOS 管是驱动管，PMOS 管是负载管，两个管子的几何尺寸基本相同。PMOS 管的源极接电源正极，手册上常标注 V_{DD}。它们的栅极连接起来作为信号输入端，漏极连接起来作为信号输出端。NMOS 管的源极接地，要求电源 V_{DD} 大于两管开启电压绝对值之和，即 $V_{DD}>(U_{TN}+|U_{TP}|)$，且 $U_{TN}=|U_{TP}|$。如果 $U_{TN}=2V$，那么 $U_{TP}=-2V$。

扫一扫
看视频

2. 工作原理

1）当输入 $u_A=0V$（低电平）时，T_N 截止；T_P 导通。简化等效电路如图 3-35b 所示，输出 u_Y 为高电平。

2）当输入 $u_A=10V$（高电平）时，T_N 导通；T_P 截止。简化等效电路如图 3-35c 所示，输出 u_Y 为低电平。所以该电路实现了非逻辑，$Y=\overline{A}$。

CMOS 反相器工作状态表见表 3-9，逻辑符号如图 3-35d 所示。通过以上分析可以看出，在 CMOS 非门电路中：

1) 无论输入是高电平还是低电平，T_N 和 T_P 两管中总是一个管子截止，另一个导通，流过电源的电流仅是截止管的沟道泄漏电流，因此，静态功耗很小，有微功耗电路之称。

2) 两管总是一个管子充分导通，这使得输出端的等效电容 C_L 能通过低阻抗充放电，改善了输出波形，同时提高了工作速度。

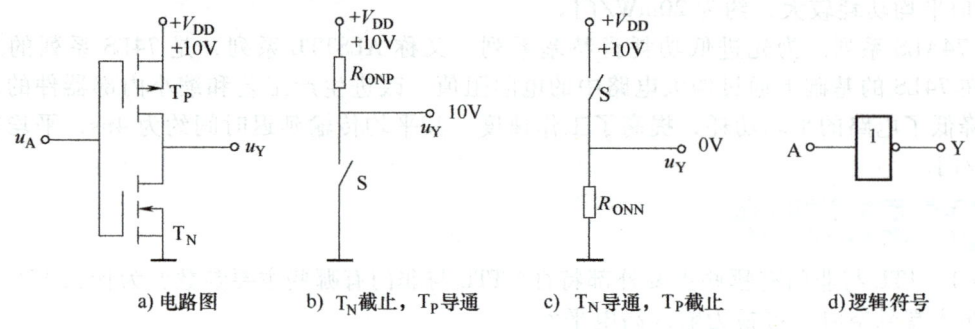

a) 电路图   b) T_N 截止，T_P 导通   c) T_N 导通，T_P 截止   d) 逻辑符号

图 3-35 CMOS 反相器

表 3-9 CMOS 反相器工作状态表

A	Y	T_P	T_N
0	1	截止	导通
1	0	导通	截止

3) 由于输出低电平约为 0V，输出高电平为 V_{DD}，因此，输出的逻辑幅度大。

3. 电压传输特性

CMOS 反相器的电压传输特性曲线如图 3-36 所示。特性区大致分成五个区域。

设 CMOS 非门的电源电压 $V_{DD}=10V$，两管的开启电压为 $U_{TN}=|U_{TP}|=2V$。

1) 当 $V_i<2V$ 时，T_N 截止，T_P 导通，流过两管的电流近似为 0，输出 $V_o \approx V_{DD}=10V$。

2) 当 $2V<V_i<5V$ 时，T_N 和 T_P 都导通，但 T_N 的栅源电压<T_P 的栅源电压绝对值，即 T_N 工作在饱和区，T_P 工作在可变电阻区，T_N 的导通电阻>T_P 的导通电阻，这时有一个较小的电流流过两管，所以这时 V_o 开始下降，但下降不多，输出仍为高电平。

3) 当 $V_i=5V$ 时，T_N 的栅源电压=T_P 的栅源电压绝对值，两管都工作在饱和区，且导通电阻相等，所以 $V_o=V_{DD}/2=5V$。有较大电流流过两管，这时只要 V_i 有一个很小的变化，就会引起 V_o 有一个很大的变化，所以这一段内曲线最陡，称为特性转换区，U_{TR} 称为状态转移电压。

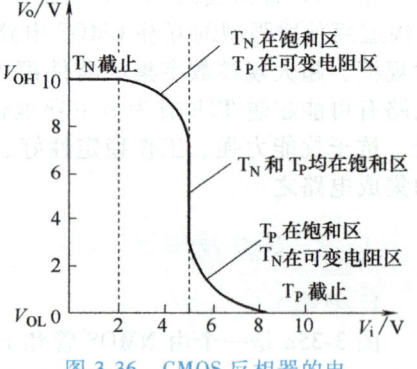

图 3-36 CMOS 反相器的电压传输特性曲线

4) 当 $5V<V_i<8V$ 时，与 2) 相反，T_P 工作在饱和区，T_N 工作在可变电阻区，T_P 的导通电阻>T_N 的导通电阻，所以 V_o 变为低电平。流过两管的电流开始下降。

5) 当 $V_i>8V$ 时，T_P 截止，T_N 导通，输出 $V_o=0V$。

可见两管在 $V_i=V_{DD}/2$ 处转换状态，所以 CMOS 门电路的阈值电压（或称门槛电压）$U_{TR}=V_{DD}/2$。

从传输特性曲线可以看出，$U_{TR} \approx V_{DD}/2$，所以 CMOS 反相器的电压传输特性接近于理想开关特性。由于电压传输特性曲线的转折点大约为 $V_{DD}/2$，干扰信号必须大于或等于 $V_{DD}/2$ 才能导致状态改变，所以说 CMOS 门电路具有极强的抗干扰能力。

3.5.2 CMOS 与非门

1. 电路组成

图 3-37 是 CMOS 与非门电路。电路中的两个驱动管 T_{NA}、T_{NB} 串联，两个负载管 T_{PA}、T_{PB} 并联。T_{PA}、T_{NA} 的栅极连接起来成为输入端 A，T_{PB}、T_{NB} 的栅极连接起来成为输入端 B。

扫一扫
看视频

2. 工作原理

当输入 u_A、u_B 只要有一个为低电平 0V，T_{NA}、T_{NB} 中就总有一个截止，T_{PA}、T_{PB} 中就总有一个导通，因此 u_Y 一定为高电平 10V；只有当 T_{NA}、T_{NB} 同时为高电平 10V 时，T_{NA}、T_{NB} 才会都导通，T_{PA}、T_{PB} 才会都截止，u_Y 才会为低电平 0V。可得表 3-10 所示的电平关系表。如果用 A、B、Y 分别表示 u_A、u_B、u_Y，且采用正逻辑，则可得表 3-11 所示的真值表。

表 3-10 与非门电平关系表

u_A/V	u_B/V	u_Y/V
0	0	10
0	10	10
10	0	10
10	10	0

表 3-11 与非门逻辑真值表

A	B	Y
0	0	1
0	1	1
1	0	1
1	1	0

由表 3-11 可得 $Y = \overline{AB}$。可见，图 3-37 所示的电路实现了与非运算，是与非门电路。

3.5.3 CMOS 或非门

1. 电路组成

图 3-38 是 CMOS 或非门电路。电路中的两个驱动管 T_{NA}、T_{NB} 并联，两个负载管 T_{PA}、T_{PB} 串联。

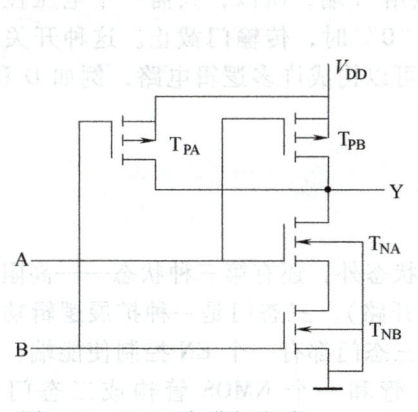

图 3-37 CMOS 与非门电路

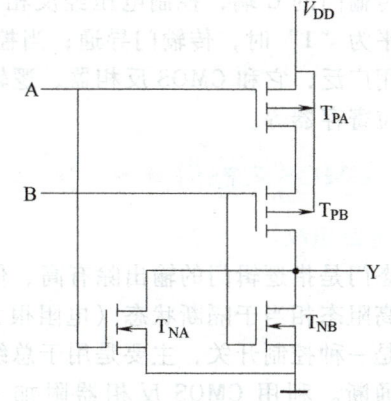

图 3-38 CMOS 或非门电路

2. 工作原理

当输入 u_A、u_B 有一个或全部为高电平 10V 时，两个驱动管 T_{NA}、T_{NB} 总有一个处于导通状态，两个负载管 T_{PA}、T_{PB} 总有一个处于截止状态，因此 u_Y 一定为低电平 0V；只有当 u_A、

u_B 同时为低电平 0V 时，T_{PA}、T_{PB} 才会都导通，T_{NA}、T_{NB} 才会都截止，u_Y 才会为高电平 10V。可得表 3-12 所示的电平关系表。A、B、Y 分别表示 u_A、u_B、u_Y，且采用正逻辑，则可得表 3-13 所示的真值表。

表 3-12 或非门电平关系表

u_A/V	u_B/V	u_Y/V
0	0	10
0	10	0
10	0	0
10	10	0

表 3-13 或非门逻辑真值表

A	B	Y
0	0	1
0	1	0
1	0	0
1	1	0

由表 3-13 可得 $Y=\overline{A+B}$。可见，图 3-38 所示的电路实现了或非运算，是或非门电路。

3.5.4　CMOS 传输门

当一个 PMOS 管 T_P（其衬底接 V_{DD}）和一个 NMOS 管 T_N（其衬底接地）并联时，就构成了图 3-39a 所示的传输门。图 3-39b 是它的逻辑符号。CMOS 传输门是一种可以传送数字信号和模拟信号的压控开关，也是 CMOS 集成电路的基本单元，其功能是对所要传送的信号电平起允许通过或者禁止通过的作用。C 和 $\overline{C}$ 为控制端，使用时总是加互补的信号。

当 C 接低电平 0V，$\overline{C}$ 接高电平 V_{DD}，u_i 在 0V~V_{DD} 的范围变化时，T_N 和 T_P 都截止，输出呈高阻状态，输入电压不能传到输出端，相当于开关断开。可见 CMOS 传输门实现了信号的可控传输。

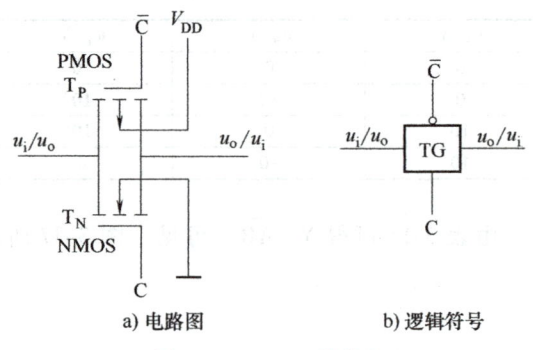

图 3-39　CMOS 传输门

将 CMOS 传输门和一个非门组合起来，由非门产生互补的控制信号，称为模拟开关。传输门和反相器结合组成单刀开关。开关的控制电压供给传输门的 C 端，控制电压经反相器反相后供给 $\overline{C}$ 端，所以，只需一个电压控制端。当控制电平为"1"时，传输门导通；当控制电平为"0"时，传输门截止。这种开关在数字系统中应用广泛，它和 CMOS 反相器、逻辑门相结合可以构成许多逻辑电路，例如 D 和 JK 触发器、移位寄存器等。

3.5.5　CMOS 三态门

1. 电路组成

三态门是指逻辑门的输出除有高、低电平两种状态外，还有第三种状态——高阻状态的门电路。高阻态相当于隔断状态（电阻很大，相当于开路）。三态门是一种扩展逻辑功能的输出级，也是一种控制开关，主要是用于总线的连接。三态门都有一个 EN 控制使能端，来控制门电路的通断。利用 CMOS 反相器附加一个 PMOS 管和一个 NMOS 管构成三态门电路，如图 3-40a 所示。

2. 工作原理

当 EN=0 时，T_{P2} 和 T_{N2} 同时导通，T_{N1} 和 T_{P1} 组成的非门正常工作，输出 $Y=\overline{A}$。当 EN=1 时，T_{P2} 和 T_{N2} 同时截止，输出 Y 对地和对电源都相当于开路，为高阻状态。所以，这是一个低电平有效的三态门，逻辑符号如图 3-40b 所示。电路分析时高阻态可做开路理解。可以把它看成输出（输入）电阻非常大。它的极限可以认为悬空。也就是说，理论上高阻态不是悬空，它是对地或对电源电阻极大的状态，而实际应用上与引脚的悬空是一样的。

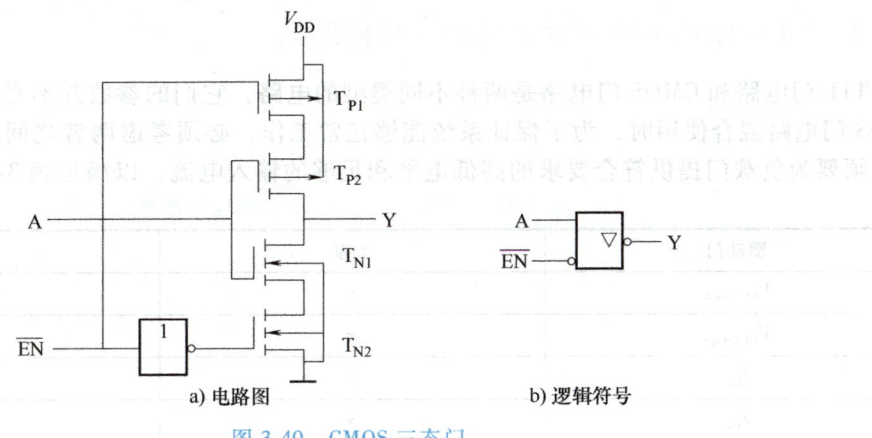

图 3-40　CMOS 三态门

【例 3-6】　试说明下列各种门电路中哪些门电路的输出端可以并联使用。
（1）具有推拉式输出级的 TTL 门电路；（2）TTL 电路的 OC 门；（3）TTL 电路的三态门；（4）普通的 CMOS 门；（5）漏极开路的 CMOS 门；（6）CMOS 电路的三态门。

解：输出端可以并联使用的有：TTL 电路的 OC 门、三态门，漏极开路的 CMOS 门，CMOS 电路的三态门。

3.5.6　CMOS 门电路的系列及特点

CMOS 门电路主要有以下几个系列，主要是 4000 系列、74C×× 系列、AC（ACT）系列。
与双极型器件 TTL 电路相比，CMOS 具有以下特点：

1）静态功耗低：在电源电压 V_{DD} 为 5V 时，中规模电路的静态功耗小于 100mW，有利于提高集成度和封装密度，适宜于大规模集成。

2）电源电压范围宽：CC4000 系列 CMOS 电路的电源电压为 3~18V，选择电源的余地比较大，电源设计要求低。

3）输入阻抗高：正常工作的 CMOS 集成电路，其输入端的保护二极管处于反偏状态，直流输入阻抗大。

4）扇出能力强：在低频工作时，一个输出端可驱动 50 个以上的 CMOS 器件的输入端，这主要是由于 CMOS 输入阻抗高的缘故。

5）抗干扰能力强：CMOS 集成电路的电压噪声容限可达电源电压的 45%，而且高、低电平的噪声容限基本相同。

6）温度稳定性好，且有较强的抗辐射能力。
CMOS 的不足之处是工作速度比 TTL 电路低，且功耗随频率的升高而显著增大。

思考与练习

3.5-1　CMOS 反相器的电路结构是怎样的？CMOS 反相器有哪些特点？
3.5-2　CMOS 传输门的电路结构是怎样的？如何实现高、低电平的传输？
3.5-3　CMOS 门电路有什么优、缺点？
3.5-4　CMOS 集成门电路与 TTL 集成门电路相比各有什么特点？

3.6 集成逻辑门电路的应用

3.6.1 TTL 与 CMOS 器件之间的接口问题

TTL 门电路和 CMOS 门电路是两种不同类型的电路,它们的参数并不完全相同。当 TTL 和 CMOS 门电路混合使用时,为了保证系统能够正常工作,必须考虑两者之间的连接问题,驱动门必须要为负载门提供符合要求的高低电平和足够的输入电流,以满足表 3-14 所列条件。

表 3-14 TTL 门与 CMOS 门的连接条件

驱动门	关系	负载门
$V_{OH(min)}$	>	$V_{IH(min)}$
$V_{OL(max)}$	<	$V_{IL(max)}$
I_{OH}	>	I_{IH}
I_{OL}	>	I_{IL}

1. TTL 门驱动 CMOS 门

当都采用 5V 电源时,TTL 的 $V_{OH(min)} \geqslant 2.4V$,而 CMOS 4000 系列和 74HC 系列电路的 $V_{IH(min)} \geqslant 3.5V$,显然不满足要求。因此为了保证 TTL 输出能够被 CMOS 门电路识别,TTL 输出端必须通过一个上拉电阻 R_P 将输出电压提高至 3.5V 以上,如图 3-41a 所示。如果 TTL 和 CMOS 器件采用的电源电压不同,在连接 TTL 和高电压工作的 CMOS 门电路时,必须使用 OC 门,且输出端需要使用上拉电阻将输出电压抬高至 CMOS 门电路可以识别的范围,如图 3-41b 所示。

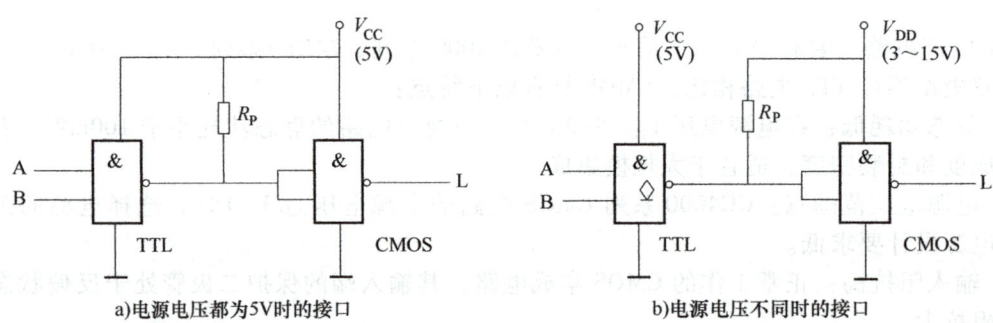

a) 电源电压都为 5V 时的接口   b) 电源电压不同时的接口

图 3-41 TTL 门驱动 CMOS 门电路

2. CMOS 门驱动 TTL 门

用 CMOS 门驱动 TTL 门时,满足电平匹配条件,主要考虑电流匹配问题。CMOS 门的 I_{OH}、I_{OL} 参数较小,所以这时主要考虑 CMOS 门的输出电流是否满足 TTL 输入电流的要求。

要提高 CMOS 门的驱动能力,可将同一芯片上的多个门并联使用,如图 3-42a 所示;也可在 CMOS 门的输出端与 TTL 门的输入端之间加一个 CMOS 驱动器,如图 3-42b 所示。

3.6.2 TTL 集成电路的使用

1. 对电源的要求

TTL 集成电路的电源电压应在 4.5~5.5V 之间。不能将电源与地颠倒接错,否则将会因为电流过大而造成器件损坏。

第3章 门电路

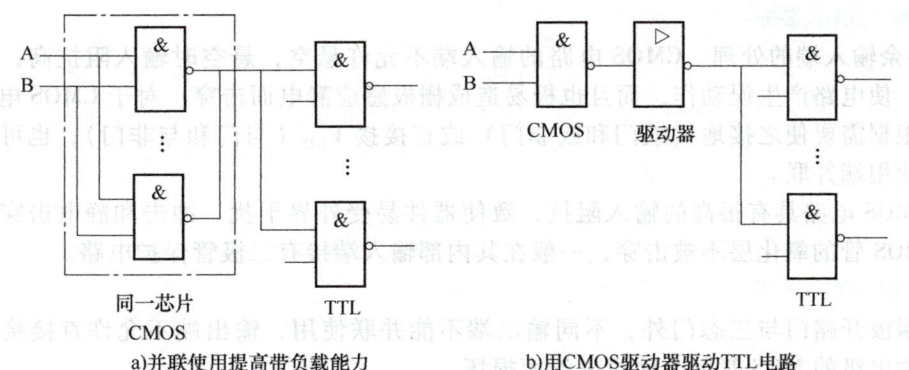

a)并联使用提高带负载能力　　　　b)用CMOS驱动器驱动TTL电路

图 3-42　CMOS 门驱动 TTL 门电路

2. 对输入端的要求

1) 各输入端不能直接与高于+5.5V 和低于-0.5V 的低内阻电源连接，以免因电流过大而烧坏电路。

2) 对多余的输入端要妥善处理。虽然悬空相当于高电平，但悬空容易受到干扰，有时会造成电路的误动作。因此，对多余输入端的处理以不改变电路工作状态及稳定可靠为原则。通常采用下列方法：

① 对于与非门及与门，多余输入端应接高电平，比如直接接到电源 V_{CC} 上，或通过一个上拉电阻接电源 V_{CC} 上，如图 3-43a 所示；在前级驱动能力允许时，也可以与有用的输入端并联使用，如图 3-43b 所示。

② 对于或非门及或门，多余输入端应接低电平，比如直接接地，如图 3-44a 所示；也可以与有用的输入端并联使用，如图 3-44b 所示。不使用的输入端不能悬空，应根据逻辑功能接入适当电平。

3. 对输出端的要求

1) TTL 集成门电路的输出端不允许并联使用（OC 门和三态门除外），否则可能造成器件损坏。

2) TTL 集成门电路的输出端不允许直接接地或接电源，否则可能造成器件损坏。

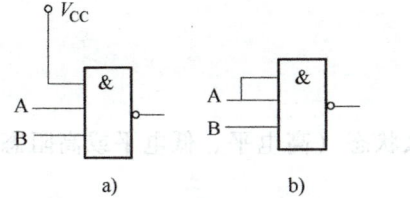

图 3-43　与非门多余输入端的处理

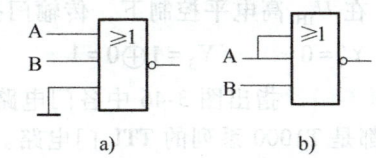

图 3-44　或非门多余输入端的处理

3.6.3　CMOS 集成电路的使用

在使用 CMOS 集成电路时，除了要认真阅读产品说明或有关资料，了解其引脚分布及极限参数外，还应注意以下几个问题。

1. 对电源的要求

1) CMOS 集成电路的工作电压一般为 3～18V，CMOS 集成电路的电源电压必须在规定范围内。

2) 电源 V_{DD} 与接地端 V_{SS} 不能接反，否则会使电路损坏。

2. 对输入端的要求

1) 多余输入端的处理。CMOS 电路的输入端不允许悬空，悬空时输入阻抗高，易受外界噪声干扰，使电路产生误动作，而且也极易造成栅极感应静电而击穿。对于 CMOS 电路，多余输入端可根据需要使之接地（或门和或非门）或直接接 V_{DD}（与门和与非门），也可以将多余输入端与使用端并联。

2) CMOS 电路具有很高的输入阻抗，致使器件易受外界干扰、冲击和静电击穿，所以为了保护 CMOS 管的氧化层不被击穿，一般在其内部输入端接有二极管保护电路。

3. 对输出端的要求

除了漏极开路门与三态门外，不同输出端不能并联使用，输出端不允许直接接地或接电源，否则输出级的 MOS 管就会因过电流而损坏。

【例 3-7】 图 3-45 所示均为 CMOS 门电路，试按照电路逻辑功能和输入状态写出各电路的输出状态。

解： TTL 门电路的输入端悬空时，相当于高电平输入。输入端接有电阻，其电阻阻值大于 1.4kΩ 时，该端也相当于高电平，电阻值小于 0.8kΩ 时，该端才是低电平。而 CMOS 门电路，输入端不管是接大电阻还是接小电阻，该端都相当于低电平（即地电位）。CMOS 门电路输入端电平与外接串联电阻无关。

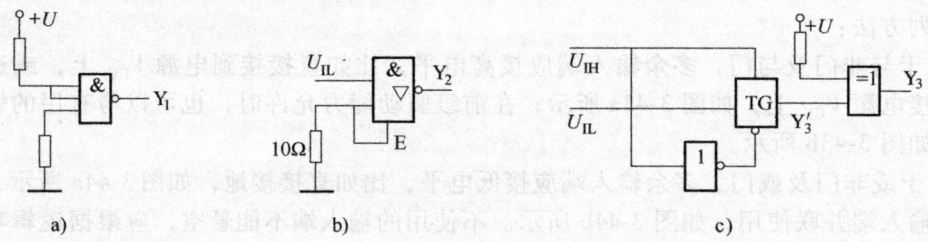

图 3-45 例 3-7 电路图

所以有如下结论：

a) $Y_1 = \overline{1 \cdot 1 \cdot 0} = 1$

b) E 端为低电平，三态门呈高阻态
$Y_2 = Z$（高阻）

c) 在 U_{IH} 高电平控制下，传输门打开
$Y_3' = 0$ $Y_3 = 1 \oplus 0 = 1$

【例 3-8】 指出图 3-46 中各门电路的输出是什么状态（高电平、低电平或高阻态）。假定它们都是 T1000 系列的 TTL 门电路。

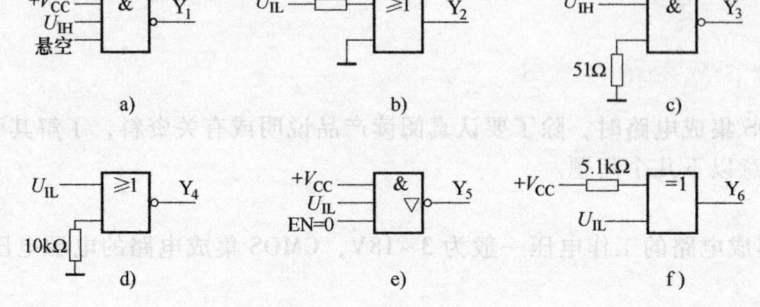

图 3-46 例 3-8 电路图

解：在图 3-46a 中，三个输入端都相当于高电平，即逻辑 1，由与非门的功能可知，其输出为低电平。

在图 3-46b 中，输入端接 10kΩ 电阻相当于高电平，即逻辑 1，由或门的功能可知，其输出为高电平。

在图 3-46c 中，输入端接 51Ω 电阻相当于低电平，即逻辑 0，由与非门的功能可知，其输出为高电平。

在图 3-46d 中，输入端接 10kΩ 电阻相当于高电平，即逻辑 1，由或非门的功能可知，其输出为低电平。

在图 3-46e 中，EN=0，三态门电路处于禁止工作状态，其输出为高阻态。

在图 3-46f 中，两个输入端分别为高电平和低电平，由异或门的功能可知，其输出为高电平。

思考与练习

3.6-1　当 TTL 门电路驱动 CMOS 门电路时，是否需要加接口电路？

3.6-2　为什么说电压、电流参数为门电路之间主要接口参数？

3.6-3　使用集成电路多余输入端应如何正确处理？

3.6-4　CMOS 集成门和 TTL 集成门在使用时应注意哪些问题？

3.7　应用案例

图 3-47 是用一个逻辑电路和开关、光敏电阻、蜂鸣器等元器件组成的一个简单防盗报警器的电路图。该报警器的功能是，当放在保险箱前地板上的开关 S 被脚踩下而闭合，A 点为高电压，用"1"表示，同时安装在保险箱里的光敏电阻 R_0 被手电筒照射时，光敏电阻的阻值减小，两端的分压减小，则 B 点为高电压，也表现为"1"，当 A、B 都为高电压时，与门的输出端 Y 为高电压，蜂鸣器就会发出鸣叫声。如果只是光照并不能使报警器发出声音，所以用钥匙开箱时，即使有光也不会报警。只有强行打开时，报警器同时满足两个条件便发生报警。

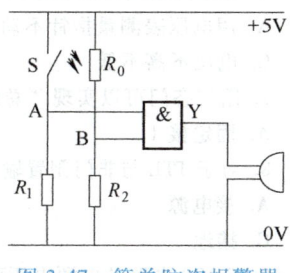

图 3-47　简单防盗报警器

本 章 小 结

1）最简单的门电路是用二极管组成的与门、或门和用晶体管组成的非门电路。它们是集成逻辑门电路的基础。

2）目前普遍使用的数字集成电路主要有两大类：一类由 NPN 型晶体管组成，简称 TTL 集成电路；另一类由 MOSFET 构成，简称 MOS 集成电路。

3）TTL 集成逻辑门电路的输入级采用多发射极晶体管、输出级采用达林顿结构，这不仅提高了门电路的开关速度，也使电路有较强的驱动负载的能力。

4）在 TTL 系列中，除了有实现各种基本逻辑功能的门电路以外，还有集电极开路门和三态门，它们能够实现线与，还可用来驱动需要一定功率的负载。三态门还可用来实现总线结构。

5）MOS 集成电路常用的是两种结构：一种是由 N 沟道 MOSFET 构成的 NMOS 门电路，它结构简单，易于集成化，因而常在大规模集成电路中应用，但没有单片集成门电路产品；另一类是由增强型 N 沟道和 P 沟道 MOSFET 互补构成的 CMOS 门电路，这是 MOS 集成门电路的主要结构。与 TTL 门电路相比，它的优点是功耗低，扇出系数大（指带同类门负载），噪声容限大，开关速度与 TTL 接近，已成为数字集成电路的发展方向。

6）为了更好地使用数字集成电路芯片，应熟悉 TTL 和 CMOS 各个系列产品的外部电气特性及主要参数，还应能正确处理多余输入端，并正确解决不同类型电路间的接口问题及抗干扰问题。

集成电路芯片就像确定了输入和输出的"黑盒子"，其核心可能是非常复杂的电路。对使用者而言，只要掌握查阅器件资料的方法，了解其逻辑功能并正确使用即可。集成逻辑门是最基本的数字集成电路，是组成数字逻辑的基础，学好它，对于掌握数字电子技术极为重要。需要注意的是，几乎所有 IC 的电源和地端通常不标在原理图中，但连线时，电源和地是驱动，必不可少。

能力检测题

扫一扫
看答案

一、单选题

1. 晶体管作为开关时工作区域是（　　）。
   A. 饱和区+放大区　　B. 击穿区+截止区　　C. 放大区+击穿区　　D. 饱和区+截止区

2. 某集成电路芯片，查手册知其最大输出低电平 $V_{OL(max)} = 0.5V$，最大输入低电平 $V_{IL(max)} = 0.8V$，最小输出高电平 $V_{OH(min)} = 2.7V$，最小输入高电平 $V_{IH(min)} = 2.0V$，则其低电平噪声容限 V_{NL} =（　　）。
   A. 0.4V　　B. 0.6V　　C. 0.3V　　D. 1.2V

3. 某集成门电路，其低电平输入电流为 1.0mA，高电平输入电流为 10μA，最大灌电流为 8mA，最大拉电流为 400μA，则其扇出系数为 N =（　　）。
   A. 8　　B. 10　　C. 40　　D. 20

4. 以下电路中常用于总线应用的有（　　）。
   A. TTL 门　　B. OC 门　　C. CMOS 传输门　　D. CMOS 与非门

5. 输出端可并联使用的 TTL 门电路是（　　）。
   A. 三态门　　B. OC 门　　C. 与非门　　D. 或非门

6. 三态门输出高阻状态时，（　　）是不正确的说法。
   A. 用电压表测量指针不动　　B. 相当于悬空
   C. 电压不高不低　　D. 测量电阻指针不动

7. 用三态门可以实现"总线"连接，但其"使能"控制端应为（　　）。
   A. 固定接 1　　B. 固定接 0　　C. 分时使能　　D. 同时使能

8. 对于 TTL 与非门闲置输入端的处理，不可以（　　）。
   A. 接电源　　B. 通过电阻 5kΩ 接电源
   C. 接地　　D. 与有用输入端并联

9. CMOS 电路的电源电压范围较大，约在（　　）。
   A. −5～+5V　　B. 3～18V　　C. 5～15V　　D. +5V

10. TTL 数字集成电路与 CMOS 数字集成电路相比突出的优点是（　　）。
    A. 微功耗　　B. 高速度　　C. 高抗干扰能力　　D. 电源范围宽

二、判断题（正确的打√，错误的打×）

1. TTL 与非门的多余输入端可以接固定高电平。（　　）
2. 当 TTL 与非门的输入端悬空时相当于输入高电平。（　　）
3. 一般 TTL 门电路的输出端可以直接相连，实现线与。（　　）
4. 集成与非门的扇出系数反映了该与非门带同类负载的能力。（　　）
5. 对于 CMOS 电路的输入端允许悬空。（　　）
6. 基本逻辑门电路是数字逻辑电路中的基本单元。（　　）
7. 74LS 系列产品是 TTL 集成电路的主流产品，应用最广泛。（　　）
8. 74LS 系列集成电路属于 TTL 型，CC4000 系列集成电路属于 CMOS 型。（　　）
9. 三态门的三种状态分别为高电平、低电平、不高不低的电压。（　　）
10. 与门多余的输出端可与有用端并联或接低电平。（　　）

三、填空题

1. 集电极开路门工作时必须外加（　　）和（　　）。

2. OC 门即集电极开路门，多个 OC 门输出端并联到一起可实现（　　　）功能。
3. 正逻辑电路中，电平接近 0 时称为（　　　）电平，电平接近 V_{CC} 或 V_{DD} 时称为（　　　）电平。
4. CMOS 门是（　　　）极型门电路，而 TTL 门是（　　　）极型门电路。
5. 三态门有 3 种输出状态：0 态、1 态和（　　　）。
6. TTL 与非门输出高电平 U_{OH} 的典型值是（　　　）V，低电平 U_{OL} 的典型值是（　　　）V。
7. TTL 集成电路和 CMOS 集成电路相比较，其中（　　　）集成电路的带负载能力较强，而（　　　）集成电路的抗干扰能力较强。
8. 用三态门构成总线连接时，依靠（　　　）端的控制作用，可以实现总线的共享而不至于引起（　　　）。
9. TTL 集成与门多余的输入端可（　　　）；TTL 集成或门多余的输入端可（　　　）。
10. CMOS 反相器是由两个（　　　）型的 MOS 管组成，且其中一个是（　　　）管，另外一个是（　　　）管，由于两管特性对称，所以称为互补对称 CMOS 反相器。

四、综合题

1. 晶体管电路如图 3-48 所示，试判断各晶体管处于什么状态。

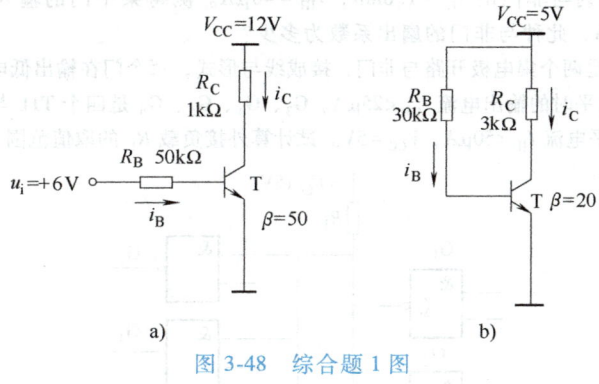

图 3-48　综合题 1 图

2. 图 3-49 中，G_1、G_2、G_3 为 LSTTL 门电路，G_4、G_5、G_6 为 CMOS 门电路。试指出各门的输出状态（高电平、低电平、高阻态）。

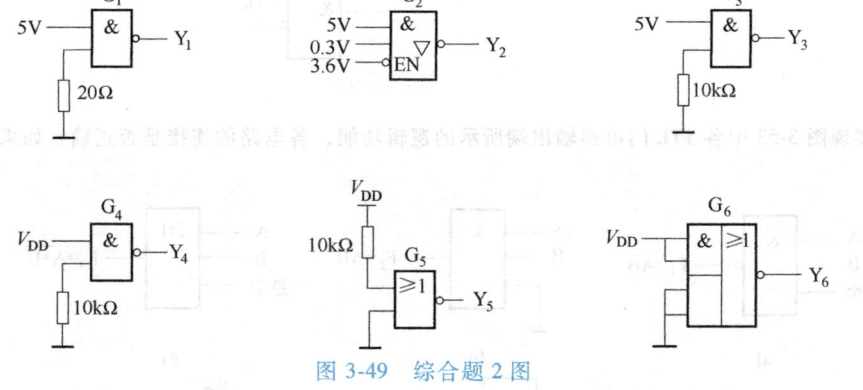

图 3-49　综合题 2 图

3. 电路如图 3-50 所示，G_1 为 74HC 系列 CMOS 门电路，其数据手册提供的参数为 $V_{OL(max)} = 0.33V$，$V_{OH(min)} = 3.84V$，$I_{OL(max)} = 4mA$，$I_{OH(max)} = -4mA$。晶体管 T 导通时 $V_{BE} = 0.7V$，饱和时 $V_{CES} = 0.3V$，发光二极管正向导通时电压降 $V_D = 2.0V$。（1）当输入 A、B 取何值时，发光二极管 D 有可能发光？（2）为使 T 饱和，T 的 β 值应为多少？

4. 图 3-51 中有两个线与的 OC 门 G_1、G_2。它们的输出驱动 3 个 LSTTL 与非门 G_3、G_4、G_5。设 OC 门输出低电平时允许灌入的最大电流 $I_{OL(max)}$ 为 14mA，输出高电平时输出管截止的漏电流 I_{OH} 为 0.05mA；LSTTL 与非门输入低电平电流 I_{IL} 为 0.22mA，每个输入端的高电平输入电流 I_{IH} 为 0.02mA。如果要求 OC 门高电平输出电压 $V_{OH} \geq 3V$，低电平输出电压 $V_{OL} \leq 0.3V$，试求外接电阻 R_L 的取值范围。

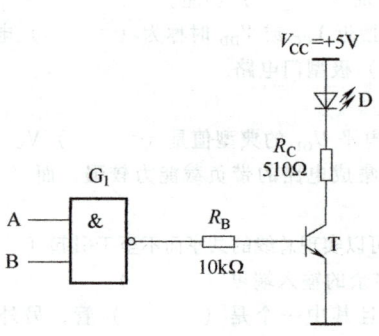

图 3-50　综合题 3 图

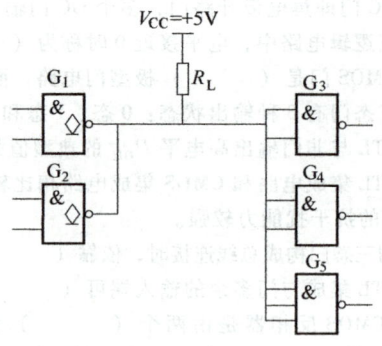

图 3-51　综合题 4 图

5. 74 系列与非门输出低电平时，最大允许的灌电流 $I_{OL(max)}$ = 16mA，输出为高电平时的最大允许输出电流 $I_{OH(max)}$ = 400μA。74 系列与非门的 I_{IL} = 1.6mA，I_{IH} = 40μA。测得某个门的输入低电平电流 I_{IL} = 0.8mA，输入高电平电流 I_{IH} = 1.5μA，此种与非门的扇出系数为多少？

6. 图 3-52 中，G_1、G_2 是两个集电极开路与非门，接成线与形式，每个门在输出低电平时允许灌入的最大电流为 $I_{OL(max)}$ = 13mA，输出高电平时的输出电流 I_{OH} < 25μA。G_3、G_4、G_5、G_6 是四个 TTL 与非门，它们的输入低电平电流 I_{IL} = 1.6mA，输入高电平电流 I_{IH} < 50μA，V_{CC} = 5V。试计算外接负载 R_L 的取值范围 $R_{L(max)}$ 及 $R_{L(min)}$。

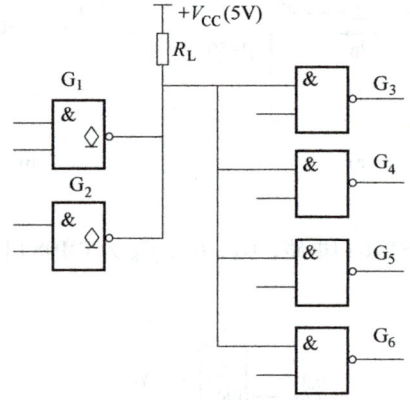

图 3-52　综合题 6 图

7. 若要实现图 3-53 中各 TTL 门电路输出端所示的逻辑功能，各电路的连接是否正确？如果不正确，试说明理由。

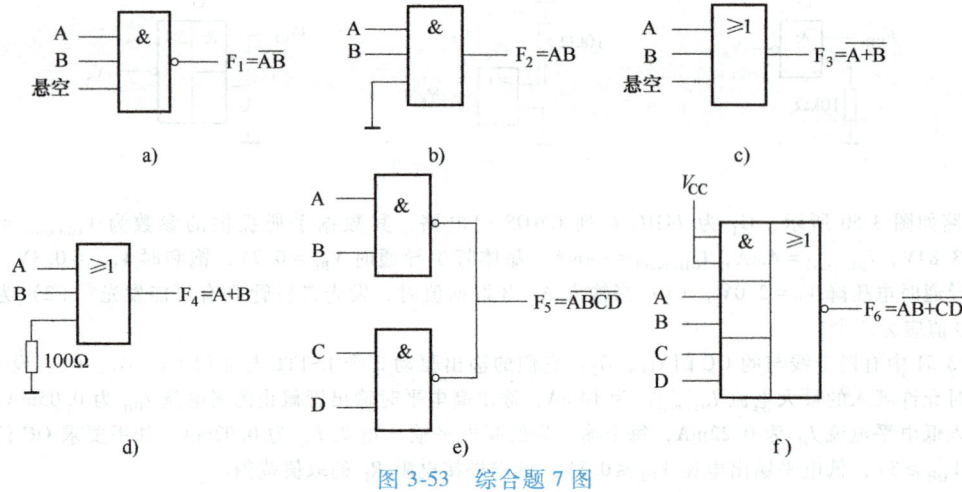

图 3-53　综合题 7 图

8. 图 3-54 中，LSTTL 门电路的输出低电平 $V_{OL} \leq 0.4V$ 时，最大灌电流 $I_{OL(max)} = 8mA$，输出高电平时的漏电流 $I_{OH} \leq 50\mu A$；CMOS 门的输入电流可以忽略不计。如果要求 Z 点高、低电平 $V_H \geq 4V$、$V_L \leq 0.4V$，请计算上拉电阻 R_L 的选择范围。

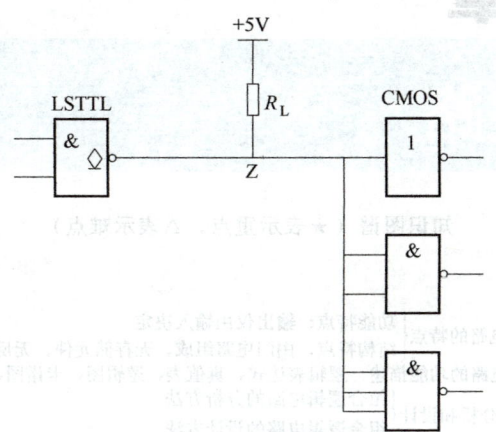

图 3-54　综合题 8 图

9. 图 3-55 中，G_1、G_2 是两个集电极开路与非门，每个门在输出低电平时允许灌入的最大电流为 $I_{OL(max)} = 16mA$，输入高电平电流 $I_{OH} < 250\mu A$。$G_3 \sim G_6$ 是 TTL 非门、与非门，它们的输入低电平电流 $I_{IL} = 1.6mA$，输入高电平电流 $I_{IH} < 40\mu A$，计算外接负载电阻 R_L 的取值范围，即 $R_{L(max)}$ 和 $R_{L(min)}$ 的值。

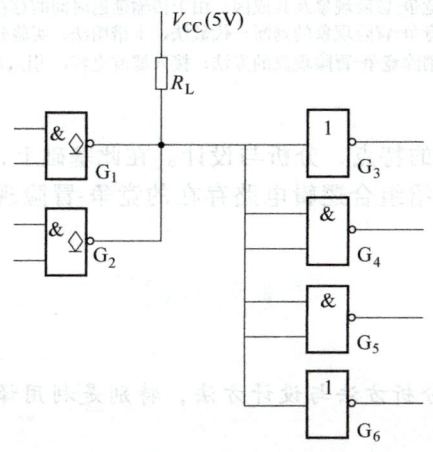

图 3-55　综合题 9 图

第 4 章 组合逻辑电路

知识图谱（★表示重点，△表示难点）

```
            ┌ 4.1概述 ┌ 组合逻辑电路的特点 ┌ 功能特点：输出仅由输入决定
            │         │                    └ 结构特点：由门电路组成，无存储元件，无反馈
            │         └ 组合逻辑电路的功能描述：逻辑表达式、真值表、逻辑图、卡诺图、波形图
            │
            │ 4.2组合逻辑电路的分析和设计 ┌ 组合逻辑电路的分析方法
            │       (△,★)              └ 组合逻辑电路的设计方法
  组合       │
  逻辑 ──────┤         ┌ 编码器：普通编码器，优先编码器
  电路       │         │ 译码器：二进制译码器，二十进制译码器，显示译码器
            │ 4.3常用中规模组合逻辑电路 │ 数据选择器：4选1数据选择器，8选1数据选择器
            │       (△,★)              │ 数据分配器：4选1数据分配器，8选1数据分配器
            │                          │ 加法器：半加器，全加器，多位加法器
            │                          └ 数值比较器：1位数值比较器，多位数值比较器，数值比较器的扩展
            │
            │ 4.4组合逻辑电路中的 ┌ 竞争-冒险现象及其成因：由于传输延迟时间的存在，产生竞争-冒险现象
            │   竞争-冒险现象     │ 竞争-冒险现象的判断：代数法、卡诺图法、实验分析法和计算机辅助分析法
            │       (△)          └ 消除竞争-冒险现象的方法：接入滤波电容、引入选通脉冲、修改逻辑设计
            │
            └ 4.5应用案例
```

本章将介绍组合逻辑电路的特点、分析与设计。在此基础上，介绍常用的集成组合逻辑电路组件的功能和应用。最后介绍组合逻辑电路存在的竞争-冒险现象，以及产生的原因及消除的方法。

【学习目标】

1. 知识目标

1）掌握组合逻辑电路的分析方法与设计方法，特别是利用译码器和数据选择器进行逻辑设计的方法。

2）理解编码器、译码器、数据选择器、加法器等中规模集成电路的逻辑功能、实现原理及应用方法。

3）培养查阅手册合理选择数字集成电路组件的能力，会使用集成组件。

2. 能力目标

1）具有对组合逻辑电路分析的能力。

2）具有对小规模集成组合逻辑电路设计的能力。

3. 素质目标

1）组合逻辑电路是由许多门电路组成实现一个特定的功能，从中我们认识到应正确看待个体与整体的辩证关系，充分发挥个人在创新团队中的作用，在提高团队凝聚力和综合性创新能力的同时实现个人创造力和核心竞争力。

2）结合本章内容，我们要与时代同频共振，学会集体成员团结协作，构建命运共同体，关注自身利益的同时必须兼顾他人利益，谋求自我发展的同时促进多方共同发展，成为一个肯奉献、善合作、懂感恩、扬正气的合格大学生，在祖国的伟大复兴中成就自我。

4.1 概述

4.1.1 组合逻辑电路的特点

根据电路的逻辑功能和电路结构的不同特点，数字电路可以分成两大类：一类是组合逻辑电路，简称组合电路；另一类是时序逻辑电路，简称时序电路。组合逻辑电路是由各种门电路组成的没有记忆功能的电路。任一时刻的输出信号只取决于该时刻的输入信号，而与电路原来所处的状态无关。生活中组合逻辑电路的实例有电子密码锁等。组合逻辑电路可以用组合式数字来比拟，只要将所需的一组数字（例如364）拨到正确的位置，锁就打开，至于先拨哪一位数字和拨数字时正拨还是反拨都没有关系。时序逻辑电路就比较复杂，其输出不仅与当时的输入逻辑值有关，而且与以前曾经输入过的逻辑值有关，犹如拨动保险箱上的数字那样，只有按一定的顺序，如按 3→6→4 顺序依次拨号完毕，保险箱才能打开。因此这类电路称为时序逻辑电路。显然，时序逻辑电路的最终输出既取决于当时的第三位数码 4，还取决于前两次的输入数码 3 和 6。

4.1.2 组合逻辑电路的功能描述

组合逻辑电路在逻辑功能上的共同特点是，任意时刻的输出状态仅取决于该时刻的输入状态，与电路原来的状态无关，即刻输入，即刻输出。电路结构上的特点是，它是由各种门电路组成的，而且只有从输入到输出的通路，没有从输出到输入的反馈回路。由于组合逻辑电路的输出状态与电路的原来状态无关，所以组合逻辑电路是一种无记忆功能的电路。

组合逻辑电路的组成框图如图 4-1 所示。A_0，A_1，…，A_{n-1} 为输入逻辑变量，F_0，F_1，…，F_{m-1} 为输出逻辑函数。

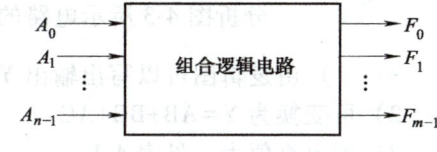

图 4-1　组合逻辑电路的组成框图

根据图 4-1 可以列出 m 个输出函数表达式：

$$\begin{cases} F_0 = f_0(A_0, A_1, \cdots, A_{n-1}) \\ F_1 = f_1(A_0, A_1, \cdots, A_{n-1}) \\ \vdots \\ F_{m-1} = f_{m-1}(A_0, A_1, \cdots, A_{n-1}) \end{cases} \quad (4-1)$$

或者写成向量函数的形式：

$$F = f(A) \quad (4-2)$$

描述一个组合逻辑电路逻辑功能的方法很多，通常有逻辑表达式、真值表、逻辑图、卡诺图、波形图五种。它们各有特点，又相互联系，还可以相互转换。

思考与练习

4.1-1　描述组合逻辑电路逻辑功能的方法主要有哪些？
4.1-2　各种表示法之间如何相互转换？
4.1-3　组合逻辑电路在逻辑功能和电路结构上的特点是什么？
4.1-4　组合逻辑电路和时序逻辑电路的区别是什么？

4.2 组合逻辑电路的分析和设计

4.2.1 组合逻辑电路的分析方法

扫一扫
看视频

所谓组合逻辑电路的分析就是根据已知的组合逻辑电路，确定其输入与输出之间的逻辑关系，列出真值表，用简洁明了的语言描述其逻辑功能、评价电路、验证和说明该电路逻辑功能的过程。具体分析步骤如下：

1）根据给定的逻辑图写出输出函数的逻辑表达式。
2）进行化简或变换，求出输出函数的最简表达式。
3）根据简化的逻辑表达式列出相应的真值表。
4）确定逻辑电路的功能，给出对该逻辑电路的评价。

以上步骤可用框图表示，如图 4-2 所示。

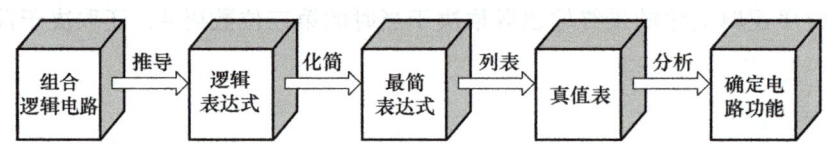

图 4-2 组合逻辑电路分析框图

下面举例说明对组合逻辑电路的分析，掌握其基本思路及方法。

【例 4-1】 分析图 4-3 所示电路的逻辑功能。

解：1）由逻辑图可以写出输出 Y 的逻辑表达式为 $Y = \overline{\overline{AB} \cdot \overline{BC} \cdot \overline{AC}}$。
2）可变换为 $Y = AB + BC + AC$。
3）列出真值表，见表 4-1。

由表 4-1 看出，当输入 A、B、C 中有 2 个或 3 个为 1 时，输出 Y 为 1，否则输出 Y 为 0。所以这个电路实际上是一种 3 人表决用的组合电路：只要有 2 票或 3 票同意，表决就通过。

【例 4-2】 已知逻辑电路如图 4-4 所示，分析该电路的功能。

解：1）根据逻辑图，写出输出逻辑表达式。
该电路总输出 Y 用两个异或门实现：$Y = A \oplus B \oplus C$。

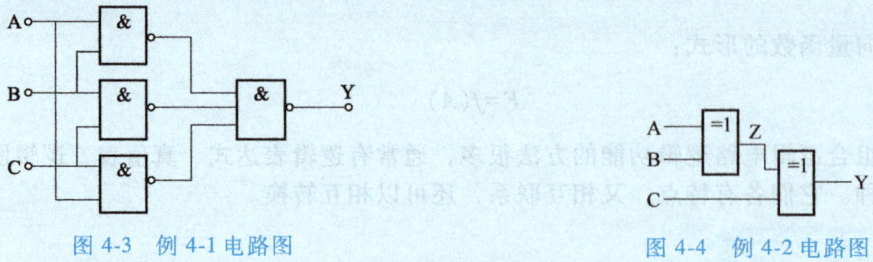

图 4-3 例 4-1 电路图　　图 4-4 例 4-2 电路图

2）列出真值表，见表 4-2。
3）确定逻辑功能：由表 4-2 看出，三位二进制数中，1 的个数为奇数时，Y = 1，否则 Y = 0。所以，该电路为三位奇数校验器，用来检验三位二进制数中 1 的个数。

表 4-1 例 4-1 真值表

A	B	C	Y
0	0	0	0
0	0	1	0
0	1	0	0
0	1	1	1
1	0	0	0
1	0	1	1
1	1	0	1
1	1	1	1

表 4-2 例 4-2 真值表

A	B	C	Y
0	0	0	0
0	0	1	1
0	1	0	1
0	1	1	0
1	0	0	1
1	0	1	0
1	1	0	0
1	1	1	1

4.2.2 组合逻辑电路的设计方法

组合逻辑电路的设计是分析的逆过程,设计是根据实际逻辑问题进行逻辑抽象,找出用最少或最合适的逻辑门实现逻辑功能的方案,并画出逻辑电路图。其步骤如下:

1)由实际逻辑问题进行逻辑抽象,列真值表。
2)根据真值表写出相应的逻辑表达式。
3)对逻辑表达式进行化简,如命题对门的种类有特殊要求,还要对化简后的表达式进行变换。
4)画出相应的逻辑电路图。

以上步骤可用图 4-5 来表示。

扫一扫
看视频

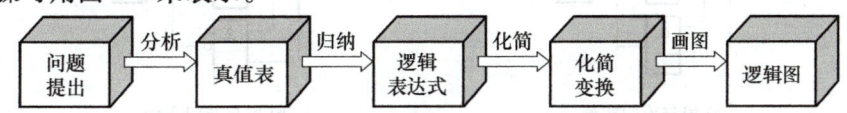

图 4-5 组合逻辑电路设计步骤框图

现通过一些具体例子来阐明组合逻辑电路的设计方法。

【例 4-3】 某大楼电梯系统设有 3 部电梯,为了监测电梯运行情况,需要设计一个电梯运行情况监测电路,规定只要有 2 部以上电梯运行,则监测电路输出电梯系统正常工作信号,否则输出电梯系统故障信号。试用与或门和与非门分别设计该电梯系统运行情况监测电路。

解:1)逻辑抽象,列真值表。

根据题意,输入变量用 A、B、C 分别表示 3 部电梯的运行状态,输出变量用 Y 表示监测电路输出信号状态。输入变量用逻辑 1 表示电梯正在运行,用逻辑 0 表示电梯停止运行;输出变量用逻辑 1 表示系统运行正常,用逻辑 0 表示系统运行故障。由此可列出该逻辑电路的真值表,见表 4-3。

表 4-3 例 4-3 的真值表

A	B	C	Y
0	0	0	0
0	0	1	0
0	1	0	0
0	1	1	1
1	0	0	0
1	0	1	1
1	1	0	1
1	1	1	1

2)根据真值表写出输出逻辑表达式。

$$Y = \overline{A}BC + A\overline{B}C + AB\overline{C} + ABC$$

由逻辑表达式画出卡诺图，如图 4-6 所示。

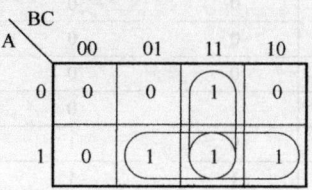

图 4-6 例 4-3 的卡诺图

再由卡诺图化简得

$$Y = AC + BC + AB$$
$$= \overline{\overline{AC + BC + AB}}$$
$$= \overline{\overline{AC} \cdot \overline{BC} \cdot \overline{AB}}$$

因为要求用与非门实现，所以把图 4-7a 的与或表达式转换为图 4-7b 的与非表达式。

3）根据上式画出逻辑图，如图 4-7 所示。

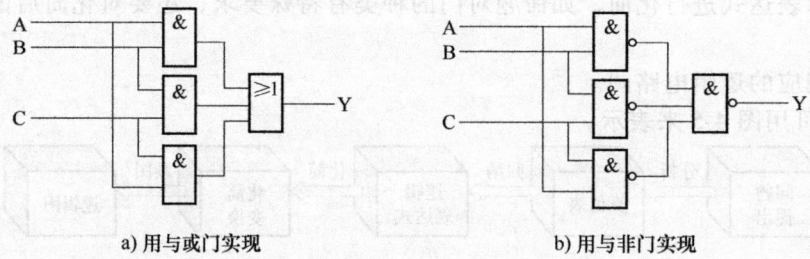

a) 用与或门实现　　　　　　　　b) 用与非门实现

图 4-7 例 4-3 的逻辑图

【例 4-4】 请用最少的元器件设计一个健身房照明灯的控制电路，该健身房有东门、南门、西门，在各个门旁装有一个开关，每个开关都能独立控制灯的亮灭，控制电路具有以下功能：

1）某一门开关接通，灯亮，开关断，灯灭。
2）当某一门开关接通，灯亮，接着接通另一门开关，则灯灭。
3）当三个门开关都接通时，灯亮。

解：设东门开关为 A，南门开关为 B，西门开关为 C。开关闭合为 1，开关断开为 0。灯为 Z，灯暗为 0，灯亮为 1。根据题意列真值表，见表 4-4。

表 4-4 例 4-4 真值表

A	B	C	Z	A	B	C	Z
0	0	0	0	1	0	0	1
0	0	1	1	1	0	1	0
0	1	0	1	1	1	0	0
0	1	1	0	1	1	1	1

1）画出卡诺图，如图 4-8 所示。
2）根据卡诺图，可得到该逻辑电路的逻辑表达式：

$$Z = \overline{A}\overline{B}C + \overline{A}B\overline{C} + A\overline{B}\overline{C} + ABC = A \oplus B \oplus C$$

3）根据逻辑表达式，可画出逻辑电路图，如图 4-9 所示。

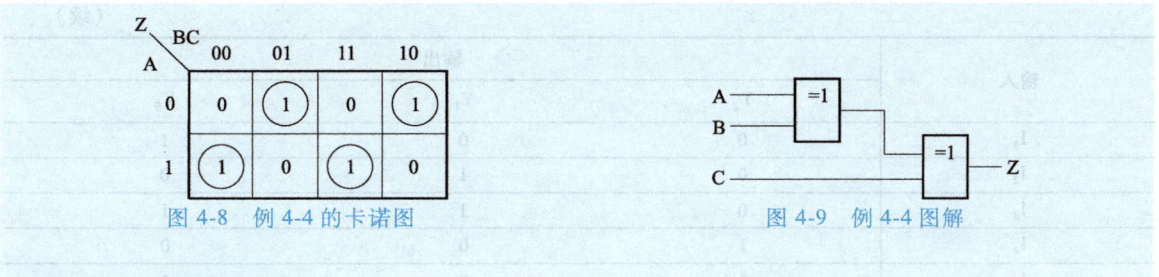

图 4-8 例 4-4 的卡诺图　　　　图 4-9 例 4-4 图解

思考与练习

4.2-1　分析组合逻辑电路的目的是什么？

4.2-2　简述组合逻辑电路的分析步骤。

4.2-3　对大、中、小规模集成电路，分别采用什么设计方法？

4.2-4　简述组合逻辑电路的设计步骤。

4.3　常用中规模组合逻辑电路

随着微电子技术的发展，现在许多常用的组合逻辑电路都有现成的集成模块，不需要用门电路设计。这些组合逻辑电路包含编码器、译码器、数据选择器、数据分配器、加法器、数值比较器等。下面分别介绍这些组合逻辑电路的逻辑功能、实现原理及应用方法。

4.3.1　编码器

在数字系统中，将字母、数字、符号等信息编成一组二进制代码的过程称为编码，实现编码功能的逻辑电路称为编码器。例如，计算机的键盘就是由编码器组成的，每按下一个键，编码器就将该键的信号编成一个二进制代码送到计算机中，以便计算机对信号进行运算处理和存储。一位二进制数可表示 0 和 1 两种状态，n 位二进制数则有 2^n 种状态。编码器可以分为二进制编码器和二-十进制编码器，按照信号有无权限级别，又可以分为普通编码器和优先编码器。

扫一扫
看视频

1. 3 位二进制普通编码器

在任何时刻只允许输入一个有效编码信号，否则输出将发生混乱的编码器称为普通编码器。3 位二进制普通编码器的输入是 $I_0 \sim I_7$ 共 8 个输入信号，输出是 3 位二进制代码 $Y_0 \sim Y_2$。为此，又把它叫做 8 线-3 线编码器。输出与输入的对应关系由表 4-5 给出。

由于 $I_0 \sim I_7$ 互相排斥，所以只需要将函数值为 1 的变量加起来，就可以得到相应输出信号的最简与或式：

$$Y_2 = I_4 + I_5 + I_6 + I_7 = \overline{\overline{I_4}\,\overline{I_5}\,\overline{I_6}\,\overline{I_7}}$$
$$Y_1 = I_2 + I_3 + I_6 + I_7 = \overline{\overline{I_2}\,\overline{I_3}\,\overline{I_6}\,\overline{I_7}}$$
$$Y_0 = I_1 + I_3 + I_5 + I_7 = \overline{\overline{I_1}\,\overline{I_3}\,\overline{I_5}\,\overline{I_7}} \tag{4-3}$$

表 4-5　3 位二进制普通编码器的编码表

输入	输出		
	Y_2	Y_1	Y_0
I_0	0	0	0

(续)

输入	输出		
	Y_2	Y_1	Y_0
I_1	0	0	1
I_2	0	1	0
I_3	0	1	1
I_4	1	0	0
I_5	1	0	1
I_6	1	1	0
I_7	1	1	1

由式（4-3）画出 8 线-3 线编码器逻辑电路图，如图 4-10 所示。

2. 优先编码器

实际应用中，经常有两个或更多输入编码信号同时有效。例如，微型计算机主机要控制打印机、磁盘驱动器、输入键盘等。必须根据轻重缓急，规定好这些外设允许操作的先后顺序，即优先级别。识别多个编码请求信号的优先级别，并进行相应编码的逻辑部件称为优先编码器。为方便使用，优先编码器已制成了集成电路，以一个逻辑部件形式存在。常用中规模集成优先编码器有 74LS148（8 线-3 线优先编码器）、74LS147（10 线-4 线 BCD 优先编码器）。

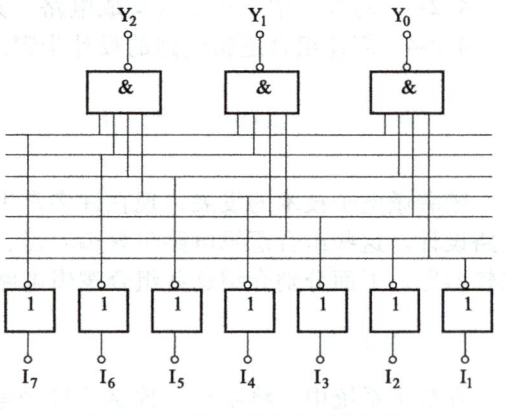

图 4-10 3 位二进制普通编码器的逻辑电路图

集成优先编码器 74LS148 的引脚排列图和逻辑功能示意图如图 4-11 所示。

优先编码器具有单方面排斥的特性，优先级别高的信号排斥优先级别低的信号，其中，$\bar{I}_7$ 的优先级别最高，$\bar{I}_6$ 次之，依此类推，$\bar{I}_0$ 最低。74LS148 的输入和输出均为低电平有效。为了增强电路扩展功能，74LS148 还设置了选通控制输入端 $\bar{S}$、选通输出端 $\bar{Y}_S$ 和扩展输出端 $\bar{Y}_{EX}$，也均为低电平有效。

74LS148 优先编码器真值表见表 4-6。表中的"×"号表示当有优先级高的输入信号输入时，优先级低的输入信号有输入或无输入，都不会影响编码器的输出。从表中可以看出，当 $\bar{S}=1$ 时，禁止编码。此时无论 $\bar{I}_0 \sim \bar{I}_7$ 中有无有效信号，输出 $\bar{Y}_2$、$\bar{Y}_1$ 和 $\bar{Y}_0$ 均为 1，且 $\bar{Y}_S$、$\bar{Y}_{EX}$ 也为 1，表示编码器不工作。当 $\bar{S}=0$ 时，编码器工作，如果 $\bar{I}_0 \sim \bar{I}_7$ 中有低电平（有效信号）输入，则输出 $\bar{Y}_2 \sim \bar{Y}_0$ 只对级别最高的输入进行编码输出。例如，当 $\bar{I}_7=1$，$\bar{I}_6=0$ 时，此时无论其他输入端是否有效，输出端只对 $\bar{I}_6$ 的输入进行编码，因此 $\bar{Y}_2\bar{Y}_1\bar{Y}_0=001$（即 110 的反码）。74LS148 正常工作时，$\bar{Y}_S=1$，$\bar{Y}_{EX}=0$。如果 $\bar{I}_0 \sim$

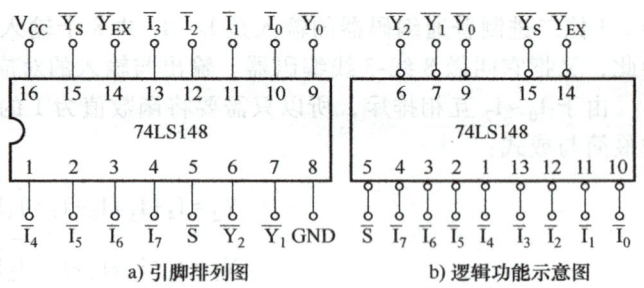

图 4-11 74LS148 的引脚排列图和逻辑功能示意图

$\bar{I}_7$ 中无编码信号输入，则输出 $\bar{Y}_2 \sim \bar{Y}_0$ 均为高电平，且 $\bar{Y}_S = 0$，$\bar{Y}_{EX} = 1$。

当扩展输出端 $\bar{Y}_{EX} = 0$ 时，表示编码器正常工作，当 $\bar{Y}_{EX} = 1$ 时表示编码器被禁止或无有效输入信号，所以也将 $\bar{Y}_{EX}$ 称为编码状态指示端；选通输出端 $\bar{Y}_S$ 只有在允许编码器工作（$\bar{S} = 0$）但没有有效信号输入（$\bar{I}_0 \sim \bar{I}_7$ 都为高电平 1）时才为 0，所以也将 $\bar{Y}_S$ 称为无编码输入指示端。

表 4-6 74LS148 优先编码器真值表

				输入							输出		
$\bar{S}$	$\bar{I}_0$	$\bar{I}_1$	$\bar{I}_2$	$\bar{I}_3$	$\bar{I}_4$	$\bar{I}_5$	$\bar{I}_6$	$\bar{I}_7$	$\bar{Y}_2$	$\bar{Y}_1$	$\bar{Y}_0$	$\bar{Y}_S$	$\bar{Y}_{EX}$
1	×	×	×	×	×	×	×	×	1	1	1	1	1
0	1	1	1	1	1	1	1	1	1	1	1	0	1
0	×	×	×	×	×	×	×	0	0	0	0	1	0
0	×	×	×	×	×	×	0	1	0	0	1	1	0
0	×	×	×	×	×	0	1	1	0	1	0	1	0
0	×	×	×	×	0	1	1	1	0	1	1	1	0
0	×	×	×	0	1	1	1	1	1	0	0	1	0
0	×	×	0	1	1	1	1	1	1	0	1	1	0
0	×	0	1	1	1	1	1	1	1	1	0	1	0
0	0	1	1	1	1	1	1	1	1	1	1	1	0

表 4-6 中出现 3 种 $\bar{Y}_2\bar{Y}_1\bar{Y}_0 = 111$ 情况，如第一行 $\bar{S} = 1$，$\bar{Y}_S = 1$，$\bar{Y}_{EX} = 1$，表示"此片未工作"；第二行 $\bar{S} = 0$，$\bar{Y}_S = 0$，$\bar{Y}_{EX} = 1$ 表示"此片工作，但无编码输入"；第十行 $\bar{S} = 0$，$\bar{Y}_S = 1$，$\bar{Y}_{EX} = 0$ 表示编码器在编码，"此片工作，且有编码输入"。

当要对多于 8 个对象进行编码时，只要把多片 74LS148 进行级联即可。方法技巧为：$\bar{Y}_S$ 及 $\bar{Y}_{EX}$ 除了作为指示信号外，当器件级联时还可作为输出信号。级联应用时，高位片的 $\bar{Y}_S$ 端与低位片的 $\bar{S}$ 端连接起来，可以扩展优先编码功能。$\bar{Y}_{EX}$ 为优先扩展输出端，级联应用时可作输出位的扩展端。

4.3.2 译码器

将输入的二进制代码翻译成输出高、低电平信号以表示其原来含义的逻辑电路称为译码器。译码是编码的逆过程。译码器输入的是一组代码，输出的是与代码相对应的高、低电平。

假设译码器有 n 个输入信号和 N 个输出信号，如果 $N = 2^n$，就称为全译码器，常见的全译码器有 2 线-4 线译码器、3 线-8 线译码器、4 线-16 线译码器等；如果 $N < 2^n$，称为部分译码器，如二-十进制译码器（也称为 4 线-10 线译码器）等，常用的译码器有二进制译码器、二-十进制译码器和显示译码器。

扫一扫
看视频

1. 二进制译码器

二进制译码器将输入的 n 个二进制代码翻译成 $N = 2^n$ 个信号输出，又称为变量译码器。3 位二进制译码器代码输入的是 3 位二进制代码 $A_2A_1A_0$，输出是 8 个译码信号 $Y_0 \sim Y_7$，真值表见表 4-7，逻辑表达式为

$Y_0 = \bar{A}_2\bar{A}_1\bar{A}_0$　　　　$Y_1 = \bar{A}_2\bar{A}_1A_0$　　　　$Y_2 = \bar{A}_2A_1\bar{A}_0$　　　　$Y_3 = \bar{A}_2A_1A_0$

$Y_4 = A_2\overline{A_1}\overline{A_0}$ $Y_5 = A_2\overline{A_1}A_0$ $Y_6 = A_2A_1\overline{A_0}$ $Y_7 = A_2A_1A_0$

表 4-7 3 位二进制译码器的真值表

A_2	A_1	A_0	Y_0	Y_1	Y_2	Y_3	Y_4	Y_5	Y_6	Y_7
0	0	0	1	0	0	0	0	0	0	0
0	0	1	0	1	0	0	0	0	0	0
0	1	0	0	0	1	0	0	0	0	0
0	1	1	0	0	0	1	0	0	0	0
1	0	0	0	0	0	0	1	0	0	0
1	0	1	0	0	0	0	0	1	0	0
1	1	0	0	0	0	0	0	0	1	0
1	1	1	0	0	0	0	0	0	0	1

逻辑图如图 4-12 所示。

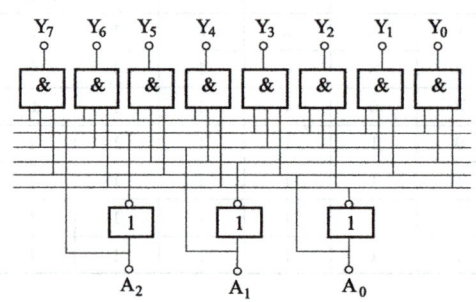

图 4-12 3 位二进制译码器

2. 集成 3 线-8 线译码器 74LS138

74LS138 是常见的集成二进制译码器，74LS138 的逻辑图如图 4-13 所示。其中，A_0、A_1、A_2 是 3 个输入端，$\overline{Y_0} \sim \overline{Y_7}$ 是 8 个输出端。S_1、$\overline{S_2}$、$\overline{S_3}$ 是 3 个控制端。S_1 高电平有效，$\overline{S_2}$、$\overline{S_3}$ 低电平有效，即当 $S_1 = 1$，$\overline{S_2} = \overline{S_3} = 0$ 时，控制门 G_S 输出高电平，这个高电平把 $G_0 \sim G_7$ 打开，译码器正常工作，否则译码器不能正常译码。输入信号是二进制代码，输出的是一组高低电平信号。每输入一组不同的代码，只有一个对应端的输出为有效状态（低电平），其余输出端保持无效状态。或者说，二进制译码器有多个输出端，每输入一组二进制代码，必有一个且只有一个输出端有信号输出，其余的输出端都无信号输出。当译码器正常工作时（即 G_S 输出 1 时），可以由逻辑图写出各输出端的表达式为

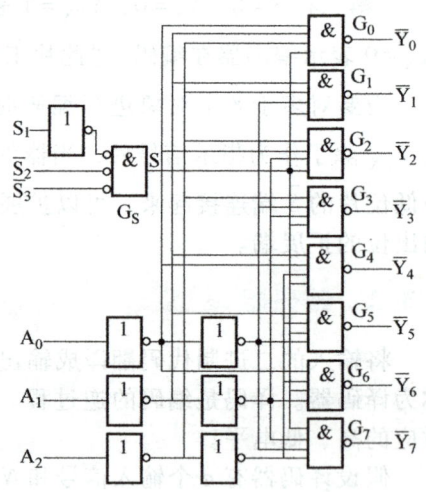

图 4-13 集成 3 线-8 线译码器 74LS138 的逻辑图

$\overline{Y_0} = \overline{\overline{A_2}\overline{A_1}\overline{A_0}} = \overline{m_0}$ $\overline{Y_1} = \overline{\overline{A_2}\overline{A_1}A_0} = \overline{m_1}$ $\overline{Y_2} = \overline{\overline{A_2}A_1\overline{A_0}} = \overline{m_2}$ $\overline{Y_3} = \overline{\overline{A_2}A_1A_0} = \overline{m_3}$

$\overline{Y_4} = \overline{A_2\overline{A_1}\overline{A_0}} = \overline{m_4}$ $\overline{Y_5} = \overline{A_2\overline{A_1}A_0} = \overline{m_5}$ $\overline{Y_6} = \overline{A_2A_1\overline{A_0}} = \overline{m_6}$ $\overline{Y_7} = \overline{A_2A_1A_0} = \overline{m_7}$

由上述表达式可以看出，译码器的输出 $\overline{Y_0} \sim \overline{Y_7}$ 正好是 A_0、A_1、A_2 三个变量的全部最小项，所以这种译码器又可以称为最小项译码器，只是 74LS138 的输出是最小项的"非"。

图 4-14 是集成 3 线-8 线译码器 74LS138 的引脚排列图。

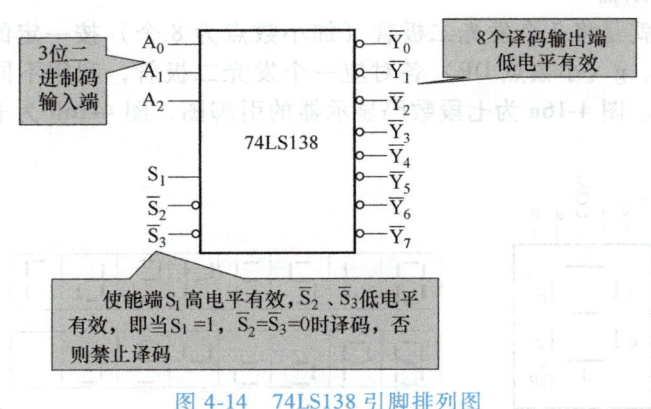

图 4-14　74LS138 引脚排列图

根据上述表达式可以列出 74LS138 的真值表，见表 4-8。

表 4-8　74LS138 的真值表

S_1	$\overline{S}_2+\overline{S}_3$	A_2	A_1	A_0	$\overline{Y}_0$	$\overline{Y}_1$	$\overline{Y}_2$	$\overline{Y}_3$	$\overline{Y}_4$	$\overline{Y}_5$	$\overline{Y}_6$	$\overline{Y}_7$
×	1	×	×	×	1	1	1	1	1	1	1	1
0	×	×	×	×	1	1	1	1	1	1	1	1
1	0	0	0	0	0	1	1	1	1	1	1	1
1	0	0	0	1	1	0	1	1	1	1	1	1
1	0	0	1	0	1	1	0	1	1	1	1	1
1	0	0	1	1	1	1	1	0	1	1	1	1
1	0	1	0	0	1	1	1	1	0	1	1	1
1	0	1	0	1	1	1	1	1	1	0	1	1
1	0	1	1	0	1	1	1	1	1	1	0	1
1	0	1	1	1	1	1	1	1	1	1	1	0

由表 4-8 可以看出，图 4-14 完成的是 3 线-8 线译码器的逻辑功能。$\overline{Y}_0 \sim \overline{Y}_7$ 是 A_2、A_1、A_0 这三个变量的全部最小项的译码输出。74LS138 有三个附加的控制端 S_1、$\overline{S}_2$ 和 $\overline{S}_3$。当 $S_1 = 1$、$\overline{S}_2+\overline{S}_3 = 0$ 时，G_S 输出为高电平，译码器处于工作状态。否则，译码器被禁止，所有的输出端被封锁在高电平。这三个控制端也叫做"片选"输入端，利用片选的作用可以将多片连接起来，以扩展译码器的功能。

3. 显示译码器

在数字式测量仪表或某些数字系统中，常常需要将数字、字母、符号等直观地显示出来，一方面供人们直接读取测量和运算的结果，另一方面用于监视数字系统的工作情况。因此，数字显示电路是许多数字设备不可缺少的部分。数字显示电路通常由译码器、驱动器和显示器等部分组成，如图 4-15 所示。

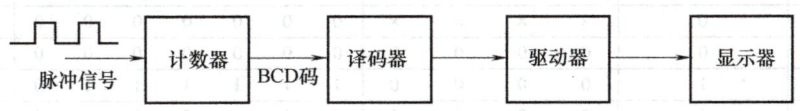

图 4-15　数字显示电路组成框图

(1) 七段数码显示器

七段数码显示器就是将7个发光二极管(加小数点为8个)按一定的方式排列起来,七段 a、b、c、d、e、f、g(小数点 DP)各对应一个发光二极管,利用不同发光段的组合,显示不同的阿拉伯数字。图 4-16a 为七段数码显示器的引脚图,图 4-16b 为七段数码显示器可以显示的 16 种字符。

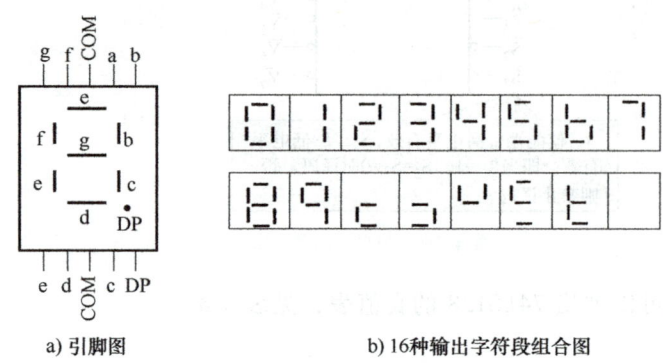

a) 引脚图　　　　　　　　　b) 16种输出字符段组合图

图 4-16　七段数码显示器及发光段组合图

如图 4-17 所示,按内部连接方式不同,七段数码显示器分为共阴极和共阳极两种。半导体显示器的优点是工作电压较低(1.5~3V)、体积小、寿命长、亮度高、响应速度快、工作可靠性高,缺点是工作电流大,每个字段的工作电流约为 10mA。

(2) 七段显示译码器 74LS48

七段显示译码器 74LS48 是一种与共阴极数码显示器配合使用的集成译码器,它的功能是将输入的 4 位二进制代码 $A_3A_2A_1A_0$(8421 BCD 码)转换成译码器的输出驱动信号 a~g,高电平有效,可直接驱动共阴极七段数码显示器。另外,它还有 3 个控制端:试灯输入端 $\overline{LT}$、灭零输入端 $\overline{RBI}$、灭灯输入/动态灭零输出 $\overline{BI}/\overline{RBO}$,如图 4-18 所示。表 4-9 为它的逻辑功能表。

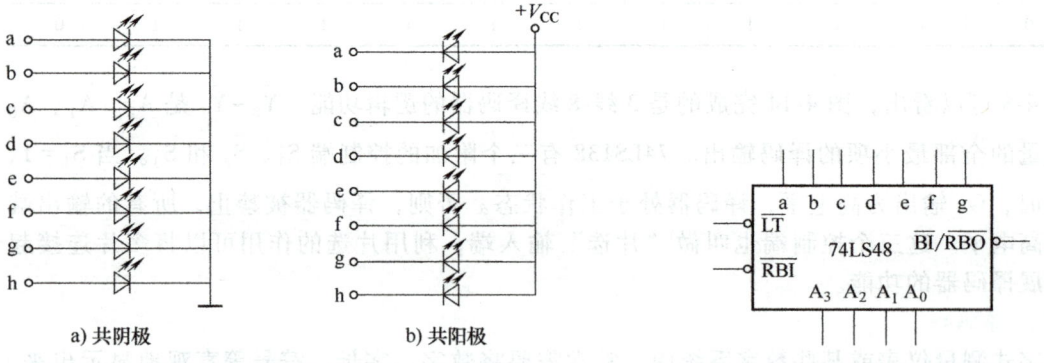

a) 共阴极　　　　　b) 共阳极

图 4-17　七段数码显示器的发光二极管连接方式　　　　图 4-18　74LS48 逻辑功能示意图

表 4-9　七段显示译码器 74LS48 的逻辑功能表

$\overline{LT}$	$\overline{RBI}$	$\overline{BI}/\overline{RBO}$	A_3	A_2	A_1	A_0	a	b	c	d	e	f	g	功能显示
0	×	1	×	×	×	×	1	1	1	1	1	1	1	试灯
×	×	0	×	×	×	×	0	0	0	0	0	0	0	熄灭
1	0	0	0	0	0	0	0	0	0	0	0	0	0	灭 0
1	1	1	0	0	0	0	1	1	1	1	1	1	0	显示 0
1	×	1	0	0	0	1	0	1	1	0	0	0	0	显示 1
1	×	1	0	0	1	0	1	1	0	1	1	0	1	显示 2

（续）

$\overline{LT}$	$\overline{RBI}$	$\overline{BI}/\overline{RBO}$	A_3	A_2	A_1	A_0	a	b	c	d	e	f	g	功能显示
1	×	1	0	0	1	1	1	1	1	1	0	0	1	显示 3
1	×	1	0	1	0	0	0	1	1	0	0	1	1	显示 4
1	×	1	0	1	0	1	1	0	1	1	0	1	1	显示 5
1	×	1	0	1	1	0	0	0	1	1	1	1	1	显示 6
1	×	1	0	1	1	1	1	1	1	0	0	0	0	显示 7
1	×	1	1	0	0	0	1	1	1	1	1	1	1	显示 8
1	×	1	1	0	0	1	1	1	1	0	0	1	1	显示 9
1	×	1	1	0	1	0	0	0	0	1	1	0	1	显示 ⊏
1	×	1	1	0	1	1	0	0	1	1	0	0	1	显示 ⊐
1	×	1	1	1	0	0	0	0	0	1	0	0	1	显示 ⊔
1	×	1	1	1	0	1	1	0	0	1	0	1	1	显示 ⊇
1	×	1	1	1	1	0	0	0	0	1	1	1	1	显示 ⊏
1	×	1	1	1	1	1	0	0	0	0	0	0	0	无显示

1）试灯输入端 $\overline{LT}$：当 $\overline{LT}=0$ 且 $\overline{BI}/\overline{RBO}=1$ 时，a~g 的输出将全为高电平 1，数码显示器七段全亮，且与输入信号无关。由此可以检测数码显示器 7 个发光段的好坏。正常工作即正常译码显示时，$\overline{LT}$ 应为高电平或者悬空。

2）灭零输入 $\overline{RBI}$：当 $\overline{RBI}=0$ 且 $\overline{LT}=1$ 时，不论输入状态如何，a~g 均输出低电平，数码显示器熄灭 0。设置灭零输入信号 $\overline{RBI}$ 的目的是用于消隐无效的 0。例如，如数据 00304.50 可显示为 304.5。只有当 $\overline{RBI}=1$ 时，才显示 0。

3）灭灯输入/灭零输出 $\overline{BI}/\overline{RBO}$：这是一个双功能的输入/输出端。当灭灯输入端 $\overline{BI}=0$ 时，数码显示器七段全灭；当灭零输出端 $\overline{RBO}=0$ 时，表示该片正处于灭零状态，译码器已将本应该显示的 0 熄灭了。

4）$\overline{LT}$ 和 $\overline{BI}/\overline{RBO}$ 全为高电平 1：$\overline{RBI}$ 无论是何状态，译码器驱动数码显示器都可正常显示。

4. 译码器的应用

（1）译码器的扩展

利用译码器的使能端可以方便地扩展译码器的容量。图 4-19 所示是将两片 74LS138 扩展为 4 线-16 线译码器。

其工作原理为：当 E=1 时，两个译码器都禁止工作，输出全 1；当 E=0 时，译码器工作。这时，如果 $A_3=0$，高位片禁止，低位片工作，输出 Y_0~Y_7 由输入二进制代码 $A_2A_1A_0$ 决定；如果 $A_3=1$，低位片禁止，高位片工作，输出 Y_8~Y_{15} 由输入二进制代码 $A_2A_1A_0$ 决定，从而实现了 4 线-16 线译码器功能。

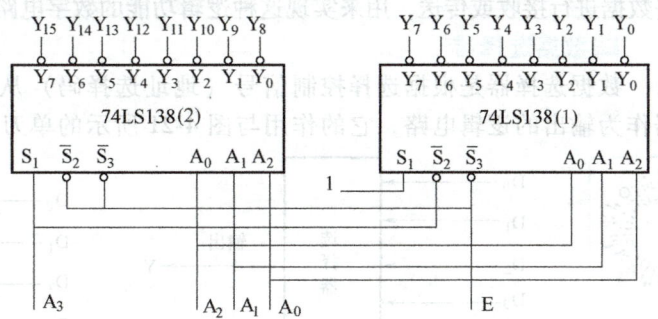

图 4-19　两片 74LS138 扩展为 4 线-16 线译码器

（2）实现组合逻辑电路

基本原理是，由于二进制译码器的每个输出端分别与一个最小项相对应，而任何一个 n 位变量的逻辑函数都可变换为最小项之和的标准式，因此，用译码器和门电路可实现任何组合逻辑函数。

当译码器输出低电平时，多选用与非门；当输出为高电平时，多选用或非门。

基本步骤如下：

1) 选择集成二进制译码器。
2) 写出函数的标准与非-与非表达式。
3) 确认译码器和与非门输入信号的表达式。
4) 画连线图。

【例 4-5】 试用译码器和门电路实现逻辑函数 $Y = \overline{A}\overline{B}C + A\overline{B}\overline{C} + C$。

解：1) 根据逻辑函数选择译码器。选用 3 线-8 线译码器 74LS138，并令 $A_2 = A$，$A_1 = B$，$A_0 = C$。

2) 将表达式变换为标准与或式。由于有 A、B、C 三个变量，故选用 3 线-8 线译码器。

$$Y = \overline{A}\overline{B}C + A\overline{B}\overline{C} + C = \overline{A}\overline{B}C + \overline{A}B C + A\overline{B}C + AB C + A\overline{B}\overline{C} = m_1 + m_3 + m_5 + m_6 + m_7$$

3) 根据译码器的输出有效电平确定需用的门电路，CT74LS138 输出低电平有效，$i = 0 \sim 7$，因此，采用 5 输入与非门，将 Y 表达式变换为

$$Y = \overline{\overline{m_1} \cdot \overline{m_3} \cdot \overline{m_5} \cdot \overline{m_6} \cdot \overline{m_7}} = \overline{\overline{Y_1} \cdot \overline{Y_3} \cdot \overline{Y_5} \cdot \overline{Y_6} \cdot \overline{Y_7}}$$

4) 画连线图，如图 4-20 所示。

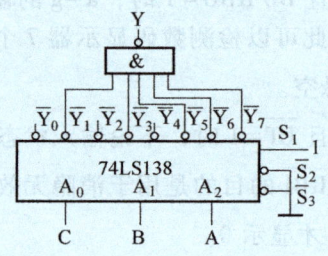

图 4-20 例 4-5 图解

4.3.3 数据选择器和数据分配器

在数字系统和计算机中，为了减少传输线，经常采用总线分时传送信号，即在同一条线上对多路数据进行接收或传送，用来实现这种逻辑功能的数字电路就是数据选择器和数据分配器。

1. 数据选择器

数据选择器是根据选择控制信号（地址选择码）从多路输入数据中选择所需要的一路数据作为输出的逻辑电路，它的作用与图 4-21 所示的单刀多掷开关相似。

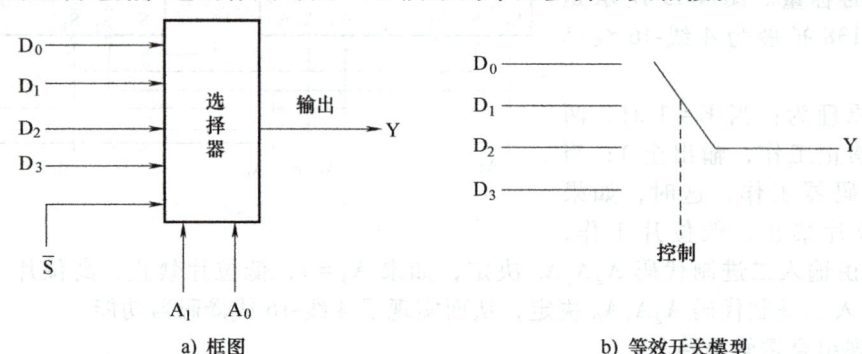

a) 框图　　　　　　　　　　　　　b) 等效开关模型

图 4-21 数据选择器框图及等效开关模型

常用的数据选择器有 4 选 1、8 选 1、16 选 1 等多种类型。下面以 4 选 1 为例介绍数据选择器的基本功能、工作原理及设计方法。4 选 1 数据选择器有 4 个输入数据 D_0、D_1、D_2、D_3，两个选择控制信号 A_1 和 A_0，4 选 1 数据选择器的功能见表 4-10。

表 4-10 4 选 1 数据选择器功能表

使能端	选择端		输出端
$\overline{S}$	A_1	A_0	Y
1	×	×	0
0	0	0	D_0
0	0	1	D_1
0	1	0	D_2
0	1	1	D_3

根据表 4-10，可写出输出逻辑表达式为

$$Y = (\overline{A_1}\,\overline{A_0}D_0 + \overline{A_1}A_0D_1 + A_1\overline{A_0}D_2 + A_1A_0D_3) \cdot \overline{S} \tag{4-4}$$

由逻辑表达式画出具有选通端的 4 选 1 数据选择器的逻辑图，如图 4-22 所示。

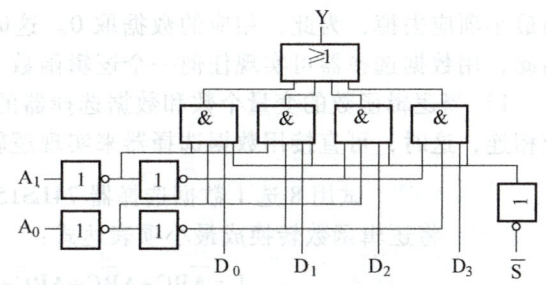

图 4-22 具有选通端的 4 选 1 数据选择器的逻辑图

$\overline{S}$ 为使能端，又称选通端，输入低电平有效。当 $\overline{S}=1$ 时，输出 $Y=0$，数据选择器不工作。当 $\overline{S}=0$ 时，数据选择器工作。当数据选择器工作时，可分情况写出输出逻辑表达式：

1）4 选 1 数据选择器 74LS153。

$$\begin{aligned} Y &= \overline{A_1}\,\overline{A_0}D_0 + \overline{A_1}A_0D_1 + A_1\overline{A_0}D_2 + A_1A_0D_3 \\ &= m_0D_0 + m_1D_1 + m_2D_2 + m_3D_3 \\ &= \sum_{i=1}^{3} m_i D_i \end{aligned} \tag{4-5}$$

2）8 选 1 数据选择器 74LS151。

$$\begin{aligned} Y &= \overline{A_2}\,\overline{A_1}\,\overline{A_0}D_0 + \overline{A_2}\,\overline{A_1}A_0D_1 + \overline{A_2}A_1\overline{A_0}D_2 + \overline{A_2}A_1A_0D_3 \\ &\quad + A_2\overline{A_1}\,\overline{A_0}D_4 + A_2\overline{A_1}A_0D_5 + A_2A_1\overline{A_0}D_6 + A_2A_1A_0D_7 \\ &= m_0D_0 + m_1D_1 + m_2D_2 + m_3D_3 + m_4D_4 + m_5D_5 + m_6D_6 + m_7D_7 = \sum_{i=1}^{7} m_i D_i \end{aligned} \tag{4-6}$$

当 $\overline{S}=0$ 时，对于数据选择器，有 $Y = \sum m_i D_i$。每次选择只可能有一个最小项为 1（设 $m_i=1$），其余皆为 0，使得 $Y=D_i$。

2. 数据选择器的应用

（1）数据选择器的通道扩展

作为一种集成器件，最大规模的数据选择器是 16 选 1。如果需要更大规模的数据选择器，可进行通道扩展。用两片 74LS151 和 3 个门电路组成的 16 选 1 的数据选择器电路如图 4-23 所示。

（2）实现组合逻辑函数

由于数据选择器在输入数据全部为 1 时，输出为地址输入变量全体最小项的和，因此，它是一个逻辑函数的最小项输出器。任何一个逻辑函数都可写成最小项之和的形式，所以用数据选择器可以很方便地实现逻辑函数。其方法是，当数据选择器输出表达式中包含逻辑函数的最

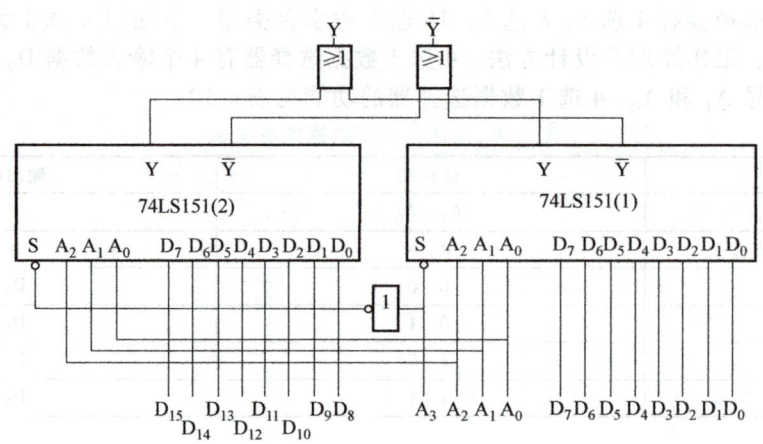

图 4-23 用两片 74LS151 组成的 16 选 1 数据选择器的逻辑图

小项时,则相应的数据取 1,而对于逻辑函数中没有的最小项,数据选择器输出表达式中对应的最小项应去掉,为此,相应的数据取 0。这时,数据选择器输出的就是要实现的逻辑函数。因此,用数据选择器可实现任何一个逻辑函数。

1)当逻辑函数的变量个数和数据选择器的地址输入变量个数相同时,将变量和地址码对应相连,这时,可直接用数据选择器来实现逻辑函数。

【例 4-6】 试用 8 选 1 数据选择器 74LS151 实现逻辑函数 $L = AB + BC + AC$。

解:将逻辑函数转换成最小项表达式:

$$L = \overline{A}BC + A\overline{B}C + AB\overline{C} + ABC = m_3 + m_5 + m_6 + m_7$$

将输入变量接至数据选择器的地址输入端,即 $A = A_2$,$B = A_1$,$C = A_0$。输出变量接至数据选择器的输出端,即 $L = Y$。将逻辑函数 L 的最小项表达式与 74LS151 的功能表相比较,显然,表达式中出现的最小项,对应的数据输入端应接 1,表达式中没出现的最小项,对应的数据输入端应接 0,即 $D_3 = D_5 = D_6 = D_7 = 1$,$D_0 = D_1 = D_2 = D_4 = 0$。

画出连线图,如图 4-24 所示。

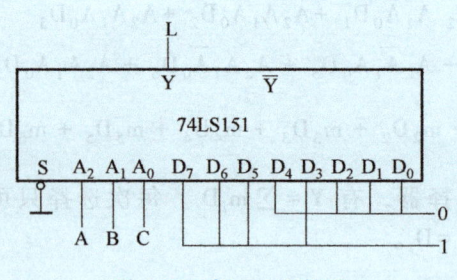

图 4-24 例 4-6 逻辑图

2)当逻辑函数的变量个数大于数据选择器的地址输入变量个数时,不能用前述的简单办法,应分离出多余的变量用数据替代,将余下的变量分别有序地加到数据选择器的数据输入端上。

在选择器表达式中,将地址变量视为若干个逻辑变量,再将部分 D_i 视为最后一个逻辑变量(原变量或反变量),则选择器表达式可看成 n 个地址变量和 1 个数据变量构成的标准与或表达式——全部最小项之和,适当使若干个 D_i 部分为 0、部分为 1、部分为原变量、部分为反变量,即构成任意若干最小项构成的逻辑表达式,进一步得到逻辑图。如果函数的变量数为

k，则应选择地址变量为 $k-1$（2^{k-1} 选 1）的数据选择器。

【例 4-7】 试用 4 选 1 数据选择器实现逻辑函数 F＝AB+BC+AC。

解： 由于函数 F 有三个输入信号 A、B、C，而 4 选 1 仅有两个地址端 A_1 和 A_0，所以选 A、B 接到地址输入端，且 A＝A_1，B＝A_0。将 C 加到适当的数据输入端。

先将函数 F 化为标准与或式：

$$F = AB+BC+AC = \overline{A}BC+A\overline{B}C+AB\overline{C}+ABC$$

将数据选择器表达式 $Y = \overline{A_1}\,\overline{A_0}D_0 + \overline{A_1}A_0D_1 + A_1\overline{A_0}D_2 + A_1A_0D_3$ 与 $F = \overline{A}BC + A\overline{B}C + AB\overline{C} + ABC$ 比较。为使得 F 与 Y 的一致，将 F 变换为

$$F = \overline{A}\,\overline{B} \cdot 0 + \overline{A}BC + A\overline{B}C + AB\overline{C} + ABC = \overline{A}\,\overline{B} \cdot 0 + \overline{A}BC + A\overline{B}C + AB \cdot 1$$

使 Y 中的 A_1＝A、A_0＝B，D_0＝0、D_1＝C、D_2＝C、D_3＝1，即可用选择器实现逻辑函数 F，如图 4-25 所示。

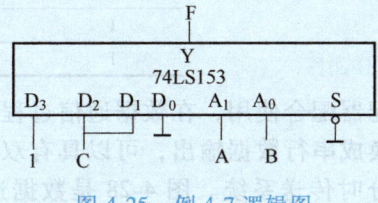

图 4-25 例 4-7 逻辑图

3. 数据分配器

数据分配器是将一路输入数据根据地址选择码分配给多路数据输出中的某一路输出。它的作用与单刀多掷开关相似。1 路-4 路数据分配器有 1 路单线串行输入数据 D，2 个输入选择控制信号 A_1、A_0，4 个数据输出端 Y_0、Y_1、Y_2、Y_3，数据 D 由哪一端输出完全由 A_1、A_0 的状态来决定。A_1A_0＝00 时，数据由 Y_0 输出；A_1A_0＝01 时，数据由 Y_1 输出；A_1A_0＝10 时，数据由 Y_2 输出；A_1A_0＝11 时，数据由 Y_3 输出。1 路-4 路数据分配器的真值表见表 4-11，逻辑表达式为

$$Y_0 = D\overline{A_1}\,\overline{A_0} \qquad Y_1 = D\overline{A_1}A_0 \qquad Y_2 = DA_1\overline{A_0} \qquad Y_3 = DA_1A_0$$

表 4-11 1 路-4 路数据分配器的真值表

A_1	A_0	Y_0	Y_1	Y_2	Y_3
0	0	D	0	0	0
0	1	0	D	0	0
1	0	0	0	D	0
1	1	0	0	0	D

数据分配器逻辑图如图 4-26 所示。

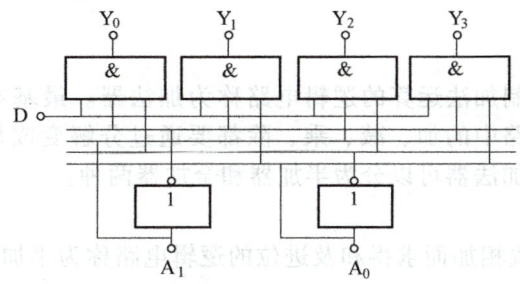

图 4-26 1 路-4 路数据分配器的逻辑图

由于译码器和数据分配器的功能非常接近，所以译码器的一个很重要的应用就是构成数据分配器。也正因为如此，市场上没有集成数据分配器产品，只有集成译码器产品。当需要数据分配器时，可以用译码器改接。

【例 4-8】 用译码器设计一个 1 线-8 线数据分配器。

解：用译码器设计的一个 1 线-8 线数据分配器如图 4-27 所示，功能表见表 4-12。

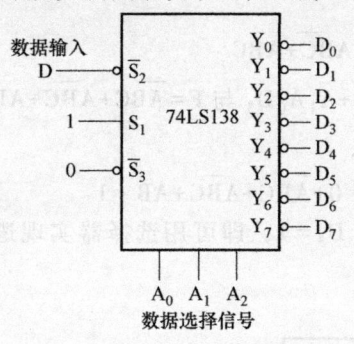

表 4-12 数据分配器功能表

地址选择信号			输出
A_2	A_1	A_0	
0	0	0	$D = D_0$
0	0	1	$D = D_1$
0	1	0	$D = D_2$
0	1	1	$D = D_3$
1	0	0	$D = D_4$
1	0	1	$D = D_5$
1	1	0	$D = D_6$
1	1	1	$D = D_7$

图 4-27 用译码器构成数据分配器

如果数据选择器和数据分配器配合使用，在数据通信过程中是非常有用的一种电路，能实现将多位并行输入的数据转换成串行数据输出，可以具有双刀多掷开关的功能，数据分配器和数据选择器一起构成数据分时传送系统。图 4-28 是数据选择器和数据分配器配合使用通过总线相连，构成一个典型的总线串行数据传送系统。

当多路开关的选择输入与译码器的变量输入一致时，其输入通道的数据 D_i 被多路开关选通，送上总线传送到译码器的使能端 $\overline{S}_3$，然后被译码器分配到相应的输出通道上。究竟哪路数据通过总线传送并经过分配器送至对应的输出端，完全由地址输入变量决定。只要地址输入同步控制，则相当于选择器与分配器对应的开关在相应位置上同时接通和断开。

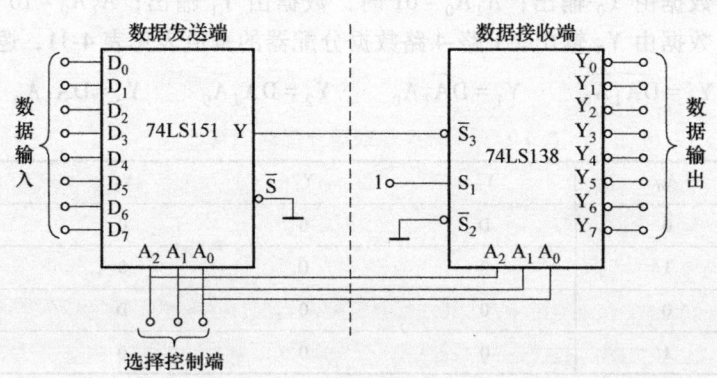

图 4-28 数据选择器和数据分配器配合使用构成总线串行数据传送系统

4.3.4 加法器

能实现二进制加法运算的逻辑电路称为加法器。最基本的算术运算就是加法运算，因为数字电路中的加、减、乘、除都要通过分解变成加法来运算，按照实现的逻辑功能不同，加法器可以分为半加器和全加器两种。

1. 半加器

能对两个 1 位二进制数相加而求得和及进位的逻辑电路称为半加器。两个多位二进制数做加法运算时，半加器只能用在最低的一位。A_i 为被加数，B_i 为加数，C_i 为进位，逻辑表达

式为

$$S_i = \overline{A_i}B_i + A_i\overline{B_i} = A_i \oplus B_i$$
$$C_i = A_i B_i \tag{4-7}$$

半加器的真值表见表 4-13，逻辑图和逻辑符号如图 4-29 所示。

表 4-13　半加器的真值表

A_i	B_i	S_i	C_i
0	0	0	0
0	1	1	0
1	0	1	0
1	1	0	1

2. 全加器

能对两个 1 位二进制数相加并考虑低位来的进位，即相当于 3 个 1 位二进制数相加，求得和及进位的逻辑电路称为全加器。在多位数加法运算时，除最低位外，其他各位都需要考虑低位送来的进位，全加器就具有这种功能。全加器的真值表见

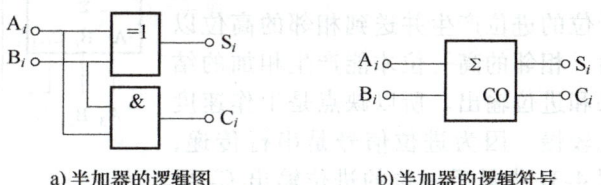

a) 半加器的逻辑图　　　　b) 半加器的逻辑符号

图 4-29　半加器的逻辑图和逻辑符号

表 4-14，表中的 A_i 和 B_i 分别表示被加数和加数输入，C_{i-1} 表示来自相邻低位的进位输入。S_i 为本位和输出，C_i 为向相邻高位的进位输出。

由真值表直接写出 S_i 和 C_i 的输出逻辑表达式，再经公式法化简和转换得

表 4-14　全加器的真值表

输入			输出	
A_i	B_i	C_{i-1}	S_i	C_i
0	0	0	0	0
0	0	1	1	0
0	1	0	1	0
0	1	1	0	1
1	0	0	1	0
1	0	1	0	1
1	1	0	0	1
1	1	1	1	1

$$S_i = \overline{A_i}\,\overline{B_i}C_{i-1} + \overline{A_i}B_i\overline{C_{i-1}} + A_i\overline{B_i}\,\overline{C_{i-1}} + A_i B_i C_{i-1}$$
$$= \overline{(A_i \oplus B_i)}C_{i-1} + (A_i \oplus B_i)\overline{C_{i-1}} = A_i \oplus B_i \oplus C_{i-1} \tag{4-8}$$

$$C_i = \overline{A_i}B_i C_{i-1} + A_i\overline{B_i}C_{i-1} + A_i B_i\overline{C_{i-1}} + A_i B_i C_{i-1} = A_i B_i + (A_i \oplus B_i)C_{i-1} \tag{4-9}$$

全加器的逻辑图和逻辑符号如图 4-30 所示。

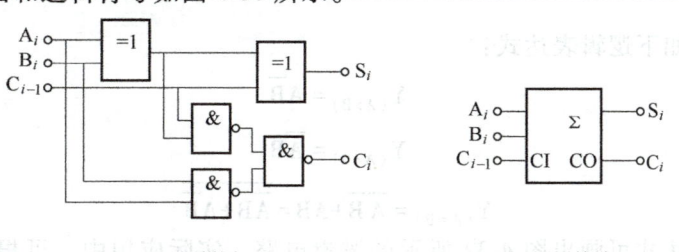

a) 逻辑图　　　　　　　　　　b) 逻辑符号

图 4-30　全加器的逻辑图和逻辑符号

3. 多位加法器

两个多位二进制数进行加法运算时，一位二进制数加法器是不能完成的，要进行多位数相加，最简单的方法是将多个全加器进行级联，称为串行进位加法器。图 4-31 所示是 4 位串行进位加法器。从图中可见，两个 4 位相加数 $A_3A_2A_1A_0$ 和 $B_3B_2B_1B_0$ 的各位同时送到相应全加器的输入端，进位数串行传送。全加器的个数等于相加数的位数。最低位全加器的 C_{i-1} 端应接 0，即把相邻的低一位全加器的进位输出，连接到相邻的高位全加器的进位输入，最低一位相加时可以使用半加器，也可以使用全加器。

串行进位加法器的优点是电路比较简单，由于电路的进位是从低位到高位依次连接而成的，所以必须等到低位的进位产生并送到相邻的高位以后，相邻的高一位才能产生相加的结果和进位输出。所以缺点是工作速度比较慢。因为进位信号是串行传递，图 4-31 中最后一位的进位输出 C_3 要

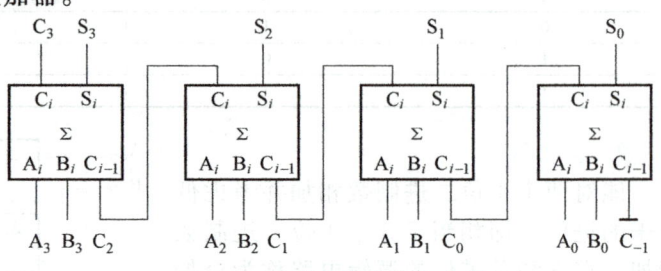

图 4-31　4 位串行进位加法器

经过四位全加器传递之后才能形成。如果位数增加，传输延迟时间将更长，工作速度更慢，只能用在对工作速度要求不太高的场合。

为了提高速度，人们又设计了一种多位数快速进位（又称超前进位）的加法器。所谓快速进位，是指加法运算过程中，各级进位信号同时送到各位全加器的进位输入端。现在的集成加法器，大多采用这种方法。

4.3.5　数值比较器

在数字控制设备中，经常需要对两个数进行比较，以判断它们的大小，能完成上述功能的逻辑电路称为数值比较器。

1. 1 位数值比较器

1 位数值比较器的功能是比较两个 1 位二进制数 A 和 B 的大小，比较结果有三种情况，即 A>B、A<B、A=B。其真值表见表 4-15。

表 4-15　1 位数值比较器的真值表

输入		输出		
A	B	$Y_{(A>B)}$	$Y_{(A<B)}$	$Y_{(A=B)}$
0	0	0	0	1
0	1	0	1	0
1	0	1	0	0
1	1	0	0	1

由真值表得到如下逻辑表达式：

$$Y_{(A>B)} = A\overline{B}$$

$$Y_{(A<B)} = \overline{A}B$$

$$Y_{(A=B)} = \overline{A}\,\overline{B} + AB = \overline{\overline{A}B + A\overline{B}}$$

由以上逻辑表达式可画出图 4-32 所示的逻辑电路。实际应用中，可根据具体情况选用逻辑门。

2. 多位数值比较器

多位数值比较器按照大小比较原则列出真值表，见表 4-16。

多位数的大小比较应遵循这样的原则：首先比较两数的高位，高位大即大，高位小即小；若高位已比出大小，便可以得出结论，不再进行低位比较，若高位相等，可比较低位，依此类推。

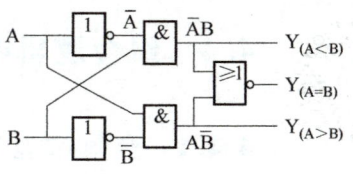

图 4-32　1 位数值比较器的逻辑图

表 4-16　两个 4 位二进制数比较

比较输入				输出		
$A_3 B_3$	$A_2 B_2$	$A_1 B_1$	$A_0 B_0$	$L(A>B)$	$E(A=B)$	$S(A<B)$
$A_3 > B_3$	×	×	×	1	0	0
$A_3 < B_3$	×	×	×	0	0	1
$A_3 = B_3$	$A_2 > B_2$	×	×	1	0	0
$A_3 = B_3$	$A_2 < B_2$	×	×	0	0	1
$A_3 = B_3$	$A_2 = B_2$	$A_1 > B_1$	×	1	0	0
$A_3 = B_3$	$A_2 = B_2$	$A_1 < B_1$	×	0	0	1
$A_3 = B_3$	$A_2 = B_2$	$A_1 = B_1$	$A_0 > B_0$	1	0	0
$A_3 = B_3$	$A_2 = B_2$	$A_1 = B_1$	$A_0 < B_0$	0	0	1
$A_3 = B_3$	$A_2 = B_2$	$A_1 = B_1$	$A_0 = B_0$	0	1	0

3. 数值比较器的扩展

利用 2 个 4 位 TTL 比较器可级联成 1 个 8 位比较器。如图 4-33 所示，只要高 4 位 $A_7 A_6 A_5 A_4$ 与 $B_7 B_6 B_5 B_4$ 不同，高位片子控制端不起作用，按照实际大小的比较结果正常输出（仅输出大或小）；若高 4 位 $A_7 A_6 A_5 A_4$ 与 $B_7 B_6 B_5 B_4$ 相同，则高位片子控制端起作用——决定比较结果的输出（输出大、小或相等），而高位片子的控制端则由低 4 位 $A_3 A_2 A_1 A_0$ 与 $B_3 B_2 B_1 B_0$ 比较结果决定（大、小或相等），其中，低位片子的控制端按照规定设置。

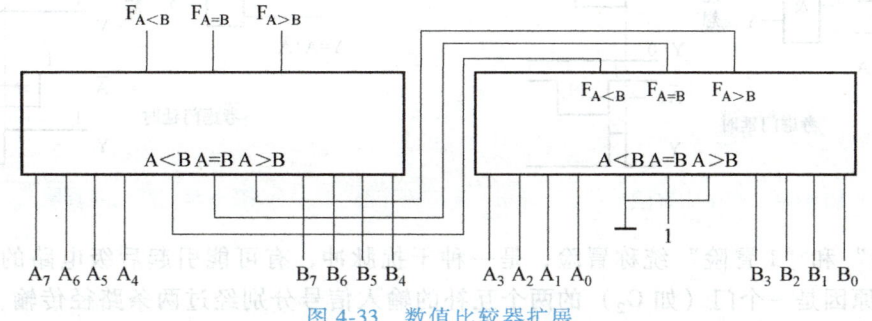

图 4-33　数值比较器扩展

在用 74LS85 进行扩展时，由表 4-16 所示的真值表，低 4 位集成芯片比较状态输出接高 4 位级联输入，低 4 位集成芯片的级联输入 A<B、A=B、A>B 应接 0、1、0。

思考与练习

4.3-1　什么是编码？什么是优先编码？

4.3-2　什么叫译码器？有哪些常用译码器？各有什么特点？

4.3-3　一个有使能端的译码器能否用作数据分配器？怎样接线可以使一个八路输出的数据分配器连接成一个 3 线-8 线译码器？

4.3-4　数据选择器和数据分配器各具有什么功能？

4.4 组合逻辑电路中的竞争-冒险现象

4.4.1 竞争-冒险现象及其成因

1. 竞争-冒险现象

前面在分析和设计组合逻辑电路时，都是在理想的情况下进行的，即把所有的逻辑门都看成是理想的开关器件，没有考虑门电路延迟时间对电路的影响。但是，事实上信号的变化需要一定的过渡时间，信号通过逻辑门也需要一个响应时间，当多个信号发生变化时，也可能有先后快慢的差异。实际上，由于延迟时间的存在，在组合逻辑电路中，若某个变量通过两条以上途径到达输出端，由于各条途径的传输延迟时间不同，故同一个变量沿不同途径到达输出端的时间就有先有后，这一现象称为竞争。逻辑门因输入端的竞争而导致输出产生不应有的尖峰干扰脉冲（又称过渡干扰脉冲，俗称毛刺）的现象，称为冒险。

2. 产生原因

在数字电路中，任何一个门电路只要有两个输入信号同时向相反的方向变换（即由 01 变为 10，或由 10 变为 01），其输出端就可能产生干扰脉冲。

图 4-34 所示的电路中，逻辑表达式为 $Y = A\bar{A}$，理想情况下，输出应恒等于 0。但是由于 G_1 的延迟时间 t_{pd}，$\bar{A}$ 下降沿到达 G_2 的时间比 A 信号上升沿晚 t_{pd}，因此，使 G_2 输出端出现一个正向窄脉冲，通常称之为"1 冒险"。

同理，在图 4-35 所示的电路中，由于 G_1 的延迟时间 t_{pd}，会使 G_2 输出端出现一个负向窄脉冲，通常称之为"0 冒险"。

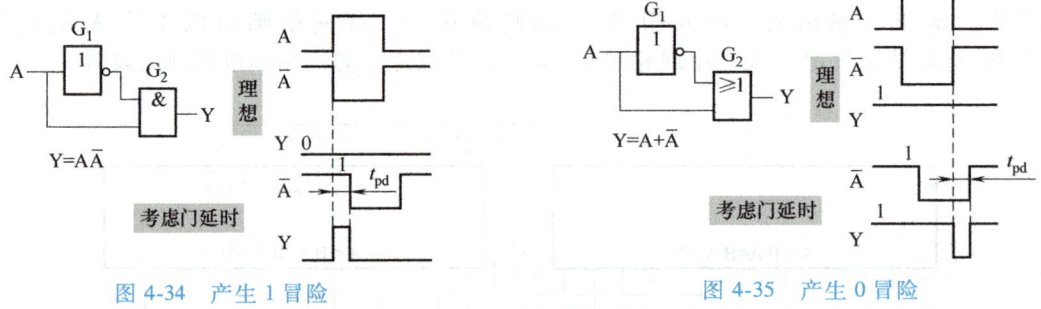

图 4-34　产生 1 冒险　　　　　　　　图 4-35　产生 0 冒险

"0 冒险"和"1 冒险"统称冒险，是一种干扰脉冲，有可能引起后级电路的错误动作。产生冒险的原因是一个门（如 G_2）的两个互补的输入信号分别经过两条路径传输，由于延迟时间不同，导致到达的时间不同。

4.4.2 竞争-冒险现象的判断

一般地说，只要两个互补的变量送入同一门电路，就有可能出现冒险现象。判断一个逻辑电路是否可能产生冒险的方法可归纳为代数法、卡诺图法、实验分析法和计算机辅助分析法等。

1. 代数法

代数法是从逻辑表达式的结构来判断是否具有产生冒险的条件。具体方法是，首先依据电路，写出逻辑表达式。检查逻辑表达式中是否存在具备竞争条件的变量，即是否有某个变量 A 同时以原变量和反变量的形式出现在逻辑表达式中。若有，则消去逻辑表达式中的其他变量，即将这些变量的各种取值组合依次代入逻辑表达式中，从而把它们从逻辑表达式中消去，而仅保留被研究的变量 A，再看逻辑表达式的形式是否能成为 $A+\overline{A}$ 或 $A\overline{A}$ 的形式，若能，则说明对应的逻辑电路可能产生冒险。

【例 4-9】 已知描述某组合电路的逻辑表达式为 $F=\overline{A}\,\overline{C}+\overline{A}B+AC$，试判断逻辑电路是否可能产生冒险现象。

解：观察逻辑表达式可知，变量 A 和 C 均具备竞争条件，所以应对这两个变量分别进行分析。先考察变量 A，为此将 B 和 C 的各种取值组合分别代入逻辑表达式中，可得到如下结果：

$$BC=00 \quad F=\overline{A}$$
$$BC=01 \quad F=A$$
$$BC=10 \quad F=\overline{A}$$
$$BC=11 \quad F=A+\overline{A}$$

由此可见，当 $B=C=1$ 时，A 的变化可能使电路产生冒险现象。类似地，将 A 和 B 的各种取值组合分别代入逻辑表达式中，可由代入结果判断出变量 C 发生变化时不会产生冒险现象。

【例 4-10】 判断图 4-36a 所示电路是否存在冒险现象，如有，指出冒险类型，画出输出波形。

解：写出逻辑表达式：$L=A\overline{C}+BC$。

若输入变量 $A=B=1$，则有 $L=\overline{C}+C$。因此，该电路存在 0 冒险。画出 $A=B=1$ 时 L 的波形。在稳态下，无论 C 取何值，L 恒为 1，但当 C 变化时，由于信号的各传输路径的延时不同，将会出现图 4-36b 所示的负向窄脉冲，即 0 冒险。

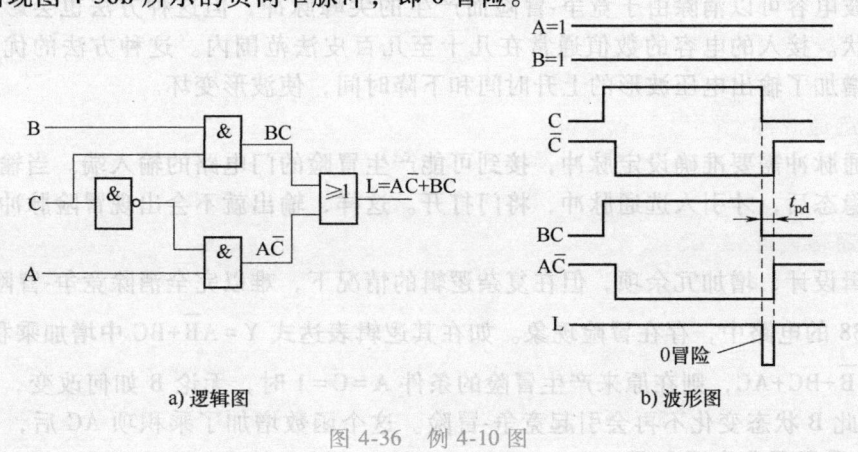

图 4-36 例 4-10 图

2. 卡诺图法

卡诺图法是判断冒险的另一种方法，它比代数法更加直观、方便。其具体方法是，首先做出逻辑函数的卡诺图，并在卡诺图上将对称相邻的项圈出来（卡诺圈），若发现某两个卡诺圈存在"相切"关系，即两个卡诺圈之间存在不被同一卡诺圈包含的相邻最小项，则该电路可能存在冒险现象。

【例 4-11】 已知某组合逻辑电路对应的逻辑表达式为 $F=\overline{A}D+\overline{A}\,\overline{C}+AB\overline{C}$，试判断该电路是否可能产生冒险现象。

解：首先做出给定逻辑表达式的卡诺图，并画出逻辑表达式中各"与"项对应的卡诺圈，如图4-37所示。观察该卡诺图可发现，包含最小项 m_1、m_3、m_5、m_7 的卡诺圈和包含最小项 m_{12}、m_{13} 的卡诺圈之间存在相邻最小项 m_5、m_{13}，且 m_5 和 m_{13} 不被同一个卡诺圈所包含，所以这两个卡诺圈"相切"。这说明相应电路可能产生冒险现象。这一结论可用代数法验证，即假定 B=D=1，C=0，代入函数表达式可得 $F=A+\overline{A}$，可见相应电路可能由于 A 的变化而产生冒险现象。

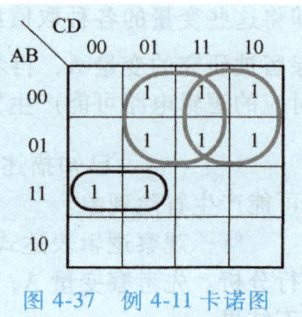

图 4-37 例 4-11 卡诺图

上述方法虽然简单，但局限性较大，如果输入变量的数目很多，就很难从逻辑表达式或卡诺图上简单地找出所有产生竞争-冒险的情况。

3. 实验分析法

用实验来检查电路的输出端是否有因为竞争-冒险而产生的尖峰脉冲，也是一种十分有效的判断方法。这时加到输入端的信号波形，应该包含输入变量的所有可能发生的状态变化。

4. 计算机辅助分析法

将计算机辅助分析的手段用于分析数字电路以后，为从原理上检查复杂数字电路的竞争-冒险现象提供了有效的手段。通过在计算机上运行数字电路的模拟程序，能够迅速查出电路是否会存在竞争-冒险现象。目前已有这类成熟的程序可供选用。

4.4.3 消除竞争-冒险现象的方法

当组合逻辑电路存在冒险现象时，可以采取以下方法来消除竞争-冒险现象。

1. 接入滤波电容

接入滤波电容可以消除由于竞争-冒险而产生的尖峰脉冲，但这种方法也会影响到正常信号波形的形状。接入的电容的数值通常在几十至几百皮法范围内。这种方法的优点是简单易行，缺点是增加了输出电压波形的上升时间和下降时间，使波形变坏。

2. 引入选通脉冲

引入选通脉冲需要准确设定脉冲，接到可能产生冒险的门电路的输入端。当输入信号转换完成，进入稳态后，才引入选通脉冲，将门打开。这样，输出就不会出现冒险脉冲。

3. 修改逻辑设计

修改逻辑设计，增加冗余项，但在复杂逻辑的情况下，难以完全消除竞争-冒险。

在图4-38的电路中，存在冒险现象。如在其逻辑表达式 $Y=A\overline{B}+BC$ 中增加乘积项 AC，使其变为 $Y=A\overline{B}+BC+AC$，则在原来产生冒险的条件 A=C=1 时，无论 B 如何改变，输出始终保持 Y=1。因此 B 状态变化不再会引起竞争-冒险。这个函数增加了乘积项 AC 后，已不是"最简"，故这种乘积项称为冗余项。

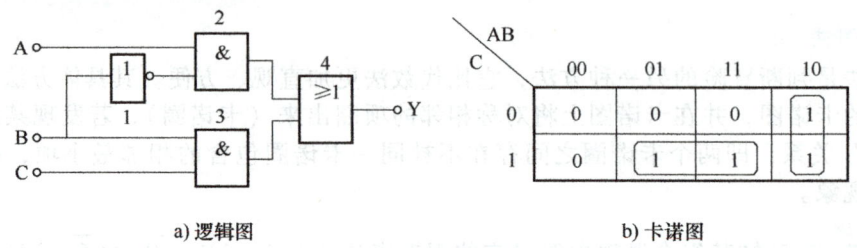

a) 逻辑图   b) 卡诺图

图 4-38 修改逻辑设计示例图

增加冗余项以后电路如图 4-39 所示。如果 A 和 C 同时改变状态，即 AC 从 10 变为 01 时，电路仍然存在竞争-冒险。可见，增加了冗余项 AC 以后，仅仅消除了 A＝C＝1 时由于 B 的状态变化所导致的竞争-冒险，适用范围是很有限的。

以上三种方法各有特点。增加冗余项适用范围有限；增加滤波电容是实验调试阶段常采取的应急措施；增加选通脉冲则是行之有效的方法。目前许多 MSI 器件都备有使能（选通控制）端，为增加选通信号消除毛刺提供了方便。

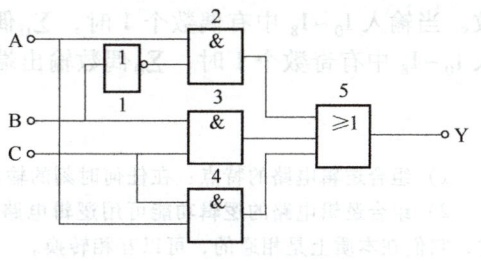

图 4-39　用增加冗余项消除竞争-冒险

思考与练习

4.4-1　什么叫竞争-冒险现象？当门电路的两个输入端同时向相反的逻辑状态转换（即一个从 0 变成 1，另一个从 1 变成 0）时，输出是否一定有干扰脉冲产生？

4.4-2　什么情况时要考虑竞争-冒险问题？

4.4-3　译码显示时是否要考虑竞争-冒险问题？

4.4-4　冒险现象的消除方法有哪些？

4.5　应用案例

奇偶校验发生器/校验器中的偶校验发生器/校验器在数据传输中的应用如图 4-40 所示，对于一个任意的多位数码组，一个奇偶校验位附加到多位数码组中，使得这组数码中 1 的个数总保持偶数或者奇数。一个偶校验位使得 1 的总数保持偶数，而奇校验位使得 1 的总数为奇

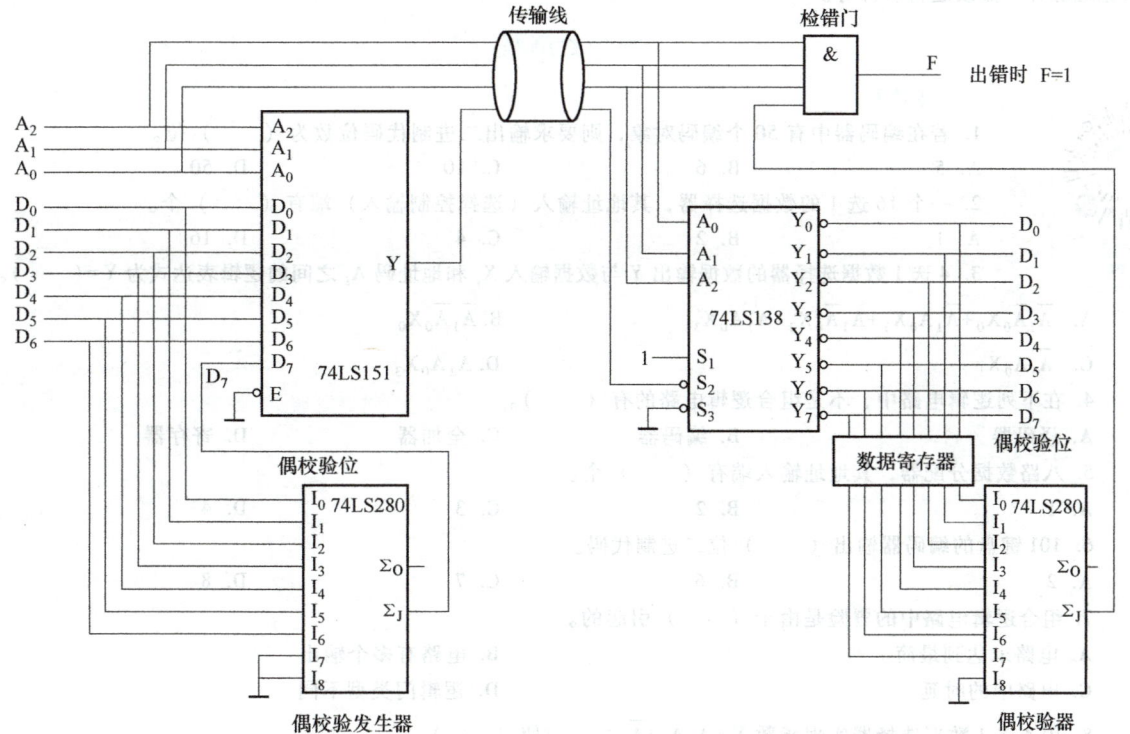

图 4-40　偶校验发生器/校验器示意图

数。当输入 $I_0 \sim I_8$ 中有偶数个 1 时，Σ_0 偶数输出端为高电平，Σ_J 奇数输出端为低电平；当输入 $I_0 \sim I_8$ 中有奇数个 1 时，Σ_0 偶数输出端为低电平，Σ_J 奇数输出端为高电平。

本章小结

1) 组合逻辑电路的特点：在任何时刻的输出只取决于当时的输入信号，而与电路原来所处的状态无关。

2) 组合逻辑电路的逻辑功能可用逻辑电路图、真值表、逻辑表达式、卡诺图和波形图等 5 种方法来描述，它们在本质上是相通的，可以互相转换。

3) 组合逻辑电路的分析步骤：逻辑电路图→写出逻辑表达式→逻辑表达式化简→列出真值表→逻辑功能描述。

4) 组合逻辑电路的设计步骤：逻辑抽象→列出真值表→求出逻辑表达式或画出卡诺图→逻辑表达式化简和变换→画出逻辑图。

5) 常用的中规模组合逻辑器件包括：

① 编码器：二进制编码器、8421 BCD 编码器及其典型产品 74LS148、74LS147；

② 译码器：二进制译码器、8421 BCD 译码器及其典型产品 74LS138、74LS42；

③ 七段显示译码器：输出低电平有效且与共阳极数码管搭配的集成电路 74LS47，输出高电平有效且与共阴极数码管搭配的集成电路 74LS48 或 CD4511（CMOS）；

④ 数据选择器与数据分配器：2 选 1 数据选择器 74LS157，4 选 1 数据选择器 74LS153，8 选 1 数据选择器 74LS151 等以及由小的数据选择器构成更大的数据选择器；

⑤ 加法器和减法器：半加器、全加器、全减器、多位 MSI 加法器，用加法器做减法；

⑥ 数值比较器：1 位比较器，集成四位比较器，用集成四位比较器构成更多位数的比较器。

6) 利用上述中规模组合逻辑器件可构成各种不同功能的组合逻辑电路。由于常用的组合电路都已经实现了集成化，所以必须掌握一些常用集成组合电路的逻辑功能及使用方法。

7) 组合电路的竞争-冒险：当电路中任何一个门电路的两个输入信号同时朝相反方向变化时，该门电路输出端可能出现干扰脉冲，这可能会引起负载电路的错误动作。消除冒险现象的方法有：接入滤波电容、引入选通脉冲、修改逻辑设计等。

能力检测题

扫一扫
看答案

一、单选题

1. 若在编码器中有 50 个编码对象，则要求输出二进制代码位数为（　　）位。
A. 5　　　　　　　　B. 6　　　　　　　　C. 10　　　　　　　　D. 50

2. 一个 16 选 1 的数据选择器，其地址输入（选择控制输入）端有（　　）个。
A. 1　　　　　　　　B. 2　　　　　　　　C. 4　　　　　　　　D. 16

3. 4 选 1 数据选择器的数据输出 Y 与数据输入 X_i 和地址码 A_i 之间的逻辑表达式为 Y=（　　）。
A. $\overline{A_1}\overline{A_0}X_0+\overline{A_1}A_0X_1+A_1\overline{A_0}X_2+A_1A_0X_3$　　　　B. $\overline{A_1}\overline{A_0}X_0$
C. $\overline{A_1}A_0X_1$　　　　　　　　　　　　　　　　　　D. $A_1A_0X_3$

4. 在下列逻辑电路中，不是组合逻辑电路的有（　　）。
A. 译码器　　　　　　B. 编码器　　　　　　C. 全加器　　　　　　D. 寄存器

5. 八路数据分配器，其地址输入端有（　　）个。
A. 1　　　　　　　　B. 2　　　　　　　　C. 3　　　　　　　　D. 4

6. 101 键盘的编码器输出（　　）位二进制代码。
A. 2　　　　　　　　B. 6　　　　　　　　C. 7　　　　　　　　D. 8

7. 组合逻辑电路中的冒险是由于（　　）引起的。
A. 电路未达到最简　　　　　　　　　　　　B. 电路有多个输出
C. 电路中的时延　　　　　　　　　　　　　D. 逻辑门类型不同

8. 用 4 选 1 数据选择器实现函数 $Y = A_1A_0 + \overline{A_1}A_0$，应使（　　）。
A. $D_0 = D_2 = 0$，$D_1 = D_3 = 1$　　　　　　B. $D_0 = D_2 = 1$，$D_1 = D_3 = 0$

C. $D_0 = D_1 = 0$，$D_2 = D_3 = 1$ D. $D_0 = D_1 = 1$，$D_2 = D_3 = 0$

9. 数据分配器和（　　）有着相同的基本电路结构形式。

A. 加法器   B. 编码器   C. 数据选择器   D. 译码器

10. 在二进制译码器中，若输入有 4 位代码，则输出有（　　）个信号。

A. 2   B. 4   C. 8   D. 16

二、判断题（正确的打√，错误的打×）

1. 优先编码器的编码信号是相互排斥的，不允许多个编码信号同时有效。（　　）
2. 编码与译码是互逆的过程。（　　）
3. 二进制译码器相当于是一个最小项发生器，便于实现组合逻辑电路。（　　）
4. 液晶显示器的优点是功耗极小、工作电压低。（　　）
5. 液晶显示器可以在完全黑暗的工作环境中使用。（　　）
6. 半导体数码显示器的工作电流大，约为 10mA，因此，需要考虑电流驱动能力问题。（　　）
7. 共阴极接法发光二极管数码显示器需选用有效输出为高电平的七段显示译码器来驱动。（　　）
8. 数据选择器和数据分配器的功能正好相反，互为逆过程。（　　）
9. 用数据选择器可实现时序逻辑电路。（　　）
10. 组合逻辑电路中产生竞争-冒险的主要原因是输入信号受到尖峰干扰。（　　）

三、填空题

1. 半导体数码显示器的内部接法有两种形式，即共（　　）接法和共（　　）接法。
2. 对于共阳极接法的发光二极管数码显示器，应采用（　　）电平驱动的七段显示译码器。
3. 消除竞争-冒险的方法有（　　）、（　　）、（　　）等。
4. 实现将公共数据上的数字信号按要求分配到不同电路中去的电路叫（　　），根据需要选择一路信号送到公共数据线上的电路叫（　　）。
5. 能完成两个一位二进制数相加，并考虑到低位进位的器件称为（　　）。
6. LED 是指（　　）数码管显示器件。
7. 在组合逻辑电路中，当输入信号改变状态时，输出端可能出现瞬间干扰窄脉冲的现象称为（　　）。
8. 两片集成译码器 74LS138 芯片级联可构成一个（　　）线-（　　）线译码器。
9. 74LS147 是（　　）线-（　　）线的集成优先编码器；74LS148 芯片是（　　）线-（　　）线的集成优先编码器。
10. 一位数值比较器，输入信号为两个要比较的一位二进制数，用 A、B 表示，输出信号为比较结果：$Y_{(A>B)}$、$Y_{(A=B)}$ 和 $Y_{(A<B)}$，则 $Y_{(A>B)}$ 的逻辑表达式为（　　）。

四、综合题

1. 分析图 4-41 所示组合逻辑电路的功能，要求写出与或逻辑表达式，列出其真值表，并说明电路的逻辑功能。

2. 分析图 4-42 所示电路的逻辑功能。

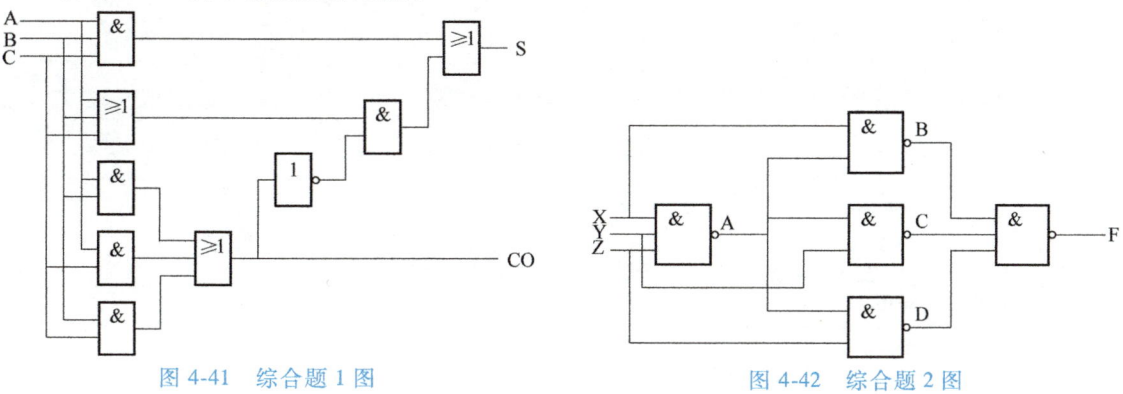

图 4-41　综合题 1 图   图 4-42　综合题 2 图

3. 试用与非门设计一组合逻辑电路，其输入为 3 位二进制数，当输入中有奇数个 1 时输出为 1，否则输出为 0。

4. 甲和乙夫妇及两个孩子全家外出吃饭时一般要么去汉堡店，要么去炸鸡店。每次出去吃饭前，全家要表决以决定去哪家餐厅。表决的规则是如果甲和乙都同意，或多数同意吃炸鸡，则他们去炸鸡店，否则就去汉堡店。试设计一组合逻辑电路实现上述表决电路。

5. 写出图 4-43 所示电路的逻辑函数，并化简为最简与或表达式。

6. 根据图 4-44 所示 4 选 1 数据选择器，写出输出 Z 的最简与或表达式。

7. 试用 8 选 1 数据选择器 74LS151 实现逻辑函数 L＝AB+AC。

8. 已知用 8 选 1 数据选择器 74LS151 构成的逻辑电路如图 4-45 所示，请写出输出 F 的逻辑表达式，并将它化成最简与或表达式。

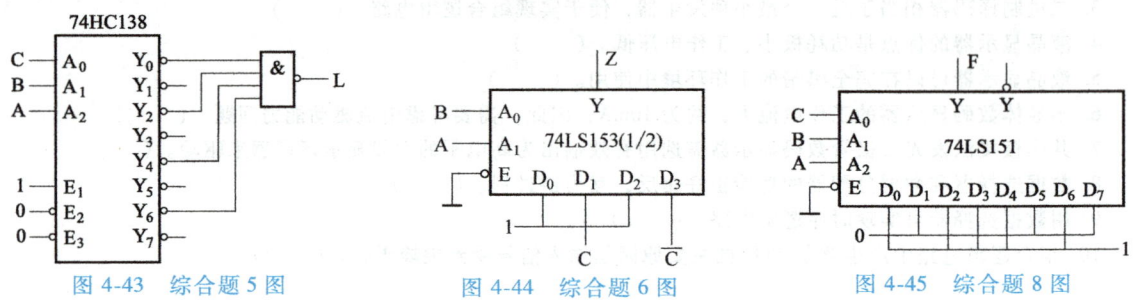

图 4-43　综合题 5 图　　　　图 4-44　综合题 6 图　　　　图 4-45　综合题 8 图

9. 用 4 选 1 数据选择器和 8 选 1 数据选择器分别实现函数 $F(A,B,C)=\sum m(1,2,3,4)$。

10. 试设计一个全减器组合逻辑电路。全减器是可以计算三个数 X、Y、BI 的差，即 $D=X-Y-CI$。当 $X<Y+BI$ 时，借位输出 BO 置位。

11. 已知 8 选 1 数据选择器 74LS151 芯片的选择输入端 A_2 的引脚折断，无法输入信号，但芯片内部功能完好。试问如何利用它来实现函数 $F(A,B,C)=\sum m(1,2,4,7)$。要求写出实现过程，画出逻辑图。

第 5 章 触发器

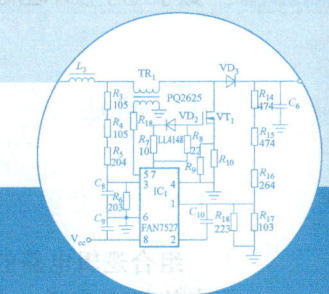

知识图谱（★表示重点，△表示难点）

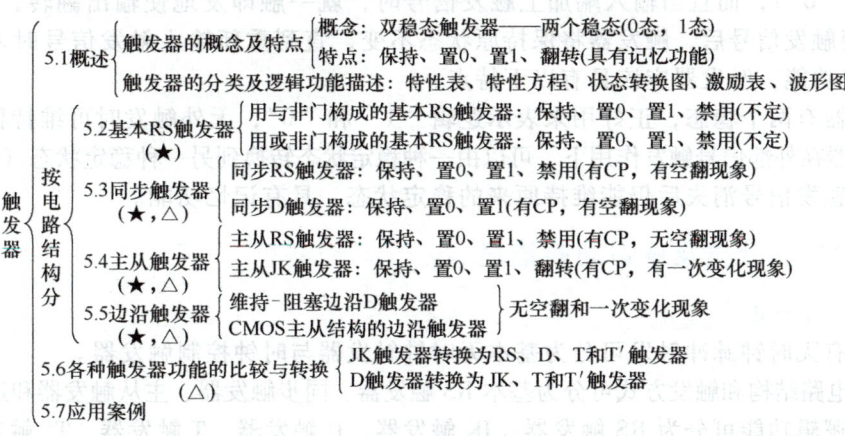

触发器是构成时序逻辑电路的基本单元，能记忆、存储一位二进制信息。本章主要介绍基本 RS 触发器、同步触发器、主从触发器、边沿触发器的组成、工作原理、动作特点和逻辑功能。最后，通过应用案例进一步体会触发器的"记忆"功能。

【学习目标】

1. **知识目标**

1) 了解触发器的电路结构、工作原理、动作特点及触发器集成芯片的使用。

2) 熟练掌握常用 RS、JK、D、T、T′触发器逻辑功能的描述方法。

2. **能力目标**

1) 具有应用与非门和或非门构成 RS 触发器的能力。

2) 具有查阅电子手册中有关集成触发器相关知识的能力。

3. **素质目标**

1) 触发器牵一发而动全身，绝不要小看每一次小的改变或变化，每一个小的努力都有意义，任何一个微小的变化在某种特定的情况下，都可能形成雪崩效应，从而改变整个局势。"勿以善小而不为"，更不要"勿以恶小而为之"。

2) 大学阶段，我们要有自我能力提高的意识，增强技能与拓展事业包括对目标的理解，对变化的适应，对机遇到来的预期，对将来职业的规划。多做有用功，少做无用功，滤除噪声与干扰，不忘初心，砥砺前行，树立自强自主的信心，做好克服困难的准备，不断进行自我学习，终身学习，全面发展，不能和时代脱节，心理要健康，抗打击能力要强，挫折是难免的，要正确面对。

5.1 概述

5.1.1 触发器的概念及特点

组合逻辑电路的输出仅与输入有关，而时序逻辑电路的输出不仅与输入有关，而且与电路原来的状态有关。构成时序逻辑电路的基础是具有记忆功能的重要单元电路——触发器（Flip-Flop）。

触发器具有两个互非的输出端子，只要接上电源，两个输出端就有相异的输出状态（分别为"1"和"0"），而且当输入端加上触发信号时，就一触即发地使输出翻转，所以称为触发器。当取消触发信号后，触发器将保持原状态不变，直到重新输入触发信号时才发生变化，因此具有记忆功能，触发器应该具有以下特点：

1）触发器有两个稳态，正好用来表示逻辑"1"和"0"，无外触发时可维持稳定。
2）触发器在外部信号触发作用下，可以由一种稳定状态转换到另一种稳定状态（称为翻转）。
3）外部触发信号消失后仍能维持原来的稳定状态，具有记忆功能。

5.1.2 触发器的分类及逻辑功能描述

1. 触发器的分类

1）根据有无时钟脉冲触发可分为基本无时钟触发器与时钟控制触发器。
2）按照电路结构和触发方式可分为基本 RS 触发器、同步触发器、主从触发器和边沿触发器。
3）按照逻辑功能可分为 RS 触发器、JK 触发器、D 触发器、T 触发器、T′ 触发器。

2. 触发器的逻辑功能描述

触发器的逻辑功能描述通常有 5 种方法：特性表、激励表（又称驱动表）、特性方程、状态转换图和波形图（又称时序图）。值得注意的是，同一电路结构可组成不同逻辑功能的触发器；反之，同一逻辑功能的触发器也可由不同的电路结构来实现。理解触发器的逻辑功能是学习触发器部分的重点。

思考与练习

5.1-1 什么是触发器？
5.1-2 触发器有哪些特点？
5.1-3 触发器可按什么方式分类？
5.1-4 触发器的逻辑功能描述通常有几种方法？

扫一扫
看视频

5.2 基本 RS 触发器

基本 RS 触发器是各种触发器中结构最简单的一种，通常作为构成各种功能触发器的最基本单元。基本 RS 触发器不需要触发信号（时钟信号）的触发，由输入信号直接完成置 0 或置 1 操作。一般有与非门和或非门两种。

5.2.1 用与非门构成的基本 RS 触发器

1. 电路结构

图 5-1 所示为由两个与非门的输出和输入端交叉反馈相接组成的基本 RS 触发器及逻辑符号。当 $\overline{S}_D$ 端加负脉冲（$\overline{S}_D = 0$）时触发器置位，$\overline{S}_D$ 称为置位端；当 $\overline{R}_D$ 端加负脉冲（$\overline{R}_D = 0$）

时，触发器复位，$\overline{R}_D$称为复位端。$\overline{S}_D$、$\overline{R}_D$都是低电平有效，字母上有短横线，逻辑符号中输入引线上靠方框处都有一个小圆圈。它有两个互补输出端Q、$\overline{Q}$，当Q=1，$\overline{Q}$=0时，叫做1稳态；当Q=0，$\overline{Q}$=1时，叫做0稳态，一般以Q的状态作为触发器的状态。

2. 工作原理

基本RS触发器有$\overline{R}_D$和$\overline{S}_D$两个输入端，低电平有效。两个输入端，具有4种不同的输入组合形式：

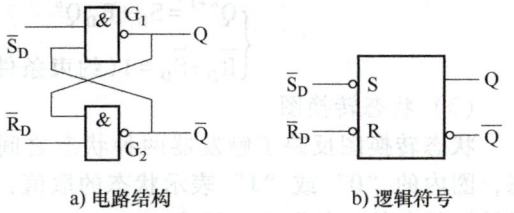

a) 电路结构　　　　　b) 逻辑符号

图 5-1　用与非门构成的基本 RS 触发器

1）$\overline{R}_D=0$、$\overline{S}_D=1$时：因$\overline{R}_D=0$，与非门G_2"有0出1"，$\overline{Q}=1$，反馈到与非门G_1的输入端，与非门G_1"全1出0"，Q=0，触发器为置"0"功能。所以$\overline{R}_D$称为置0端，也称为复位端。

2）$\overline{R}_D=1$、$\overline{S}_D=0$时：因$\overline{S}_D=0$，与非门G_1"有0出1"，Q=1，反馈到与非门G_2的输入端，与非门G_2"全1出0"，$\overline{Q}=0$，触发器为置"1"功能。所以$\overline{S}_D$称为置1端，也称为置位端。

3）$\overline{R}_D=1$、$\overline{S}_D=1$时：触发器在输入信号变化前的状态称为原态或初态，用Q^n表示，触发器在输入信号变化后的状态称为新态或次态，用Q^{n+1}表示。下面根据$Q^n=0$和$Q^n=1$两种情况进行分析。

① 若触发器原来状态为$Q^n=0$，在反馈线作用下，与非门G_2"有0出1"，输出端$\overline{Q}$仍为1，与非门G_2输出反馈到与非门G_1的输入端，与非门G_1"全1出0"，输出端$Q^{n+1}=0$。

② 若触发器原来状态为$Q^n=1$，在反馈线作用下，与非门G_2"全1出0"，输出端$\overline{Q}$仍为0，这个0又反馈到与非门G_1的输入端，与非门G_1"有0出1"，输出端$Q^{n+1}=1$。

表明：$\overline{R}_D=1$、$\overline{S}_D=1$时，无论触发器原来状态如何，均能保持原来的状态不变，实现了保持功能。

4）$\overline{R}_D=0$、$\overline{S}_D=0$时：与非门G_1和G_2均会"有0出1"，达不到Q和$\overline{Q}$状态反相的逻辑要求，并且当两个输入信号负脉冲同时撤去（回到1）后，触发器状态将不能确定是0还是1，可能造成逻辑混乱，因此，使用时应禁止这种情况的发生。

3. 基本 RS 触发器逻辑功能的描述

通常有特性表、特性方程、激励表、状态转换图及波形图（时序图）等方法。

（1）特性表

特性表是触发器次态与输入信号和电路原有状态之间关系的真值表，也叫功能表，见表5-1。用Q^n表示输入信号到来之前的初态，用Q^{n+1}表示输入信号到来之后的次态。

表 5-1　与非门构成的基本 RS 触发器的特性表

$\overline{R}_D$	$\overline{S}_D$	Q^n	Q^{n+1}	功能
0	0	1 或 0	×	禁用（不定）
0	1	1 或 0	0	置0（复位）
1	0	1 或 0	1	置1（置位）
1	1	1 或 0	Q^n	保持

（2）特性方程

特性方程是指以逻辑表达式的形式反映触发器在输入信号作用下，次态Q^{n+1}与初态Q^n及输入（$\overline{R}_D$、$\overline{S}_D$）之间的逻辑关系，它可由特性表推得。

由表 5-1 可以得出次态 Q^{n+1} 的卡诺图，如图 5-2 所示。其中 Q^n、$\overline{R}_D$、$\overline{S}_D$ 为输入，Q^{n+1} 为输出。

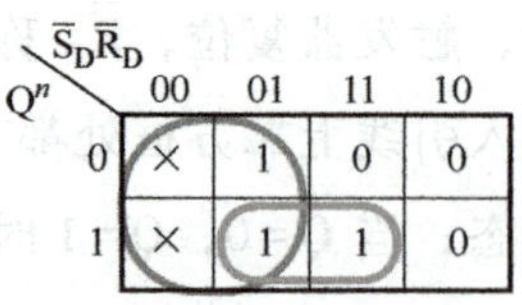

根据卡诺图化简得

$$\begin{cases} Q^{n+1} = S_D + \overline{R}_D Q^n \\ \overline{R}_D + \overline{S}_D = 1 \text{（约束条件）} \end{cases} \quad (5\text{-}1)$$

图 5-2　Q^{n+1} 的卡诺图

（3）状态转换图

状态转换图反映了触发器两种状态之间转移关系的有向图，用圆圈表示触发器的输出状态，圈内的"0"或"1"表示状态的取值，箭头表示状态转换的方向，同时在箭头旁边注明了转换的条件，如图 5-3 所示。

（4）激励表

激励表又称驱动表，是分析设计时序电路的重要工具，是用表格的形式反映触发器从一个状态转换到另一个状态所需的输入条件。它可由特性表转换得到，也是特性表的逆关系，见表 5-2。

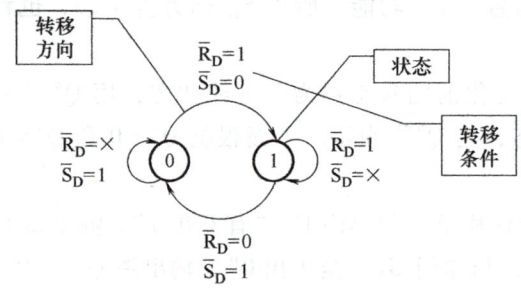

图 5-3　由与非门构成的基本 RS 触发器的状态转换图

表 5-2　激励表

$Q^n \rightarrow Q^{n+1}$		输入激励	
Q^n	Q^{n+1}	$\overline{S}_D$	$\overline{R}_D$
0	0	1	×
0	1	0	1
1	0	1	0
1	1	×	1

（5）波形图

为便于用实验的方法观察触发器的逻辑功能，可根据给定的输入信号波形，画出相应输出端 Q、$\overline{Q}$ 的波形，这种描述方法称为波形图或时序图，如图 5-4 所示。

根据 $\overline{S}_D$、$\overline{R}_D$ 输入信号及特性表逻辑关系，可以画出输出波形。在 $\overline{S}_D = 0$、$\overline{R}_D = 0$ 期间，Q、$\overline{Q}$ 都为 1，但当 $\overline{S}_D$、$\overline{R}_D$ 同时变为 1 时，Q、$\overline{Q}$ 的状态无法确定。由波形图可以直观地分析出触发器的特性和工作状态。

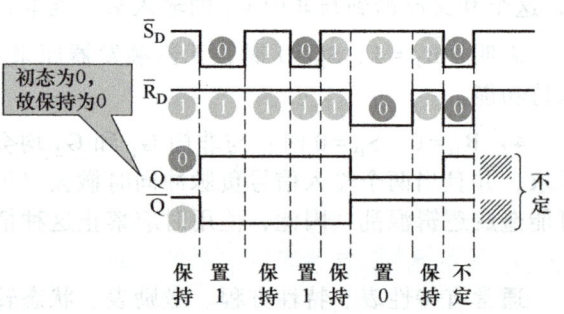

图 5-4　基本 RS 触发器输出波形

【例 5-1】　在图 5-5a 所示的基本 RS 触发器电路中，已知输入信号 $\overline{R}_D$ 和 $\overline{S}_D$ 的波形如图 5-5b 的上半部分所示，试画出 Q 和 $\overline{Q}$ 端对应的波形图。

解：根据表 5-1 中每个时间段里的 $\overline{R}_D$ 和 $\overline{S}_D$ 的状态，可以查出对应的 Q 端和 $\overline{Q}$ 端的相应状态，并画出它们的波形图。此例题的解答如图 5-5b 的下半部分所示，其中阴影部分表示不定的状态，这是因为输入信号同时由 0 翻转成 1 造成的。

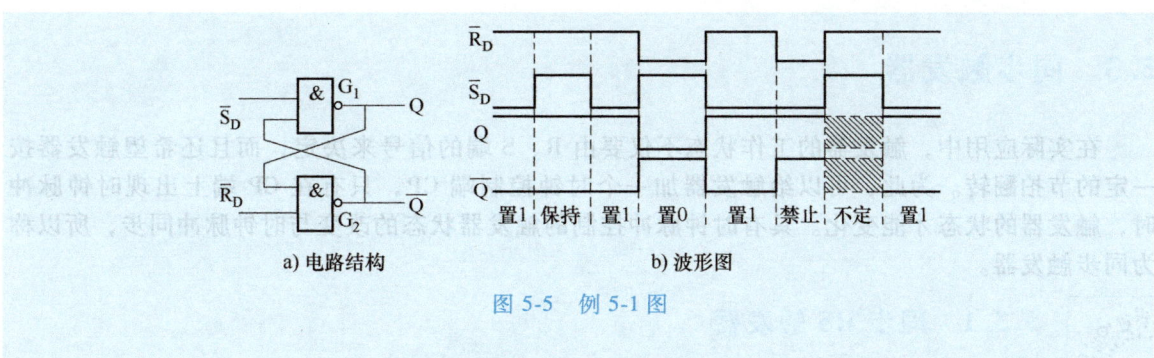

图 5-5 例 5-1 图

5.2.2 用或非门构成的基本 RS 触发器

用或非门构成的基本 RS 触发器及逻辑符号如图 5-6 所示。这个电路是以高电平作为有效输入电平的,所以用 R_D 和 S_D 分别表示输入端。其中,S_D 为置 1 端,R_D 为置 0 端,特性表见表 5-3。

该电路的特性方程和与非门组成的基本电路相同,但其约束条件为 $S_D \cdot R_D = 0$,即在任何情况下 R_D 和 S_D 不能同时为 1。还应注意的是,在电路结构上 R_D 和 S_D 与 $\overline{R_D}$ 和 $\overline{S_D}$ 所控制的输出端不同。用或非门构成的基本 RS 触发器的状态转换图如图 5-7 所示,图中 R_D 和 S_D 为输入信号。

表 5-3 或非门组成的基本 RS 触发器的特性表

R_D	S_D	Q^n	Q^{n+1}	功能
0	0	1 或 0	Q^n	保持
0	1	1 或 0	1	置 1(置位)
1	0	1 或 0	0	置 0(复位)
1	1	1 或 0	×	禁用(不定)

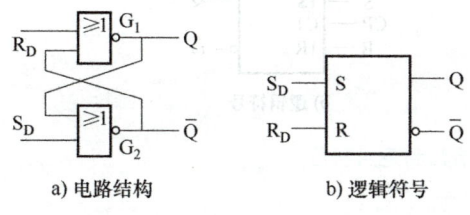

图 5-6 用或非门构成的基本 RS 触发器及逻辑符号

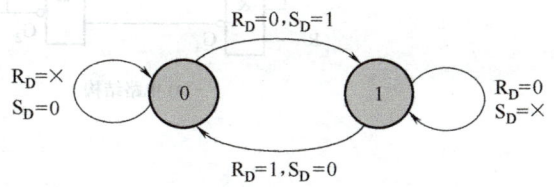

图 5-7 由或非门构成的基本 RS 触发器的状态转换图

思考与练习

5.2-1 如果基本 RS 触发器由两个与非门组成,R、S 输入端加上什么电平时触发器出现不定状态?

5.2-2 基本 RS 触发器的不同名称是什么?

5.2-3 基本 RS 触发器在置"1"或置"0"脉冲消失后,为什么触发器的状态保持不变?

5.2-4 为什么基本 RS 触发器具有约束条件?

5.3 同步触发器

在实际应用中,触发器的工作状态不仅要由 R、S 端的信号来决定,而且还希望触发器按一定的节拍翻转。为此,可以给触发器加一个时钟控制端 CP,只有在 CP 端上出现时钟脉冲时,触发器的状态才能变化。具有时钟脉冲控制的触发器状态的改变与时钟脉冲同步,所以称为同步触发器。

5.3.1 同步 RS 触发器

1. 电路结构和工作原理

为了克服基本 RS 触发器直接控制的缺点,可增加两个控制门和一个控制信号,让输入信号经过控制门传送,如图 5-8a 所示。G_1、G_2 组成基本 RS 触发器,G_3、G_4 是控制门,CP(Clock Pulse)是时钟脉冲,是输入控制信号。Q 和 $\overline{Q}$ 是输出端。逻辑符号如图 5-8b 所示,方框中的 C1 表示编号为 1 的一个时钟信号,方框内的符号 1R 和 1S 是受 C1 时钟脉冲控制的信号输入端。只有 C1 为有效电平时,1R 和 1S 信号才能起作用。方框外部的时钟输入端如果没有小圆圈时,表示时钟信号高电平有效;如果时钟输入端有小圆圈时,表示时钟信号低电平有效。

当 CP=0 时,控制门 G_3、G_4 关闭,禁止接收 R、S 信号,同时 G_3、G_4 输出均为 1,触发器保持原状态不变。

当 CP=1 时,控制门 G_3、G_4 打开,触发器的输出状态才能按 R、S 端输入状态组合来决定,工作情况与基本 RS 触发器相同。

由此可以看出,同步 RS 触发器的状态转换分别由 R、S 和 CP 控制,其中,R、S 控制状态转换的方向,即转换为何种次态;CP 控制状态转换的时刻,即何时发生转换。

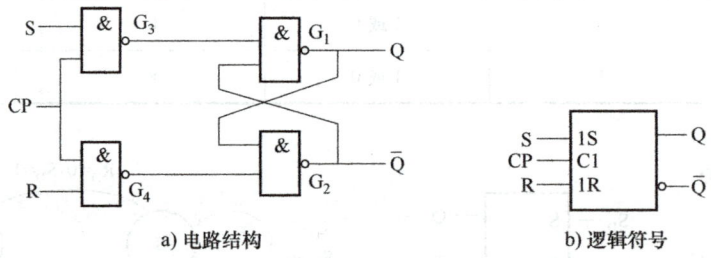

图 5-8 同步 RS 触发器电路结构和逻辑符号

同步 RS 触发器特性表见表 5-4。

表 5-4 同步 RS 触发器特性表

CP	S	R	Q^n	Q^{n+1}	功能
0	×	×	1 或 0	Q^n	保持
1	0	0	1 或 0	Q^n	保持
1	0	1	1 或 0	0	置0
1	1	0	1 或 0	1	置1
1	1	1	1 或 0	×	禁用

2. 同步 RS 触发器功能的表示方法

（1）特性方程

触发器次态 Q^{n+1} 与输入状态 R、S 及初态 Q^n 之间关系的逻辑表达式称为触发器的特性方程。根据表 5-4 可画出同步 RS 触发器 Q^{n+1} 的卡诺图，如图 5-9 所示。由此可得同步 RS 触发器的特性方程为

$$\begin{cases} Q^{n+1} = S + \overline{R}Q^n \\ RS = 0（约束条件） \end{cases} \tag{5-2}$$

（2）状态转换图

同步 RS 触发器的状态转换图如图 5-10 所示。

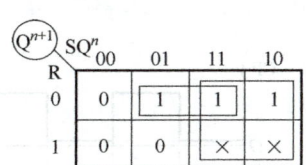

图 5-9　同步 RS 触发器 Q^{n+1} 的卡诺图

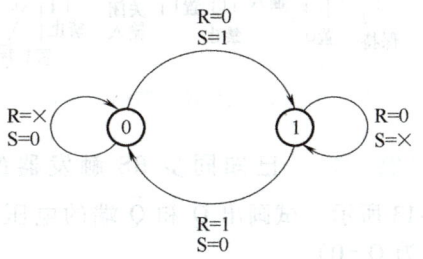

图 5-10　同步 RS 触发器的状态转换图

（3）激励表

激励表是用表格的方式表示触发器从一个状态变化到另一个状态或保持原状态不变时，对输入信号的要求。表 5-5 所示为根据表 5-4 得出的同步 RS 触发器的激励表。激励表对时序逻辑电路的设计非常有用。

表 5-5　同步 RS 触发器的激励表

$Q^n \rightarrow Q^{n+1}$		R	S
0	0	×	0
0	1	0	1
1	0	1	0
1	1	0	×

（4）波形图

触发器的功能也可以用输入输出波形图直观地表示出来，图 5-11 为同步 RS 触发器的波形图。设初态为"0"。

3. 动作特点

对于同步 RS 触发器，在 CP = 1 的全部时间里 S 和 R 状态的改变都将直接引起输出端状态的变化。R、S 信号对 Q 端状态的控制必须通过 CP 来实现，这就是同步 RS 触发器的动作特点。

4. 同步 RS 触发器存在的问题——空翻现象

如图 5-12 所示，在同一个时钟脉冲作用期间触发器发生两次或两次以上翻转的现象叫做空翻。空翻是一种有害的现象，它使得时序电路不能按时钟节拍工作，造成系统的误动作。空翻会造成节拍的混乱和系统工作的不稳定，这是同步触发器的一个缺陷。这种工作方式的触发器在应用中受到一定的限制。

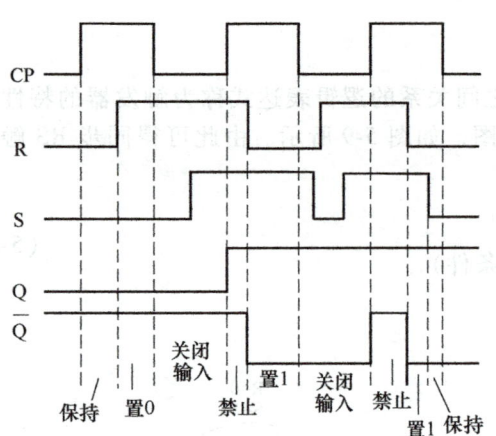

图 5-11 同步 RS 触发器的波形图

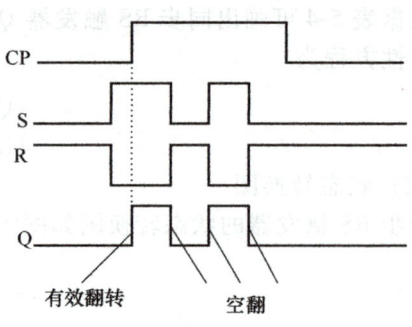

图 5-12 同步 RS 触发器的空翻波形

【例 5-2】 已知同步 RS 触发器的输入信号波形如图 5-13 所示，试画出 Q 和 $\overline{Q}$ 端的电压波形（设触发器的初态为 Q=0）。

解：由给定的输入电压波形可见，在第一个 CP 高电平期间，先是 S=1、R=0，输出被置成 Q=1、$\overline{Q}$=0。随后输入变成了 S=R=0，因而输出状态继续保持不变，但是紧接着 S=0、R=1，将输出置成 Q=0、$\overline{Q}$=1，故 CP 回到低电平后不论输入 S、R 如何改变，触发器依然保持 Q=0、$\overline{Q}$=1。在第二个 CP 高电平期间，若 S=R=0，则触发器的输出状态保持不变。但由于在此期间 S 端出现了一个干扰脉冲，因而触发器被置成了 Q=1、$\overline{Q}$=0。Q 和 $\overline{Q}$ 端的电压波形如图 5-13 所示。

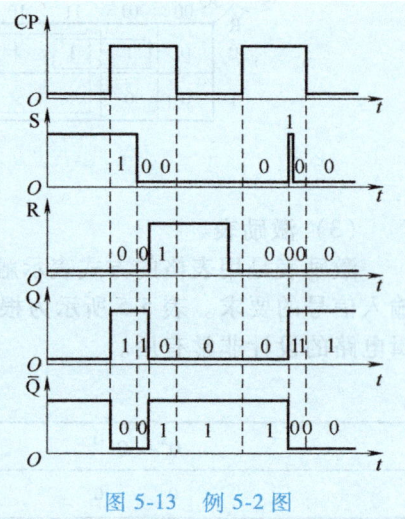

图 5-13 例 5-2 图

5. 同步 RS 触发器的异步输入端

触发器在实际应用时，通常要求触发器处于特定的起始状态，为了便于触发器置于所需状态，触发器除了时钟脉冲控制端、输入信号端和输出端外，还有两个优先级最高的异步输入端 $\overline{R}_D$ 和 $\overline{S}_D$，用于直接置 0 的异步输入端，称为置 0（或复位）端，用 $\overline{R}_D$ 表示；用于直接置 1 的异步输入端，称为置 1（或置位）端，用 $\overline{S}_D$ 表示。$\overline{R}_D$ 和 $\overline{S}_D$ 不受 CP 及 G_3、G_4 的控制，一般在工作之初，首先使触发器处于某一特定状态，在工作过程中 $\overline{R}_D$ 和 $\overline{S}_D$ 处于"1"态。图 5-14 为带有异步输入端的同步 RS 触发器。其工作原理如下：

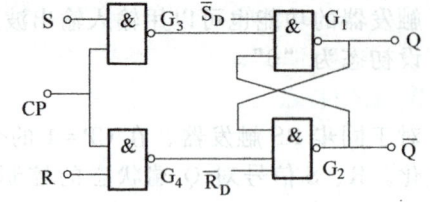

图 5-14 带有异步输入端的同步 RS 触发器

当 $\overline{R}_D$=0、$\overline{S}_D$=1 时，触发器置 0（复位）状态。

当 $\overline{R}_D$=1、$\overline{S}_D$=0 时，触发器置 1（置位）状态。

当 $\overline{R}_D$=$\overline{S}_D$=1 时，触发器按同步 RS 触发器功能正常工作。

【例 5-3】 试对应同步 RS 触发器（见图 5-15a）的输入波形（见图 5-15b）画出 Q 端波形。

解： 图 5-15a 是一个具有直接置 0 的异步输入端 $\overline{R}_D$ 的同步 RS 触发器，由给定的输入波形（见图 5-15b）可见，输出 Q 端波形如图 5-15c 所示。当 $\overline{R}_D = 0$ 时，由于它是优先级最高的异步置 0 端，不受 CP 及 G_3、G_4 的控制，一般在工作之初，首先使触发器处于给定 0 状态，之后在工作过程中 $\overline{R}_D$ 处于 "1" 态，触发器按同步 RS 触发器功能正常工作。

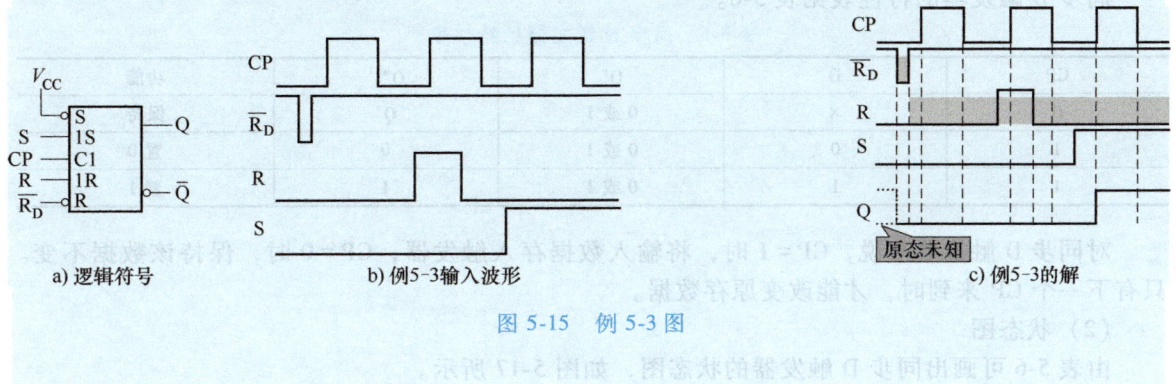

图 5-15　例 5-3 图

5.3.2　同步 D 触发器

为了适用于单端输入信号的场合，也为了从根本上避免同步 RS 触发器的输入 S、R 同时为 "1" 时状态不定的缺陷，经过对其的改进，人们设计出了同步 D 触发器。

1. 电路结构

可在同步 RS 触发器的输入 S 和 R 之间接一非门，信号只从 S 端输入，并改称 S 端为 D 端，如图 5-16a 所示，就可以用一个输入信号同时控制 S、R 两个输入端，这种单端输入的触发器称为同步 D 触发器（或称 D 锁存器），其中 D 是输入端，CP 是使能端，它的逻辑符号如图 5-16b 所示。

2. 工作原理

1）当 CP = 0 时，控制门（输入门）被封锁，触发器保持原态不变，即有 $Q^{n+1} = Q^n$。

2）当 CP = 1 时，控制门（输入门）开启，由于 D 锁存器只有一个输入信号，CP = 1 期间，总有 $R = \overline{S}$，把 $R = \overline{S}$ 代入同步 RS 触发器的特性方程：$Q^{n+1} = S + \overline{S}Q^n = S$。

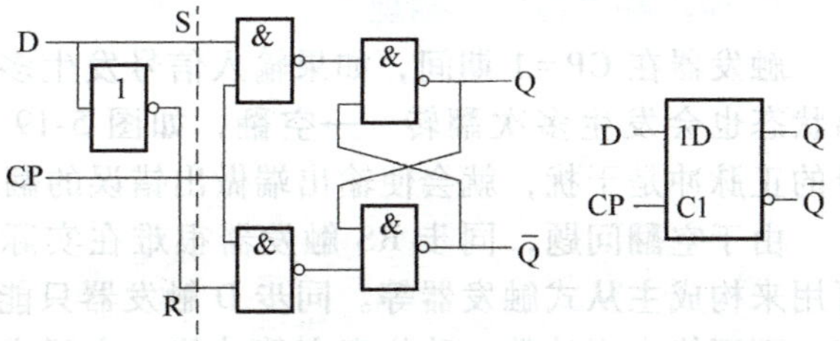

把原来的 S 端改称 D 端，可得 D 触发器的特性方程：

$$Q^{n+1} = D \quad (CP = 1 \text{ 有效}) \tag{5-3}$$

图 5-16　同步 D 触发器

同步 D 触发器解决了 RS 触发器输入信号间有约束的问题。其功能是，D 的状态确定之后，在 CP 的操作下，Q 端的状态随之被确定为与 D 相同的状态。或者说在 CP 的作用下，Q 的状态总与 D 相同，但比 D 信号的确定晚一段时间。D 触发器不存在约束，但 CP = 1 期间，输入仍直接控制输出。

3. 同步 D 触发器的动作特点

通过对以上同步 RS 触发器和同步 D 触发器的分析可以看出：

1）在 CP 有效期间，它们分别接收 R、S 和 D 的信号；在 CP 无效期间，触发器锁存了 CP 有效期结束瞬间的状态，并保持不变。

2) 由于在 CP 有效期的全部作用时间里，输入信号 R、S 或 D 的变化都将引起触发器输出状态的变化，若输入信号在下一有效期内多次变化，触发器的输出也将随之多次变化，故有时说这类电路在下一有效期内，输入到输出是"透明"的。

4. 同步 D 触发器逻辑功能的描述
（1）特性表
同步 D 触发器的特性表见表 5-6。

表 5-6 同步 D 触发器的特性表

CP	D	Q^n	Q^{n+1}	功能
0	×	0 或 1	Q^n	保持
1	0	0 或 1	0	置 0
1	1	0 或 1	1	置 1

对同步 D 触发器来说，CP = 1 时，将输入数据存入触发器；CP = 0 时，保持该数据不变。只有下一个 CP 来到时，才能改变原存数据。

（2）状态图
由表 5-6 可画出同步 D 触发器的状态图，如图 5-17 所示。
（3）波形图
同步 D 触发器的波形图如图 5-18 所示。

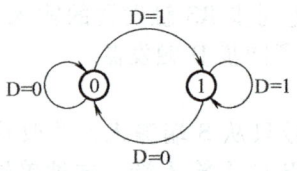

图 5-17 同步 D 触发器的状态图

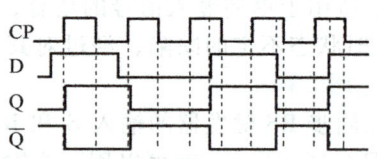

图 5-18 同步 D 触发器的波形图

5. 同步触发器的空翻现象

触发器在 CP = 1 期间，如果输入信号发生多次变化，输出状态也会发生多次翻转——空翻，如图 5-19 所示。如果窄的正脉冲是干扰，就会使输出端做出错误的翻转。

由于空翻问题，同步 RS 触发器很难在实际中使用，但可用来构成主从式触发器等。同步 D 触发器只能用于数据寄存，而不能实现计数、移位寄存等功能。为了克服触发器的空翻现象，又发明了不同电路结构形式的触发器，如主从触发器、边沿触发器等。

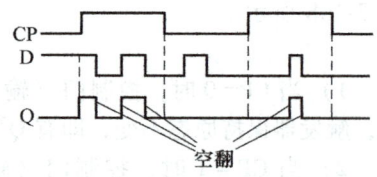

图 5-19 同步 D 触发器的空翻现象

【例 5-4】 试对应输入波形画出图 5-20 中 Q 端波形（设触发器初始为 0）。

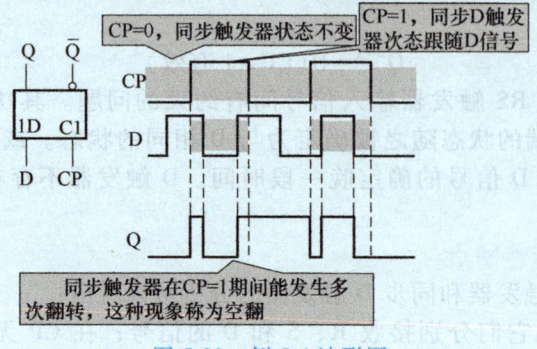

图 5-20 例 5-4 波形图

解：输出 Q 的波形如图 5-20 所示。同步 D 触发器的翻转时刻由 CP 控制，CP = 0，同步触发器状态不变，CP 上升沿至 CP = 1 的整个期间可接收输入信号。在 CP = 1 期间，触发器的输出状态随输入信号的改变而变化。同步触发器在 CP = 1 期间能发生多次翻转，空翻现象严重。

思考与练习

5.3-1 同步触发器的特点是什么？
5.3-2 同步触发器又叫什么？
5.3-3 为什么同步 RS 触发器具有约束条件？
5.3-4 什么是触发器的空翻现象？造成空翻的原因是什么？

5.4 主从触发器

主从触发器由两级触发器构成，其中一级直接接收输入信号，称为主触发器，另一级接收主触发器的输出信号，称为从触发器。两级触发器的时钟信号互补，从而有效地克服了空翻。

5.4.1 主从 RS 触发器

1. 电路结构及逻辑符号

主从 RS 触发器电路结构及逻辑符号如图 5-21 所示。前面触发器称为主触发器，后面触发器称为从触发器，由时钟脉冲 CP 控制，先使前面主触发器触发，而后使从触发器触发，时钟信号互补，有效地克服了空翻现象。

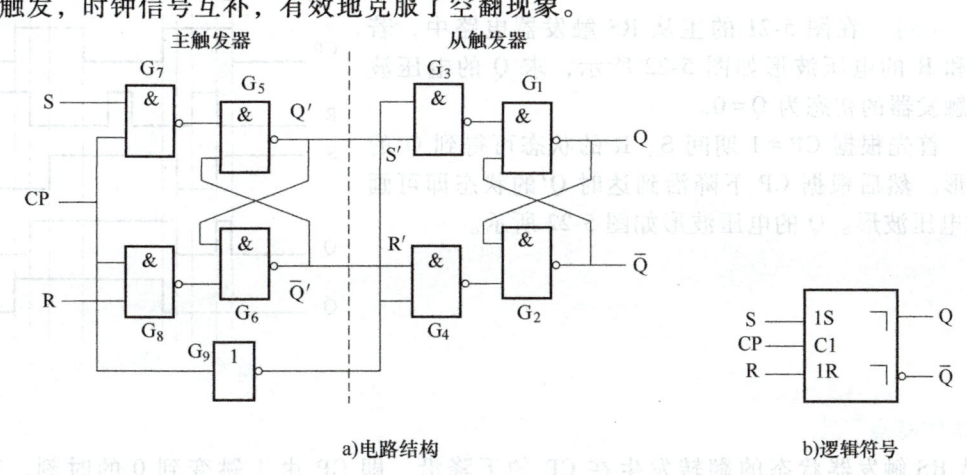

a) 电路结构　　　　　　　　　b) 逻辑符号

图 5-21 主从 RS 触发器

2. 工作原理

主从 RS 触发器的触发翻转分为两个节拍：

（1）接收输入信号过程

当 CP = 1 时，G_7、G_8 打开，主触发器工作，接收 R 和 S 端的输入信号，由于 $\overline{CP}$ = 0，从触发器控制（输入）门 G_3、G_4 被封锁，其 Q 保持原状态不变。通过这一步，将输入端数据传递到 Q′端。

（2）将 Q′端数据传递到 Q 端

当 CP 由 1 跃变到 0 时，即 CP=0、$\overline{CP}$=1。主触发器被封锁，输入信号 R、S 不再影响主触发器的状态。而这时，由于 $\overline{CP}$=1，G_3、G_4 打开，从触发器接收主触发器输出端的状态。

由上分析可知，主从触发器的翻转是在 CP 由 1 变 0 时刻（CP 下降沿）发生的，CP 一旦变为 0 后，主触发器被封锁，其状态不再受 R、S 输入信号影响，故主从触发器对输入信号的敏感时间大大缩短，只在 CP 由 1 变 0 的时刻触发翻转，因此不会有空翻现象。

主从 RS 触发器的逻辑功能和前面的同步 RS 触发器相同，不同的是同步 RS 触发器在 CP=1 期间都可能触发翻转，主从 RS 触发器只在 CP 下降沿触发翻转。在图 5-21b 所示的逻辑符号框内的"⏋"为延迟输出的符号，它表示从触发器输出状态的变化滞后于主触发器接收信号的时刻。主从 RS 触发器的特性表见表 5-7。

表 5-7　主从 RS 触发器的特性表

CP	S	R	Q^n	Q^{n+1}	功能
×	×	×	1 或 0	Q^n	保持
↓	0	0	1 或 0	Q^n	保持
↓	0	1	1 或 0	0	置 0（复位）
↓	1	0	1 或 0	1	置 1（置位）
↓	1	1	1 或 0	×	禁用（不定）

表 5-7 中的符号"↓"表示主从 RS 触发器只在 CP 下降沿触发翻转，即 CP 信号由 1 变为 0 以后输出状态才改变。

【例 5-5】　在图 5-21 的主从 RS 触发器电路中，若 CP、S 和 R 的电压波形如图 5-22 所示，求 Q 的电压波形。设触发器的初态为 Q=0。

解：首先根据 CP=1 期间 S、R 的状态可得到 Q′的电压波形。然后根据 CP 下降沿到达时 Q′的状态即可画出 Q 的电压波形。Q 的电压波形如图 5-22 所示。

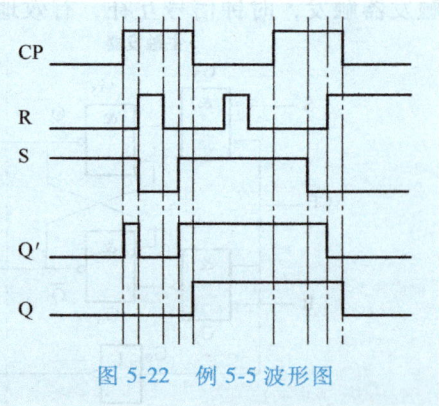

图 5-22　例 5-5 波形图

3. 动作特点

主从 RS 触发器状态的翻转发生在 CP 的下降沿，即 CP 由 1 跳变到 0 的时刻，克服了 CP=1 期间触发器空翻的问题。但是主触发器本身还是一个同步 RS 触发器，在 CP=1 期间，主触发器的输出端 Q′仍然随输入信号 R、S 的变化而变化，输入信号仍然需要遵守约束条件 SR=0。这样在工作过程中还是容易因干扰信号而误动作。所以我们希望触发器在 CP=1 期间主触发器也只动作一次，这就引出了主从 JK 触发器。

5.4.2　主从 JK 触发器

1. 电路结构

带有异步输入端的主从 JK 触发器如图 5-23 所示。在主从 RS 触发器的基础上增加两根反馈线，一根从 Q 端引到 G_8 的输入端，一根从 $\overline{Q}$ 端引到 G_7 的输入端，并把原来的 S 端改为 J 端，把原来的 R 端改为 K 端。为了便于触发器工作前先预置于所需状态，还有两个优先级最高的异步输入端 $\overline{R}_D$ 和 $\overline{S}_D$，使触发器直接置 0 和直接置 1，低电平有效，不受时钟脉冲 CP 的控制。

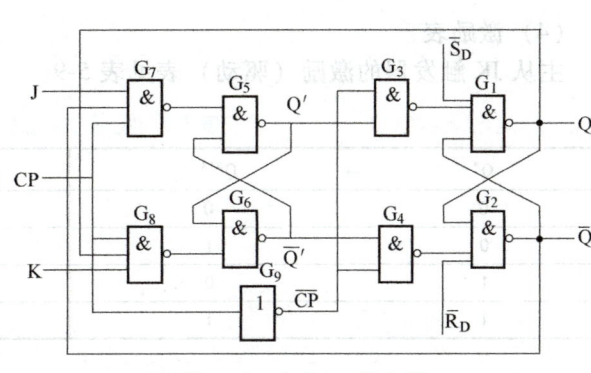

图 5-23　主从 JK 触发器

主从 JK 触发器的工作分两步完成：
1）当 CP = 1 时，主触发器接收输入信号，J、K 变化一次，从触发器状态不变。
2）当 CP 下跳时，将主触发器的状态送给从触发器输出。

主从 JK 触发器的逻辑功能和主从 RS 触发器的逻辑功能基本相同，不同之处在于主从 JK 触发器没有约束条件，在 J = K = 1 时，每输入一个时钟脉冲后，触发器向相反的状态翻转一次。此时 JK 触发器具有计数功能。

2. 逻辑功能

（1）特性方程

将 $S = J\overline{Q}^n$，$R = KQ^n$ 代入主从 RS 触发器的特性方程，即可得到主从 JK 触发器的特性方程为

$$Q^{n+1} = S + \overline{R}Q^n = J\overline{Q}^n + \overline{K}Q^n \tag{5-4}$$

（2）特性表

由主从 JK 触发器的特性方程，可得主从 JK 触发器的特性表，具有异步输入端主从 JK 触发器的特性表见表 5-8。

表 5-8　具有异步输入端主从 JK 触发器的特性表

$\overline{R}_D$	$\overline{S}_D$	CP	J	K	Q^n	Q^{n+1}	功能
0	0	×	×	×	×	×	不允许
0	1	×	×	×	×	0	异步置 0
1	0	×	×	×	×	1	异步置 1
1	1	↓	0	0	1 或 0	Q^n	保持
1	1	↓	0	1	1 或 0	0	置 0
1	1	↓	1	0	1 或 0	1	置 1
1	1	↓	1	1	1 或 0	$\overline{Q}^n$	翻转（计数）

（3）状态转换图

主从 JK 触发器的卡诺图和状态转换图如图 5-24 所示。

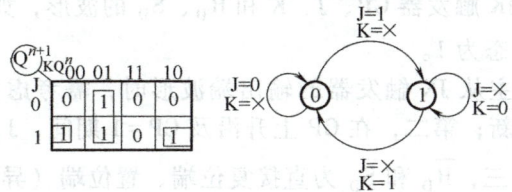

图 5-24　主从 JK 触发器的卡诺图和状态转换图

（4）激励表

主从 JK 触发器的激励（驱动）表见表 5-9。

表 5-9 主从 JK 触发器的驱动表

Q^n	→	Q^{n+1}	J	K
0		0	0	×
0		1	1	×
1		0	×	1
1		1	×	0

3. 主从 JK 触发器的一次翻转现象

主从 JK 触发器克服了空翻，但却存在一次翻转现象。对于主从 JK 触发器，在 CP=1 期间输入信号发生变化后，CP 下降沿到达时从触发器的状态不一定能按此刻输入信号的状态来确定，而必须考虑整个 CP=1 期间输入信号的变化过程才能确定触发器的次态。主从 JK 触发器中，在 $Q^n=0$ 时，如果有 J=1 的干扰，会使 $Q^{n+1}=J\overline{Q^n}+\overline{K}Q^n=1$；同理，在 $Q^n=1$ 时，如有 K=1 的干扰，会使 $Q^{n+1}=J\overline{Q^n}+\overline{K}Q^n=0$。这种现象称为一次翻转（一次变化）现象。在干扰信号消失后，触发器无法恢复到干扰前的正常状态，导致输出状态错误。

【例 5-6】设主从 JK 触发器（见图 5-25a）的初态为 0，试画出它的波形。

解：根据主从 JK 触发器一次变化现象的描述，了解到只有在下面两种情况下会发生一次变化现象：一是触发器状态为 0 时，J 信号的变化；二是触发器状态为 1 时，K 信号的变化。

若在 CP=1 期间，J、K 信号发生了变化，可按照以下方法来处理：

1）若原态 Q=0，则由 J 信号决定其次态，而与 K 无关。此时只要 CP=1 期间出现过 J=1，则 CP 下降沿时 Q 为 1，否则 Q 仍为 0。

2）若原态 Q=1，则由 K 信号决定其次态，而与 J 无关。此时只要 CP=1 期间出现过 K=1，则 CP 下降沿时 Q 为 0，否则 Q 仍为 1。

由此画出它的波形如图 5-25b 所示。

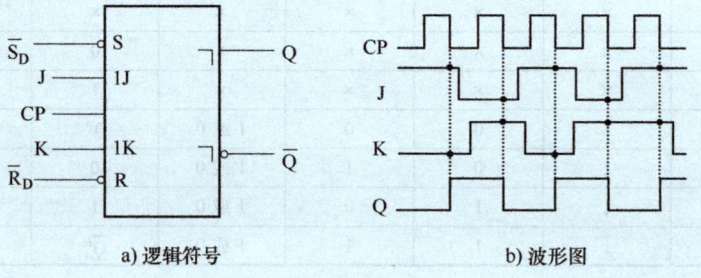

a) 逻辑符号　　　　　　　　b) 波形图

图 5-25 例 5-6 图

【例 5-7】已知主从 JK 触发器 CP、J、K 和 $\overline{R_D}$、$\overline{S_D}$ 的波形，如图 5-26 所示，画出输出端 Q 的波形，设触发器初态为 1。

解：根据输入信号画主从 JK 触发器的输出端波形时，需考虑如下三点：第一，在 CP 信号下降沿到来时状态更新；第二，在 CP 上升沿及 CP=1 期间，J、K 信号如有变化，应考虑"一次变化"问题；第三，$\overline{R_D}$ 和 $\overline{S_D}$ 为直接复位端、置位端（异步置 0 置 1 输入端），只要有低电平作用，可以直接将触发器在任何时刻直接强迫为 0 或 1，即复位或置位，不受 CP 信号到来与否的限制，与当时的 CP 及 J、K 输入端状态无关。当 $\overline{R}_D = 0$ 时触发器状态被强迫置 0；当 $\overline{S}_D = 0$ 时触发器状态被强迫置 1；当 $\overline{R}_D = \overline{S}_D = 1$ 时，由于 $\overline{R}_D$ 和 $\overline{S}_D$ 都无效，触发器按 JK 功能正常工作。Q 端的输出波形如图 5-26 所示。

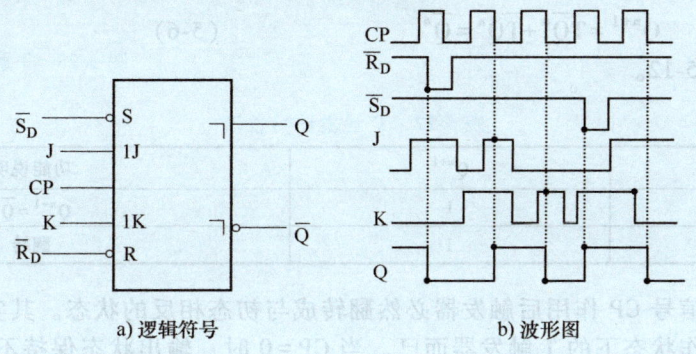

图 5-26 例 5-7 图

5.4.3 主从 T 触发器和 T′触发器

除了前面已介绍的 RS 触发器、D 触发器和 JK 触发器外，在实际工作中还经常会用到 T 和 T′触发器。下面介绍一下 T、T′触发器的逻辑功能。

1. T 触发器

如果将图 5-27a 所示的主从 JK 触发器的 J 和 K 相连作为 T 输入端就构成了 T 触发器，其逻辑符号如图 5-27b 所示。T 触发器特性方程：

$$Q^{n+1} = T\overline{Q}^n + \overline{T}Q^n = T \oplus Q^n \tag{5-5}$$

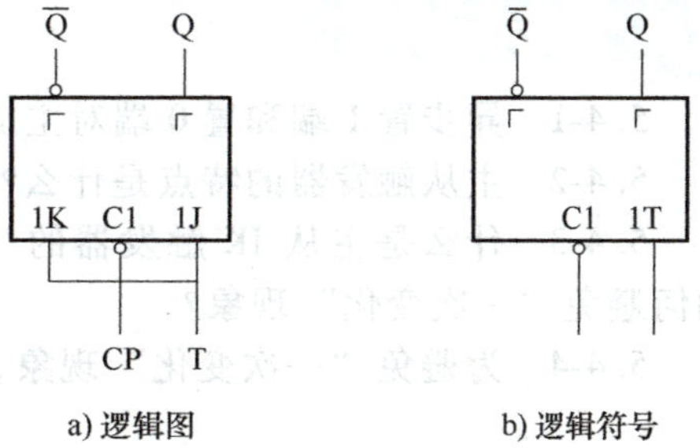

其特性表见表 5-10。

图 5-27 用主从 JK 触发器构成的主从 T 触发器

表 5-10 T 触发器特性表

T	Q^n	Q^{n+1}	功能说明
0	0	0	$Q^{n+1} = Q^n$
0	1	1	保持
1	0	1	$Q^{n+1} = \overline{Q}^n$
1	1	0	翻转

T 触发器是在 CP 控制下具有保持及翻转功能的触发器，它只有一个输入端 T。CP = 0 时，输出状态保持不变；CP = 1 时，若 T = 0，输出状态保持不变；而 T = 1 时，状态翻转。T 触发器的状态转换图如图 5-28 所示，驱动表见表 5-11。

表 5-11 T 触发器的驱动表

$Q^n \rightarrow Q^{n+1}$	T
0 0	0
0 1	1
1 0	1
1 1	0

2. T'触发器

当 T 触发器的输入控制端为 T=1 时,则触发器每输入一个时钟脉冲 CP,状态便翻转一次,这种状态的触发器称为 T'触发器。T'触发器的特性方程为

$$Q^{n+1} = T\overline{Q}^n + \overline{T}Q^n = \overline{Q}^n \quad (5-6)$$

其特性表见表 5-12。

图 5-28 T 触发器的状态转换图

表 5-12 T'触发器特性表

Q^n	Q^{n+1}	功能说明
0	1	$Q^{n+1} = \overline{Q}^n$
1	1	翻转

每次有效时钟信号 CP 作用后触发器必然翻转成与初态相反的状态。其实 T'触发器只不过是处于一种特定工作状态下的 T 触发器而已。当 CP=0 时,输出状态保持不变;当 CP=1 时,每来一个脉冲翻转一次,可用作计数器。

思考与练习

5.4-1 异步置 1 端和置 0 端对主从 JK 触发器起着什么作用?
5.4-2 主从触发器的特点是什么?
5.4-3 什么是主从 JK 触发器的"一次变化"问题?造成"一次变化"的原因是什么?如何避免"一次变化"现象?
5.4-4 为避免"一次变化"现象,主从 JK 触发器对输入信号有何要求?

5.5 边沿触发器

扫一扫
看视频

边沿触发器不仅将触发器的触发翻转控制在 CP 触发沿到来的一瞬间,而且将接收输入信号的时间也控制在 CP 触发沿到来前的一瞬间,而其他时间触发器都处于保持状态。因此,边沿触发器既没有空翻现象,也没有一次变化问题,可提高触发器工作的可靠性,增强抗干扰能力。边沿触发器有上升沿触发和下降沿触发两种。

5.5.1 维持-阻塞边沿 D 触发器

1. 电路结构

维持-阻塞边沿 D 触发器是在两个"与非"门构成的同步 RS 触发器(由 G_1、G_2、G_3、G_4 构成)的基础上,增加了两个"与非"门 G_5、G_6 和 4 根直流反馈线,其电路结构、逻辑符号如图 5-29a、b 所示。D 触发器为上升沿触发器,逻辑符号在 CP 线端无圆圈。

2. 工作原理

1) 当 CP=0 时,G_3、G_4 被封锁,G_3、G_4 的输出 $Q_3=1$、$Q_4=1$,G_1、G_2 组成的基本 RS 触发器保持

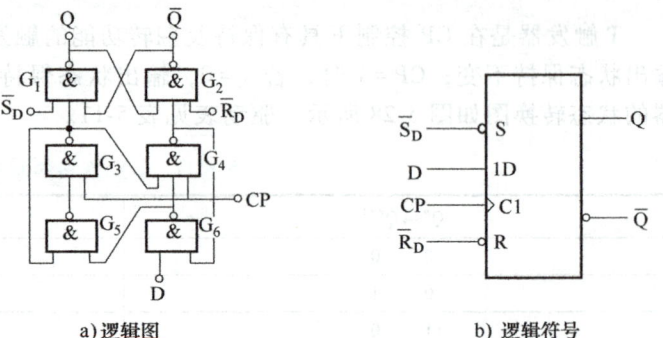

图 5-29 维持-阻塞边沿 D 触发器

原状态不变。

2) 当 CP 从 0 变为 1 时，G_3、G_4 打开。

① 如果 D=1，G_6 输入全 1，输出 Q_6=0，它使 Q_5=1。G_3 输入全 1，输出 Q_3 变为 0。继而，Q 翻转为 1，$\overline{Q}$ 翻转为 0，完成了使触发器翻转为 1 状态的全过程。同时，一旦 Q_3 变为 0，通过反馈线封锁了 G_5，这时如果 D 信号由 1 变为 0，只会影响 G_6 的输出，不会影响 G_5 的输出，维持了触发器的 1 状态。同理，Q_3 变 0 后，通过反馈线也封锁了 G_4，从而阻塞了置 0 通路。

② 如果 D=0，因 D=0，Q_6=1，G_5 输入全 1，输出 Q_5=0。当 CP 由 0 变 1 时，G_4 输入全 1，输出 Q_4 变为 0。继而，$\overline{Q}$ 翻转为 1，Q 翻转为 0，完成了使触发器翻转为 0 状态的全过程。同时，一旦 Q_4 变为 0，通过反馈线封锁了 G_6，这时无论 D 信号再怎么变化，也不会影响 G_6 的输出，从而维持了触发器的 0 状态。

3) 当 CP 从 0 变为 1 之后，虽然 CP=1，G_3、G_4 是打开的，但由于电路中 4 条反馈线的维持-阻塞作用，输入信号 D 的变化不会影响触发器的置 1 和置 0，使触发器能够可靠地置 1 和置 0。因此，该触发器称为维持-阻塞边沿 D 触发器。

由于触发器接受输入信号及状态的翻转均是在脉冲 CP 上升沿前后完成的，故称为边沿触发器。可见，该触发器的触发方式为：在脉冲 CP 上升沿到来之前接受 D 输入信号，当 CP 从 0 变为 1 时，触发器的输出状态将由 CP 上升沿到来之前一瞬间 D 的状态决定。特性表见表 5-13。

表 5-13 维持-阻塞边沿 D 触发器特性表

CP	$\overline{R}_D$	$\overline{S}_D$	D	Q^{n+1}	功能
×	0	1	×	0	异步置 0
×	1	0	×	1	异步置 1
0	1	1	×	Q^n	保持
↑	1	1	0	0	同步置 0
↑	1	1	1	1	同步置 1

【例 5-8】 维持-阻塞边沿 D 触发器如图 5-29b 所示，设 Q 初态为 0，已知输入 D 的波形图如图 5-30 所示，画出输出 Q 的波形图。

解：由于是边沿触发器，在画波形图时，应注意以下两点：

1) 触发器的触发翻转发生在时钟脉冲的触发沿（这里是上升沿）。

2) 判断触发器次态的依据是时钟脉冲触发沿前一瞬间（这里是上升沿前一瞬间）输入端的状态。

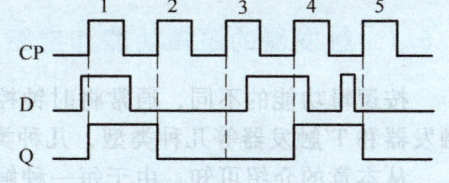

图 5-30 例 5-8 波形图

根据 D 触发器的功能表或特性方程或状态转换图可画出输出端 Q 的波形图，如图 5-30 所示。

5.5.2 CMOS 主从结构的边沿触发器

1. 电路结构

图 5-31 所示是用 CMOS 逻辑门和 CMOS 传输门组成的主从结构的边沿触发器。图中，非门 G_1、G_2 和传输门 TG_1、TG_2 组成主触发器，非门 G_3、G_4 和传输门 TG_3、TG_4 组成从触发

器。传输门的控制端由一对互补的时钟脉冲 CP 和 $\overline{CP}$ 控制。由于引入了传输门，该电路虽为主从结构，却没有一次变化问题，具有边沿触发器的特性。

2. 工作原理

触发器的触发翻转分为两个节拍：

1）当 CP 变为 1 时，则 $\overline{CP}$ 变为 0。这时 TG_1 开通，TG_2 关闭。主触发器接收输入端 D 的信号。设 D = 1，经 TG_1 传到

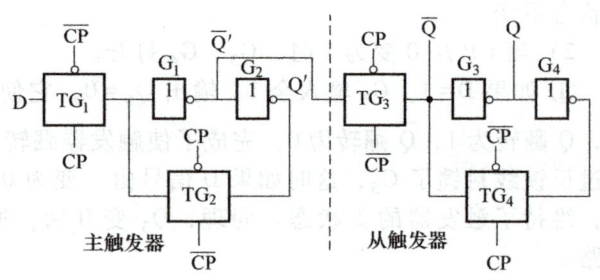

图 5-31 CMOS 主从结构的边沿触发器

G_1 的输入端，使 $\overline{Q'} = 0$，$Q' = 1$。同时，TG_3 关闭，切断了主、从两个触发器间的联系，TG_4 开通，从触发器保持原状态不变。

2）当 CP 由 1 变为 0 时，则 $\overline{CP}$ 变为 1。这时 TG_1 关闭，切断主触发器与输入端 D 的联系，使 D 信号不再影响触发器的状态，而 TG_2 导通，将 G_1 的输入端与 G_2 的输出端连通，使主触发器保持原来状态不变。与此同时，TG_3 导通，TG_4 关闭，将主触发器的状态 $\overline{Q'} = 0$ 送入从触发器，使 $Q^{n+1} = D$。$\overline{Q} = 0$，经 G_3 反相后，输出 Q = 1。至此完成了整个触发翻转的全过程。

可见，该触发器是在利用 4 个传输门交替开通和关闭，将触发器的触发翻转控制在 CP 下跳沿到来的一瞬间，并接收 CP 下跳沿到来前一瞬间的 D 信号。如果将传输门的控制信号 CP 和 $\overline{CP}$ 互换，可使触发器变为上升沿触发。

思考与练习

5.5-1 什么是边沿触发器？

5.5-2 上升沿触发的边沿触发器在 CP = 0、CP = 1 时，保持状态是否相同？

5.5-3 边沿触发器有哪些特点？

5.5-4 解释边沿触发器的工作速度高于主从触发器的原因。

5.6 各种触发器功能的比较与转换

5.6.1 触发器的逻辑功能和电路结构

按逻辑功能的不同，通常将时钟控制的触发器分为 RS 触发器、D 触发器、JK 触发器、T 触发器和 T'触发器等几种类型，几种类型触发器的逻辑功能比较如图 5-32a 所示。

从本章的介绍可知，由于每一种触发器电路的信号输入方式不同，有单端输入的，也有双端输入的，触发器的输出状态与输入信号的状态及翻转的规则相关，因此它们的逻辑功能也不完全相同。目前应用较多的触发器主要有 D 和 JK 两种，D 触发器只有一个数据输入端，使用简单；JK 触发器有两个或多个输入端，使用灵活。市场上在售的大多为 D 或 JK 功能的触发器，而无 T、T'触发器。

触发器除了按逻辑功能分类，还可按电路结构形式分类。按电路结构的不同，可分为基本 RS 触发器、同步触发器、主从触发器、边沿触发器等。由于电路结构形式的不同带来了各不相同的动作特点，例如，同步触发器的输出状态改变在时钟的高电平或者低电平期间，属于电平触发，且有空翻现象；而边沿触发器和主从触发器的输出仅在时钟的上升沿或者下降沿发生改变，属于边沿触发，无空翻现象，现在的集成触发器大多采用边沿触发的结构，如图 5-32b

所示。触发方式不同,触发器状态改变的时刻就不同,画波形时要特别注意所给触发器的触发方式,"上升沿或下降沿""电平式""主从式"是常见的几种触发方式,在触发器的逻辑符号中均有明显的体现。若触发器逻辑符号中 CP 端加 ">",表示上升沿触发;CP 端加 ">"且有小圆圈,表示下降沿触发。触发器逻辑符号中 CP 端不加 ">",则表示电平触发。在主从触发器中,有些资料中在 CP 端加有 ">" 和小圆圈,有些资料在 CP 端不加 ">" 和小圆圈,但输出端 Q 和 $\overline{Q}$ 端的 "⌐" 表示 CP 由高电平变为低电平时,从触发器向主触发器看齐,触发器的状态改变也是发生在时钟的下降沿。通常一些无空翻的触发器都有 $\overline{R_D}$、$\overline{S_D}$ 端,分别为直接置 0 端和置 1 端或异步置 0 端和置 1 端,可用 $\overline{R_D}$、$\overline{S_D}$ 为触发器设置初态,低电平有效。同一种逻辑功能的触发器可以用不同的电路结构实现,用同一种电路结构形式也可以做成不同逻辑功能的触发器。因此,逻辑功能与电路结构并无固定的对应关系,不能将两者混为一谈。

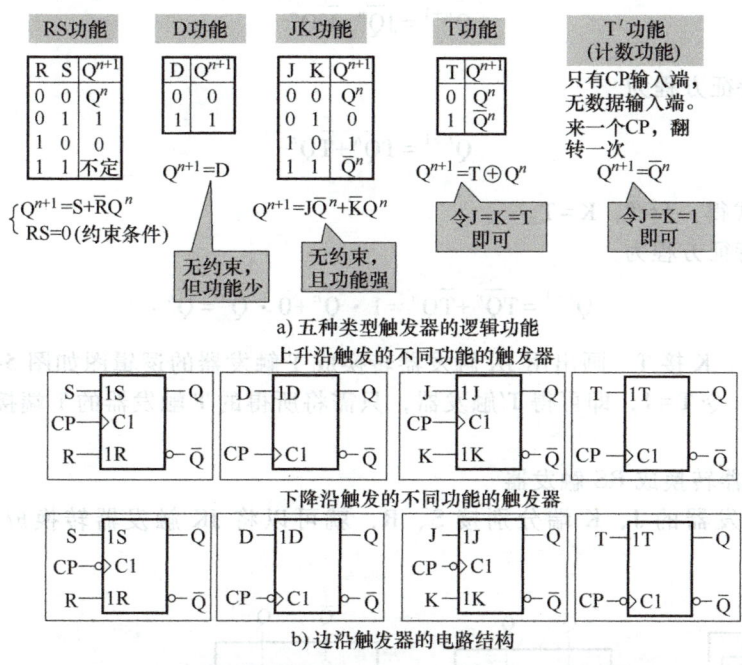

图 5-32 触发器逻辑功能和电路结构的比较

5.6.2 触发器逻辑功能的转换

触发器按逻辑功能分为 RS、JK、D、T、T′五种类型。有时需要将某种触发器通过改接或增加一些电路后转换为另一种逻辑功能的触发器,因此要学会不同触发器逻辑功能的转换。转换的途径是在原有触发器的触发输入端和所要构成的新触发器之间加上一个转换组合电路。最常见的集成触发器是 JK 触发器和 D 触发器。T、T′触发器没有集成产品,而在设计和应用时,可能需要其他典型的触发器,在需要使用 RS 触发器、T 触发器和 T′触发器时,可以用转换的方法由 JK 触发器和 D 触发器得到所需的触发器。转换的方法较为简单,就是利用两种待转换触发器的特征方程进行联立比较,求其转换逻辑。下面简要介绍如何把 JK 触发器和 D 触发器转换为其他触发器的方法。

1. JK 触发器转换为 D、T、T′和 RS 触发器

(1) JK 触发器转换为 D 触发器

由 JK 触发器和 D 触发器的特征方程,推导出转换公式,将 JK 触发器的引脚做相应连接。

JK 触发器的特性方程为

$$Q^{n+1} = J\overline{Q}^n + \overline{K}Q^n$$

D 触发器的特性方程并变换为

$$Q^{n+1} = D = D(\overline{Q}^n + Q^n) = D\overline{Q}^n + DQ^n$$

比较以上两式得：$J = D$，$K = \overline{D}$。

画出用 JK 触发器转换成 D 触发器的逻辑图如图 5-33a 所示。

（2）JK 触发器转换为 T(T′)

由 JK 触发器和 T（T′）触发器的特征方程，推导出转换公式，将 JK 触发器的引脚做相应连接。将 J、K 端连在一起，称为 T 端。

JK 触发器的特征方程为

$$Q^{n+1} = J\overline{Q}^n + \overline{K}Q^n$$

T 触发器的特征方程为

$$Q^{n+1} = T\overline{Q}^n + \overline{T}Q^n$$

比较以上两式得：$J = T$，$K = T$。

T′触发器的特征方程为

$$Q^{n+1} = T\overline{Q}^n + \overline{T}Q^n = 1 \cdot \overline{Q}^n + 0 \cdot Q^n = \overline{Q}^n$$

由此可知将 J、K 接 T，画出用 JK 触发器转换成 T 触发器的逻辑图如图 5-33b 所示。同理要得到 T′触发器，令 T = 1，即可得 T′触发器，只需将所得的 T 触发器的 T 端接高电平 1，如图 5-33c 所示。

（3）JK 触发器转换成 RS 触发器

只需将 JK 触发器的 J、K 端分别接 S、R，就可以将 JK 触发器转换成 RS 触发器，如图 5-33d 所示。

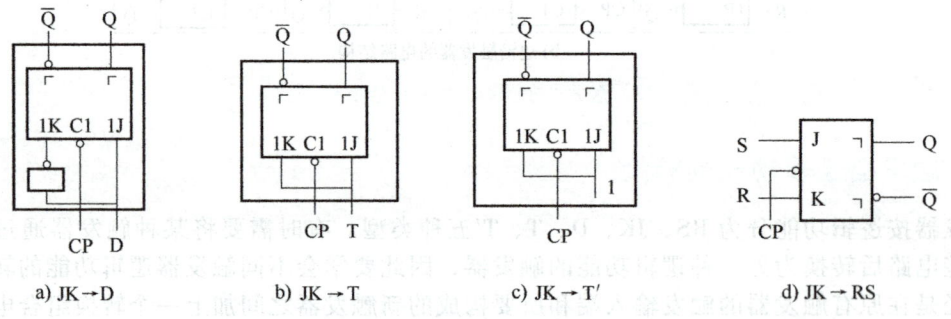

a) JK→D   b) JK→T   c) JK→T′   d) JK→RS

图 5-33 JK 触发器转换成其他逻辑功能的触发器

2. D 触发器转换成 JK、T 和 T′触发器

（1）D 触发器转换成 JK 触发器

写出 D 触发器和 JK 触发器的特性方程：

$$Q^{n+1} = D = D\overline{Q}^n + DQ^n$$

$$Q^{n+1} = J\overline{Q}^n + \overline{K}Q^n$$

联立两式，得 $D = J\overline{Q}^n + \overline{K}Q^n$。
画出用 D 触发器转换成 JK 触发器的逻辑图如图 5-34a 所示。
（2）D 触发器转换成 T 触发器
写出 D 触发器和 T 触发器的特性方程：

$$Q^{n+1} = D \quad Q^{n+1} = T\overline{Q}^n + \overline{T}Q^n$$

联立两式，得 $D = T\overline{Q}^n + \overline{T}Q^n = T \oplus Q^n$。
画出用 D 触发器转换成 T 触发器的逻辑图如图 5-34b 所示。
（3）D 触发器转换成 T′ 触发器
写出 D 触发器和 T 触发器的特性方程：

$$Q^{n+1} = D \quad Q^{n+1} = \overline{Q}^n$$

联立式两式，得 $D = \overline{Q}^n$。
画出用 D 触发器转换成 T′ 触发器的逻辑图如图 5-34c 所示。

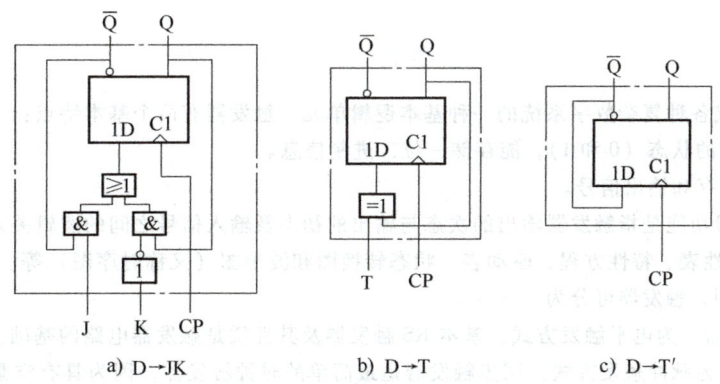

图 5-34　D 触发器转换成其他逻辑功能的触发器

思考与练习

5.6-1　归纳基本 RS 触发器、同步触发器、主从触发器和边沿触发器触发翻转的特点。
5.6-2　写出 RS 触发器、JK 触发器、T 触发器和 D 触发器的特性方程。
5.6-3　如何将 JK 触发器转换为 D、T 和 T′ 触发器？
5.6-4　如何将 D 触发器转换为 JK、T 和 T′ 触发器？

5.7　应用案例

引入基本 RS 触发器的抢答电路如图 5-35 所示。其中 K_R 为复位键，由裁判控制。开始抢答前，先按一下复位键 K_R，即三个触发器的 R 信号都为 0，使 Q_A、Q_B、Q_C 均置 0，三个发光二极管均不亮。开始抢答后，如 K_A 第一个被按下，则 FF_A 的 S = 0，使 Q_A 置 1，G_A 的输出变为 $V_{OA}=0$，点亮发光二极管 D_A，同时，V_{OA} 的 0 信号封锁了 G_B、G_C，K_B、K_C 再按下无效。由于使用了触发器，按键只要按一下，触发器就能记住这个信号。如 K_A 第一个被按下，则 FF_A 的 S = 0，使 Q_A 置 1，然后松开 K_A，此时 FF_A 的 S = R = 1，触发器保持着刚才的 $Q_A = 1$，直到裁判重新按下 K_R，新一轮抢答开始。这就是触发器的"记忆"作用。

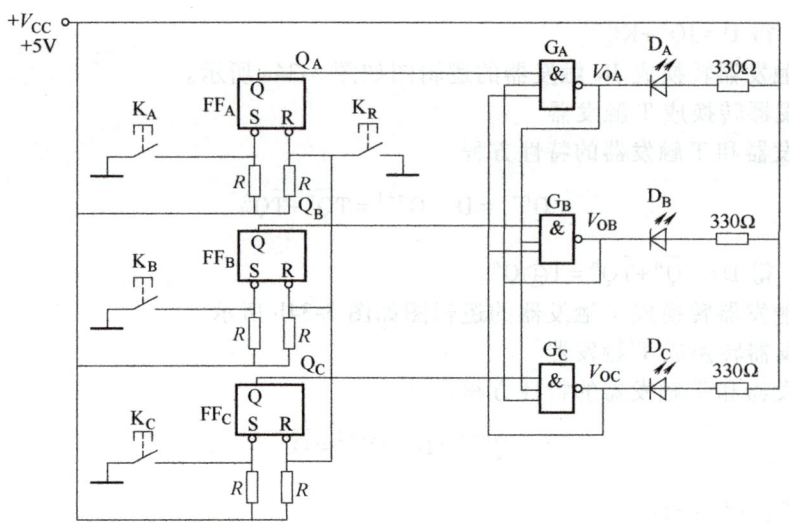

图 5-35　引入基本 RS 触发器的抢答电路

本 章 小 结

1) 触发器是构成各种复杂数字系统的一种基本逻辑单元。触发器有两个基本特点：
① 具有两个稳定的状态（0 和 1），能存储一位二进制信息。
② 能够接收、保存和输出信号。

2) 触发器的逻辑功能是指触发器输出的次态与输出的初态及输入信号之间的逻辑关系。描写触发器逻辑功能的方法主要有特性表、特性方程、驱动表、状态转换图和波形图（又称时序图）等。

3) 按照结构不同，触发器可分为
① 基本 RS 触发器，为电平触发方式。基本 RS 触发器及其性质是触发器电路的基础。
② 同步触发器，为脉冲触发方式。同步触发器是最简单的时钟触发器，因为具有空翻的缺点，所以适用性不强，但它是时钟触发器的组成部分。电平触发的同步触发器有空翻现象，只能用在时钟脉冲高或低有效电平作用期间、输入信号不变的场合。
③ 主从触发器，为脉冲触发方式。主从触发器也无空翻现象，但因采取双拍工作方式（TTL 主从触发器 CP = 1 时主触发器动作；CP = 0 时从触发器动作），主触发器可能会误动作，所以抗干扰能力较弱。使用时，时钟脉冲宽度要窄（即脉宽持续时间要短），并要求输入信号不得在主触发器存储信号阶段变化。
④ 边沿触发器，为边沿触发方式。边沿触发方式分上升沿、下降沿触发。边沿触发器无空翻现象，抗干扰能力强，但使用这种触发器时，对时钟脉冲的边沿要求严格，不允许其边沿时间过长，否则电路也将无法正常工作。

4) 根据逻辑功能的不同，触发器可分为
① RS 触发器：$Q^{n+1} = S + \bar{R}Q^n$，其中约束条件为 RS = 0。
② JK 触发器：$Q^{n+1} = J\bar{Q}^n + \bar{K}Q^n$。
③ D 触发器：$Q^{n+1} = D$。
④ T 触发器：$Q^{n+1} = T\bar{Q}^n + \bar{T}Q^n$。
⑤ T′触发器：$Q^{n+1} = \bar{Q}^n$。

5) 同一电路结构的触发器可以做成不同的逻辑功能；同一逻辑功能的触发器可以用不同的电路结构来实现；不同结构的触发器具有不同的触发条件和动作特点，触发器逻辑符号中 CP 端有小圆圈的为下降沿触发；没有小圆圈的为上升沿触发。利用特性方程可实现不同逻辑功能触发器间逻辑功能的相互转换。

能力检测题

一、单选题

1. 在下列触发器中,有约束条件的是(　　)。
   A. 主从 JK　　B. 主从 D　　C. 同步 RS　　D. 边沿 D

2. TTL 集成触发器直接置 0 端 $\overline{R}_D$ 和直接置 1 端 $\overline{S}_D$ 在触发器正常工作时应(　　)。
   A. $\overline{R}_D = 1$, $\overline{S}_D = 0$　　　　　　　　B. $\overline{R}_D = 0$, $\overline{S}_D = 1$
   C. 保持高电平"1"　　　　　　　　D. 保持低电平"0"

3. 对于 JK 触发器,若 J=K,则可完成(　　)触发器的逻辑功能。
   A. RS　　B. D　　C. T　　D. T′

4. 假设 JK 触发器的初态 $Q^n = 0$,要求 $Q^{n+1} = 0$,则应使(　　)。
   A. J=×, K=0　　B. J=0, K=×　　C. J=1, K=×　　D. J=K=1

5. 触发器异步输入端的作用是(　　)。
   A. 清 0　　B. 置 1　　C. 接收时钟脉冲　　D. 清 0 或置 1

6. 有一 T 触发器,在 T=1 时,加上时钟脉冲,则触发器(　　)。
   A. 保持原态　　B. 置 0　　C. 置 1　　D. 翻转

7. 对于 T 触发器,若原态 $Q^n = 1$,欲使新态 $Q^{n+1} = 1$,应使输入 T=(　　)。
   A. 0　　B. 1　　C. Q　　D. $\overline{Q}$

8. 对于 D 触发器,欲使 $Q^{n+1} = Q^n$,应使输入 D=(　　)。
   A. 0　　B. 1　　C. Q　　D. $\overline{Q}$

9. 欲使 JK 触发器按 $Q^{n+1} = \overline{Q}^n$ 工作,可使 JK 触发器的输入端(　　)。
   A. J=K=1　　B. J=Q, K=$\overline{Q}$　　C. J=$\overline{Q}$, K=Q　　D. J=Q, K=1

10. 下列触发器中,没有约束条件的是(　　)。
    A. 基本 RS 触发器　　　　　　　B. 主从 RS 触发器
    C. 同步 RS 触发器　　　　　　　D. 边沿 D 触发器

二、判断题(正确的打√,错误的打×)

1. D 触发器的特性方程为 $Q^{n+1} = D$,与 Q^n 无关,所以它没有记忆功能。(　　)
2. RS 触发器的约束条件 RS=0 表示不允许出现 R=S=1 的输入。(　　)
3. 同步触发器存在空翻现象,而边沿触发器和主从触发器克服了空翻现象。(　　)
4. 由两个 TTL 或非门构成的基本 RS 触发器,当 R=S=0 时,触发器的状态为不定。(　　)
5. 主从 JK 触发器的从触发器开启时刻在 CP 下降沿到来时。(　　)
6. 主从 JK 触发器、边沿 JK 触发器和同步 JK 触发器的逻辑功能完全相同。(　　)
7. 若要实现一个可暂停的一位二进制计数器,控制信号 A=0 计数,A=1 保持,可选用 T 触发器,且令 T=A。(　　)
8. 边沿 JK 触发器在 CP 为高电平期间,当 J=K=1 时,状态会翻转一次。(　　)
9. 触发器和逻辑门一样,输出取决于输入初态。(　　)
10. "空翻"是指在脉冲信号 CP=1 时,输出的状态随输入信号的多次翻转。(　　)

三、填空题

1. JK 触发器具有(　　)、(　　)、(　　)和(　　)四种功能。欲使 JK 触发器实现 $Q^{n+1} = \overline{Q}^n$ 的功能,则输入端 J 应接(　　),K 应接(　　)。

2. 一个基本 RS 触发器在正常工作时,不允许输入 R=S=1 的信号,因此它的约束条件是(　　)。

3. 我们可以用 JK 触发器转换成其他逻辑功能触发器,令(　　),即转换成 T 触发器;令(　　),即转换成 D 触发器。

4. 仅具有"置 0""置 1"功能的触发器叫(　　)。

5. 同步 RS 触发器的状态变化是在时钟脉冲(　　)期间发生的,主从 RS 触发器的状态转变是在时钟脉冲(　　)发生的。

扫一扫
看答案

6. 触发器有（　）个稳态，存储 8 位二进制信息需要（　）个触发器。

7. 主从 JK 触发器是在（　）采样，在（　）输出。

8. 在一个脉冲 CP 作用下，引起触发器两次或多次翻转的现象称为触发器的（　），触发方式为（　）式或（　）式的触发器不会出现这种现象。

9. 两个与非门构成的基本 RS 触发器的功能有（　）、（　）和（　）。电路中不允许两个输入端同时为（　），否则将出现逻辑混乱。

10. 触发器有两个互补的输出端 Q、$\overline{Q}$，定义触发器的 1 状态为（　），0 状态为（　），可见触发器的状态指的是（　）端的状态。

四、综合题

1. 由与非门构成的基本 RS 触发器如图 5-36a 所示，已知输入端 $\overline{S}$、$\overline{R}$ 的电压波形如图 5-36b 所示，试画出与之对应的 Q 和 $\overline{Q}$ 的波形。

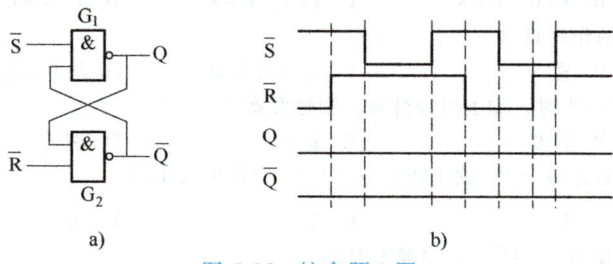

图 5-36　综合题 1 图

2. 由或非门构成的基本 RS 触发器如图 5-37a 所示，已知输入端 S、R 的电压波形如图 5-37b 所示，试画出与之对应的 Q 和 $\overline{Q}$ 的波形。

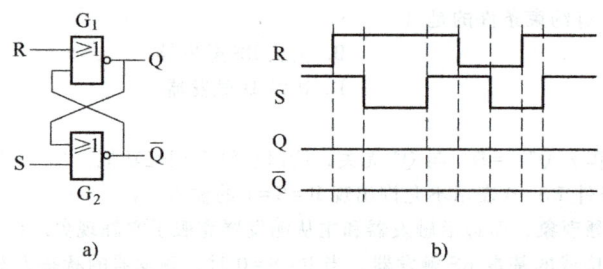

图 5-37　综合题 2 图

3. 同步 RS 触发器符号如图 5-38a 所示，设初态为 0，如果给定 CP、S、R 的波形如图 5-38b 所示，试画出相应的输出端 Q 的波形。

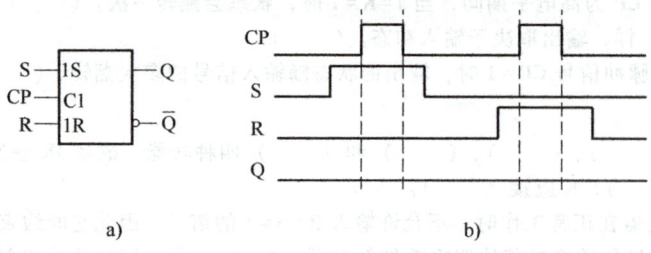

图 5-38　综合题 3 图

4. 已知同步 RS 触发器的初态为 0，当 S、R 和 CP 的波形如图 5-39 所示时，试画出输出端 Q 的波形图。

5. 有一上升沿触发的 JK 触发器如图 5-40a 所示，已知 CP、J、K 信号波形如图 5-40b 所示，画出 Q 端的波形（设触发器的初态为 0）。

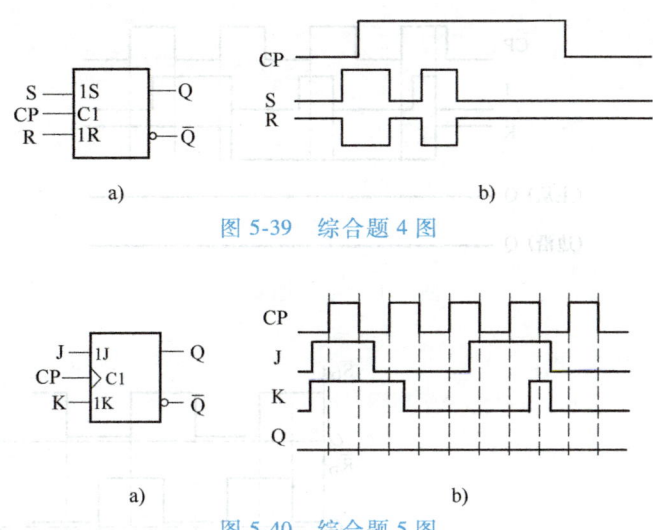

图 5-39 综合题 4 图

图 5-40 综合题 5 图

6. 已知主从 JK 触发器和输入端 CP、J 和 K 的波形如图 5-41 所示，试画出触发器初态为 0 时，输出端 Q 的波形图。

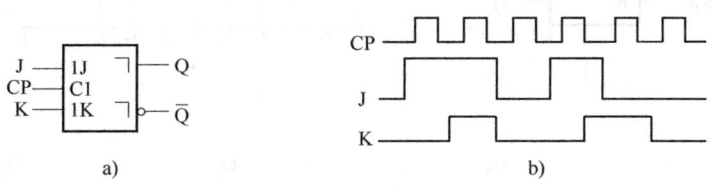

图 5-41 综合题 6 图

7. 设图 5-42 中各触发器的初态皆为 Q=0，画出在脉冲 CP 连续作用下各个触发器输出端的波形图。

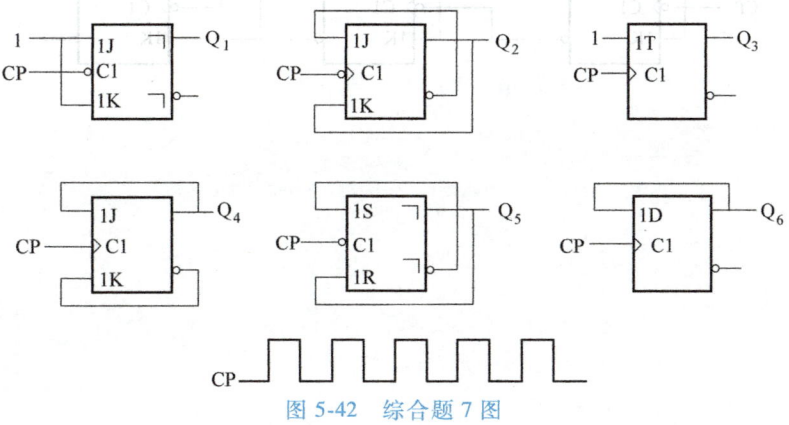

图 5-42 综合题 7 图

8. 已知 JK 信号如图 5-43 所示，分别画出主从 JK 触发器和边沿（下降沿）JK 触发器的输出端 Q 的波形。设触发器的初态为 0。

9. 由与非门组成的基本 RS 触发器如图 5-44a 所示，其输入的波形如图 5-44b 所示，试画出基本 RS 触发器在给定输入信号 $\overline{R_D}$ 和 $\overline{S_D}$ 的作用下，Q 端和 $\overline{Q}$ 端的波形。设触发器的初态为"0"态，且忽略门的传输延迟时间。

10. 试画出图 5-45 所示时序电路在一系列 CP 信号作用下，Q_0、Q_1、Q_2 的输出电压波形。设触发器的初态为 Q=0。

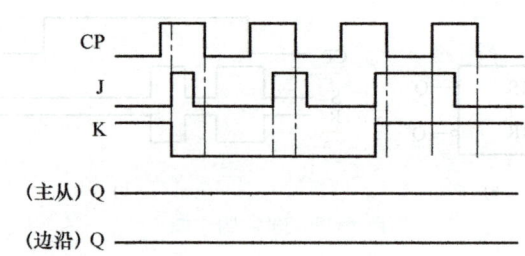

图 5-43 综合题 8 图

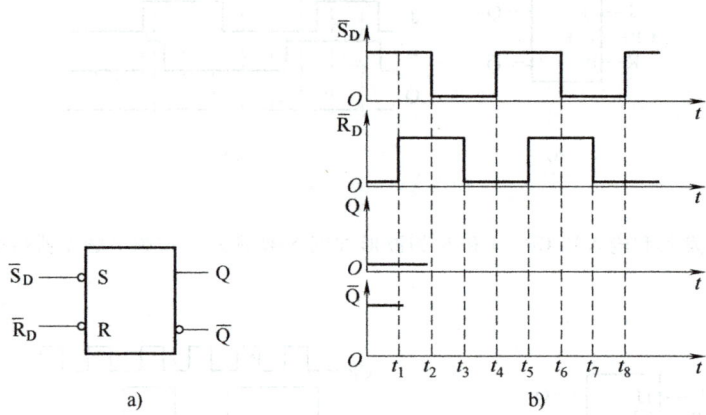

图 5-44 综合题 9 图

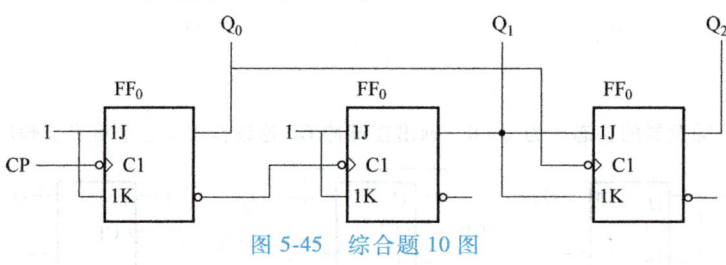

图 5-45 综合题 10 图

第 6 章 时序逻辑电路

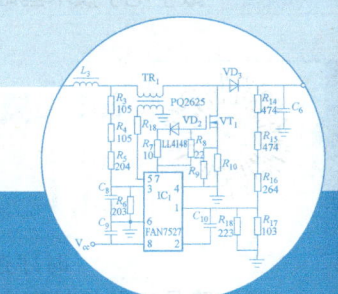

知识图谱（★表示重点，△表示难点）

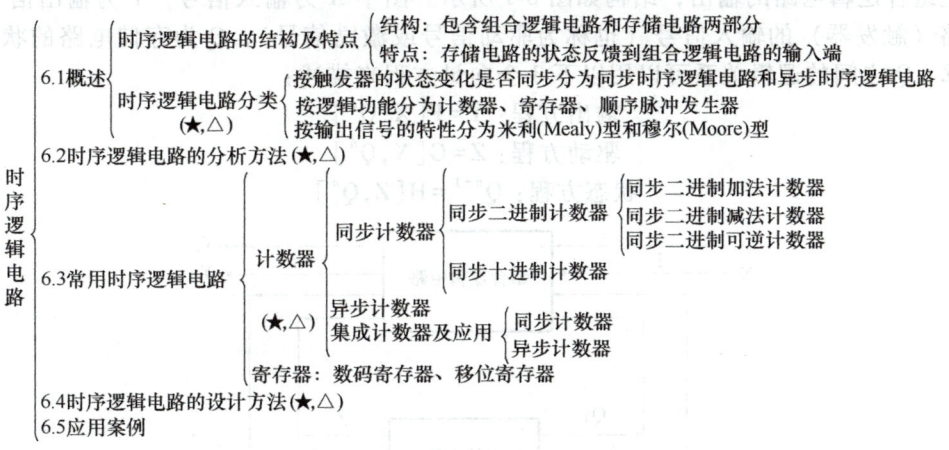

本章系统讲授时序逻辑电路的基本工作原理和分析、设计方法，分别介绍了典型时序逻辑器件计数器和寄存器的工作原理、逻辑功能、集成芯片的使用方法及典型应用。

【学习目标】

1. 知识目标
1) 了解同步时序逻辑电路的结构以及异步时序逻辑电路的特点。
2) 掌握时序逻辑电路的分析方法以及同步时序逻辑电路的设计步骤。
3) 熟练掌握用中规模集成器件设计计数器、寄存器等常用时序逻辑电路的方法。

2. 能力目标
1) 具有对时序逻辑电路器件进行功能测试的能力。
2) 能根据实际要求应用所学器件构成简单数字电子系统。

3. 素质目标
1) 通过同步时序逻辑电路和异步时序逻辑电路的分析和设计的系统学习，我们认识到应深入地了解事物的整体发展规律，并能够利用所掌握的规律进行改造和创新，这样一定能够事半功倍，提高我们的工作、学习效率，从而增强自主创新意识和动手实践能力，促进全面发展。

2) "纸上得来终觉浅，绝知此事要躬行"，理论知识不能只停留在原理内容上，要做到知行统一，就要有实践，正所谓"知者行之始，行者知之成"。在实践中不断总结创新经验，深入学习，迎难而上，融会贯通，立体关联，掌握正确的学习方法和思维方法，用工程意识看待问题和处理问题，形成科学的世界观和方法论，提升我们的科学素养，培养我们的综合素质和能力，勇敢地肩负起时代赋予的光荣使命。

6.1 概述

6.1.1 时序逻辑电路的结构及特点

时序逻辑电路与组合逻辑电路并驾齐驱，是数字电路两大重要分支。时序逻辑电路是一种与时序有关的逻辑电路，在任何时刻的输出状态不仅取决于该时刻的输入信号，还与电路原来的状态有关（具有记忆功能），或者说还与电路过去的输入有关。在结构上一般由组合逻辑电路和存储电路（触发器）构成，存储电路输出的状态反馈到输入端，与输入信号共同决定组合逻辑电路的输出，结构如图 6-1 所示。图中 X 为输入信号，Y 为输出信号，Z 为存储电路（触发器）的输入信号（也称为驱动信号或激励信号），Q 为存储电路的状态信号。X、Y、Z、Q 之间的逻辑关系可以用以下 3 个向量方程来描述：

$$输出方程：Y = F[X, Q^n] \tag{6-1}$$

$$驱动方程：Z = G[X, Q^n] \tag{6-2}$$

$$状态方程：Q^{n+1} = H[Z, Q^n] \tag{6-3}$$

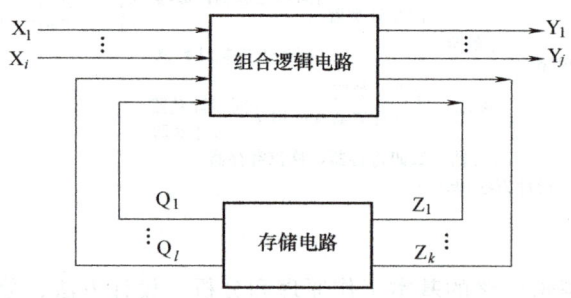

图 6-1 时序逻辑电路结构

式（6-1）称为输出方程，式（6-2）称为驱动方程（或激励方程），式（6-3）称为状态方程。Q^n 表示触发器的初态，Q^{n+1} 表示触发器的次态。上述方程表明，时序逻辑电路的输出和次态是现时刻的输入和状态的函数。需要指出的是，状态方程是建立电路次态方程所必需的，是构成时序逻辑电路最重要的方程。

时序逻辑电路有两个特点：第一，时序逻辑电路包含组合逻辑电路和存储电路两部分，存储电路具有记忆功能，通常由触发器组成；第二，存储电路的状态反馈到组合逻辑电路的输入端，与外部输入信号共同决定电路的输出。

6.1.2 时序逻辑电路分类

1）根据触发器状态变化的特点，时序逻辑电路分为同步时序逻辑电路和异步时序逻辑电路两大类。在同步时序逻辑电路中，所有触发器的状态变化都是在同一个 CP 信号作用下同时发生的，而在异步时序逻辑电路中，各触发器状态的变化不是同时发生的。一般同步时序逻辑电路的工作速度比异步时序逻辑电路快，但电路结构比异步时序逻辑电路复杂。

2）根据触发器逻辑功能分为计数器、寄存器、顺序脉冲发生器。

3）根据输出信号的特性分为米利（Mealy）型和穆尔（Moore）型。米利型电路的输出信号不仅取决于存储电路的状态，而且还取决于输入变量，米利型电路的输出是输入变量和初态的函数。穆尔型电路的输出信号仅取决于存储电路的状态，而与外部输入无关。可见，穆尔型电路只不过是米利型电路的一种特例而已。

时序逻辑电路的分析和设计所用到的工具主要是状态转换表（简称状态表）、状态转换图

（简称状态图）和波形图。时序逻辑电路的功能可以用状态方程、输出方程、驱动方程、状态表、状态图、波形图等形式来表示（描述）。

思考与练习

6.1-1　时序逻辑电路由哪几部分组成？它与组合逻辑电路的区别是什么？
6.1-2　描述时序逻辑电路逻辑功能的方法有哪几种？
6.1-3　存储电路的作用是什么？
6.1-4　时序逻辑电路的特点有哪些？

6.2　时序逻辑电路的分析

6.2.1　时序逻辑电路的分析步骤

所谓时序逻辑电路的分析，就是根据时序逻辑电路的逻辑图，找出电路状态及输出在时钟脉冲和输入信号作用下的变化规律，并确定电路的逻辑功能。具体分析步骤如下：

1）根据给定的时序逻辑电路图写出下列各逻辑方程：
① 各触发器的时钟方程；
② 时序逻辑电路的输出方程；
③ 各触发器的驱动方程。
2）将驱动方程代入相应触发器的特性方程，求得各触发器的次态方程，即时序逻辑电路的状态方程。
3）根据状态方程和输出方程，列出该时序逻辑电路的状态表，画出状态图或波形图。
4）检查电路有无自启动。
5）根据电路的状态表或状态图说明给定时序逻辑电路的逻辑功能。

在 n 级触发器构成的时序逻辑电路中，应有 2^n 个状态。若电路在状态转移时主循环中只存在 M 个状态，则这 M 个状态为有效状态，而其余 2^n-M 个状态为无效状态。如果电路中有无效状态存在，则应检查电路有无自启动能力。所谓自启动是指当电源合上以后，电路能否进入主循环状态中的任意一个状态。如果能进入，则该电路具有自启动能力，否则该电路不具有自启动能力。时序逻辑电路的分析步骤如图 6-2 所示。

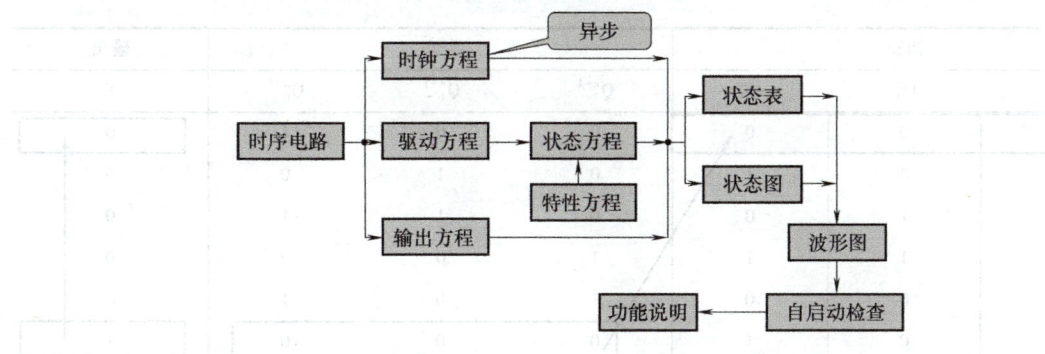

图 6-2　时序逻辑电路的分析步骤

一般分析步骤为：逻辑图→时钟方程（异步）→驱动方程→输出方程→状态方程→状态表→状态图→波形图→自启动检查→逻辑功能说明。

下面举例说明时序逻辑电路的具体分析方法。

6.2.2 同步时序逻辑电路的分析

【例 6-1】 试分析图 6-3 所示电路的逻辑功能，并画出状态图和波形图。

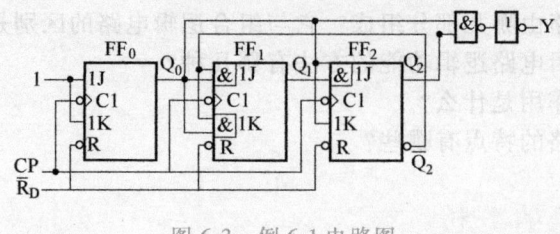

图 6-3 例 6-1 电路图

解：这是脉冲 CP 下降沿触发的同步时序电路，分析时不必考虑时钟信号。电路工作前加负脉冲清零，工作时应置 $\overline{R}_D = 1$。具体分析如下：

（1）写方程：

1) 输出方程：$Y = Q_2^n Q_0^n$

2) 驱动方程：$J_0 = K_0 = 1$

$$J_1 = K_1 = \overline{Q}_2^n Q_0^n$$

$$J_2 = Q_1^n Q_0^n \quad K_2 = Q_0^n$$

3) 状态方程：将驱动方程代入 JK 触发器特征方程 $Q^{n+1} = J\overline{Q}^n + \overline{K}Q^n$，得触发器状态方程：

$$Q_0^{n+1} = J_0 \overline{Q}_0^n + \overline{K}_0 Q_0^n = 1\overline{Q}_0^n + \overline{1}Q_0^n = \overline{Q}_0^n$$

$$Q_1^{n+1} = J_1 \overline{Q}_1^n + \overline{K}_1 Q_1^n = \overline{Q}_2^n Q_0^n \oplus Q_1^n$$

$$Q_2^{n+1} = J_2 \overline{Q}_2^n + \overline{K}_2 Q_2^n = Q_1^n Q_0^n \overline{Q}_2^n + \overline{Q}_0^n Q_2^n$$

（2）列状态表：设电路的初态为 000，将初态代入状态方程和输出方程，可得次态和输出，而这个次态又作为下一个 CP 到来前的初态，依次进行下去，填入表 6-1。

表 6-1 例 6-1 状态表

初态			次态			输出
Q_2^n	Q_1^n	Q_0^n	Q_2^{n+1}	Q_1^{n+1}	Q_0^{n+1}	Y
0	0	0	0	0	1	0
0	0	1	0	1	0	0
0	1	0	0	1	1	0
0	1	1	1	0	0	0
1	0	0	1	0	1	0
1	0	1	0	0	0	1

（3）逻辑功能说明：该电路能对脉冲 CP 进行六进制计数，并在 Y 端输出脉冲下降沿作为进位输出信号，故为六进制计数器。

（4）画波形图：波形图如图 6-4 所示。

(5) 检查电路能否自启动：3位二进制计数器共有 $2^3=8$ 个状态，该电路只用到了其中的6个状态，这些状态称为有效状态，而没有利用的那些状态则称为无效状态。当时序逻辑电路由于某种原因进入了无效状态，则将无效状态110代入状态方程进行计算，得

图6-4 例6-1 波形图

$$Q_0^{n+1} = \overline{Q_0^n} = \overline{0} = 1$$

$$Q_1^{n+1} = \overline{Q_2^n}Q_0^n \oplus Q_1^n = \overline{1} \cdot 0 \oplus 1 = 1$$

$$Q_2^{n+1} = Q_1^n Q_0^n \overline{Q_2^n} + \overline{Q_0^n} Q_2^n = 1 \cdot 0 \cdot \overline{1} + \overline{0} \cdot 1 = 1$$

$$Q_2^{n+1}Q_1^{n+1}Q_0^{n+1} = 111$$

再将111代入状态方程进行计算，得

$$Q_0^{n+1} = \overline{Q_0^n} = \overline{1} = 0$$

$$Q_1^{n+1} = \overline{Q_2^n}Q_0^n \oplus Q_1^n = \overline{1} \cdot 1 \oplus 1 = 1$$

$$Q_2^{n+1} = Q_1^n Q_0^n \overline{Q_2^n} + \overline{Q_0^n} Q_2^n = 1 \cdot 1 \cdot \overline{1} + \overline{1} \cdot 1 = 0$$

$Q_2^{n+1}Q_1^{n+1}Q_0^{n+1} = 010$ 为有效状态，由于继续输入计数脉冲CP后电路能自动进入有效状态，可见该电路能自启动。

(6) 画状态图：状态图如图6-5所示。圆圈内表示 $Q_2Q_1Q_0$ 的状态；箭头表示电路状态转换的方向；箭头上方的"X/Y"中，X表示转换所需的输入变量取值，Y表示初态下的输出值。本例中没有输入变量，故X处空白。

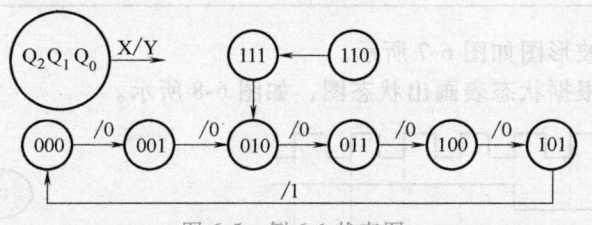

图6-5 例6-1 状态图

【例6-2】 分析图6-6所示同步时序逻辑电路功能。

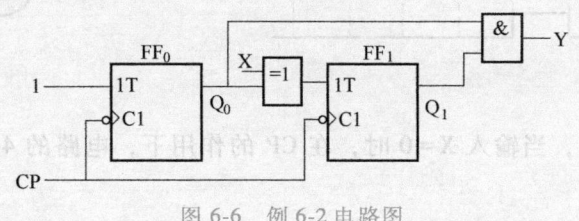

图6-6 例6-2 电路图

解：对于图6-6所示的同步时序逻辑电路，时钟方程一般省去不写，因为各个触发器的时钟信号是相同的，都是输入脉冲CP。有外部输入X，输出Y与外部输入有关，故是米利型电路。

(1) 写方程：

1) 输出方程：$Y = Q_1^n Q_0^n$

2）驱动方程：

$$\begin{cases} T_1 = X \oplus Q_0^n \\ T_0 = 1 \end{cases}$$

3）状态方程：将各触发器的驱动方程代入 T 触发器的特性方程 $Q^{n+1} = T \oplus Q^n$，即得电路的状态方程

$$\begin{cases} Q_1^{n+1} = T_1 \oplus Q_1^n = X \oplus Q_0^n \oplus Q_1^n \\ Q_0^{n+1} = T_0 \oplus Q_0^n = 1 \oplus Q_0^n = \overline{Q_0^n} \end{cases}$$

（2）列状态表：设电路的初态为 00，将初态代入状态方程和输出方程，可得次态和输出，而这个次态又作为下一个 CP 到来前的初态，依次进行下去，填入表 6-2。

表 6-2 例 6-2 状态表

输入	现态		次态		输出
X	Q_1^n	Q_0^n	Q_1^{n+1}	Q_0^{n+1}	Y
0	0	0	0	1	0
0	0	1	1	0	0
0	1	0	1	1	0
0	1	1	0	0	1
1	0	0	1	1	0
1	0	1	0	0	0
1	1	0	0	1	0
1	1	1	0	0	1

（3）画波形图：波形图如图 6-7 所示。
（4）画状态图：根据状态表画出状态图，如图 6-8 所示。

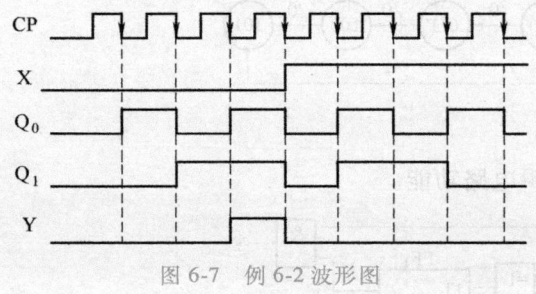

图 6-7 例 6-2 波形图

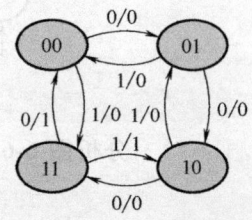

图 6-8 例 6-2 状态图

由状态图可以看出，当输入 X = 0 时，在 CP 的作用下，电路的 4 个状态按递增规律循环变化，即

$$00 \rightarrow 01 \rightarrow 10 \rightarrow 11 \rightarrow 00 \rightarrow \cdots$$

当 X = 1 时，在 CP 的作用下，电路的 4 个状态按递减规律循环变化，即

$$00 \rightarrow 11 \rightarrow 10 \rightarrow 01 \rightarrow 00 \rightarrow \cdots$$

可见，该电路既具有递增计数功能，又具有递减计数功能，是一个两位二进制同步可逆计数器。

6.2.3 异步时序逻辑电路的分析

异步时序逻辑电路与同步时序逻辑电路的分析方法基本相同，不同的是异步时序逻辑电路没有统一的 CP，所以应先分析各触发器的 CP 是否为有效触发脉冲，只有在有效触发时，才可根据状态方程计算触发器的次态，否则触发器状态不变。因此，分析异步时序逻辑电路时需写出时钟方程，并特别注意各触发器的时钟条件何时满足。分析时应注意：

1) 写出时钟方程。
2) 状态方程有效的时钟条件。有 CP 触发，按状态方程计算次态。否则，保持现态不变。

【例 6-3】 试分析图 6-9 所示电路的逻辑功能，并画出状态图和波形图。

解：FF_0 和 FF_2 由 CP 下降沿触发，FF_1 的脉冲 CP 由 Q_0 提供，三个触发器不是使用同一脉冲 CP，所以是异步时序逻辑电路。由于没有统一的时钟脉冲，因此，分析时必须写出时钟方程。

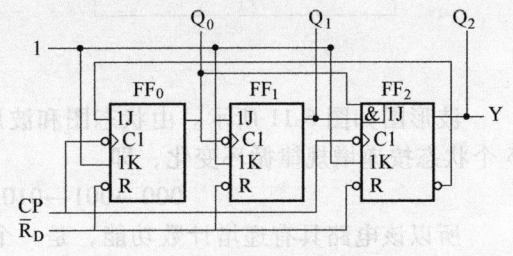

图 6-9 例 6-3 电路图

（1）写出各逻辑方程：
1) 时钟方程：异步时序电路的时钟方程为
$CP_0 = CP_2 = CP$（CP 下降沿触发）

$CP_1 = Q_0^n$（FF_1 由 Q_0 下降沿触发，当 FF_1 的 Q_0 由 1→0 时，Q_1 才可能改变状态，否则 Q_1 将保持原状态不变）

2) 输出方程：$Y = Q_2^n$
3) 驱动方程：$J_0 = \overline{Q_2^n}$ $K_0 = 1$

$J_1 = K_1 = 1$

$J_2 = Q_1^n Q_0^n$ $K_2 = 1$

4) 状态方程：将驱动方程代入 JK 触发器特征方程 $Q^{n+1} = J\overline{Q^n} + \overline{K}Q^n$，得触发器状态方程为

$$Q_0^{n+1} = J_0 \overline{Q_0^n} + \overline{K_0} Q_0^n = \overline{Q_2^n}\,\overline{Q_0^n} + \overline{1}Q_0^n = \overline{Q_2^n}\,\overline{Q_0^n}\,(CP 下降沿有效)$$

$$Q_1^{n+1} = J_1 \overline{Q_1^n} + \overline{K_1} Q_1^n = \overline{Q_1^n}\,(Q_0 下降沿有效)$$

$$Q_2^{n+1} = J_2 \overline{Q_2^n} + \overline{K_2} Q_2^n = Q_1^n Q_0^n \overline{Q_2^n}\,(CP 下降沿有效)$$

（2）列状态表：设电路的初态为 000，将初态代入状态方程，可得次态，而这个次态又作为下一个 CP 到来前的初态，依次进行下去，填入表 6-3。

表 6-3 例 6-3 状态表

初态			次态			输出	时钟脉冲		
Q_2^n	Q_1^n	Q_0^n	Q_2^{n+1}	Q_1^{n+1}	Q_0^{n+1}	Y	CP_2	CP_1	CP_0
0	0	0	0	0	1	0	↓	↑	↓
0	0	1	0	1	0	0	↓	↓	↓
0	1	0	0	1	1	0	↓	↑	↓
0	1	1	1	0	0	0	↓	↓	↓
1	0	0	0	0	0	1	↓	↑	↓

（3）逻辑功能说明：电路构成异步五进制计数器，并由 Y 输出进位脉冲信号的下降沿。

（4）画状态图和波形图：状态图如图 6-10 所示。圆圈内表示 $Q_2Q_1Q_0$ 的状态；箭头表示电路状态转换的方向；箭头上方的"X/Y"中，X 表示转换所需的输入变量取值，Y 表示现态下的输出值。本例中没有输入变量，故 X 处空白。

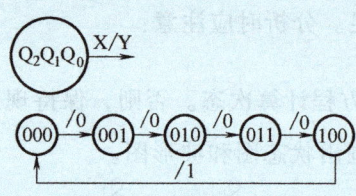

图 6-10 例 6-3 状态图

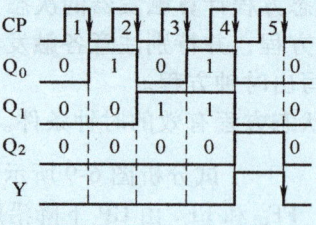

图 6-11 例 6-3 波形图

波形图如图 6-11 所示。由状态图和波形图可以看出，在时钟脉冲 CP 的作用下，电路的 5 个状态按递增规律循环变化，即

$$000 \rightarrow 001 \rightarrow 010 \rightarrow 011 \rightarrow 100 \rightarrow 000 \rightarrow \cdots$$

所以该电路具有递增计数功能，是一个异步五进制加法计数器。

思考与练习

6.2-1 什么是状态表、状态图、波形图？
6.2-2 状态图是怎样构成的？
6.2-3 分析比较同步时序逻辑电路和异步时序逻辑电路。
6.2-4 异步时序逻辑电路分析的注意事项是什么？

6.3 常用时序逻辑电路

常用时序逻辑电路有计数器、寄存器、顺序脉冲发生器及序列信号发生器等。本节重点介绍典型的时序逻辑器件计数器、寄存器的功能和应用，借助产品手册给出的功能表，能够正确而灵活地运用集成电路。

6.3.1 计数器

用以统计输入脉冲 CP 个数的电路称为计数器，是数字系统中使用较多的基本逻辑器件。它不仅能记录输入时钟脉冲的个数，还可以实现分频、定时、产生节拍脉冲和脉冲序列等。

1. 计数器的分类

1）按时钟控制方式可分为同步计数器和异步计数器。同步计数器是指组成计数器的各个触发器的 CP 是同一信号，当触发器的触发脉冲到来时，触发器的状态同时变化；异步计数器是指组成计数器的各个触发器的脉冲 CP 不完全相同。

2）按计数增减可分为加法计数器、减法计数器和可逆计数器（加/减计数器）。

3）按计数进制可分为二进制计数器、十进制计数器和 N 进制计数器（任意进制计算器）。计数器所能记忆的最大脉冲个数称为计数器的模，又称为计数器的容量或计数器的长度。例如 3 位二进制计数器的模为 $M=2^3=8$；用 n 个触发器组成的计数器可以累计的最大数目为 2^n，这时也称为模 2^n 计数器，n 进制计数器的模为 $M=2^n$。若计数器的模 $M<2^n$，称为 M 进制计数器，如果 $M=6$，就是六进制计数器。若计数容量为 10，常称为十进制计数器。

2. 同步计数器

（1）同步二进制计数器

1）同步二进制加法计数器。3 位同步二进制加法计数器的状态表见表 6-4。

Q_0 来一个 CP 就翻转一次，Q_1 在其低位 Q_0 输出为 1 时，来一个 CP 就翻转一次，否则状态不变。Q_2 在其低位 Q_0 和 Q_1 均为 1 时，来一个 CP 翻转一次，否则状态不变。因此，应将触发器接成 T 触发器，并接成 $T_0 = 1$，$T_1 = Q_0^n$，$T_2 = Q_1^n Q_0^n$。即最低位触发器 T 输入为 1，其他触发器 T 输入为其低位输出的"与"信号。这样，各触发器当其低位输出信号均为 1 时，来一个 CP 就翻转一次，否则状态不变。

若用 JK 触发器构成计数器，可以写出驱动方程为 $J_0 = K_0 = 1$，$J_1 = K_1 = Q_0^n$，$J_2 = K_2 = Q_1^n Q_0^n$。

表 6-4　3 位同步二进制加法计数器的状态表

脉冲数（CP）	二进制数			脉冲数（CP）	二进制数		
	Q_2	Q_1	Q_0		Q_2	Q_1	Q_0
0	0	0	0	5	1	0	1
1	0	0	1	6	1	1	0
2	0	1	0	7	1	1	1
3	0	1	1	8	0	0	0
4	1	0	0				

因需用 3 位二进制代码，选用 3 个 CP 下降沿触发的 JK 触发器构成 3 位同步二进制加法计数器，如图 6-12 所示。由于要求采用同步方案，故时钟方程为 $CP_0 = CP_1 = CP_2 = CP$。根据驱动方程，可知最低位触发器是每来一个脉冲 CP 下降沿，状态翻转一次。其他触发器只有在低位触发器状态均为 1 时，CP 到来，触发器状态才发生翻转。当所有触发器输出全为 1 时，再来一个 CP，触发器状态全部翻转为 0，同时产生进位输出，进位输出是每个触发器输出端 Q 相与。输出方程为 $C = Q_2^n Q_1^n Q_0^n$。

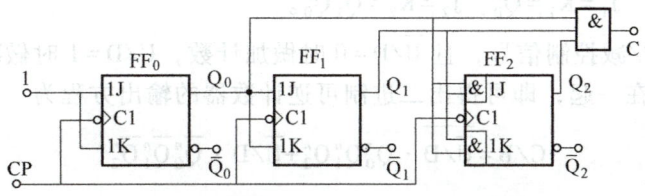

图 6-12　3 位同步二进制加法计数器

3 位同步二进制加法计数器的波形图如图 6-13 所示。由图 6-13 可以看出，如果脉冲 CP 的频率为 f，Q_0、Q_1、Q_2 的频率分别为 $\frac{1}{2}f$、$\frac{1}{4}f$、$\frac{1}{8}f$，因此，计数器又称为分频器，具有分频作用。

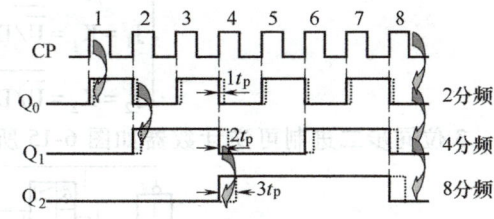

图 6-13　3 位同步二进制加法计数器的波形图

2）同步二进制减法计数器。3 位同步二进制减法计数器的状态表见表 6-5。

根据二进制减法运算规则可知，在多位二进制数末位减 1，若第 i 位以下皆为 0，则第 i 位应翻转。由此得出规律，若用 JK 触发器构成计数器，则第 i 位触发器输入端的逻辑表达式应为

$$J_0 = K_0 = 1, J_1 = K_1 = \overline{Q_0^n}, J_2 = K_2 = \overline{Q_1^n}\,\overline{Q_0^n}$$

表 6-5　3 位同步二进制减法计数器的状态表

脉冲数（CP）	二进制数			脉冲数（CP）	二进制数		
	Q_2	Q_1	Q_0		Q_2	Q_1	Q_0
0	0	0	0	5	0	1	1
1	1	1	1	6	0	1	0
2	1	1	0	7	0	0	1
3	1	0	1	8	0	0	0
4	1	0	0				

因需用 3 位二进制代码，选用 3 个 CP 下降沿触发的 JK 触发器，分别用 FF_0、FF_1、FF_2 表示。由于要求采用同步方案，故时钟方程为 $CP_0 = CP_1 = CP_2 = CP$，当所有触发器输出全为 0 时，再来一个 CP，触发器状态全部翻转为 1，同时产生借位输出。借位输出是每个触发器输出端 $\overline{Q}$ 相与，输出方程为 $B = \overline{Q}_2^n \overline{Q}_1^n \overline{Q}_0^n$。3 位同步二进制减法计数器如图 6-14 所示。

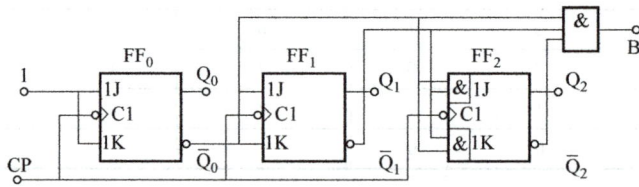

图 6-14　3 位同步二进制减法计数器

3）同步二进制可逆计数器。可逆计数器是指在控制信号作用下，既可以用作加法计数又可以用作减法计数的计数器。

3 位同步二进制计数器的驱动方程为

加法：$J_0 = K_0 = 1$，$J_1 = K_1 = Q_0^n$，$J_2 = K_2 = Q_1^n Q_0^n$；

减法：$J_0 = K_0 = 1$，$J_1 = K_1 = \overline{Q}_0^n$，$J_2 = K_2 = \overline{Q}_1^n \overline{Q}_0^n$。

设用 $\overline{U}/D$ 表示加/减控制信号，且 $\overline{U}/D = 0$ 时做加计数，$\overline{U}/D = 1$ 时做减计数，把加、减计数器的驱动方程合并在一起，即可得出二进制可逆计数器的输出方程为

$$C/B = \overline{\overline{U}/D \cdot Q_0^n Q_1^n Q_2^n + \overline{U}/D \cdot \overline{Q}_0^n \overline{Q}_1^n \overline{Q}_2^n}$$

驱动方程为

$$\begin{cases} J_0 = K_0 = 1 \\ J_1 = K_1 = \overline{\overline{U}/D \cdot Q_0^n + \overline{U}/D \cdot \overline{Q}_0^n} \\ J_2 = K_2 = \overline{\overline{U}/D \cdot Q_1^n Q_0^n + \overline{U}/D \cdot \overline{Q}_1^n \overline{Q}_0^n} \end{cases}$$

3 位同步二进制可逆计数器如图 6-15 所示。

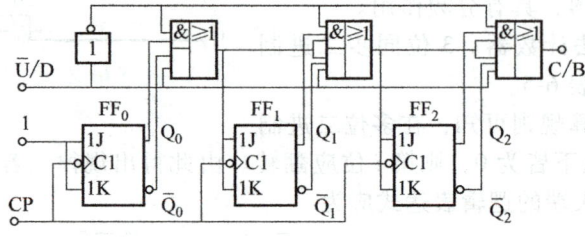

图 6-15　3 位同步二进制可逆计数器

（2）同步十进制计数器
同步十进制加法计数器如图 6-16 所示。

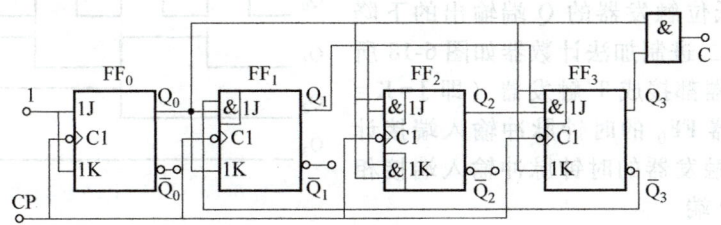

图 6-16　同步十进制加法计数器

根据图 6-16 可得

$$\begin{cases} J_0 = K_0 = 1 \\ J_1 = \overline{Q_3^n} Q_0^n, K_1 = Q_0^n \\ J_2 = K_2 = Q_1^n Q_0^n \\ J_3 = Q_2^n Q_1^n Q_0^n, K_3 = Q_0^n \end{cases}$$

8421 BCD 码同步十进制加法计数器的状态表见表 6-6。

表 6-6　十进制加法计数器的状态表

CP	初态				次态			
	Q_3^n	Q_2^n	Q_1^n	Q_0^n	Q_3^{n+1}	Q_2^{n+1}	Q_1^{n+1}	Q_0^{n+1}
0	0	0	0	0	0	0	0	1
1	0	0	0	1	0	0	1	0
2	0	0	1	0	0	0	1	1
3	0	0	1	1	0	1	0	0
4	0	1	0	0	0	1	0	1
5	0	1	0	1	0	1	1	0
6	0	1	1	0	0	1	1	1
7	0	1	1	1	1	0	0	0
8	1	0	0	0	1	0	0	1
9	1	0	0	1	0	0	0	0
	1	0	1	0	0	1	1	1
	1	0	1	1	1	1	0	0
	1	1	0	0	1	1	0	1
	1	1	0	1	1	1	1	0
	1	1	1	0	1	1	1	1
	1	1	1	1	0	0	0	0

由表 6-6 可以看到，8421 BCD 编码方式的同步十进制加法计数器取 4 位二进制数前面的 0000~1001 来表示十进制 0~9 十个数，而去掉了其余 1010~1111 这 6 个状态。其波形图如图 6-17 所示。

3. 异步计数器

同步与异步二进制加法计数器相比，时序表和工作波形一样，只是电路结构不同。异步二进制加法计数器的构成方法是将触发器接成计数触发器，最低位触发器用计数脉冲 CP 触发，其他触发器用相邻低位触发器的 Q 端输出的下降沿触发。3 位异步二进制加法计数器如图 6-18 所示。图中 JK 触发器都接成 T′触发器（即 J = K = 1）。最低位触发器 FF_0 的时钟脉冲输入端接计数脉冲 CP，其他触发器的时钟脉冲输入端接相邻低位触发器的 Q 端。

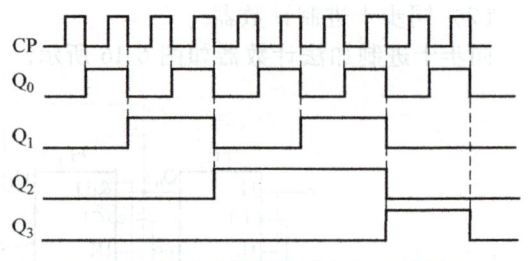

图 6-17　同步十进制加法计数器波形图

3 位异步二进制加法计数器电路的波形图如图 6-19 所示。从初态 000 开始，每输入一个计数脉冲，计数器的状态按二进制加法规律加 1，所以是二进制加法计数器（3 位）。又因为该计数器有 000～111 共 8 个状态，所以也称为八进制加法计数器或模 8（$M = 8$）加法计数器。

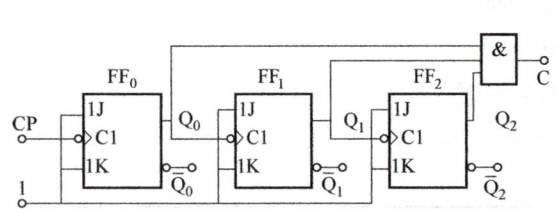

图 6-18　3 位异步二进制加法计数器

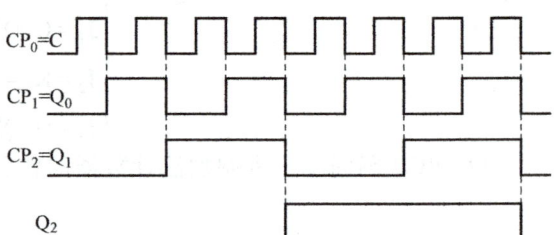

图 6-19　3 位异步二进制加法计数器波形图

从波形图可以看出，Q_0、Q_1、Q_2 的周期分别是计数脉冲 CP 周期的 2 倍、4 倍、8 倍，也就是说，Q_0、Q_1、Q_2 分别对 CP 波形进行了二分频、四分频、八分频，CP 输入 8 个脉冲，Q_2 输出一个脉冲，故可以认为这是一个八分频器。也可以说是异步模 8 计数器，计数器也可作为分频器。

异步二进制计数器结构简单，改变级联触发器的个数，可以很方便地改变二进制计数器的位数，n 个触发器构成 n 位二进制计数器或模 2^n 计数器，或 2^n 分频器。从波形图出发还可以列出电路的状态表，画出状态图，这些都和同步二进制计数器相同，不再重复。

4. 集成计数器

实际使用计数器时，往往不必用触发器去拼接构成，因为现在已有许多集成芯片可供选择，使用非常方便，而且功能增强了，灵活性也大了。集成计数器具有功能完善、通用性强、功耗低、工作速度快、功能可扩展等许多优点，应用非常广泛。由于定型产品的种类毕竟有限，就计数进制而言，在集成计数器中，只有二进制和十进制计数两大系列。下面介绍常用集成计数器芯片的型号、功能及使用方法。

（1）几种典型集成计数器

1）74LS161——异步清零、同步预置数 4 位二进制加法计数器，如图 6-20 所示。

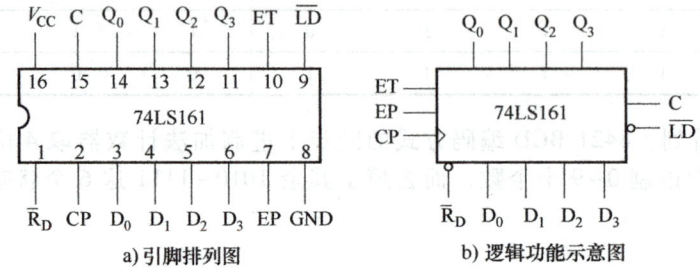

a）引脚排列图　　　　b）逻辑功能示意图

图 6-20　74LS161 的引脚排列图及逻辑功能示意图

74LS161是异步清零、同步预置数4位二进制同步加法计数器。$\overline{R_D}$为异步置零控制端，$\overline{LD}$为同步置数控制端，EP和ET为计数控制端，$D_0 \sim D_3$为并行数据输入端，$Q_0 \sim Q_3$为输出端，C为进位输出端。表6-7为74LS161的功能表。

表6-7 74LS161的功能表

清零	预置	使能		时钟	预置数据输入				输出				工作模式
$\overline{R_D}$	$\overline{LD}$	EP	ET	CP	D_3	D_2	D_1	D_0	Q_3^{n+1}	Q_2^{n+1}	Q_1^{n+1}	Q_0^{n+1}	
0	×	×	×	×	×	×	×	×	0	0	0	0	异步清零
1	0	×	×	↑	d_3	d_2	d_1	d_0	d_3	d_2	d_1	d_0	同步置数
1	1	0	×	×	×	×	×	×	保持				数据保持
1	1	×	0	×	×	×	×	×	保持				数据保持(但C=0)
1	1	1	1	↑	×	×	×	×	计数				加法计数

由表6-7可知，74LS161具有以下功能：

① 异步清零。当$\overline{R_D}=0$时，不管其他输入端的状态如何，以及有无时钟脉冲CP，计数器输出将被直接置零（$Q_3Q_2Q_1Q_0=0000$），称为异步清零。

② 同步并行预置数。当$\overline{R_D}=1$、$\overline{LD}=0$时，在输入时钟脉冲CP上升沿的作用下，并行输入端的数据$d_3d_2d_1d_0$被置入计数器的输出端，即$Q_3Q_2Q_1Q_0=d_3d_2d_1d_0$。由于这个操作要与CP上升沿同步，所以称为同步预置数，将输入端的数据置入计数器。

③ 保持。当$\overline{R_D}=\overline{LD}=1$，且$EP \cdot ET=0$，即两个使能端中有一个为低电平0时，则计数器保持原来的状态不变，CP不起作用。这时，如EP=0，则不管ET状态如何，进位输出信号C保持不变；如ET=0，则不管EP状态如何，进位输出信号C为低电平0。

④ 计数。当$\overline{R_D}=\overline{LD}=EP=ET=1$时，在CP端输入计数脉冲，计数器进行二进制加法计数。进位输出端C当计到15（1111）时，产生进位输出C=1，其他时刻为0。

2）74LS163——同步清零、同步预置数的4位二进制加法计数器。

74LS163具有同步清零功能。当$\overline{R_D}=0$，在脉冲CP的上升沿到来时，$Q_3Q_2Q_1Q_0=0000$，即同步清零。其余功能与74LS161相同。

综上所述，74LS161、74LS163均是同步预置4位加法计数器，外形及引脚也相同，所不同的是74LS161是异步清零，74LS163是同步清零。

3）74LS160——异步清零、同步预置数4位十进制加法计数器。

集成同步十进制加法计数器74LS160的引脚图和功能表与74LS161基本相同，唯一不同的是74LS160是十进制计数器，而74LS161是二进制计数器，74LS160的逻辑图和引脚图与74LS161相同，这里不再给出。

4）74LS191——异步预置数4位二进制同步可逆计数器。

图6-21a是集成4位二进制同步可逆计数器74LS191的逻辑功能示意图，图6-21b是其引脚排列图。其中$\overline{LD}$是异步预置数控制端，D_3、D_2、D_1、D_0是预置数据输入端；$\overline{EN}$是使能端，低电平有效；$D/\overline{U}$是加/减控制端，当其为0时做加法计数，为1时做减法计数；MAX/MIN是最大/最小输出端，$\overline{RCO}$是进位/借位输出端。表6-8是74LS191的功能表，74LS191具有以下功能：

① 异步置数。当 $\overline{LD}=0$ 时，不管其他输入端的状态如何，以及有无时钟脉冲 CP，并行输入端的数据 $d_3d_2d_1d_0$ 被直接置入计数器的输出端，即 $Q_3Q_2Q_1Q_0 = d_3d_2d_1d_0$。由于该操作不受 CP 控制，所以称为异步置数。注意，该计数器无清零端，需清零时可用预置数的方法置零。

② 保持。当 $\overline{LD}=1$ 且 $\overline{EN}=1$ 时，则计数器保持原来的状态不变。

③ 计数。当 $\overline{LD}=1$ 且 $\overline{EN}=0$ 时，在 CP 端输入计数脉冲，计数器进行二进制计数。当 $D/\overline{U}=0$ 时做加法计数；当 $D/\overline{U}=1$ 时做减法计数。

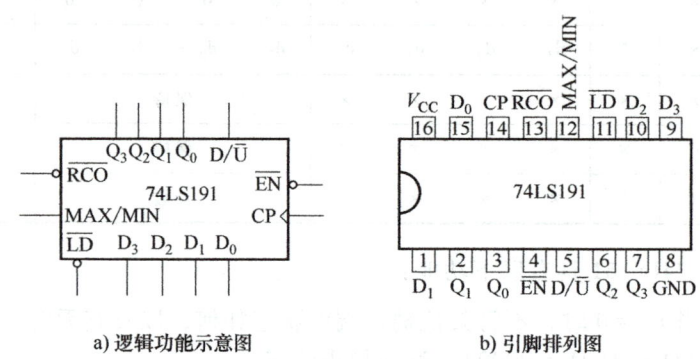

a) 逻辑功能示意图　　　　b) 引脚排列图

图 6-21　74LS191 的逻辑功能示意图及引脚排列图

表 6-8　74LS191 的功能表

预置	使能	加/减控制	时钟	预置数据输入				输出				工作模式
$\overline{LD}$	$\overline{EN}$	$D/\overline{U}$	CP	D_3	D_2	D_1	D_0	Q_3	Q_2	Q_1	Q_0	
0	×	×	×	d_3	d_2	d_1	d_0	d_3	d_2	d_1	d_0	异步置数
1	1	×	×	×	×	×	×	保持				数据保持
1	0	0	↑	×	×	×	×	加法计数				加法计数
1	0	1	↑	×	×	×	×	减法计数				减法计数

另外，该电路还有最大/最小控制端 MAX/MIN 和进位/借位输出端 $\overline{RCO}$。即当加法计数，计到最大值 1111 时，MAX/MIN 端输出 1，如果此时 CP=0，则 $\overline{RCO}=0$，发一个进位信号；当减法计数，计到最小值 0000 时，MAX/MIN 端也输出 1，如果此时 CP=0，则 $\overline{RCO}=0$，发一个借位信号。

（2）集成计数器的应用

为降低成本，生产厂商在生产集成计数器芯片时，只考虑应用较广的几种类型，市场上能买到的集成计数器一般为十进制、二进制计数器，如果需要其他进制的计数器，可用现有的二进制或十进制计数器，利用其清零端或预置数端，外加适当的门电路连接而成。用已有的 N 进制芯片，组成 M 进制计数器是常用的方法。如果 N>M，只需一片集成计数器即可实现；如果 N<M，则需要用多片集成计数器才能实现。

1）N>M 的情况。当 N>M 时，需要去掉 N−M 个状态，方法有两种。其一就是计数器到 M 状态时，将计数器清零，此种方法称为置零法；其二就是计数器到某状态时，将计数器预置到某数，使计数器减少 N−M 种状态，这种方法称为置数法。第一种方法要用计数器的清零功能，第二种方法要用计数器的预置数功能，如图 6-22 所示。

扫一扫
看视频

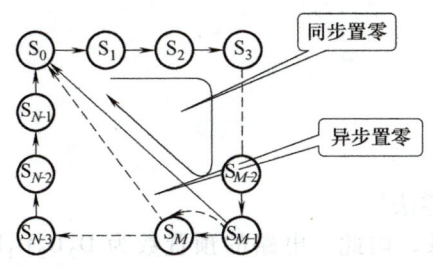
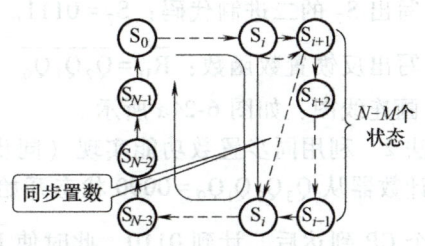

a) 置零法　　　　　　　　　　　　　b) 置数法

图 6-22　置零法和置数法示意图

【例 6-4】 试利用 74LS161 和 74LS163 的置零功能构成六进制计数器。

解：74LS161 和 74LS163 均为 4 位二进制计数器，74LS161 为异步置零，即只要置零端出现有效电平，计数器立刻置零。因此，应在输入第 6 个脉冲 CP 后，用 $S_6 = 0110$ 作为控制信号去控制电路，产生置零信号加到异步置零端，使计数器立即置零。74LS163 为同步置零，即置零端出现有效电平时，计数器不能立刻置零，只是为置零做好准备，需要再输入一个脉冲 CP，才能置零。因此，应在输入第 6-1 个脉冲 CP 后，用 $S_{6-1} = 0101$ 作为控制信号去控制电路，产生置零信号加到同步置零端。当输入第 6 个脉冲 CP 时，计数器置零。CP 上升沿触发，低电平置零，74LS161 模为 16，构成模 $M = 6$ 的计数器用一片即可。

解：方法 1　用异步置零的 74LS161 构成六进制计数器。

① 写出 S_6 的二进制代码：$S_6 = 0110$。

② 74LS161 的同步清零端低电平有效，清零信号用与非门产生，清零信号表达式的与非式为 $\overline{R_D} = \overline{Q_2 Q_1}$。

③ 画连线图：如图 6-23a 所示。首先画出 74LS161 计数状态的连接，计数控制端 ET = EP = 1，同步清零端 $\overline{LD} = 1$；然后依据清零信号表达式，使用与非门画出清零电路。

方法 2　用同步置零的 74LS163 构成六进制计数器。

① 写出 S_{6-1} 的二进制代码：$S_{6-1} = S_5 = 0101$。

② 写出反馈归零函数：$\overline{R_D} = \overline{Q_2 Q_0}$。

③ 画连线图：如图 6-23b 所示。

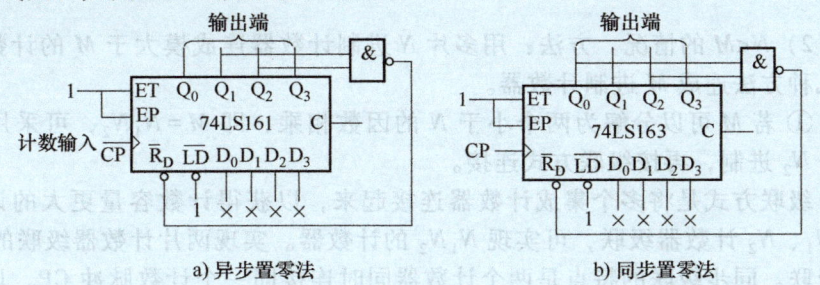

a) 异步置零法　　　　　　　　　　　b) 同步置零法

图 6-23　例 6-4 图解

【例 6-5】 试利用 74LS160 构成七进制计数器。

解：**方法 1** 利用异步置零功能实现。

① 写出 S_7 的二进制代码：$S_7 = 0111$。

② 写出反馈置数函数：$\overline{R_D} = \overline{Q_2 Q_1 Q_0}$。

③ 画连线图：如图 6-24a 所示。

方法 2 利用同步置数功能实现（同步置零法）。

设计数器从 $Q_3 Q_2 Q_1 Q_0 = 0000$ 状态开始计数，因此，电路的预置数为 $D_3 D_2 D_1 D_0 = 0000$。当第 6 个 CP 到达后，计到 0110，此时使 $\overline{LD} = \overline{Q_2 Q_1} = 0$。等到第 7 个 CP 到达后，计数器被置成 0000。同时使 $C = 0$，$\overline{LD} = 1$，新的计数周期又从 0000 开始。

① 写出 S_{7-1} 的二进制代码：$S_{7-1} = S_6 = 0110$。

② 写出反馈归零函数：$\overline{LD} = \overline{Q_2 Q_1}$。

③ 画连线图：如图 6-24b 所示。

方法 3 利用同步置数功能实现（同步置数法）。

因为 $M = 7$，最小数预置数状态 $S_M = 10 - 7 = 3$（对应二进制数 0011），$D_3 D_2 D_1 D_0 = 0011$，则可用 74LS160 实现 0011~1001 共 7 个有效状态。

① 设计数器从 0011 状态开始计数，因此，将计数器预置为 $D_3 D_2 D_1 D_0 = 0011$。当第 6 个 CP 到达后，计到 1001。

② 写出反馈归零函数：$\overline{LD} = \overline{Q_3 Q_0} = \overline{C} = 0$。等到第 7 个 CP 到达后，计数器又被置成 0011。考虑计到 1001 时，进位输出 C 正好为 1，将进位信号取反后接到 $\overline{LD}$ 端也可以。

③ 画连线图：如图 6-24c 所示。

综上所述，改变集成计数器的模可用置零法，也可用置数法。置零法比较简单，置数法比较灵活。但不管用哪种方法，都应首先搞清所用集成组件的清零端或预置数端是异步还是同步工作方式，根据不同的工作方式选择合适的清零信号或预置数信号。

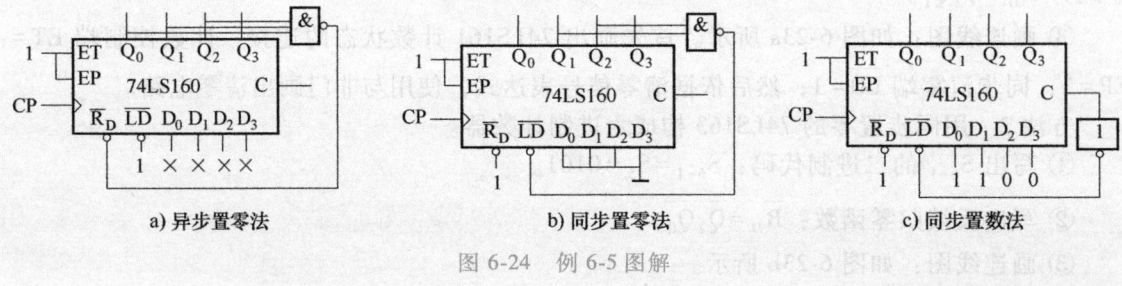

图 6-24 例 6-5 图解

2) $N < M$ 的情况。方法：用多片 N 进制计数器连成模大于 M 的计数器，再用上述几种方法连成 M 进制计数器。

① 若 M 可以分解为两个小于 N 的因数相乘，即 $M = N_1 N_2$，可采用先分别置成 N_1、N_2 进制，再按级联方式连接。

级联方式是将多个集成计数器连接起来，以获得计数容量更大的计数器。两个模 N_1、N_2 计数器级联，可实现 $N_1 N_2$ 的计数器。实现两片计数器级联的方法如下：

a. 同步级联。同步级联的特点是两个计数器同时连接同一个计数脉冲 CP，以低位计数器进位脉冲 C 作高位计数器的工作状态控制脉冲 ET、EP。

图 6-25 是用两片 4 位二进制加法计数器 74LS161 采用同步级联方式构成的 8 位二进制同步加法计数器，模 $M = 16 \times 16 = 256$。计数器的级联一般用低位片（1）的进位/借位输出端和高

位片（2）的使能端或时钟端相连来实现。由于低位片（1）的计数控制端的 ET＝EP＝1，所以总是工作在计数状态。而高位片（2）的 ET、EP 接低位片（1）的进位输出端 C。所以，只有当低位片（1）计数到最大值 1111 时，进位输出 C＝1，使高位片（2）的计数控制端 ET＝EP＝1，满足计数条件，准备开始计数。在下一个计数脉冲到来时，低位片（1）回到"0000"，高 4 位变成"0001"，实现了进位，使 $Q_7Q_6Q_5Q_4$，$Q_3Q_2Q_1Q_0$＝0001，0000。这一过程周而复始。由于两芯片共用外部时钟，在需要翻转时，两片同时翻转，所以称同步级联。

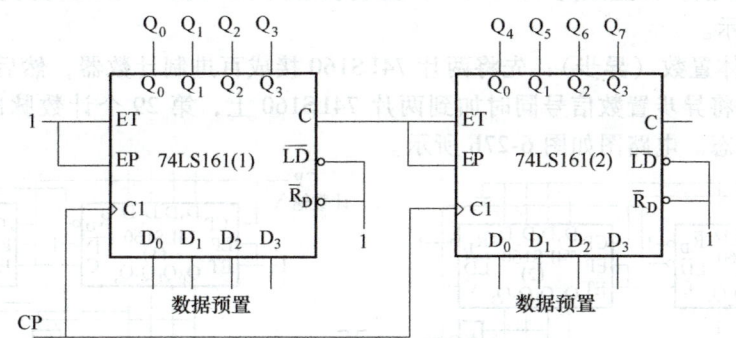

图 6-25　74LS161 同步级联组成 8 位二进制同步加法计数器

b. 异步级联。异步级联方式连接是指低位计数器的进位信号连接到高位计数器的时钟端。图 6-26 是用两片十进制同步加法计数器 74LS160，模 M＝10，两级连接后，成为模 M＝10×10＝100 进制的同步加法计数器。

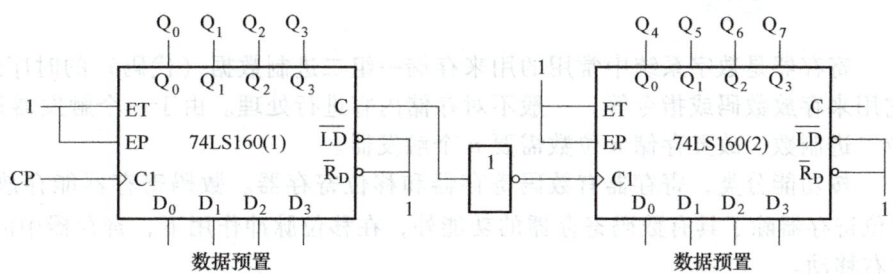

图 6-26　74LS160 异步级联组成 100 进制同步加法计数器

两片计数控制端 EP、ET 始终为"1"，总是处于计数状态。是否计数看有无 CP 信号。当低位变成 9（1001）时，进位输出 C 由 0→1，经反相后由 1→0，这一负跳变不会触发 74LS160。等下一个 CP 到达后，低位片（1）回到"0000"，C 由 1→0，反相后变为 0→1，发一个进位脉冲正跳变给高位片（2）的 CP 端，使高位片（2）计一个数，实现进位。由于两芯片的时钟信号不统一，属异步级联。低位片（1）的进位脉冲作为高位片（2）的 CP 信号，要注意两者的配合。

② 当 M 为大于 N 的素数时，不能分解为 N_1 和 N_2，必须采取整体置零或整体置数方式。

整体置零：首先将两片 N 进制计数器按最简单的方式，接成一个大于 M 的计数器（如 N×N 进制），然后从 M 状态译出异步置零信号，将两片 N 进制计数器同时置零，基本原理和 $N>M$ 时置零法一样。

整体置数：基本原理和 $N>M$ 时置数法类似。

【例 6-6】　用 74LS160 接成二十九进制计数器。

解：方法 1　整体置数（同步）：先将两片 74LS160 接成百进制计数器，然后从状态 28 译出同步置数信号，将同步置数信号同时加到两片 74LS160 上，第 29 个计数脉冲到达时，将计数器置初始 0 状态。

同步级联（并行进位方式）：$M = 29 = 2 \times 10 + 9$，74LS160 为模 10 计数器，用两片 74LS160 构成此计数器。

1）外部计数脉冲 CP→所有片的 CP 端。

2）低位片（1）进位输出信号作为高位片（2）的计数使能信号。

3）反馈清零法，预置数为 00000000，反馈状态为 28（因 74LS160 为同步清零）。电路图如图 6-27a 所示。

方法 2　整体置数（异步）：先将两片 74LS160 接成百进制计数器，然后从状态 29 译出异步置数信号，将异步置数信号同时加到两片 74LS160 上，第 29 个计数脉冲到达时，将计数器置初始 0 状态。电路图如图 6-27b 所示。

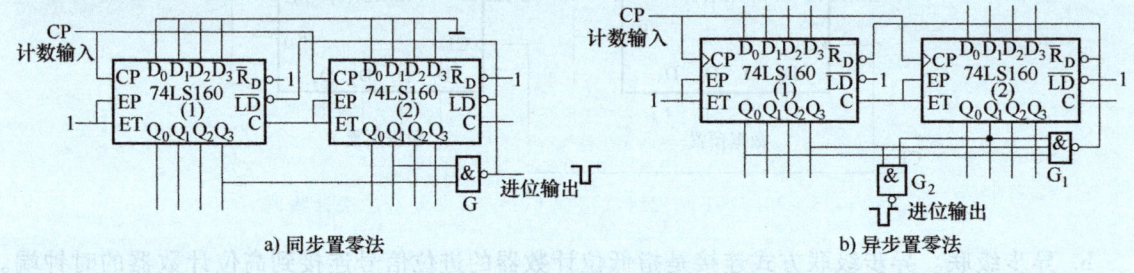

图 6-27　例 6-6 图解

6.3.2　寄存器

寄存器是数字系统中常用的用来存储一组二进制数据（代码）的时序逻辑器件，它用来存放数码或指令等，一般不对存储内容进行处理。由于一个触发器只能存储 1 位二进制数，故要存储 n 位数需要 n 个触发器。

按功能分类，寄存器有数码寄存器和移位寄存器。数码寄存器能存放一组二进制数据。移位寄存器除了具有数码寄存器的功能外，在移位脉冲作用下，寄存器中的数据可依次向左或向右移动。

1. 数码寄存器

数码寄存器是存储二进制数码的时序电路组件，它具有接收和寄存二进制数码的逻辑功能。在计算机中常用于存储原始数据、中间结果、最终结果及地址码等数据信息和指令。

图 6-28 所示是由 D 触发器构成的 4 位数码寄存器的逻辑电路图。其中，$\overline{R_D}$ 是清零控制端。$D_0 \sim D_3$ 是并行数据输入端，CP 为时钟脉冲端，$Q_0 \sim Q_3$ 是并行数据输出端。将需要存储的 4 位二进制数码送到数据输入端 $D_0 \sim D_3$，在 CP 端送一个时钟脉冲，脉冲下降沿作用后，4 位数码并行地出现在 4 个触发器 Q 端。由于送数和取数都是同时进行的，故为并行输入并行输出方式。该电路的数码接收过程为

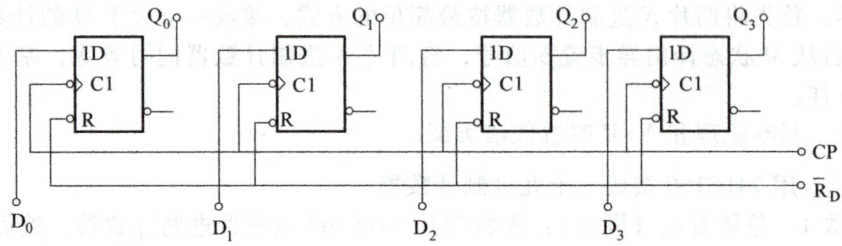

图 6-28　D 触发器构成的 4 位数码寄存器

1) 清零：$\overline{R_D}=0$ 时，异步清零，即有 $Q_3^n Q_2^n Q_1^n Q_0^n = 0000$。
2) 送数：$\overline{R_D}=1$ 时，CP 下降沿送数，即有 $Q_3^{n+1} Q_2^{n+1} Q_1^{n+1} Q_0^{n+1} = D_3 D_2 D_1 D_0$。
3) 保持：在 $\overline{R_D}=1$、CP 下降沿以外时间，寄存器内容将保持不变。

2. 移位寄存器

移位寄存器不但可以寄存数码，而且在移位脉冲作用下，寄存器中的数码可根据需要向左或向右移动 1 位。移位寄存器也是数字系统和计算机中应用很广泛的基本逻辑器件。

（1）单向移位寄存器

1）4 位右移寄存器。图 6-29 是由 D 触发器构成的 4 位右移寄存器。数据从串行输入端 D_0 输入，左边触发器的输出作为相邻右边触发器的数据输入端，移位方向为 $D_0 \to Q_0 \to Q_1 \to Q_2 \to Q_3$。设移位寄存器的初始状态为 0000，串行输入数码 $D_I = 1101$，从高位到低位依次输入。在 4 个移位脉冲作用后，输入的 4 位串行数码 1101 全部存入了寄存器中。

各触发器的驱动方程为 $D_0 = D_I$，$D_1 = Q_0^n$，$D_2 = Q_1^n$，$D_3 = Q_2^n$。

各触发器的状态方程为 $Q_0^{n+1} = D_I$，$Q_1^{n+1} = Q_0^n$，$Q_2^{n+1} = Q_1^n$，$Q_3^{n+1} = Q_2^n$。

2）4 位左移寄存器。图 6-30 是由 D 触发器构成的 4 位左移寄存器。数据从串行输入端 D_3 输入，触发器的输出作为相邻左边触发器的数据输入端。Q_0 为串行输出端，$Q_0 Q_1 Q_2 Q_3$ 为并行输出端。

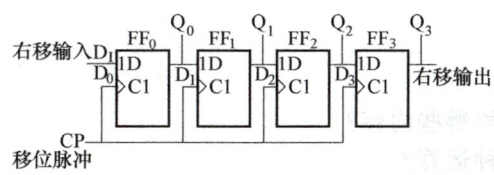
图 6-29　D 触发器构成的 4 位右移寄存器

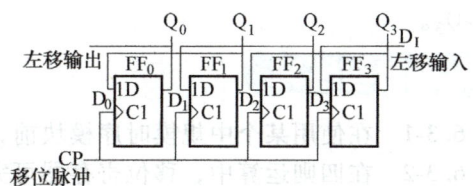
图 6-30　D 触发器构成的 4 位左移寄存器

（2）双向移位寄存器

既可左移又可右移的称为双向移位寄存器，74LS194 是由四个触发器组成的功能很强的四位双向多功能集成移位寄存器，可在时钟脉冲的上升沿实现左移、右移或并行送数等操作，也可以保持不变，具体功能的实现由工作方式控制端控制。74LS194 的逻辑功能和引脚图如图 6-31 所示，功能表见表 6-9。D_{SL} 和 D_{SR} 分别是左移和右移串行输入。D_0、D_1、D_2 和 D_3 是并行输入端。Q_0 和 Q_3 分别是左移和右移时的串行输出端，Q_0、Q_1、Q_2 和 Q_3 为并行输出端。

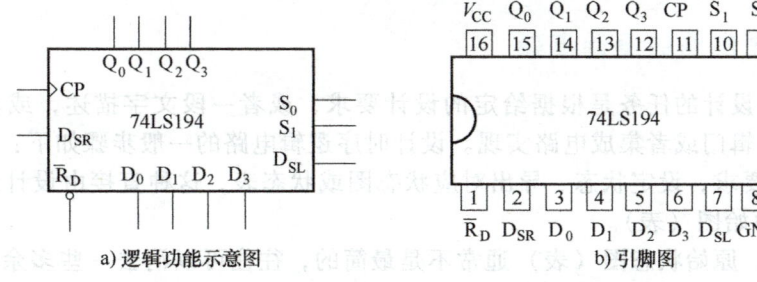
图 6-31　集成移位寄存器 74LS194 的逻辑功能和引脚图

由表 6-9 可以看出，74LS194 具有如下功能。

异步清零：当 $\overline{R_D}=0$ 时即刻清零，与其他输入状态及 CP 无关。

S_1、S_0 是控制输入：当 $\overline{R_D}=1$ 时，74LS194 有如下 4 种工作方式：

1）当 $S_1 S_0 = 00$ 时，不论有无 CP 到来，各触发器状态不变，为保持工作状态。

表 6-9　74LS194 的功能表

输入										输出				工作模式
清零	控制		串行输入		时钟	并行输入								
$\overline{R_D}$	S_1	S_0	D_{SL}	D_{SR}	CP	D_0	D_1	D_2	D_3	Q_0	Q_1	Q_2	Q_3	
0	×	×	×	×	×	×	×	×	×	0	0	0	0	异步清零
1	0	0	×	×	×	×	×	×	×	Q_0^n	Q_1^n	Q_2^n	Q_3^n	保持
1	0	1	×	1	↑	×	×	×	×	1	Q_0^n	Q_1^n	Q_2^n	右移,D_{SR} 为串行
1	0	1	×	0	↑	×	×	×	×	0	Q_0^n	Q_1^n	Q_2^n	输入,Q_3 为串行输出
1	1	0	1	×	↑	×	×	×	×	Q_1^n	Q_2^n	Q_3^n	1	左移,D_{SL} 为串行
1	1	0	0	×	↑	×	×	×	×	Q_1^n	Q_2^n	Q_3^n	0	输入,Q_0 为串行输出
1	1	1	×	×	↑	D_0	D_1	D_2	D_3	D_0	D_1	D_2	D_3	并行置数

2）当 $S_1S_0 = 01$ 时，在 CP 的上升沿作用下，实现右移（上移）操作，流向是 $D_{SR} \to Q_0 \to Q_1 \to Q_2 \to Q_3$。

3）当 $S_1S_0 = 10$ 时，在 CP 的上升沿作用下，实现左移（下移）操作，流向是 $D_{SL} \to Q_3 \to Q_2 \to Q_1 \to Q_0$。

4）当 $S_1S_0 = 11$ 时，在 CP 的上升沿作用下，实现置数操作：$D_0 \to Q_0$，$D_1 \to Q_1$，$D_2 \to Q_2$，$D_3 \to Q_3$。

思考与练习

6.3-1　在使用某个中规模时序模块前，需要了解哪些内容？

6.3-2　在四则运算中，移位寄存器可完成哪几种运算？

6.3-3　同步清零和异步清零、同步置数和异步置数的区别是什么？

6.3-4　计数器可作为数字分频用，从本质上讲，两者有何区别？

扫一扫
看视频

6.4　时序逻辑电路的设计

时序逻辑电路的设计任务与分析正好相反。设计的核心是根据设计要求给定的具体逻辑问题，确定状态转换规律，从而求得触发器的最简输入逻辑表达式，获得实现这一逻辑功能的逻辑电路。

6.4.1　时序逻辑电路的设计步骤

时序逻辑电路设计的任务是根据给定的设计要求，或者一段文字描述，或者状态图，用必要的逻辑门或者集成电路实现。设计时序逻辑电路的一般步骤如下：

1）根据设计要求，设定状态、导出对应状态图或状态表，这种直接由设计要求导出的状态图（表）叫做原始图（表）。

2）状态化简。原始状态图（表）通常不是最简的，往往可以消去一些多余状态。消去多余状态的过程叫做状态化简。化简后的状态图（表）叫做简化状态图（表）。

3）状态分配，又称状态编码，即把一组适当的二进制代码分配给简化状态图（表）中各个状态。由于二进制编码中的每一位都将用一个触发器的状态来表示，因此，状态分配就是用触发器的状态表示状态图（表）中的状态，得到编码状态图。在完成状态编码的同时也就确定了触发器的个数。触发器的个数 n 与电路状态的个数 M 满足关系：$2^n \geq M > 2^{n-1}$。

4）选择触发器的类型。触发器的类型选得合适，可以简化电路结构。

5）根据编码状态表以及所采用的触发器的逻辑功能，导出待设计电路的输出方程和驱动方程。

6）根据输出方程和驱动方程画出逻辑图。

7）检查电路能否自启动，当电路的有效状态不是 2^n 时，应检查设计的电路能否自启动，将电路无效状态依次代入状态方程进行计算，观察在输入 CP 信号操作下能否回到有效状态。如果无效状态形成了循环，则所设计的电路不能自启动，反之则能自启动。若电路不能自启动，则应采取措施予以解决。例如，修改设计重新进行状态分配，或利用触发器的异步输入端强行预置到有效状态等。有时可能要反复多次，才能完成符合要求的设计。

总结：时序逻辑电路的设计步骤一般为设计要求→最简状态表→编码表→次态卡诺图→驱动方程、输出方程→逻辑图→检查电路能否自启动。

6.4.2　时序逻辑电路的设计举例

【例 6-7】　设计一个按自然态序变化的七进制同步加法计数器，计数规则为逢七进一，产生一个进位输出。

解：设计步骤如下：

（1）根据设计要求，设定状态，画出状态图。由于是七进制计数器，所以应有 7 个不同的状态，在计数脉冲 CP 作用下，7 个状态循环翻转，在状态为 110 时，进位输出 Y = 1。状态图如图 6-32 所示。

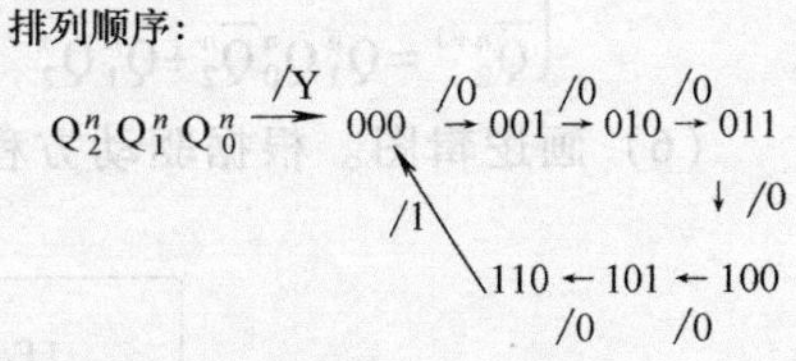

图 6-32　例 6-7 的状态图

（2）状态化简。七进制计数器，应有 7 个循环状态，无需化简。

（3）状态分配，列状态表。由 $2^{n-1}<N<2^n$ 可知，应采用 3 位二进制代码。该计数器选用 3 位二进制加法计数编码，即 $S_0=000$、$S_1=001$、…、$S_6=110$。由此可列出状态表见表 6-10。

表 6-10　例 6-7 的状态表

Q_2^n	Q_1^n	Q_0^n	Q_2^{n+1}	Q_1^{n+1}	Q_0^{n+1}	Y
0	0	0	0	0	1	0
0	0	1	0	1	0	0
0	1	0	0	1	1	0
0	1	1	1	0	0	0
1	0	0	1	0	1	0
1	0	1	1	1	0	0
1	1	0	0	0	0	1

（4）选择触发器。本例选用功能比较灵活的 JK 触发器，触发器的个数是 3 个。由于要求采用同步方案，故时钟方程为 $CP_0=CP_1=CP_2=CP$。

（5）求各触发器的驱动方程和进位输出方程。画出电路的次态卡诺图如图 6-33 所示，1 个无效状态 111 做无关项处理。

Q_0^n \ $Q_2^nQ_1^n$	00	01	11	10
0	001	011	000	101
1	010	100	×××	110

图 6-33　例 6-7 的次态卡诺图

根据次态卡诺图可得各触发器的驱动卡诺图如图 6-34 所示。

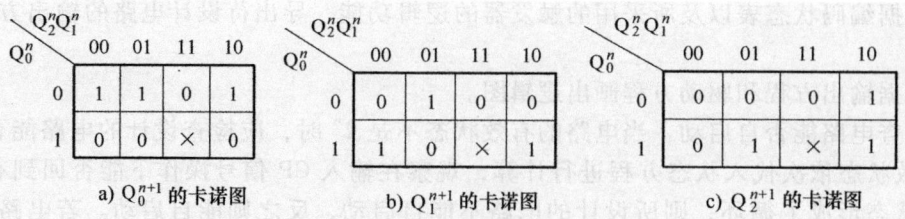

a) Q_0^{n+1} 的卡诺图　　b) Q_1^{n+1} 的卡诺图　　c) Q_2^{n+1} 的卡诺图

图 6-34　例 6-7 各触发器的驱动卡诺图

再画出输出卡诺图如图 6-35 所示，从而得电路的输出方程为 $Y = Q_2^n Q_1^n$。

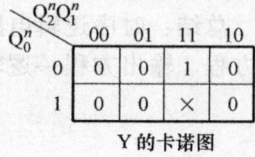

Y 的卡诺图

图 6-35　例 6-7 的输出卡诺图

对各个输出 Q 进行化简，然后和特性方程 $Q^{n+1} = J\overline{Q}^n + \overline{K}Q^n$ 相对照，找出 JK 的表达式即驱动方程。

$$\begin{cases} Q_0^{n+1} = \overline{Q_2^n Q_1^n} \overline{Q_0^n} + \overline{Q_1^n} \overline{Q_0^n} \\ \quad\quad = \overline{Q_2^n Q_1^n} \overline{Q_0^n} + \overline{1} Q_0^n \\ \overline{Q_1^{n+1}} = Q_0^n \overline{Q_1^n} + \overline{Q_2^n} \overline{Q_0^n} Q_1^n \\ \overline{Q_2^{n+1}} = Q_1^n Q_0^n \overline{Q_2^n} + \overline{Q_1^n} Q_2^n \end{cases} \Rightarrow \begin{cases} J_0 = \overline{Q_2^n Q_1^n}、K_0 = 1 \\ J_1 = Q_0^n、K_1 = \overline{\overline{Q_2^n} \overline{Q_0^n}} \\ J_2 = Q_1^n Q_0^n、K_2 = Q_1^n \end{cases}$$

（6）画逻辑图。根据驱动方程与输出方程，画出七进制计数器的逻辑图如图 6-36 所示。

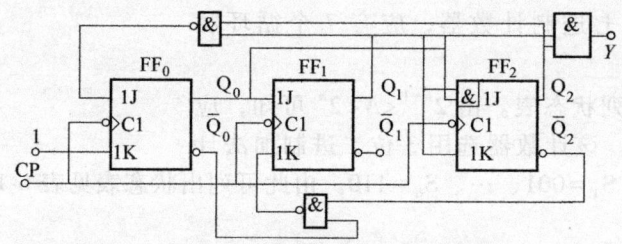

图 6-36　例 6-7 的逻辑图

（7）检查能否自启动。将无效状态 111 代入状态方程计算：

$$\begin{cases} Q_0^{n+1} = \overline{Q_2^n Q_1^n} \overline{Q_0^n} + \overline{1} Q_0^n = 0 \\ \overline{Q_1^{n+1}} = Q_0^n \overline{Q_1^n} + \overline{Q_2^n} \overline{Q_0^n} Q_1^n = 0 \\ \overline{Q_2^{n+1}} = Q_1^n Q_0^n \overline{Q_2^n} + \overline{Q_1^n} Q_2^n = 0 \end{cases}$$

可见 111 的次态为有效状态 000，电路能够自启动。

【例 6-8】　设计一个串行数据检测器。该检测器有一个输入端 X，其功能是对输入信号进行检测。当连续输入三个 1（以及三个以上 1）时，该电路输出 Y = 1，否则输出 Y = 0。

解：设计步骤如下：

（1）根据设计要求，设定状态，画出状态图。因为该电路在连续输入三个 1（以及三个以上 1）时，该电路输出 Y = 1，其他情况输出 Y = 0。因此要求该电路应有这样几个状态：

S_0——初始状态或没有收到 1 时的状态；

S_1——收到一个 1 后的状态；

S_2——连续收到两个 1 后的状态；

S_3——连续收到三个 1（以及三个以上 1）后的状态。

根据题意可画出图 6-37 所示的原始状态图。

（2）状态化简。状态化简就是合并等效状态。所谓等效状态就是那些在相同的输入条件下，输出相同、次态也相同的状态。观察图 6-37 可知，S_2 和 S_3 是等价状态，所以将 S_2 和 S_3 合并，并用 S_2 表示，图 6-38 是经过化简之后的状态图。

（3）状态分配，列状态表。本例取 $S_0 = 00$、$S_1 = 01$、$S_2 = 11$。图 6-39 是该例的编码形式的状态图。由图 6-39 可列出编码后的状态表，见表 6-11。

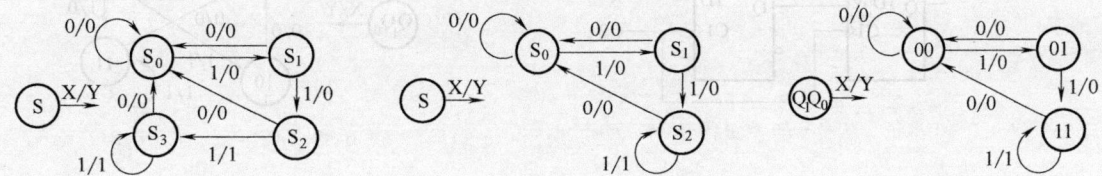

图 6-37 例 6-8 的原始状态图　　图 6-38 例 6-8 化简后的状态图　　图 6-39 例 6-8 编码后的状态图

表 6-11 例 6-8 的编码状态表

$Q_1^n Q_0^n$ \ X	$Q_1^{n+1} Q_0^{n+1}$		X
		0	1
0	0	00/0	01/0
0	1	00/0	11/0
1	1	00/0	11/1

（4）选择触发器，求出状态方程、驱动方程和输出方程。画出电路的总次态和输出卡诺图如图 6-40 所示。由输出卡诺图可得电路的输出方程为 $Y = XQ_1^n$。

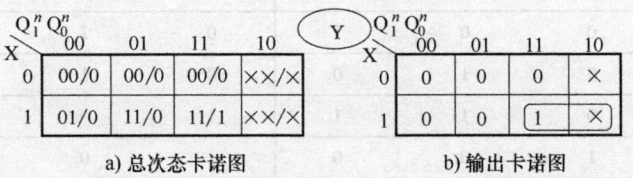

a）总次态卡诺图　　b）输出卡诺图

图 6-40 例 6-8 的总次态卡诺图和输出卡诺图

根据次态卡诺图和 D 触发器的驱动表可得各触发器的驱动卡诺图如图 6-41 所示。由各驱动卡诺图可得电路的驱动方程为 $D_0 = X$，$D_1 = XQ_0^n$。

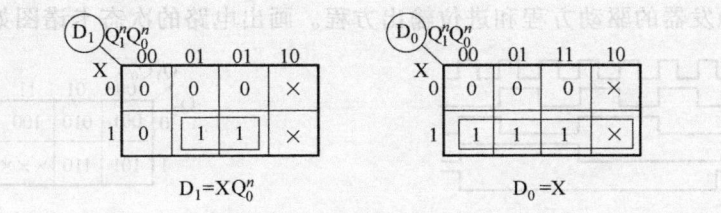

图 6-41 例 6-8 各触发器的驱动卡诺图

(5) 画逻辑图。根据驱动方程和输出方程,画出该串行数据检测器的逻辑图如图6-42所示。

(6) 检查能否自启动。如果电路进入无效状态10时,将无效状态10代入输出方程和状态方程计算,在脉冲CP作用下,分别进入有效状态00、01,所以电路能够自启动。利用逻辑分析的方法画出电路完整的状态图如图6-43所示。可见,电路能够自启动。

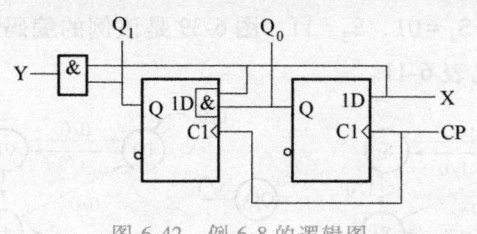

图6-42 例6-8的逻辑图

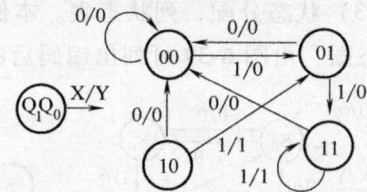

图6-43 例6-8检查自启动

由于异步时序电路中各触发器的时钟脉冲不统一,因此设计异步时序逻辑电路要比同步时序逻辑电路多一步,就是为每个触发器选择一个合适的时钟信号,即求各触发器的时钟方程。除此之外,异步时序逻辑电路的设计方法与同步时序逻辑电路基本相同。

【例6-9】 设计实现一个异步七进制加法计数器。

解:设计步骤如下:

(1) 根据设计要求,设定7个状态分别用S_0、S_1、S_2、S_3、S_4、S_5、S_6表示。进行状态编码后,列出状态表见表6-12。表中Y为进位输出变量。七进制计数器应有7个状态,所以无需状态化简。

表6-12 例6-9的状态表

状态转换顺序	初态			次态			进位输出
	Q_2^n	Q_1^n	Q_0^n	Q_2^{n+1}	Q_1^{n+1}	Q_0^{n+1}	Y
S_0	0	0	0	0	0	1	0
S_1	0	0	1	0	1	0	0
S_2	0	1	0	0	1	1	0
S_3	0	1	1	1	0	0	0
S_4	1	0	0	1	0	1	0
S_5	1	0	1	1	1	0	0
S_6	1	1	0	0	0	0	1

(2) 选择触发器。本例选用下降沿触发的JK触发器。

(3) 由状态表画出电路的波形图,如图6-44所示。选择$CP_0 = CP$,$CP_1 = CP$,$CP_2 = Q_1$。

(4) 求各触发器的驱动方程和进位输出方程。画出电路的次态卡诺图如图6-45所示,

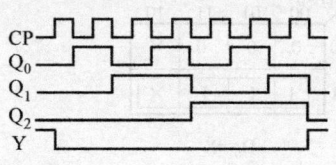

图6-44 例6-9的波形图

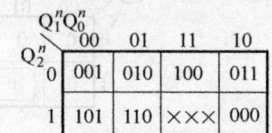

图6-45 例6-9的次态卡诺图

无效状态 111 做无关项处理。根据次态卡诺图和 JK 触发器的驱动表可得三个触发器各自的驱动卡诺图，如图 6-46 所示。

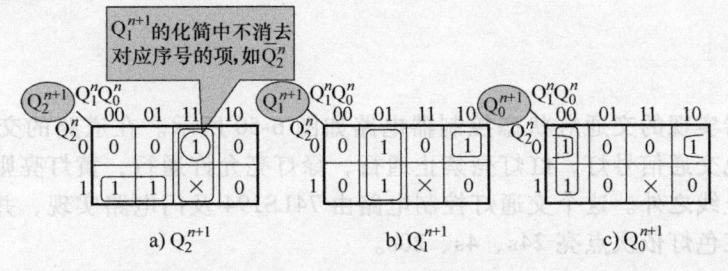

图 6-46　例 6-9 各触发器的驱动卡诺图

对各个输出 Q 进行化简，然后和特性方程相对照，找出 JK 的表达式即驱动方程。

1) 为了求出 JK 触发器中的 J、K，Q_2^{n+1} 的化简中不消去对应序号的项，如 $\overline{Q_2^n}$：

$$Q_2^{n+1} = Q_0^n Q_1^n \overline{Q_2^n} + \overline{Q_1^n} Q_2^n = J_2 \overline{Q_2^n} + \overline{K_2} Q_2^n$$

所以，$J_2 = Q_1^n Q_0^n \quad K_2 = Q_1^n$

2) $Q_1^{n+1} = Q_0^n \overline{Q_1^n} + \overline{Q_2^n} Q_1^n \overline{Q_0^n} = J_1 \overline{Q_1^n} + \overline{K_1} Q_1^n$

所以，$J_1 = Q_0^n \quad K_1 = \overline{\overline{Q_2^n} \overline{Q_0^n}}$

3) $Q_0^{n+1} = \overline{Q_2^n} \overline{Q_0^n} + \overline{Q_1^n} \overline{Q_0^n} = \overline{Q_2^n Q_1^n} \overline{Q_0^n} + \overline{1} Q_0^n = J_0 \overline{Q_0^n} + \overline{K_0} Q_0^n$

所以，$J_0 = \overline{Q_2^n Q_1^n} \quad K_0 = 1$

再画出输出次态卡诺图，如图 6-47 所示，可得电路的输出方程为 $Y = Q_2^n Q_1^n$。

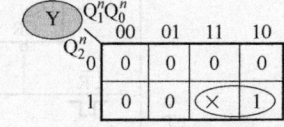

图 6-47　例 6-9 各触发器输出次态卡诺图

（5）画逻辑图。根据驱动方程和输出方程，画出异步七进制计数器的逻辑图，如图 6-48 所示。

（6）检查能否自启动。利用逻辑分析的方法画出电路完整的状态图，如图 6-49 所示。可见，如果电路进入无效状态 111 时，在脉冲 CP 的作用下可进入有效状态 000，所以电路能够自启动。

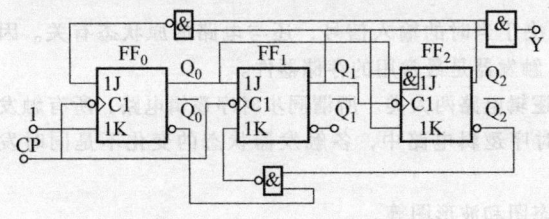

图 6-48　例 6-9 的逻辑图

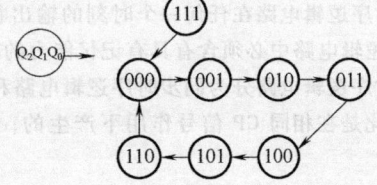

图 6-49　例 6-9 的状态图

思考与练习

6.4-1　设计同步时序逻辑电路的一般步骤是什么？

6.4-2　当设计两个 1 位十进制数相加，其和也是 1 位十进制数，并且显示七段发光管只有一个，你可能会用到几个书中介绍的中规模时序模块？

6.4-3　在设计某些时序电路（例如计数器、移位寄存器连接的计数器）时，会由于种种原因落入非工作状态，你应该如何考虑电路设计方案？

6.4-4　如何检验电路能够自启动？

6.5　应用案例

用移位寄存器实现的交通灯状态控制器电路如图 6-50 所示。在道路的交叉路口一般设置了红、黄、绿三色交通信号灯，红灯亮禁止通行，绿灯亮允许通行，黄灯亮则给行驶中的车辆有时间停靠在禁止线之外。这个交通灯控制电路由 74LS194 及门电路实现，并且在一个循环周期内红、黄、绿三色灯依次点亮 24s、4s、20s。

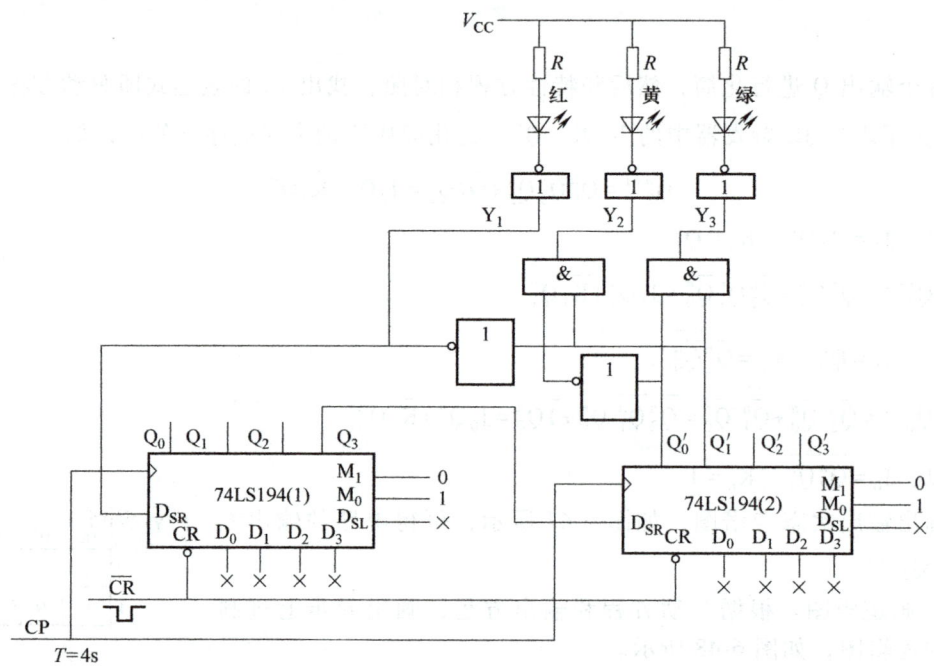

图 6-50　用移位寄存器实现的交通灯状态控制器电路

本 章 小 结

1）时序逻辑电路在任何一个时刻的输出状态不仅取决于当时的输入信号，还与电路的原状态有关。因此，时序逻辑电路中必须含有具有记忆能力的存储器件，触发器是最常用的存储器件。

2）时序逻辑电路分为同步时序逻辑电路和异步时序逻辑电路两大类。所谓同步时序逻辑电路，所有触发器状态变化是在相同 CP 信号作用下产生的；而在异步时序逻辑电路中，各触发器状态的变化不是同时发生的。

3）描述时序逻辑电路逻辑功能的方法有状态表、状态图和波形图等。

4）时序逻辑电路的分析是根据给定的逻辑电路求得其逻辑功能的过程，异步时序逻辑电路和同步时序逻辑电路的分析大同小异，主要差别是异步时序逻辑电路要考虑时钟方程。分析步骤一般为逻辑图→时钟方程（异步）→驱动方程→输出方程→状态方程→状态表→状态图→波形图→逻辑功能。

5）设计时序逻辑电路的一般步骤为设计要求→最简状态表→编码表→次态卡诺图→驱动方程、输出方程→逻辑图。

6）计数器是一种简单而又最常用的时序逻辑器件，它们在计算机和其他数字系统中起着非常重要的作用。计数器不仅能用于统计输入时钟脉冲的个数，还能用于分频、定时、产生节拍脉冲等。

7）使用已有的 M 进制集成计数器产品可以构成 N（任意）进制的计数器。采用的方法有异步清零法、同步清零法、异步置数法和同步置数法，根据集成计数器的清零方式和置数方式来选择。当 M>N 时，用 1 片 M 进制计数器即可；当 M<N 时，要用多片 M 进制计数器组合起来，才能构成 N 进制计数器。当需要扩大计数器的容量时，可将多片集成计数器进行级联。

8）寄存器也是一种常用的时序逻辑器件。寄存器分为数码寄存器和移位寄存器两种，移位寄存器又分为单向移位寄存器和双向移位寄存器。集成移位寄存器使用方便、功能全、输入和输出方式灵活。用移位寄存器可实现数据的串行-并行转换，组成环形计数器、扭环形计数器、顺序脉冲发生器等。

能力检测题

一、单选题

1. 下列逻辑电路中为时序逻辑电路的是（　　）。
   A. 译码器　　　　B. 加法器　　　　C. 数码寄存器　　　　D. 数据选择器
2. N 个触发器可以构成最大计数长度（进制数）为（　　）的计数器。
   A. N　　　　B. $2N$　　　　C. N^2　　　　D. 2^N
3. 一位 8421 BCD 码计数器至少需要（　　）个触发器。
   A. 3　　　　B. 4　　　　C. 5　　　　D. 1
4. 8 位移位寄存器，串行输入时经（　　）个脉冲后，8 位数码全部移入寄存器中。
   A. 1　　　　B. 2　　　　C. 4　　　　D. 8
5. 4 位移位寄存器，初态 $Q_0Q_1Q_2Q_3$ 为 1100，经左移 1 位后其次态为（　　）。
   A. 0011 或 1011　　B. 1000 或 1001　　C. 1011 或 1110　　D. 0011 或 1111
6. 同步计数器和异步计数器比较，同步计数器的显著优点是（　　）。
   A. 工作速度高　　B. 触发器利用率高　　C. 电路简单　　D. 不受 CP 时钟控制
7. 米利型时序逻辑电路的输出是（　　）。
   A. 只与输入有关　　　　　　　　B. 只与电路当前状态有关
   C. 与输入和电路当前状态均有关　　D. 与输入和电路当前状态均无关
8. 把一个五进制计数器与一个四进制计数器串联可得到（　　）进制计数器。
   A. 四　　　　B. 五　　　　C. 九　　　　D. 二十
9. 现欲将一个数据串延时 4 个 CP 的时间，则最简单的办法采用（　　）。
   A. 4 位并行寄存器　B. 4 位移位寄存器　C. 四进制计数器　D. 4 位加法器
10. 同步时序电路和异步时序电路比较，其差异在于后者（　　）。
    A. 没有触发器　　　　　　　　B. 没有统一的时钟脉冲控制
    C. 没有稳定状态　　　　　　　D. 输出只与内部状态有关

二、判断题（正确的打√，错误的打×）

1. 同步时序电路可以由组合逻辑电路和存储器两部分组成。（　　）
2. 同步时序电路具有统一的时钟 CP 控制。（　　）
3. 异步时序电路的各级触发器类型不同。（　　）
4. 用反馈置零法或反馈置数法实现任意进制计数器必须采用二进制计数器芯片，而不能采用十进制计数器芯片。（　　）
5. 利用反馈归零法获得 N 进制计数器时，若为异步置零方式，则状态只是短暂的过渡状态，不能稳定而是立刻变为 0 状态。（　　）
6. 时序逻辑电路不含有记忆功能的器件。（　　）
7. 在同步时序电路的设计中，若最简状态表中的状态数为 2^N，而又是用 N 级触发器来实现其电路，则不需检查电路的自启动性。（　　）
8. 计数器的模是指构成计数器的触发器的个数。（　　）
9. 同步二进制计数器的电路比异步二进制计数器复杂，所以实际应用中较少使用同步二进制计数器。（　　）
10. 具有 N 个独立的状态，计满 N 个计数脉冲后，状态能进入循环的时序电路，称之为模 N 计数器。（　　）

三、填空题

1. 寄存器按照功能不同可分为两类：（　　）寄存器和（　　）寄存器。

2. 数字电路按照是否有记忆功能通常可分为两类:( )、( )。
3. 时序逻辑电路按照其触发器是否有统一的时钟控制分为( )时序电路和( )时序电路。
4. 一个4位移位寄存器经过( )个时钟脉冲CP后,4位串行输入数码全部存入寄存器;再经过( )个CP后可串行输出4位数码。
5. 要组成模15计数器,至少需要采用( )个触发器。
6. 时序逻辑电路中仅有存储电路输出时,构成的电路类型通常称为( )型时序逻辑电路;如果电路输出除存储电路输出外,还包含组合逻辑电路输出时,构成的电路类型称为( )型时序逻辑电路。
7. 可以用来暂时存放数据的器件称为( ),若要存储4位二进制代码,该器件必须有( )触发器。
8. 时序逻辑电路中某计数器中的无效码若在开机时出现,不用人工或其他设备的干预,计数器能够很快自行进入( ),使无效码不再出现的能力称为( )能力。
9. 若构成一个六进制计数器,至少要采用( )位触发器,这时构成的电路有( )个有效状态,( )个无效状态。
10. 通常模值相同的同步计数器比异步计数器的结构( ),工作速度( )。

四、综合题

1. 一个同步时序电路如图6-51所示,设各触发器的起始状态均为0态。
(1) 列出电路的状态表;
(2) 画出电路的状态图;
(3) 画出CP作用下Q_0、Q_1、Q_2的波形图;
(4) 说明电路的逻辑功能。

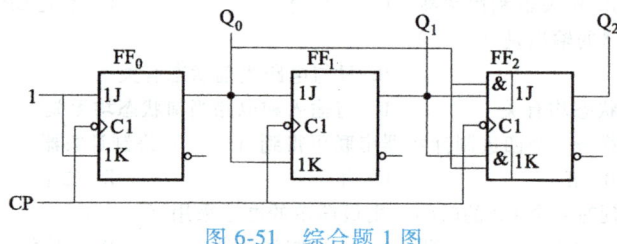

图6-51 综合题1图

2. 试分析图6-52所示的同步时序逻辑电路,并写出分析过程。

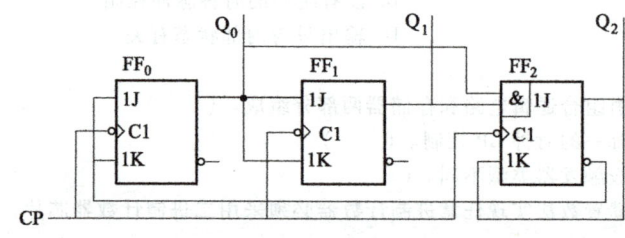

图6-52 综合题2图

3. 试用D触发器设计一个同步五进制加法计数器,要求写出设计过程。
4. 用74LS161构成十一进制计数器。要求分别用"置零法"和"置数法"实现。
5. 试分别用以下集成计数器设计十二进制计数器。(1) 利用74LS161的异步清零功能。(2) 利用74LS161的同步置数功能。
6. 由JK触发器构成的电路如图6-53所示。(1) 若$Q_2Q_1Q_0$作为码组输出,该电路实现何种功能?(2) 若仅由Q_2输出,它又为何种功能?
7. 用两片集成计数器74LS161构成七十五进制计数器,画出连线图。
8. 试用同步十进制计数器74LS160设计一个同步五进制计

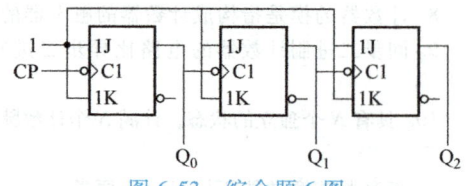

图6-53 综合题6图

数器,标出输入、输出端。可以附加必要的门电路。

9. 用 74LS161 的复位功能搭建一个十三进制的计数器。

10. 用 74LS161 的预置数功能搭建一个十三进制的计数器,若电路要求从 0000 开始计数,如何搭建最简单?

11. 用两片同步十进制计数器 74LS160 接成二十进制计数器。标出输入、输出端(可以附加必要的门电路)。

12. 图 6-54 所示的计数器电路,说明这是多少进制的计数器。

13. 试分析图 6-55 所示电路的逻辑功能。

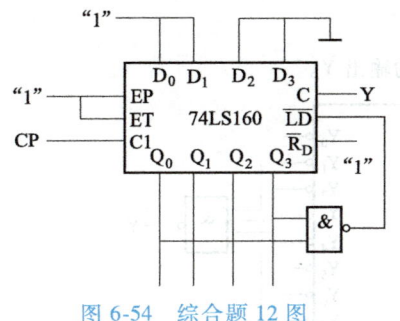

图 6-54　综合题 12 图

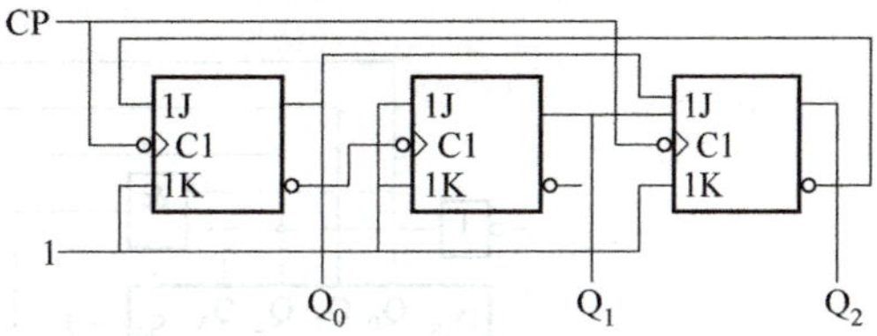

图 6-55　综合题 13 图

14. 分析图 6-56 所示同步时序逻辑电路功能。

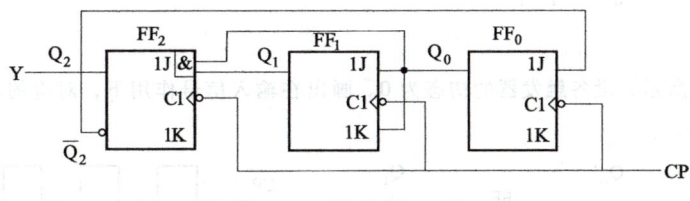

图 6-56　综合题 14 图

15. 设计三相步进电机控制器:工作在三相单双六拍正转方式,即在 CP 作用下控制三个线圈 A、B、C 按以下方式轮流通电。

16. 由 4 位二进制计数器 74LS161 及门电路组成的时序电路如图 6-57 所示。要求:

(1) 分别列出 X＝0 和 X＝1 时的状态图;

(2) 指出该电路的功能。

17. 用十六进制同步加法计数器 74LS161 设计能自启动的 2421 BCD 码十进制加法计数器(可用必要的门电路)。

18. 分析图 6-58 所示同步时序逻辑电路功能。

19. 分析图 6-59 所示电路,画出状态图和波形图,并说明 CP 和 Q_2 是几分频。

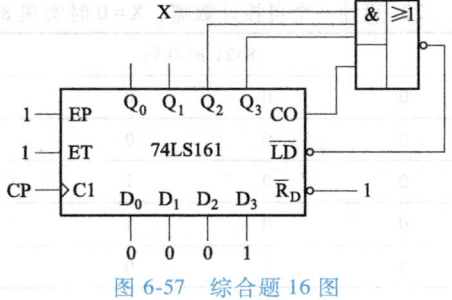

图 6-57　综合题 16 图

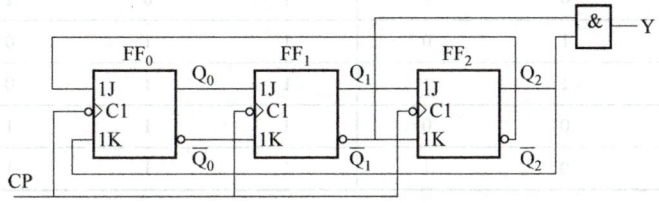

图 6-58　综合题 18 图

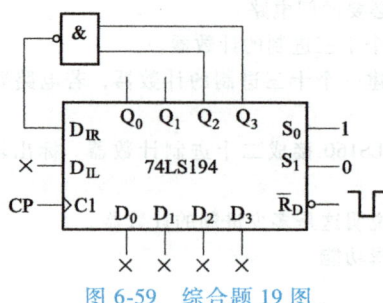

图 6-59　综合题 19 图

20. 画出图 6-60 所示的移位寄存器时序电路状态图和对应的输出 Y。

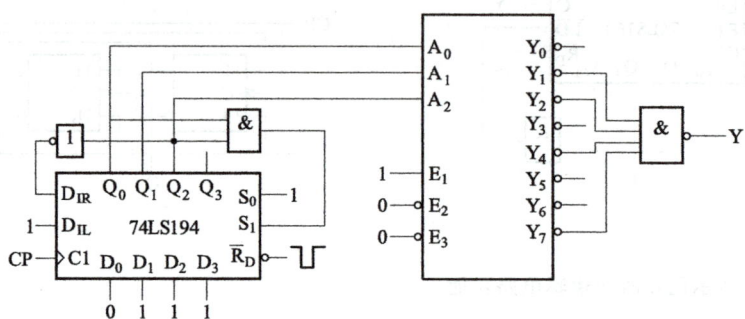

图 6-60　综合题 20 图

21. 电路如图 6-61 所示，设各触发器的初态为 0。画出在输入信号作用下，对应的输出 Q_0、Q_1 的波形，并描述电路实现的功能。

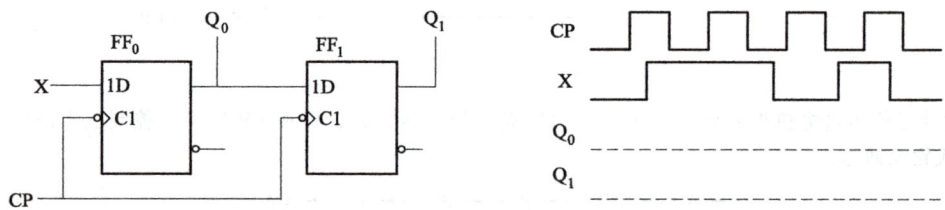

图 6-61　综合题 21 图

22. 设计一个可控计数器，X=0 时实现 8421 BCD 码计数器，X=1 时实现 2421 BCD 码计数器。

8421 BCD 码				2421 BCD 码			
0	0	0	0	0	0	0	0
0	0	0	1	0	0	0	1
0	0	1	0	0	0	1	0
0	0	1	1	0	0	1	1
0	1	0	0	0	1	0	0
0	1	0	1	1	0	1	1
0	1	1	0	1	1	0	0
0	1	1	1	1	1	0	1
1	0	0	0	1	1	1	0
1	0	0	1	1	1	1	1

23. 试分析图 6-62 所示电路的逻辑功能。图中 74LS160 为十进制同步加法计数器，其功能见表 6-13。

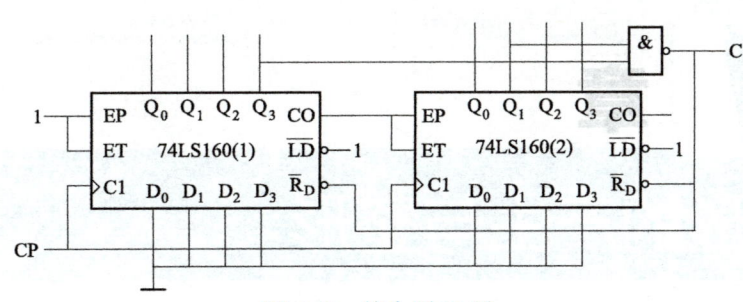

图 6-62 综合题 23 图

表 6-13 74LS160 功能表

CP	$\overline{R_D}$	$\overline{LD}$	EP	ET	工作状态
×	0	×	×	×	置零
↑	1	0	×	×	预置数
×	1	1	0	1	保持
×	1	1	×	0	保持（但 CO=0）
↑	1	1	1	1	计数

第 7 章 脉冲波形的产生与整形

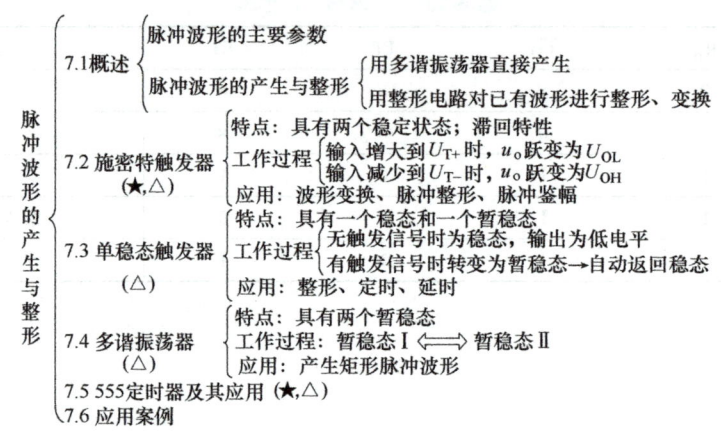

知识图谱（★表示重点，△表示难点）

```
                  ┌ 7.1 概述 ┬ 脉冲波形的主要参数
                  │         └ 脉冲波形的产生与整形 ┬ 用多谐振荡器直接产生
                  │                              └ 用整形电路对已有波形进行整形、变换
                  │
脉                │          ┌ 特点：具有两个稳定状态；滞回特性
冲                │ 7.2 施密特触发器 ┬ 工作过程 ┬ 输入增大到 $U_{T+}$ 时，$u_o$ 跃变为 $U_{OL}$
波                │   (★,△)         │         └ 输入减少到 $U_{T-}$ 时，$u_o$ 跃变为 $U_{OH}$
形                │                  └ 应用：波形变换、脉冲整形、脉冲鉴幅
的                │
产                │          ┌ 特点：具有一个稳态和一个暂稳态
生                │ 7.3 单稳态触发器 ┬ 工作过程 ┬ 无触发信号时为稳态，输出为低电平
与                │   (△)            │         └ 有触发信号时转变为暂稳态→自动返回稳态
整                │                  └ 应用：整形、定时、延时
形                │
                  │          ┌ 特点：具有两个暂稳态
                  │ 7.4 多谐振荡器 ┬ 工作过程：暂稳态Ⅰ ⇌ 暂稳态Ⅱ
                  │   (△)          └ 应用：产生矩形脉冲波形
                  │
                  ├ 7.5 555 定时器及其应用 (★,△)
                  └ 7.6 应用案例
```

本章介绍常用的脉冲波形产生与整形电路——施密特触发器、单稳态触发器、多谐振荡器的电路组成、工作原理、主要参数和应用。本章以中规模集成电路 555 定时器为典型电路，主要讨论 555 定时器构成的施密特触发器、单稳态触发器、多谐振荡器以及 555 定时器的典型应用。

【学习目标】

1. 知识目标

1) 理解脉冲波形产生与整形电路的工作原理。
2) 了解用门电路构成施密特触发器、单稳态触发器、多谐振荡器的电路结构。
3) 掌握 555 定时器的基本结构、引脚功能、典型应用。

2. 能力目标

1) 具有对 555 定时器进行功能测试的能力。
2) 具有查阅电子手册中有关 555 定时器相关知识的能力。

3. 素质目标

1) 树立正确的世界观、人生观、价值观，养成不畏艰苦、迎难而上、踏实肯干、团结协作、包容友爱、遵纪守法、识大体顾大局的优秀品格。

2) 要想适应社会，就需要培养社会道德、个人道德和职业道德。培养家国情怀、专业认同感和行业自豪感，提高融会贯通的思维能力及对科学问题的探索欲望和创新精神。养成努力学习、刻苦钻研、成才报国的爱国主义情怀。

7.1 概述

在数字系统中，经常需要用到各种宽度和幅值的矩形脉冲，如时钟脉冲、各种时序逻辑电路的输入或控制信号等。脉冲信号是指短暂的时间间隔内作用于电路的电压或电流。这些脉冲信号是通过脉冲产生与整形电路得到的。

7.1.1 脉冲波形的主要参数

理想的矩形波只有 3 个参数，如图 7-1a 所示，即脉冲幅度 U_m、脉冲周期 T 和脉冲宽度 t_w。实际的矩形波要复杂一些，如图 7-1b 所示。实际脉冲电压波形从零值跃升到最大值，或从最大值降到零值时，都需要经历一定的时间，一般用上升时间 t_r 和下降时间 t_f 表示。数字电路最常用的脉冲信号就是矩形波信号。如时序逻辑电路中的时钟信号就是典型的矩形波信号。为了描述矩形波信号的特性，这里对矩形波信号的主要参数进行描述。矩形波信号的参数如下：

1) 脉冲幅度 U_m：脉冲电压波形的变化最大值，单位为伏（V）。
2) 脉冲上升时间 t_r：脉冲波形从 $0.1U_m$ 上升到 $0.9U_m$ 所需的时间。
3) 脉冲下降时间 t_f：脉冲波形从 $0.9U_m$ 下降到 $0.1U_m$ 所需的时间。
4) 脉冲宽度 t_w：脉冲从上升沿 $0.5U_m$ 到下降沿 $0.5U_m$ 所需的时间。
5) 脉冲周期 T：在周期性脉冲中，相邻两个脉冲波形重复出现所需的时间，单位和 t_r、t_f 相同。
6) 脉冲频率 f：表示单位时间内脉冲的重复次数（每秒时间内，脉冲出现的次数），$f=1/T$。
7) 占空比 q：脉冲宽度与脉冲周期的比值，即 $q=t_w/T$。它是描述脉冲波形疏密的参数。

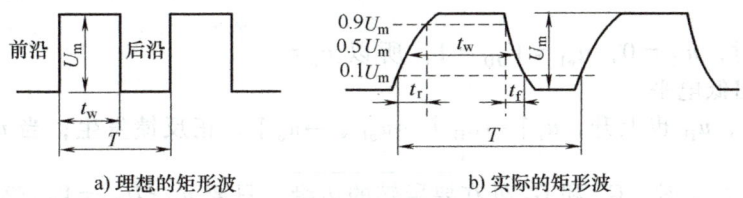

a) 理想的矩形波   b) 实际的矩形波

图 7-1 矩形波信号的主要参数

脉冲上升时间 t_r 和脉冲下降时间 t_f 越短，越接近于理想的矩形脉冲。理想矩形波信号的上升时间 t_r 和下降时间 t_f 均为 0。

7.1.2 脉冲波形的产生与整形

在数字电路中，获得脉冲信号的方法有两种：一种是利用多谐振荡器直接产生脉冲信号；另一种则是利用整形电路（如施密特触发器、单稳态触发器等）对已有的周期性变化信号进行整形或变换，使之符合数字电路的要求。施密特触发器主要用于将缓慢变化或快速变化的非矩形脉冲变换成陡峭的矩形脉冲。单稳态触发器主要用于将宽度不符合要求的脉冲变换成符合要求的矩形脉冲。

脉冲信号产生与整形电路可以用门电路构成，也可以用专用的集成电路 555 定时器构成。555 定时器是一种多用途集成电路，只要外接少量阻容元件就可构成施密特触发器、单稳态触发器和多谐振荡器等，使用方便、灵活，应用广泛。

思考与练习

7.1-1 什么是脉冲信号？
7.1-2 常见的脉冲波形有哪些？
7.1-3 矩形脉冲的主要技术参数有哪些？

7.1-4　获取矩形脉冲波形的途径有哪两种？

7.2　施密特触发器

扫一扫
看视频

施密特触发器（Schmitt Trigger）是一种能够把输入波形整形成为适合于数字电路需要的矩形脉冲的电路。由于具有滞回特性，所以抗干扰能力很强，是脉冲数字系统中常用的电路。

7.2.1　用门电路构成的施密特触发器

1. 电路组成

将两个 CMOS 反相器级联起来，通过分压电阻将输出端的电压反馈到输入端，就构成了施密特触发器，用 CMOS 非门构成的施密特触发器如图 7-2a 所示。施密特触发器分为同相施密特触发器和反相施密特触发器，如图 7-2b 所示。

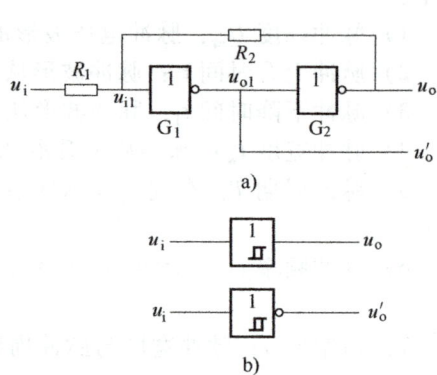

图 7-2　CMOS 非门构成的施密特触发器

2. 工作原理

图 7-2a 中 G_1、G_2 为 CMOS 门电路，$U_{OH} = V_{DD}$，$U_{OL} = 0$，其阈值电压为 $U_{TH} = V_{DD}/2$。为了使电路正常工作，电路中要求 $R_1 < R_2$。设 u_i 是变化缓慢的三角波，其工作原理为

1) $u_i = 0V$ 时，$u_{i1} = 0$，$u_{o1} = V_{DD} = 1$，所以 $u_o = U_{OL} = 0$，电路输出低电平。

2) u_i 上升时，u_{i1} 也上升，$u_i \uparrow \to u_{i1} \uparrow \to u_{o1} \downarrow \to u_o \uparrow$，正反馈发生；当 u_i 上升使 u_{i1} 趋于 G_1 的阈值电平 U_{TH} 时，G_1 和 G_2 处在要翻转的边缘，只要 $u_{i1} < U_{TH} = V_{DD}/2$，则保持 $u_o = 0$；当 u_i 上升使 $u_{i1} = U_{TH} = V_{DD}/2$ 时，G_1 和 G_2 输出状态将翻转。由此可求出使电路发生翻转的正向阈值电平 U_{T+}。由叠加原理得

$$u_{i1} = \frac{R_2}{R_1+R_2}u_i + \frac{R_1}{R_1+R_2}u_o$$

$$U_{TH} = \frac{R_2}{R_1+R_2}U_{T+} + \frac{R_1}{R_1+R_2} \times 0$$

由此可求出正向阈值电压为

$$U_{T+} = \frac{R_1+R_2}{R_2}U_{TH} = \left(1+\frac{R_1}{R_2}\right)U_{TH} \tag{7-1}$$

3) 当 $u_i = 1$ 时，$u_{i1} = 1$，$u_{o1} = 0$，所以 $u_o = U_{OH} = 1$，电路输出高电平。

4) 当 u_i 从高电平下降时，u_{i1} 也下降，发生正反馈 $u_i \downarrow \to u_{i1} \downarrow \to u_{o1} \uparrow \to u_o \downarrow$，当 u_i 下降使 u_{i1} 趋于 G_1 的阈值电平 U_{TH} 时，G_1 和 G_2 处在要翻转的边缘，只要 $u_{i1} > U_{TH} = V_{DD}/2$，则保持 $u_o = 1$；当 u_i 下降使 $u_{i1} = U_{TH} = V_{DD}/2$ 时，G_1 和 G_2 输出状态将翻转。由此可求出使电路发生翻转的负向阈值电平 U_{T-}。由叠加原理得

$$u_{i1} = \frac{R_2}{R_1+R_2}u_i + \frac{R_1}{R_1+R_2}u_o$$

$$U_{TH} = \frac{R_2}{R_1+R_2}U_{T-} + \frac{R_1}{R_1+R_2}V_{DD} \tag{7-2}$$

由此可求出此电路的负向阈值电平 U_{T-}。将 $V_{DD} = 2U_{TH}$ 代入式（7-2）后得

$$U_{T-} = \left(1 - \frac{R_1}{R_2}\right) U_{TH} \tag{7-3}$$

U_{T+} 与 U_{T-} 之差定义为回差电压 ΔU_T，即

$$\Delta U_T = U_{T+} - U_{T-} = 2\frac{R_1}{R_2} U_{TH} \tag{7-4}$$

3. 电压传输特性

同相施密特触发器和反相施密特触发器及其电压传输特性如图 7-3 所示。

（1）同相传输特性

同相传输特性和图形符号如图 7-3a 所示。

1) 当 $u_i = 0$ 时，$u_o = U_{OL} = 0$。
2) 当 u_i 上升到大于或等于 U_{T+} 时，u_o 跃变为 $u_o = U_{OH} = V_{DD}$。
3) 当 u_i 从最大值下降到小于或等于 U_{T-} 时，u_o 跃变为 $u_o = U_{OL} = 0$。

U_{T+} 是 u_i 上升过程中电路状态发生转换时对应的输入电平，称为正向阈值电平；U_{T-} 是 u_i 下降过程中电路状态发生转换时对应的输入电平，称为负向阈值电平。

（2）反相传输特性

反相传输特性和图形符号如图 7-3b 所示。

1) 当 $u_i = 0$ 时，$u_o = U_{OH} = V_{DD}$。
2) 当 u_i 上升到大于或等于 U_{T+} 时，u_o 跃变为 $u_o = U_{OL} = 0$。
3) 当 u_i 从最大值下降到小于或等于 U_{T-} 时，u_o 跃变为 $u_o = U_{OH} = V_{DD}$。

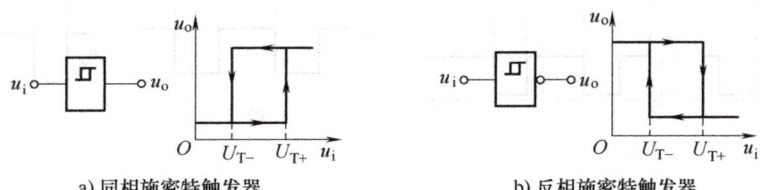

a) 同相施密特触发器　　　　　　b) 反相施密特触发器

图 7-3　同相施密特触发器和反相施密特触发器及其电压传输特性

如图 7-4 所示，当输入三角波时，根据施密特触发器的电压传输特性，可得到对应的施密特触发器的输出波形。

4. 施密特触发器的特点

施密特触发器能够把不规则的输入波形变成良好的矩形波。例如，用正弦波去驱动一般的门电路、计数器或其他数字器件，将导致逻辑功能不可靠，这时可将正弦波通过施密特触发器变成矩形波输出。

施密特触发器是典型的脉冲整形电路。施密特触发器是具有滞回特性的数字传输门，它具有以下特点：

1) 施密特触发器的输出有两种状态：0 态和 1 态，也就是说，它输出的是数字信号，要么是高电平，要么是低电平。

2) 施密特触发器采用电平触发，也就是说，它输出是高电平还是低电平取决于输入信号的电平。

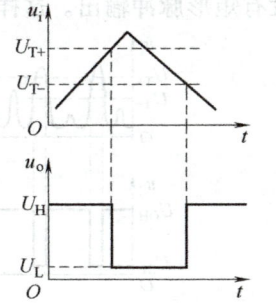
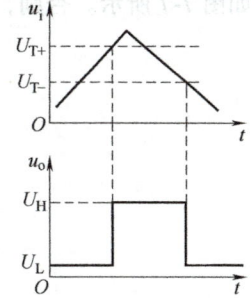

a) 反相施密特触发器工作波形　　b) 同相施密特触发器工作波形

图 7-4　输入三角波时的输出波形

3）对于正向和负向增长的输入信号，电路有不同的阈值电平 U_{T+} 和 U_{T-}。也就是说，输入信号电压上升时，与 U_{T+} 比较，大于 U_{T+} 输出状态翻转；输入信号电压下降时，与 U_{T-} 比较，小于 U_{T-} 输出状态翻转。

利用上述特点，施密特触发器不仅能将边沿缓慢变化的信号波形整形为边沿陡峭的矩形波，还可以将叠加在矩形脉冲高、低电平上的噪声信号有效地清除。

7.2.2 施密特触发器的应用

利用施密特触发器状态转换过程中的正反馈作用，可以把边沿变化缓慢的周期性信号变换为边沿很陡的矩形脉冲信号。施密特触发器有以下几方面的用途：

1. 波形变换

施密特触发器可以把连续变化的正弦波、三角波以及其他不规则输入电压变换为矩形波输出，如图 7-5 所示。

2. 脉冲整形

在数字系统中，矩形脉冲经过传输以后，往往会产生波形畸变。比如，当传输线上电容较大时，矩形波的上升沿和下降沿将变坏，如图 7-6a 所示。当传输线较长，而且接收端的阻抗与传输线的阻抗不匹配时，在波形的上升沿和下降沿将产生振荡现象，如图 7-6b 所示。这两种情况都可通过施密特触发器整形使它恢复为符合要求的矩形脉冲波，从而获得较为理想的矩形脉冲信号。

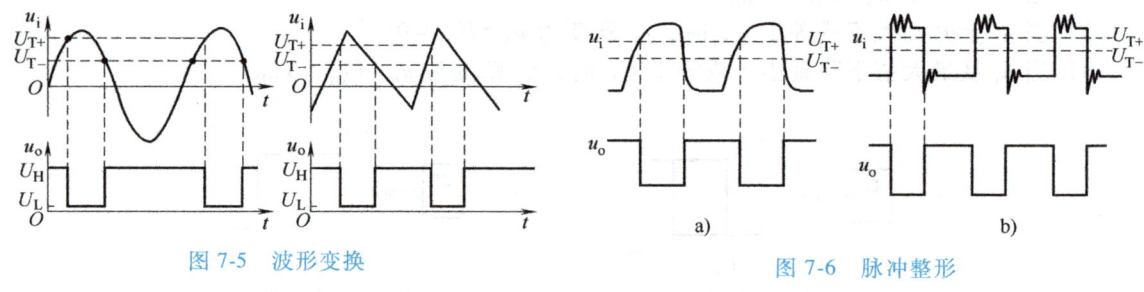

图 7-5　波形变换　　　　　　　　图 7-6　脉冲整形

3. 脉冲鉴幅

脉冲鉴幅用于鉴别并取出幅度大于 U_{T+} 的脉冲。若将一系列幅度各异的脉冲信号加到施密特触发器的输入端，只有输入信号的幅度大于正向阈值电平 U_{T+}，才能使电路翻转，从而有脉冲输出，如图 7-7 所示。否则，没有矩形脉冲输出。这样，就达到鉴别输入信号幅度大小的目的。

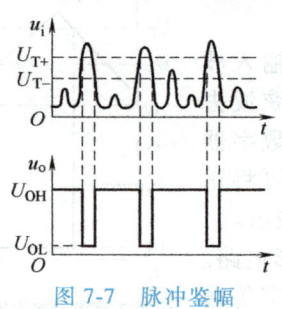

图 7-7　脉冲鉴幅

【例 7-1】 在图 7-8a 所示的施密特触发器电路中，已知 G_1 和 G_2 为 CMOS 反相器，$R_1 = 10\text{k}\Omega$；$R_2 = 30\text{k}\Omega$；$V_{DD} = 15\text{V}$。（1）试计算电路的正向阈值电压 U_{T+}、负向阈值电压 U_{T-} 和回差电压 ΔU_T。（2）若施密特触发器的输入电压波形如图 7-8b 所示，试画出其输出电压波形。

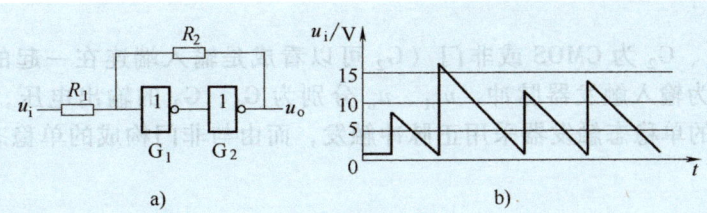

图 7-8 例 7-1 图

解：（1）正向阈值电压为

$$U_{T+} = \left(1 + \frac{R_1}{R_2}\right)U_{TH} = \left(1 + \frac{10}{30}\right) \times \frac{15}{2} = 10\text{V}$$

负向阈值电压为

$$U_{T-} = \left(1 - \frac{R_1}{R_2}\right)U_{TH} = \left(1 - \frac{10}{30}\right) \times \frac{15}{2} = 5\text{V}$$

回差电压为

$$\Delta U_T = U_{T+} - U_{T-} = 10 - 5 = 5\text{V}$$

（2）画出输出电压波形如图 7-9 所示。

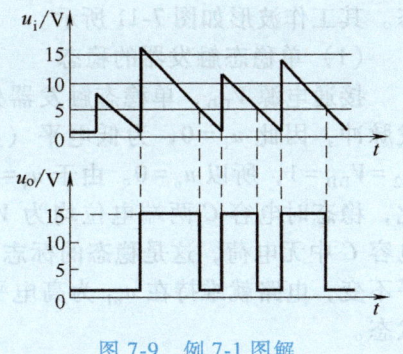

图 7-9 例 7-1 图解

思考与练习

7.2-1 施密特触发器有什么特点？施密特触发器的电压传输特性是什么？

7.2-2 施密特触发器的主要应用有哪些？

7.2-3 上限触发电平、下限触发电平及回差电压的定义是什么？

7.2-4 用施密特触发器能否寄存 1 位二值数据，说明理由。

7.3 单稳态触发器

单稳态触发器是数字系统中又一种常用的脉冲整形电路。它的特点是，只有一个稳态，另外还有一个暂稳态。

在单稳态触发器中，没有外加触发信号作用时，电路始终处于稳态；在外加触发信号的作用下，电路能从稳态转换到暂稳态，经过一段时间后，又能自动回到稳态。电路处于暂稳态的时间长短通常取决于电路中电容的充电时间和放电时间，这个时间是单稳态触发器的输出脉冲宽度 t_w。

7.3.1 用门电路构成的单稳态触发器

单稳态触发器的暂稳态通常都是靠 RC 电路的充、放电过程来维持的。根据 RC 电路的不同接法，又把单稳态触发器分为微分型和积分型两种。下面以微分型为例进行介绍。

1. 电路组成

微分型单稳态触发器由门电路和 RC 微分电路组成。微分型单稳态触发器中的门电路既可以是与非门，也可以是或非门，既可以是 CMOS 门电路，也可以是 TTL 门电路。图 7-10 所示的是由 CMOS 或非门构成的

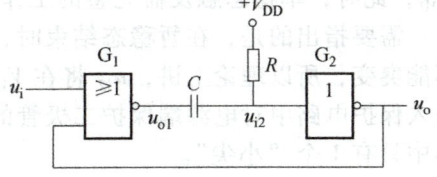

图 7-10 由 CMOS 或非门构成的单稳态触发器

单稳态触发器。

图7-10中，G_1、G_2 为 CMOS 或非门（G_2 可以看成是输入端连在一起的或非门），R、C 构成微分电路。u_i 为输入触发器脉冲，u_{o1}、u_o 分别为 G_1、G_2 的输出电压，u_{i2} 为 G_2 输入电压。由或非门构成的单稳态触发器采用正脉冲触发，而由与非门构成的单稳态触发器采用负脉冲触发。

2. 工作原理

分析单稳态触发器的工作原理，就是分析如何在外加触发信号的作用下，电路由稳态进入暂稳态，然后又如何在电容充放电的作用下，自动返回到稳态。其工作波形如图7-11所示。

（1）单稳态触发器的稳态

接通电源 V_{DD}，单稳态触发器处于稳态时，输入端无触发脉冲，因此 $u_i = 0$，为低电平（因为是高电平触发）。而 $u_{i2} = V_{DD} = 1$，所以 $u_o = 0$。由于 $u_i = 0$，所以 $u_{o1} = 1 \approx V_{DD}$。因此，稳态时电容 C 两端电位均为 V_{DD}，电容两端电压为零，电容 C 中无电荷，这是稳态的标志。只要输入信号保持低电平不变，电路就维持在 u_{o1} 为高电平，u_o 为低电平这一稳定状态。

（2）当 u_i 加一个正脉冲时，由稳态进入暂稳态

假设在 t_1 时刻，输入端有一正脉冲信号出现，当 u_i 变为高电平时，G_1 输出立即变为低电平，由于电容两端的电压不能突变，故 u_{i2} 随 u_{o1} 跳变为低电平，u_o 跳变为高电平。该高电平反馈到 G_1 的输入端，使 u_{o1} 仍维持在低电平。电路处于 u_{o1} 为低电平、u_o 为高电平的暂稳状态。这里有一个正反馈过程，其作用是改善 u_{o1}、u_o 边沿，使 u_{o1} 和 u_o 边沿很陡。正反馈如下所示：

$$u_{i2} \downarrow \rightarrow u_o \uparrow \rightarrow u_{o1} \downarrow$$

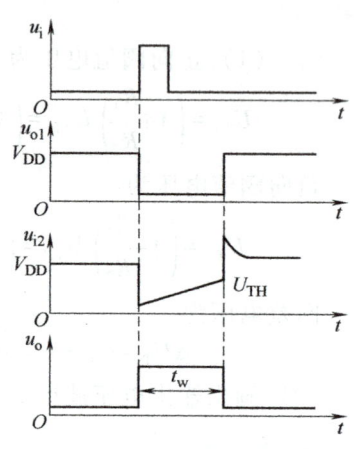

图 7-11 单稳态触发器的工作波形

（3）暂稳态自动回到稳态

进入暂稳态后，u_{o1} 为低电平，V_{DD} 经 R 向电容 C 充电，充电回路为 $V_{DD} \rightarrow R \rightarrow C \rightarrow u_{o1}$，充电使 u_{i2} 上升。当 u_{i2} 上升到等于 G_2 的阈值电平 $U_{TH} = V_{DD}/2$ 时，G_2 输出低电平 $u_o \approx 0$。电路返回到自然稳态 $u_o = 0$。如果触发脉冲已经消失，即 u_i 由高电平回到低电平，$u_{o1} \approx V_{DD}$，电路回到稳态。这里也有正反馈现象，其作用是改善 u_{o1} 和 u_o 边沿，使 u_{o1} 和 u_o 边沿很陡。正反馈如下所示：

$$u_{i2} \uparrow \rightarrow u_o \downarrow \rightarrow u_{o1} \uparrow$$

回到稳态后，电容 C 处于放电的过程，放电回路为 $u_{i2} \rightarrow R \rightarrow V_{DD} \rightarrow G_1$ 输出级导通管 $\rightarrow u_{o1} \rightarrow C \rightarrow u_{i2}$，放电使 u_{i2} 下降，当 u_{i2} 下降到等于 V_{DD} 时（此时，C 两端均为 V_{DD}，C 中无电荷），电路稳定，保证 $u_o = 0$。由 G_1 的输出级导通管、电阻 R 构成放电回路，u_{i2} 逐步趋向 V_{DD}，此时，单稳态触发器完整的工作过程完成。

需要指出的是，在暂稳态结束时，u_{o1} 则由 0 跳变到高电平 V_{DD}，由于电容 C 两端的电压不能突变，所以理论上讲，u_{i2} 将在 $V_{DD}/2$ 的基础上上升 V_{DD}，达到 $3V_{DD}/2$，但由于 CMOS 门输入保护电路中对电源端保护二极管的钳位作用，使 u_{i2} 最大只能达到 $V_{DD} + 0.7V$，所以 u_{i2} 波形中只有 1 个 "小尖"。

3. 主要参数及计算

为了定量地描述单稳态触发器的性能，经常使用以下 4 个参数：

（1）暂稳态维持时间 t_w（输出脉冲宽度）

由以上分析可知，暂稳态维持时间 t_w 就是电容 C 开始充电至电压升高到 $V_{DD}/2$ 所需的时间。因此，只要求出电容 C 充电过程的电压方程，即可求得 t_w。由图 7-11 可知，C 的充电波形就是 u_{i2} 的指数上升段波形，如果以触发信号到达、电容 C 开始充电为时间 0 点，则电容 C 的充电过程可用下式表示：

$$u_C(t) = u_C(\infty) + [u_C(0_+) - u_C(\infty)] e^{-\frac{t}{\tau}} \quad (7\text{-}5)$$

将 $u_C(0_+) = 0V$，$u_C(\infty) = V_{DD}$，$u_C(t_w) = \dfrac{V_{DD}}{2}$，$\tau = RC$ 代入式（7-5）的 RC 过渡过程计算公式进行计算可得

$$t_w = \tau \ln \dfrac{U_C(\infty) - U_C(0_+)}{U_C(\infty) - U_C(t_w)} = RC \ln \dfrac{V_{DD} - 0}{V_{DD} - \dfrac{V_{DD}}{2}} = RC \cdot \ln 2 \approx 0.7 RC \quad (7\text{-}6)$$

由式（7-6）可知，t_w 与 R、C 有关，与触发脉冲宽度无关。

（2）恢复时间 t_{re}

恢复时间 t_{re} 是电容 C 放电所需的时间。一般认为，经过 $(3 \sim 5)\tau$ 的时间以后，RC 电路已经基本达到稳态。

（3）最高工作频率 f_{max}

在暂稳态期间 t_w 和恢复时间 t_{re} 内，电路不响应触发信号，电路只有在完全恢复后才可接受下一次触发，因此，输入触发脉冲最小周期 T_{min} 为

$$T_{min} = t_w + t_{re} \quad (7\text{-}7)$$

$$f_{max} = \dfrac{1}{T_{min}} \quad (7\text{-}8)$$

（4）周期性输入触发脉冲占空比 q

$$q = \dfrac{t_w}{T} \quad (7\text{-}9)$$

最大占空比为

$$q_{max} = \dfrac{t_w}{T_{min}} = \dfrac{t_w}{t_w + t_{re}} \quad (7\text{-}10)$$

7.3.2 单稳态触发器的应用

单稳态触发器在数字系统和装置中被广泛应用于脉冲整形（把不规则的波形转换成等宽、等幅的脉冲）、延时（产生滞后于触发脉冲的输出脉冲）以及定时（产生固定时间宽度的脉冲信号）等，还可用于变换脉冲宽度等场合。

1. 整形

单稳态触发器能够把不规则的输入信号 u_i，整形成幅度和宽度都相同的标准矩形脉冲 u_o，如图 7-12 所示。u_o 的幅度取决于单稳态电路输出的高、低电平，u_o 的宽度 t_w 取决于暂稳态时间。

2. 定时

由于单稳态触发器能产生一个 t_w 定宽的矩形输出脉冲，起定时控制作用。利用单稳态触发器的暂稳态脉冲信号可控制电子开

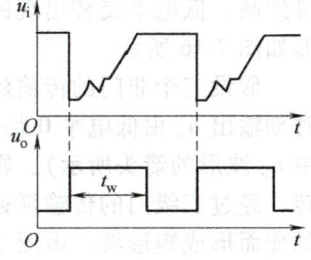

图 7-12　波形的整形

关在规定的时间动作,达到定时的目的。图 7-13a 所示为脉冲序列信号定时传输电路,将单稳态触发器的输出接至与门输入端作为控制信号,另一个脉冲序列信号也同时加至与门的另一个输入端。当单稳态触发器处于暂稳态、输出为高电平时,与门打开,脉冲序列信号能够通过与门传输;而当经过一段时间后,单稳态电路回到稳态时,输出为低电平,控制门关闭,阻断脉冲序列信号的传输,实现了定时传输脉冲序列信号。与门打开的时间取决于单稳态触发器暂稳态持续时间的长短,工作波形图如图 7-13b 所示。

3. 延时

单稳态触发器在输入信号 u_i 触发下,输出 u_o 产生一个比 u_i 延时 t_w 的脉冲波,这个延时作用可被适当地应用于信号传输的时间配合上,如图 7-14 所示。

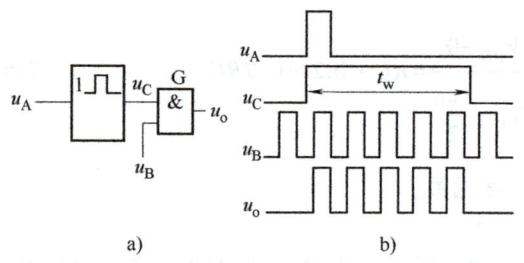

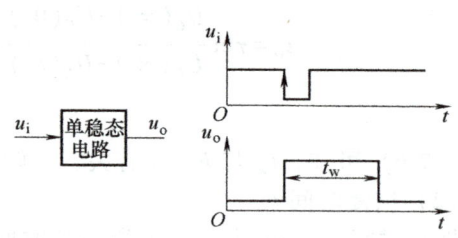

图 7-13 定时电路　　　　　　　　　　图 7-14 延时电路

思考与练习

7.3-1 单稳态触发器有什么特点?
7.3-2 如何计算暂稳态时间?
7.3-3 单稳态触发器的工作原理是什么?
7.3-4 单稳态触发器的主要应用有哪些?

7.4 多谐振荡器

多谐振荡器是能产生矩形脉冲波的自激振荡器,由于矩形波中除基波外,还包括许多高次谐波,因此这类振荡器称为多谐振荡器。

多谐振荡器一旦振荡起来后,电路没有稳态,只有两个暂稳态,它们在做交替变化,输出矩形波脉冲信号,因此它又称为无稳电路。

7.4.1 用门电路构成的多谐振荡器

利用门电路的传输延迟时间,将奇数个非门首尾相接就构成一个简单的多谐振荡器。如图 7-15 所示,它由三个非门首尾相连而成,这个电路没有稳态。从任何一个非门的输出端都可得到高、低电平交替出现的方波。该电路的输出波形如图 7-16 所示。

假设三个非门的传输延迟时间均为 t_{pd},在某一时刻输出 u_o 由低电平 0 跳变为高电平 1(如图 7-16 中 u_o 波形的箭头所示),则 G_1、G_2 和 G_3 将依次翻转,经过三级门的传输延迟时间 $3t_{pd}$ 后,使输出 u_o 又由高电平 1 跳变为低电平 0,如此循环跳变而形成矩形波。由图 7-16 可见,其振荡周期为 $6t_{pd}$。这种简单的多谐振荡器周期小,频率高,且频率不易调整和不稳定,所以在实际电路中很少使用。

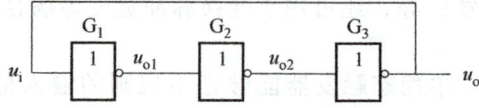

图 7-15 奇数个非门构成的多谐振荡器

为了克服上述多谐振荡器的缺点，可在图 7-15 所示电路中引入 RC 延迟环节，构成图 7-17 所示的电路。图中 R_S 为限流电阻，对 G_3 起保护作用。由于 R_S 一般较小（100Ω 左右），u_A 仍可作为 G_3 的输入电压。通常 RC 电路产生的延迟时间远远大于门电路本身的传输延迟时间，所以分析时可以忽略 t_{pd}。下面对该电路的工作原理进行简单的定性分析。

设在 t_0 时刻，$u_i=u_o$ 为低电平，则 u_{o1} 为高电平，u_{o2} 为低电平。此时 u_{o1} 经电容 C、电阻 R 到 u_{o2} 形成电容的充电回路。随着充电过程的进行，电容 C 上的电压逐渐增大，A 点的电压相应减小，当接近门电路的阈值电压 U_{TH} 时，形成下述正反馈过程：

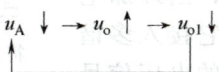

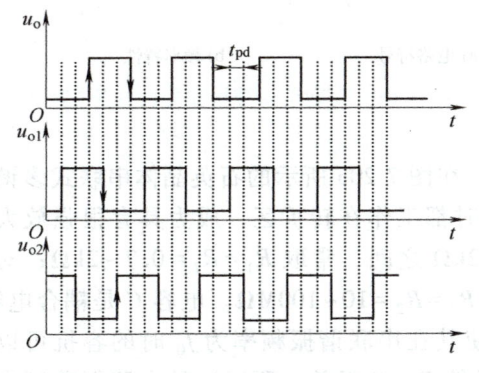

图 7-16 图 7-15 电路的输出波形

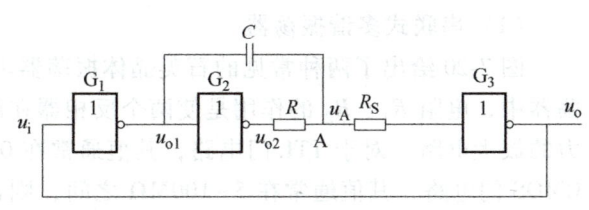

图 7-17 带 RC 延迟的多谐振荡器

正反馈的结果使电路在 t_1 时刻，$u_i=u_o$ 变为高电平，则 u_{o1} 为低电平，u_{o2} 为高电平。考虑到电容电压不能突变，在 u_{o1} 由高电平变为低电平时，A 点电压出现下跳，其幅度与 u_{o1} 的变化幅度相同。此时 u_{o2} 经电阻 R、电容 C 到 u_{o1} 形成电容的放电回路。随着放电过程的进行，A 点的电压逐渐增大，当接近门电路的阈值电压时，形成下述正反馈过程：

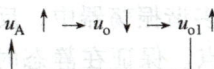

正反馈的结果使电路在 t_2 时刻，返回到 $u_i=u_o$ 为低电平，u_{o1} 为高电平，u_{o2} 为低电平的状态，同样考虑到电容电压不能突变，在 u_{o1} 由低电平变为高电平时，A 点电压出现上跳，其幅度与 u_{o1} 的变化幅度相同。此后，电路重复上述过程，周而复始地从一个暂稳态转换到另一个暂稳态，从而在 G_3 的输出端得到连续的方波。该电路的工作波形如图 7-18 所示。

由上述分析可看出，多谐振荡器的两个暂稳态之间的转换过程是通过电容 C 的充、放电作用来实现的。电容 C 的充、放电作用又集中反映在图 7-18 中电压 u_A 的变化上，因此 A 点电压的变化是决定电路工作状态的关键。

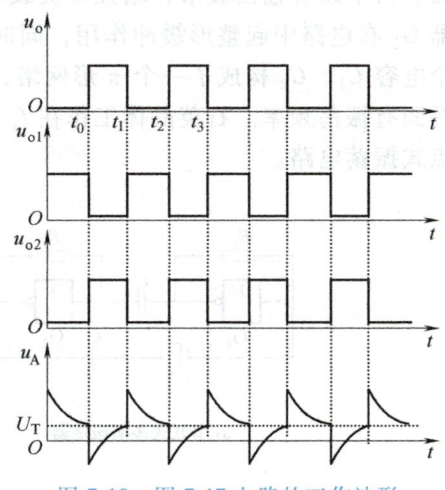

图 7-18 图 7-17 电路的工作波形

7.4.2 采用石英晶体的多谐振荡器

在许多数字系统中,都要求时钟脉冲频率十分稳定,例如在数字钟表里,计数脉冲频率的稳定性,就直接决定着计时的精度。一般在对振荡器频率稳定性要求很高的场合,都需要采用频率稳定性很高的石英晶体多谐振荡器。

1. 石英晶体的选频特性

石英晶体符号和电抗的频率特性如图 7-19 所示。由石英晶体的电抗频率特性可知,当外加电压的频率为 f_0 时其阻抗最小,所以把它接入多谐振荡器的反馈环路中以后,频率为 f_0 的电压信号最容易通过它,并在电路中形成正反馈,而其他频率的信号经过石英晶体时被衰减。因此,振荡器的工作频率也必然是 f_0。

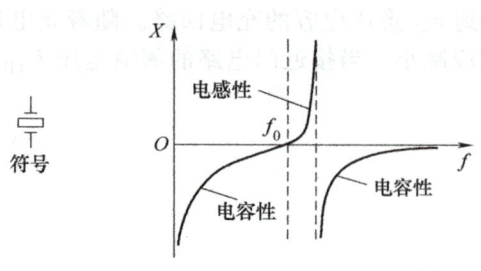

a) 电路符号　　　　b) 频率特性

图 7-19　石英晶体符号和电抗的频率特性

2. 石英晶体多谐振荡器

（1）串联式多谐振荡器

图 7-20 给出了两种常见的石英晶体振荡器电路。在图 7-20a 所示的石英晶体串联式多谐振荡器中,电阻 R_1、R_2 的作用是使两个反相器在静态时都工作在转折区,成为具有很强放大能力的放大电路。对于 TTL 门电路,其值通常在 $0.5 \sim 2\mathrm{k}\Omega$ 之间,常取 $R_1 = R_2 = 0.7 \sim 2\mathrm{k}\Omega$；对于 CMOS 门电路,其值通常在 $5 \sim 100\mathrm{M}\Omega$ 之间,则常取 $R_1 = R_2 = 10 \sim 100\mathrm{M}\Omega$。电容 C 是耦合电容,用于两个反相器之间的耦合,电容 C 的大小选择应使其在串联谐振频率为 f_0 时的容抗可以忽略不计。该电路的振荡频率即为 f_0,而与其他外接元件 R、C 无关,所以这种电路振荡频率的稳定性很高。

石英晶体工作在串联谐振频率 f_0 下,只有频率为 f_0 的信号才能通过,满足振荡条件。因此,电路的振荡频率为 f_0,与外接元件 R、C 无关,所以这种电路振荡频率的稳定性很高。反相器 G_2 起整形缓冲作用,同时 G_2 还可以隔离负载对振荡电路工作的影响。

（2）并联式多谐振荡器

在图 7-20b 所示的石英晶体并联式多谐振荡器中,反相器 G_1 用于振荡,电阻 $R = 10\mathrm{M}\Omega$ 是偏置电阻,为反相器 G_1 提供静态工作点。保证在静态时使 G_1 工作在转折区,构成一个反相放大器。为了改善输出波形,增强带负载能力,通常在该振荡器的输出端再接一个反相器 G_2。反相器 G_2 在电路中起整形缓冲作用,同时 G_2 还可以隔离负载对振荡电路的影响。石英晶体和两个电容 C_1、C_2 构成了一个 π 形网络,用于完成选频功能。电路的振荡频率仅取决于石英晶体的固有振荡频率。石英晶体工作在 f_s 与 f_p 之间,等效为一个电感,与 C_1、C_2 共同构成电容三点式振荡电路。

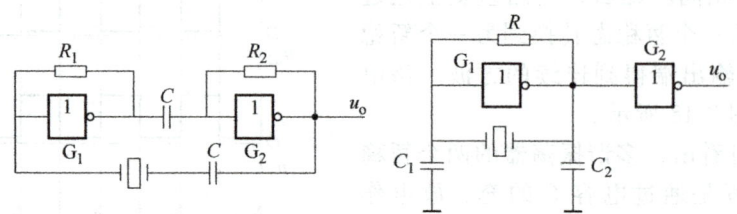

a) 串联式多谐振荡器　　　　b) 并联式多谐振荡器

图 7-20　石英晶体多谐振荡器

【例 7-2】 图 7-21 是用反相器接成的环形振荡器电路。在用示波器观察输出电压 u_o 的波形时发现，取 $n=3$ 和 $n=5$ 所测得的脉冲频率几乎相等，试分析其原因。

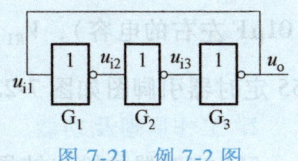

图 7-21 例 7-2 图

解： 当示波器的输入电容和接线电容所造成的延迟时间远大于每个门电路本身的传输延迟时间时，就会导致这种结果。

思考与练习

7.4-1 为什么叫多谐振荡器？其作用是什么？
7.4-2 多谐振荡器的特点有哪些？
7.4-3 如何计算多谐振荡器的工作频率？
7.4-4 多谐振荡器的应用有哪些？

7.5 555 定时器及其应用

555 定时器是一种用途广泛的数字、模拟混合的中规模集成电路，通过外接少量元件，它可方便地构成施密特触发器、单稳态触发器和多谐振荡器，用于信号的产生、变换、控制与检测。在波形的产生与变换、测量与控制等许多领域都得到了广泛的应用。由于其内部有 3 个 $5k\Omega$ 的电阻分压器，故称 555 定时器。

目前生产的 555 定时器有 TTL（双极型）和 CMOS（单极型）两类，TTL 产品型号最后 3 位数码都是 555，CMOS 产品型号最后 4 位数码都是 7555。不管是双极型还是单极型，555 定时器芯片的结构、工作原理、功能以及外部引脚排列基本相同。为了实际需求，目前一些厂商在同一基片上集成 2 个 555 单元，型号后加 556，同一基片上集成 4 个 555 单元，型号后加 558。

7.5.1 555 定时器的电路结构与工作原理

1. 555 定时器的电路结构

图 7-22a 是 555 定时器简化原理图，其中由 3 个 $5k\Omega$ 的电阻组成分压器，为两个比较器 C_1 和 C_2 提供参考电压，当控制端 5 脚（V_{CO} 端）悬空时（为避免干扰，V_{CO} 端与地之间接一个

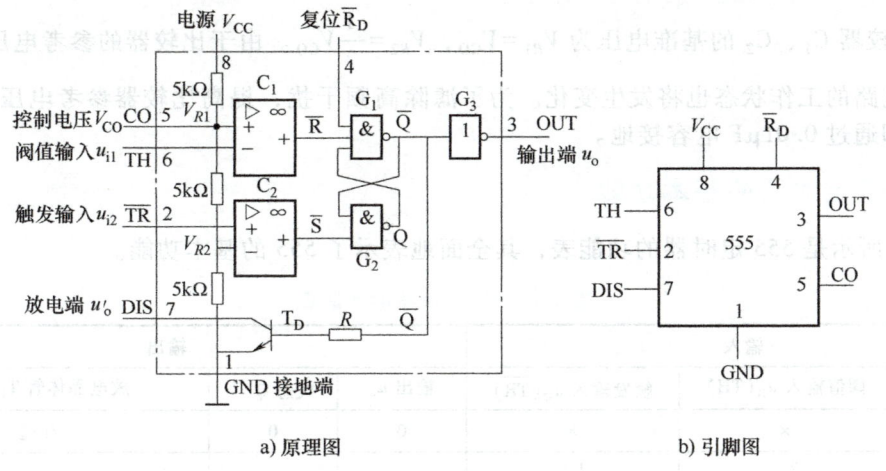

a）原理图 　　　　　　　　　　b）引脚图

图 7-22 555 定时器原理图和引脚图

0.01μF 左右的电容），$V_{R1} = \frac{2}{3}V_{CC}$，$V_{R2} = \frac{1}{3}V_{CC}$，当控制端加电压时，$V_{R1} = V_{CO}$，$V_{R2} = \frac{1}{2}V_{CO}$。555 定时器引脚图如图 7-22b 所示。

2. 工作原理及功能

555 定时器的输出结果主要取决于比较器，比较器的输出控制着基本 RS 触发器和晶体管 T_D 的状态。另外，$\overline{R_D}$ 端为复位输入端，$\overline{R_D}$ 的控制级别最高，低电平有效。当 $\overline{R_D} = 0$ 时，G_1 封锁，其输出为高电平 1，经 G_3 反相后输出 $u_o = 0$，同时，当 G_1 输出为高电平 1 时，放电晶体管 T_D 饱和导通。7 脚放电端 u_o' 与地之间形成低阻回路，近似对地短路。此时其他输入端的状态对电路无影响。正常工作时，应将 $\overline{R_D}$ 接高电平。

1) 5 脚（V_{CO} 端）悬空时：

① 当 $u_{i1} > \frac{2}{3}V_{CC}$，$u_{i2} > \frac{1}{3}V_{CC}$ 时，比较器 C_1 输出低电平，C_2 输出高电平，使基本 RS 触发器输出 $Q = 0$，$\overline{Q} = 1$，经 G_3 反相后输出 $u_o = 0$，放电晶体管 T_D 导通，放电端 u_o' 对地短路。

② 当 $u_{i1} < \frac{2}{3}V_{CC}$，$u_{i2} < \frac{1}{3}V_{CC}$ 时，比较器 C_1、C_2 分别输出高电平和低电平，使基本 RS 触发器输出 $Q = 1$，$\overline{Q} = 0$，经 G_3 反相后输出 $u_o = 1$，放电晶体管 T_D 截止，放电端 u_o' 对地开路。

③ 当 $u_{i1} < \frac{2}{3}V_{CC}$，$u_{i2} > \frac{1}{3}V_{CC}$ 时，比较器 C_1、C_2 的输出均为高电平，即 $\overline{R} = 1$，$\overline{S} = 1$，使基本 RS 触发器维持原状态不变，输出 u_o、放电晶体管 T_D 的状态均保持不变。

④ 当 $u_{i1} > \frac{2}{3}V_{CC}$，$u_{i2} < \frac{1}{3}V_{CC}$ 时，比较器 C_1、C_2 均输出低电平。这种情况对于基本 RS 触发器属于禁止态，在 555 定时器的使用中，要避免这种输入情况。

由于阈值输入端（u_{i1}）为高电平 $\left(> \frac{2}{3}V_{CC}\right)$ 时，定时器输出低电平，因此也将该端称为高触发端（TH）。

由于触发输入端（u_{i2}）为低电平 $\left(< \frac{1}{3}V_{CC}\right)$ 时，定时器输出高电平，因此也将该端称为低触发端（$\overline{TR}$）。

2) 5 脚（V_{CO} 端）不悬空时：5 脚（V_{CO} 端）为控制电压输入端。如果 5 脚外接固定电压 V_{CO}，则比较器 C_1、C_2 的基准电压为 $V_{R1} = V_{CO}$，$V_{R2} = \frac{1}{2}V_{CO}$。由于比较器的参考电压发生了变化，所以电路的工作状态也将发生变化。为了滤除高频干扰，提高比较器参考电压的稳定性，通常将 5 脚通过 0.01μF 电容接地。

7.5.2　555 定时器的基本功能

表 7-1 所示是 555 定时器的功能表，其全面地表示了 555 的基本功能。

表 7-1　555 定时器的功能表

输入			输出		
复位 $\overline{R_D}$	阈值输入 u_{i1}(TH)	触发输入 u_{i2}($\overline{TR}$)	输出 u_o	次态 Q^{n+1}	放电晶体管 T_D 状态
0	×	×	0	0	导通
1	$> \frac{2}{3}V_{CC}$	$> \frac{1}{3}V_{CC}$	0	0	导通

(续)

输入			输出		
复位 $\overline{R_D}$	阈值输入 u_{i1}(TH)	触发输入 $u_{i2}(\overline{TR})$	输出 u_o	次态 Q^{n+1}	放电晶体管 T_D 状态
1	$<\frac{2}{3}V_{CC}$	$>\frac{1}{3}V_{CC}$	不变	不变	不变
1	$<\frac{2}{3}V_{CC}$	$<\frac{1}{3}V_{CC}$	1	1	截止

7.5.3 用 555 定时器构成的脉冲波形产生与整形电路

1. 用 555 定时器构成的施密特触发器

（1）电路组成及工作原理

将 555 定时器的 2 脚 $\overline{TR}$ 端和 6 脚 TH 端连在一起作为信号的输入端，即可组成施密特触发器，如图 7-23a 所示。通过此电路可将输入的锯形波或正弦波变换成矩形波输出。若在 5 脚 V_{CO} 端加一控制电压，可改变电路的阈值电压，也就改变了回差电压 ΔU_T。

扫一扫
看视频

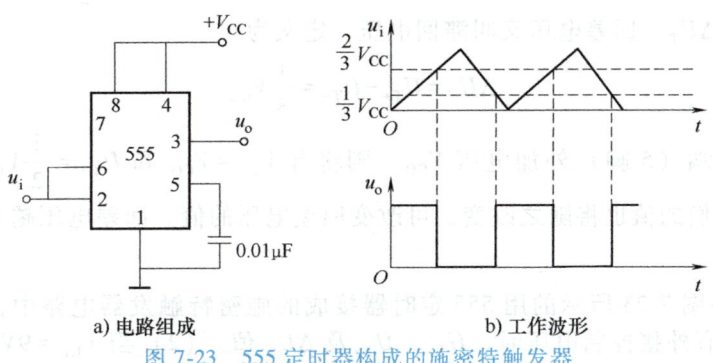

a) 电路组成　　　　　b) 工作波形

图 7-23　555 定时器构成的施密特触发器

设 u_i 是变化缓慢的三角波，其工作原理为

1) u_i 从 0V 逐渐升高的过程。若电路在上电后，u_i 从 0V 逐渐增加，当 $u_i<\frac{1}{3}V_{CC}$ 时，由于 $u_6=u_i<\frac{2}{3}V_{CC}$，$u_2=u_i<\frac{1}{3}V_{CC}$，所以 u_o 输出高电平。

当 $\frac{1}{3}V_{CC}<u_i<\frac{2}{3}V_{CC}$ 时，由于 $u_6=u_i<\frac{2}{3}V_{CC}$，$u_2=u_i>\frac{1}{3}V_{CC}$，电路的输出 u_o 保持不变，输出高电平。

当 $u_i>\frac{2}{3}V_{CC}$ 时，由于 $u_6=u_i>\frac{2}{3}V_{CC}$，$u_2=u_i>\frac{1}{3}V_{CC}$，则 555 定时器输出低电平，输出发生翻转，$u_o$ 将由高电平跳变为低电平，由此可得电路的正向阈值电压为 $U_{T+}=\frac{2}{3}V_{CC}$。

2) u_i 从高于 $\frac{2}{3}V_{CC}$ 逐渐下降的过程。输入 u_i 达到最大值后，开始逐渐减小，在 u_i 减小到 $\frac{2}{3}V_{CC}$ 之前，由于 $u_6=u_i>\frac{2}{3}V_{CC}$，$u_2=u_i>\frac{1}{3}V_{CC}$，所以 u_o 输出低电平。

当 $\frac{1}{3}V_{CC}<u_i<\frac{2}{3}V_{CC}$ 时，由于 $u_6=u_i<\frac{2}{3}V_{CC}$，$u_2=u_i>\frac{1}{3}V_{CC}$，电路的输出 u_o 将保持低电平

不变。

当 $u_i < \frac{1}{3}V_{CC}$ 时，由于 $u_6 = u_i < \frac{2}{3}V_{CC}$，$u_2 = u_i < \frac{1}{3}V_{CC}$，$u_o$ 将由低电平跳变为高电平，由此可得电路的负向阈值电压为 $U_{T-} = \frac{1}{3}V_{CC}$。如此连续变化，则在输出端可得到一个矩形波，其工作波形如图 7-23b 所示。

（2）电压滞回特性和主要参数

555 定时器构成的施密特触发器的电压滞回特性如图 7-24 所示。其主要静态参数为

1）正向阈值电平（上限阈值电压）U_{T+}：u_i 上升过程中，输出电压 u_o 由高电平 U_{OH} 跳变到低电平 U_{OL} 时，所对应的输入电压值。$U_{T+} = \frac{2}{3}V_{CC}$。

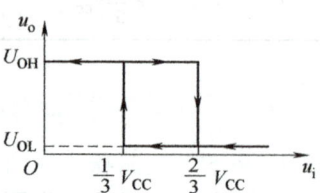

图 7-24 555 定时器构成的施密特触发器的电压滞回特性

2）负向阈值电平（下限阈值电压）U_{T-}：u_i 下降过程中，u_o 由低电平 U_{OL} 跳变到高电平 U_{OH} 时，所对应的输入电压值。$U_{T-} = \frac{1}{3}V_{CC}$。

3）回差电压 ΔU_T：回差电压又叫滞回电压，定义为

$$\Delta U_T = U_{T+} - U_{T-} = \frac{1}{3}V_{CC}$$

若在电压控制端（5 脚）外加电压 V_{CO}，则将有 $V_{T+} = V_{CO}$ 和 $U_{T-} = \frac{1}{2}V_{CO}$，$\Delta U_T = \frac{1}{2}V_{CO}$，当改变 V_{CO} 时，它们的值也将随之改变。可改变回差电压的值。回差电压越大，电路的抗干扰能力越强。

【例 7-3】 在图 7-23 所示的用 555 定时器接成的施密特触发器电路中，试求：（1）当 $V_{CC} = 12V$ 而且没有外接控制电压时，U_{T+}、U_{T-} 及 ΔU_T 值。（2）当 $V_{CC} = 9V$，外接控制电压 $V_{CO} = 5V$ 时，U_{T+}、U_{T-}、ΔU_T 各为多少？

解：（1）

$$U_{T+} = \frac{2}{3}V_{CC} = 8V, \quad U_{T-} = \frac{1}{3}V_{CC} = 4V$$

$$\Delta U_T = U_{T+} - U_{T-} = 4V$$

（2）

$$U_{T+} = V_{CO} = 5V, \quad U_{T-} = \frac{1}{2}V_{CO} = 2.5V$$

$$\Delta U_T = U_{T+} - U_{T-} = 2.5V$$

【例 7-4】 分析图 7-23 所示由 555 定时器构成电路的工作原理。

解：该电路构成施密特触发器，由于 555 内部比较器 C_1 和 C_2 的参考电压不同，输出电压 u_o 由高电平变为低电平，或由低电平变为高电平 u_i 所对应的值不同，形成施密特触发特性。

u_i 从 0 逐渐升高的过程，当 $u_i < \frac{1}{3}V_{CC}$ 时，$u_o = 1$；当 $\frac{1}{3}V_{CC} < u_i < \frac{2}{3}V_{CC}$ 时，$u_o = 1$ 保持不变；当 $u_i > \frac{2}{3}V_{CC}$ 时，$u_o = 0$，故在此变化方向上阈值电压为 $\frac{2}{3}V_{CC}$；u_i 从高逐渐下降的过程中，阈值电压为 $\frac{2}{3}V_{CC}$，故回差电压为 $\Delta U_T = U_{T+} - U_{T-} = \frac{2}{3}V_{CC} - \frac{1}{3}V_{CC} = \frac{1}{3}V_{CC}$。

2. 用555定时器构成单稳态触发器

（1）电路组成及工作原理

555定时器外加触发脉冲u_i于2脚$\overline{TR}$端，下降沿有效，6脚TH端与7脚放电晶体管T_D的集电极相连，并连接在R、C之间，外接的R、C为定时元件，5脚没有外接控制信号，将其通过$0.01\mu F$的电容接地，以旁路高频干扰。用555定时器构成的单稳态触发器及工作波形如图7-25所示。工作原理如下：

1）没有触发信号时，电路工作在稳态。该电路触发信号为负脉冲，不加触发信号时，u_i为高电平，$u_i = u_{i2} > \frac{1}{3}V_{CC}$。接通电源后$V_{CC}$经$R$向$C$充电，使$u_C$上升。当$u_C = u_{i1} \geq \frac{2}{3}V_{CC}$时，满足$\overline{TR} = u_{i2} > \frac{1}{3}V_{CC}$，$TH = u_C = u_{i1} \geq \frac{2}{3}V_{CC}$，因此$u_o$为低电平，放电晶体管$T_D$导通，电容$C$经放电晶体管$T_D$迅速放电完毕，$u_C \approx 0V$。这时$\overline{TR} = u_{i2} > \frac{1}{3}V_{CC}$，$TH = u_C = u_{i1} \approx 0V < \frac{2}{3}V_{CC}$，$u_o$保持低电平不变。因此，稳态时$u_C \approx 0V$，$u_o$为低电平。

2）在触发信号的作用下，电路进入暂稳态。当输入由高电平负跃到小于$\frac{1}{3}V_{CC}$时，使$\overline{TR} = u_{i2} < \frac{1}{3}V_{CC}$，而$TH = u_C = u_{i1} \approx 0V < \frac{2}{3}V_{CC}$，因此$u_o$跃变为高电平，进入暂稳态，这时放电晶体管$T_D$截止，$V_{CC}$又经$R$向$C$充电，$u_C$上升。

3）电容C充电，电路自动返回稳态。当u_C上升至阈值电压$\frac{2}{3}V_{CC}$时，$TH = u_C = u_{i1} \geq \frac{2}{3}V_{CC}$时，而$\overline{TR} = u_{i2} = V_{IH}\left(> \frac{1}{3}V_{CC}\right)$，因此$u_o$重新跃变为低电平。同时，放电晶体管导通，$C$经放电晶体$T_D$迅速放电，$u_C = u_{i1} \approx 0V$，放电完毕后，电路返回稳态。

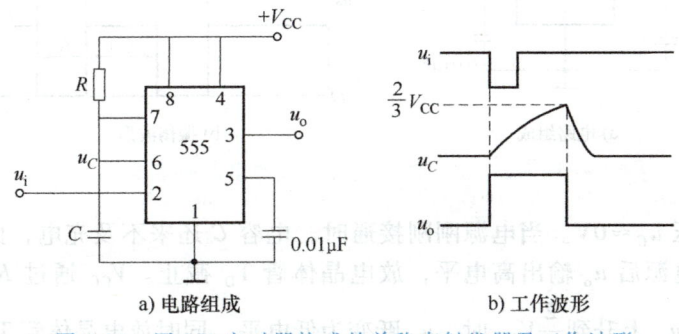

a）电路组成　　　　b）工作波形

图7-25　用555定时器构成的单稳态触发器及工作波形

（2）主要参数估算

输出脉冲宽度t_w就是暂稳态维持时间，也就是定时电容的充电时间。在暂稳态期间，555内放电晶体管T_D截止，V_{CC}经R向C充电。其充电回路为$V_{CC} \rightarrow R \rightarrow C \rightarrow$地，时间常数$\tau_1 = RC$，电容电压$u_C$由0V开始上升，在电容电压$u_C$上升到阈值电压$\frac{2}{3}V_{CC}$之前，电路将保持暂稳态不变。$u_C$由0V上升到$\frac{2}{3}V_{CC}$所对应的时间即暂稳态的维持时间（$t_w$）。由图7-25b所示电容电压$u_C$的工作波形不难看出，$u_C(0_+) \approx 0V$，$u_C(\infty) = V_{CC}$，$u_C(t_w) = \frac{2}{3}V_{CC}$，代入$RC$过渡

过程计算公式，可得

$$t_w = \tau_1 \ln \frac{u_C(\infty) - u_C(0_+)}{u_C(\infty) - u_C(t_w)} = \tau_1 \ln \frac{V_{CC} - 0}{V_{CC} - \frac{2}{3}V_{CC}} = \tau_1 \ln 3 = 1.1RC$$

上式说明，单稳态触发器输出脉冲宽度 t_w 仅取决于定时元件 R、C 的取值，与输入触发信号和电源电压无关，调节 R、C 的取值，即可方便地调节 t_w。

【例 7-5】 用上述单稳态电路输出定时时间为 1s 的正脉冲，$R=27\mathrm{k}\Omega$，试确定定时元件电容 C 的取值。

解：因为 $t_w = 1.1RC$，所以

$$C = \frac{t_w}{1.1R} = \frac{1}{1.1 \times 27} \approx 33.7\mu F$$

定时元件电容 C 可取 $33.7\mu F$。

扫一扫
看视频

3. 用 555 定时器构成的多谐振荡器

（1）电路组成及工作原理

用 555 定时器构成的多谐振荡器如图 7-26a 所示。它没有输入端，一旦电源接通就自激振荡。外接的 R_1、R_2 和 C 为多谐振荡器的定时元件，2 脚 $\overline{TR}$ 端和 6 脚 TH 端连接在一起并对地外接电容 C，7 脚接放电晶体管 T_D 的集电极与 R_1、R_2 的连接点。

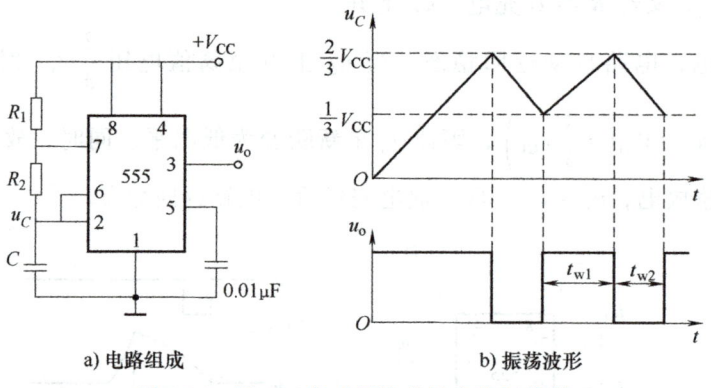

a) 电路组成　　　　　　b) 振荡波形

图 7-26　用 555 定时器构成的多谐振荡器

设电容初始电压 $u_C \approx 0V$。当电源刚刚接通时，电容 C 还来不及充电，此时 $u_C = u_6 = u_{i2} = 0$ 为低电平，则接通电源后 u_o 输出高电平，放电晶体管 T_D 截止。V_{CC} 通过 R_1、R_2 向电容 C 充电，使 u_C 升高。当 u_C 上升到 $\frac{2}{3}V_{CC}$ 时，u_o 跃变为低电平。同时放电晶体管 T_D 导通，C 经 R_2 和 T_D 放电，使 u_C 下降。当 u_C 下降到 $\frac{1}{3}V_{CC}$ 时，输出 u_o 跳变为高电平，电路又一次自动翻转。

电容周而复始地充电和放电，如此循环往复，电路便产生了振荡，输出周期性矩形波。由此，555 定时器构成的多谐振荡器的振荡波形图如图 7-26b 所示。

（2）参数估算

1）电容充电时间 t_{w1}：电容充电时，时间常数 $\tau_1 = (R_1 + R_2)C$，初始值 $u_C(0_+) = \frac{1}{3}V_{CC}$，稳定值 $u_C(\infty) = V_{CC}$，转换值 $u_C(t_{w1}) = \frac{2}{3}V_{CC}$，代入 RC 过渡过程计算公式进行计算：

$$t_{w1} = \tau_1 \ln \frac{u_C(\infty) - u_C(0_+)}{u_C(\infty) - u_C(T_1)} = \tau_1 \ln \frac{V_{CC} - \frac{1}{3}V_{CC}}{V_{CC} - \frac{2}{3}V_{CC}} = \tau_1 \ln 2 = 0.7(R_1 + R_2)C$$

2）电容放电时间 t_{w2}：电容放电时，时间常数 $\tau_2 = R_2 C$，初始值 $u_C(0_+) = \frac{2}{3}V_{CC}$，稳定值 $u_C(\infty) = 0$，转换值 $u_C(T_2) = \frac{1}{3}V_{CC}$，代入 RC 过渡过程计算公式进行计算：

$$t_{w2} = R_2 C \ln \frac{0 - \frac{2}{3}V_{CC}}{0 - \frac{1}{3}V_{CC}} = R_2 C \ln 2 \approx 0.7 R_2 C$$

3）电路振荡周期 T：

$$T = t_{w1} + t_{w2} = 0.7(R_1 + 2R_2)C$$

4）电路振荡频率 f：

$$f = \frac{1}{T} \approx \frac{1.44}{(R_1 + 2R_2)C}$$

5）输出波形占空比 q：脉冲宽度与脉冲周期之比，称为占空比。

$$q = \frac{t_{w1}}{T} = \frac{(R_1 + R_2) C \ln 2}{(R_1 + 2R_2) C \ln 2} = \frac{R_1 + R_2}{R_1 + 2R_2} > 50\%$$

为了实现占空比小于 50%，可以对图 7-26 中的电路稍加修改，使得电容 C 只从 R_1 充电，从 R_2 放电。这可将一个二极管 D 并联在 R_2 两端来实现，并让 R_1 小于 R_2 就可以实现占空比小于 50%。

在多谐振荡器中，由一个暂稳态过渡到另一个暂稳态，其"触发"信号是由电路内部电容充（放）电提供的，因此无需外加触发脉冲。多谐振荡器的振荡周期与电路的阻容元件有关。

（3）占空比可调的多谐振荡器电路

在图 7-27 所示电路中，由于电容 C 的充电时间常数 $\tau_1 = (R_1 + R_2)C$，放电时间常数 $\tau_2 = R_2 C$，所以 t_{w1} 总是大于 t_{w2}，u_o 的波形不仅不可能对称，而且占空比 q 不易调节。利用半导体二极管的单向导电特性，把电容 C 充电和放电回路隔离开来，再加上一个电位器，便可构成占空比可调的多谐振荡器。

电容 C 的充电时间常数 $\tau_1 = R_1 C$，放电时间常数 $\tau_2 = R_2 C$。通过与前面相同的分析计算过程可得

$$t_{w1} = 0.7 R_1 C \qquad t_{w2} = 0.7 R_2 C$$

占空比为

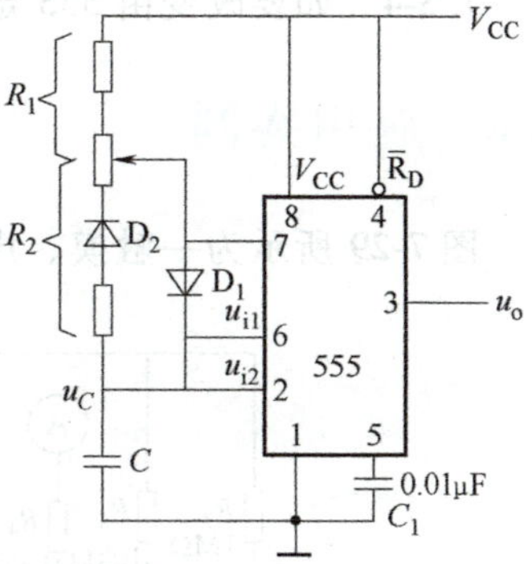

图 7-27 占空比可调的多谐振荡器

$$q = \frac{t_{w1}}{T} = \frac{t_{w1}}{t_{w1} + t_{w2}} = \frac{0.7 R_1 C}{0.7 R_1 C + 0.7 R_2 C} = \frac{R_1}{R_1 + R_2}$$

只要改变电位器滑动端的位置，就可以方便地调节占空比 q，当 $R_1 = R_2$ 时，$q = 0.5$，u_o 就成为对称的矩形波。

【例 7-6】 指出图 7-28 所示电路是什么电路；在电路中，若 $R_1 = R_2 = 5k\Omega$，$C = 0.01\mu F$，$V_{CC} = 12V$，试计算电路的振荡频率及占空比。

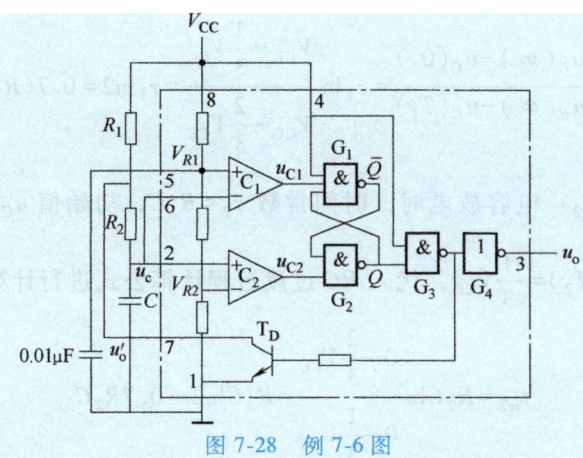

图 7-28 例 7-6 图

解：(1) 电路名称：它是一个由 555 定时器构成的多谐振荡器电路。

(2) 电路的振荡频率为

$$f = \frac{1}{T} = \frac{1}{(R_1 + 2R_2)C\ln 2} = \frac{1}{(5\times 10^3 + 2\times 5\times 10^3)\times 0.01\times 10^{-6}\times \ln 2} \approx 9.5 \text{kHz}$$

(3) 电路的占空比为

$$q = \frac{t_{w1}}{T} = \frac{(R_1 + R_2)C\ln 2}{(R_1 + 2R_2)C\ln 2} = \frac{R_1 + R_2}{R_1 + 2R_2} = \frac{5\times 10^3 + 5\times 10^3}{5\times 10^3 + 2\times 5\times 10^3} = \frac{2}{3}$$

思考与练习

7.5-1 555 定时器由哪几部分组成？各部分功能是什么？

7.5-2 采用 555 定时器构成施密特触发器、单稳态触发器及多谐振荡器的电路特点和区别是什么？

7.5-3 采用 555 定时器构成的各电路的主要技术参数如何计算？

7.5-4 如要改变由 555 定时器组成的单稳态触发器的脉宽，可以采取哪些方法？

7.6 应用案例

图 7-29 所示为一触摸、声控双功能延时灯电路，电路由电容降压整流电路、声控放大器、

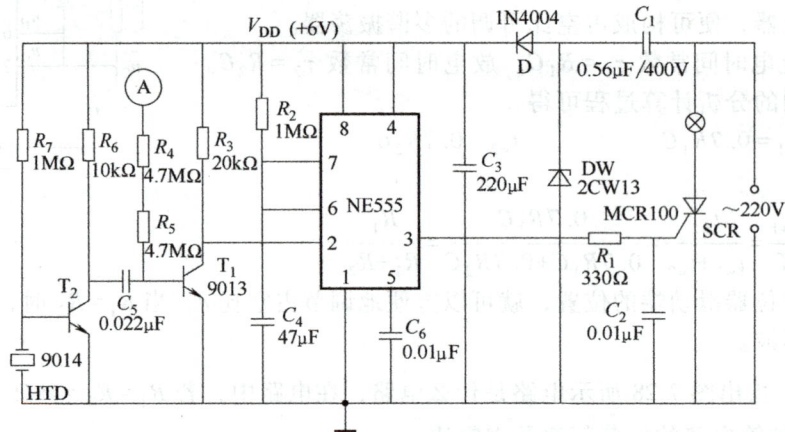

图 7-29 触摸、声控双功能延时灯电路

555 触发定时器和控制器组成，具有声控和触摸控制灯亮的双功能。

555 和 T_1、R_3、R_2、C_4 组成单稳态定时电路，定时时间 $t_w = 1.1R_2C_4$，图示参数的定时（即灯亮）时间约为 1min。当击掌声传至压电陶瓷片（HTD）时，HTD 将声音信号转换成电信号，经 T_2、T_1 放大，触发 555，使 555 输出端（3 脚）输出高电平，触发导通晶闸管 SCR，灯亮；同样，若触摸金属片 A 时，人体感应电信号经 R_4、R_5 加至 T_1 基极，使 T_1 导通，触发 555，达到上述效果。

本章小结

1）多谐振荡器是一种自激振荡电路，不需要外加输入信号，就可以自动地产生出矩形脉冲。石英晶体多谐振荡器，利用石英晶体的选频特性，只有频率为 f_0 的信号才能满足自激条件，产生自激振荡，其主要特点是 f_0 的稳定性极好。

2）施密特触发器和单稳态触发器，虽然不能自动地产生矩形脉冲，但却可以把其他形状的信号变换成矩形波，为数字系统提供标准的脉冲信号。

3）555 定时器是一种用途很广的集成电路，除了能组成施密特触发器、单稳态触发器和多谐振荡器以外，还可以接成各种灵活多变的应用电路。

4）除了 555 定时器外，目前还有 556（双定时器）和 558（四定时器）等。

能力检测题

一、单选题

1. 多谐振荡器可产生（　　）。
   A. 正弦波　　　B. 矩形脉冲　　　C. 三角波　　　D. 锯齿波

2. 用 555 定时器组成施密特触发器，当输入控制端外接 10V 电压时，回差电压为（　　）。
   A. 3.33V　　　B. 5V　　　C. 6.66V　　　D. 10V

3. 以下各电路中，（　　）可以产生脉冲定时。
   A. 多谐振荡器　　　　　　　　B. 单稳态触发器
   C. 施密特触发器　　　　　　　D. 石英晶体多谐振荡器

4. 用 555 定时器构成的施密特触发器，若电源电压为 6V，控制端不外接固定电压，则其上限阈值电压、下限阈值电压和回差电压分别为（　　）。
   A. 2V，4V，2V　　　　　　　B. 4V，2V，2V
   C. 4V，2V，4V　　　　　　　D. 6V，4V，2V

5. 要把不规则的矩形波变换为幅度与宽度都相同的矩形波，应选择（　　）电路。
   A. 多谐振荡器　　　　　　　　B. 基本 RS 触发器
   C. 单稳态触发器　　　　　　　D. 施密特触发器

6. 石英晶体多谐振荡器的突出优点是（　　）。
   A. 速度高　　　　　　　　　　B. 电路简单
   C. 振荡频率稳定　　　　　　　D. 输出波形边沿陡峭

7. TTL 单定时器型号的最后几位数字为（　　）。
   A. 555　　　B. 556　　　C. 7555　　　D. 7556

8. 一个用 555 定时器构成的单稳态触发器输出的脉冲宽度为（　　）。
   A. 0.7RC　　　B. 1.4RC　　　C. 1.1RC　　　D. 1.0RC

9. 回差是（　　）电路的特性参数。
   A. 时序逻辑　　　　　　　　　B. 施密特触发器
   C. 单稳态触发器　　　　　　　D. 多谐振荡器

10. 能把缓慢变化的输入信号转换成矩形波的电路是（　　）。
    A. 单稳态触发器　　　　　　　B. 多谐振荡器
    C. 施密特触发器　　　　　　　D. 边沿触发器

扫一扫
看答案

二、判断题（正确的打√，错误的打×）

1. 施密特触发器可用于将三角波变换成正弦波。（　　）
2. 单稳态触发器的暂稳态维持时间用 t_w 表示，与电路中 RC 成正比。（　　）
3. 施密特触发器的正向阈值电压一定大于负向阈值电压。（　　）
4. 施密特触发器有两个稳态。（　　）
5. 单稳态触发器的暂稳态时间与输入触发脉冲宽度成正比。（　　）
6. 多谐振荡器的输出信号的周期与阻容元件的参数成正比。（　　）
7. 石英晶体多谐振荡器的振荡频率与电路中的 R、C 成正比。（　　）
8. 采用不可重触发单稳态触发器时，若在触发器进入暂稳态期间再次受到触发，输出脉宽可在此前暂稳态时间的基础上再展宽 t_w。（　　）
9. 用施密特触发器可以构成多谐振荡器。（　　）
10. 单稳态电路也有两个稳态，它们分别是高电平 1 态和低电平 0 态。（　　）

三、填空题

1. 为了实现高的频率稳定性，常采用（　　）振荡器；单稳态触发器受到外触发时进入（　　）态。
2. 常见的脉冲产生电路有（　　），常见的脉冲整形电路有（　　）、（　　）。
3. 555 定时器的最后数码为 555 的是（　　）产品，为 7555 的是（　　）产品。
4. 施密特触发器有（　　）个阈值电压，分别称为（　　）和（　　）。
5. 某单稳态触发器在无外触发信号时输出为 0 态，在外加触发信号时，输出跳变为 1 态，因此，其稳态为（　　）态，暂稳态为（　　）态。
6. 施密特触发器具有（　　）现象，又称（　　）特性；单稳触发器最重要的参数为（　　）。
7. 施密特触发器具有（　　）个稳态；单稳态触发器有（　　）个稳态；多谐振荡器有（　　）个稳态。
8. 占空比 q 是指矩形波（　　）持续时间与其（　　）之比。
9. 555 定时器电路内部的电阻分压器由三个等值的电阻 R 构成，电源电压 V_{DD} 经分压取得 V_{R1}、V_{R2} 作为比较器的输入参考电压，在无外加控制电压 V_{CO} 时，V_{R1} = （　　）V_{DD}、V_{R2} = （　　）V_{DD}。
10. 一个由 555 定时器构成的施密特触发器，电源电压 V_{DD} 为 15V，在未外接控制输入 V_{CO} 情况下，它的回差电压 ΔU_T = （　　）V；在外接控制输入 V_{CO} = 8V 的情况下，它的回差电压 ΔU_T = （　　）V。

四、综合题

1. 图 7-30 所示为一个防盗报警电路，a、b 两端被一细铜丝接通，此铜丝置于小偷必经之处。当小偷闯入室内将铜丝碰断后，扬声器即发出报警声（扬声器电压为 1.2V，通过电流为 40mA）。(1) 试问 555 定时器接成何种电路？(2) 简要说明该报警电路的工作原理。(3) 如何改变报警声的音调？

2. 试判断图 7-31 中的 555 定时器构成何种应用电路？若 V_{CC} = 12V，求 U_{T+}、U_{T-} 及 ΔU_T 的值。

3. 图 7-32 为一通过可变电阻 R_W 实现占空比调节的多谐振荡器，图中 $R_W = R_{W1} + R_{W2}$，试分析电路的工作原理，求振荡频率 f 和占空比 q 的表达式。

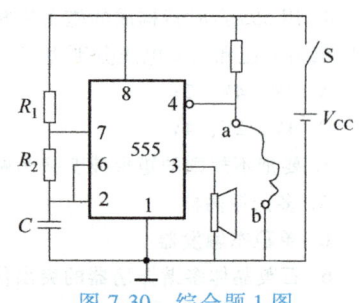

图 7-30　综合题 1 图

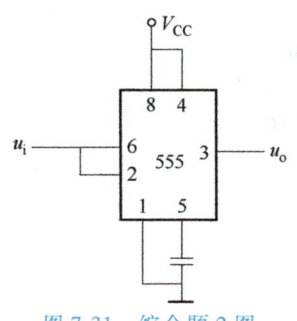

图 7-31　综合题 2 图

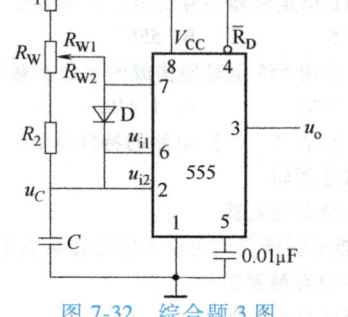

图 7-32　综合题 3 图

4. 试用555定时器组成一个施密特触发器，要求：（1）画出电路接线图。（2）画出该施密特触发器的电压传输特性。（3）若电源电压 V_{CC} 为6V，输入电压是以 $u_i = 6\sin\omega t\text{V}$ 为包络线的单相脉动波形，试画出相应的输出电压波形。

5. 试用555定时器及电阻电容构成一个多谐振荡器，画出电路图。若给定电阻的阻值只有 $1\text{k}\Omega$，要求振荡频率为 1kHz，则电容值和占空比各是多少？

6. 由555定时电路构成的多谐振荡器如图7-33所示。已知电路中的 $R_1 = 20\text{k}\Omega$，$R_2 = 80\text{k}\Omega$，电容 $C = 0.1\mu\text{F}$，求电路的周期和振荡频率。

7. 由555定时电路构成的施密特触发器在电压控制端CO外接10V电压时，则正向阈值电压 U_{T+}、负向阈值电压 U_{T-} 以及回差电压 ΔU_T 各为多大？

8. 图7-34所示为由555定时电路构成的单稳态触发器，已知 $V_{CC} = 10\text{V}$，$R = 33\text{k}\Omega$，$C = 0.1\mu\text{F}$，求输出电压 u_o 的脉冲宽度 t_w。

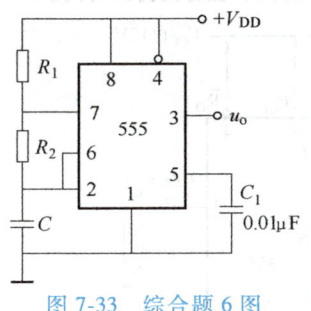

图7-33 综合题6图

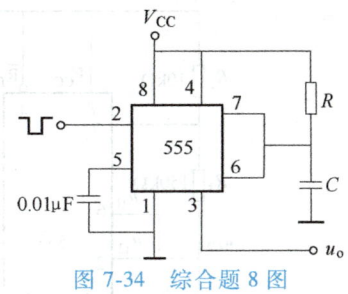

图7-34 综合题8图

9. 如图7-35所示，555构成的施密特触发器，当输入信号为图示周期性心电波形时，试画出经施密特触发器整形后的输出电压波形。

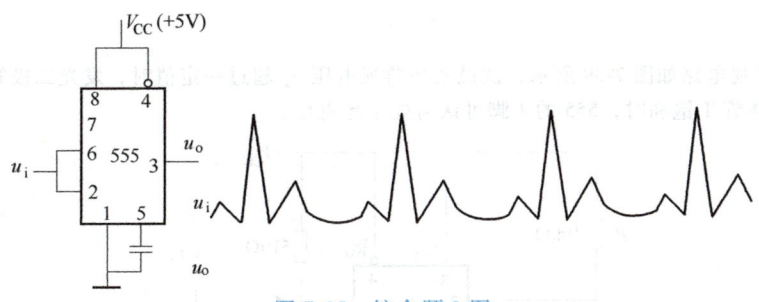

图7-35 综合题9图

10. 图7-36所示为555定时器构成的施密特触发器用作光控路灯开关的电路图，分析其工作原理。

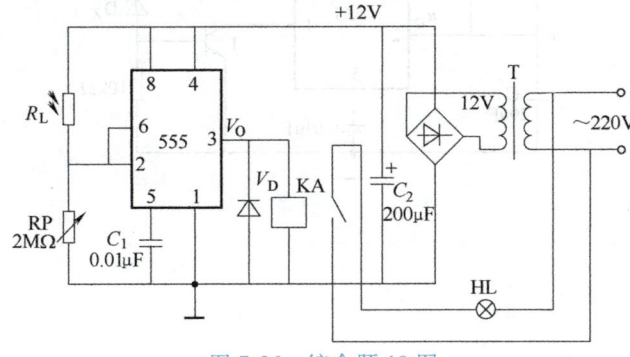

图7-36 综合题10图

11. 在使用图7-37由555定时器组成的单稳态触发器电路时对触发脉冲的宽度有无限制？当输入脉冲的低电平持续时间过长时，电路应做何修改？

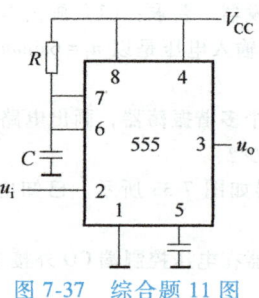

图 7-37 综合题 11 图

12. 图 7-38 是救护车扬声器发声电路。在图中给定的电路参数下，设 $V_{CC}=12V$ 时，555 定时器输出的高、低电平分别为 11V 和 0.2V，输出电阻小于 100Ω，试计算扬声器发声的高、低音的持续时间。

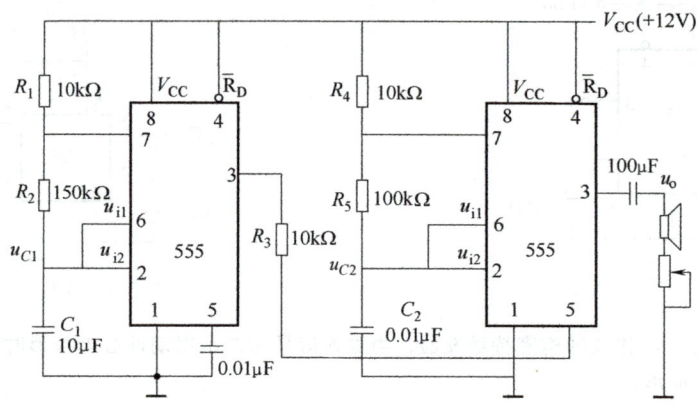

图 7-38 综合题 12 图

13. 一过电压监视电路如图 7-39 所示，试说明当监视电压 u_x 超过一定值时，发光二极管 D 将发出闪烁的信号。提示：当晶体管 T 饱和时，555 的 1 脚可认为处于地电位。

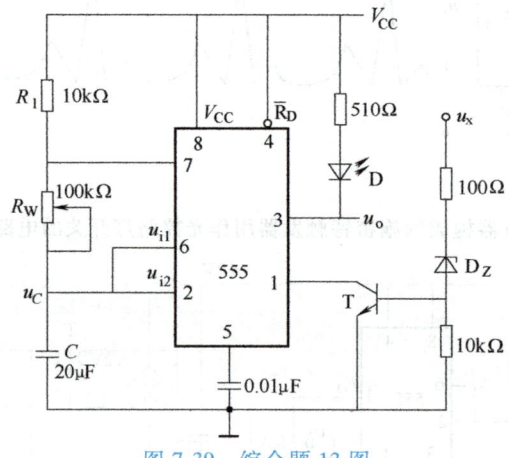

图 7-39 综合题 13 图

第 8 章

D/A 与 A/D 转换

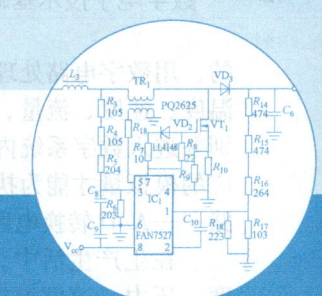

知识图谱（★表示重点，△表示难点）

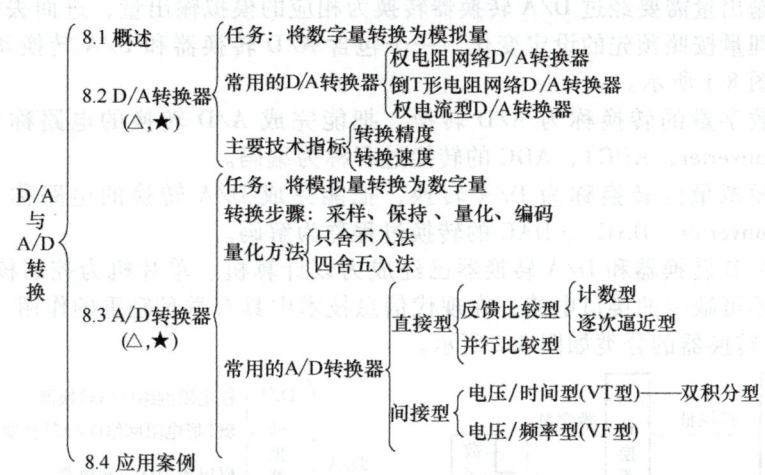

数模（D/A）与模数（A/D）转换电路是一种连接模拟电路和数字电路的信号转换电路，是将这两类电路联系在一起的接口电路。本章主要介绍模拟、数字转换的概念，D/A 与 A/D 转换电路的工作原理和典型应用，以及 D/A、A/D 转换器的主要参数。

【学习目标】

1. 知识目标

1) 理解 D/A 和 A/D 转换器的概念。
2) 掌握主要类型的 A/D、D/A 转换器的工作原理、特点及应用。

2. 能力目标

1) 具有对主要类型的 A/D、D/A 转换器进行分析和计算的能力。
2) 具有应用集成 A/D、D/A 转换器构建实用电路的能力。

3. 素质目标

1) 我们要成为身心健康、勇于担当、拥有智慧、视野开阔的幸福和平生活的追求者和创造者，提高融会贯通的思维能力及科学创新精神。认识专业本质，增强对科学问题的探索欲望和创新精神。

2) 我们要以专业技能、知识为载体，不断提升励志成才、爱国报国的积极心态和政治素养，树立努力学习、刻苦钻研、科技兴国、人才强国的价值观和人生观，增强不畏困难、严谨求实的责任感和使命感。

8.1 概述

在自动控制和信息处理技术中，信息的获取、传输、处理和利用都是通过数字系统来实现的，用数字电路处理信息成为发展趋势。而自然界中存在的物理量大都是连续变化的模拟量，如温度、速度、流量、压力、位移等。应该将这些模拟量转化成数字量才能使计算机或数字仪表识别并进入数字系统内进行处理，而经计算机分析、处理后输出的数字量往往也需要将其转换成相应的模拟量才能为执行机构所接收。这样，就需要一种能在模拟量与数字量之间起桥梁作用的电路——A/D 转换电路和 D/A 转换电路。下面以一个典型的计算机自动控制系统为例进行说明。

在生产生活中，许多待控制和测量对象在实现控制和测量等功能时，将其对应的各种温度、压力、速度等模拟量参数（非电物理量）通过模拟传感器转变为相应的模拟信号（电压或电流），再由 A/D 转换器转换为对应的二进制数字量，才能被微型计算机、单片机等数字处理系统所识别，进而实现控制、测量等功能；计算机、单片机对这些数字量进行各种计算和处理后，这些数字输出量需要经过 D/A 转换器转换为相应的模拟输出量，进而去驱动执行元件，实现被控制的物理量按照预先的设定变化。一个包含 A/D 转换器和 D/A 转换器的计算机闭环自动控制系统如图 8-1 所示。

从模拟量到数字量的转换称为 A/D 转换，把能完成 A/D 转换的电路称为 A/D 转换器（Analog-Digital Converter，ADC），ADC 的转换过程称为编码。

从数字量到模拟量的转换称为 D/A 转换，把能完成 D/A 转换的电路称为 D/A 转换器（Digital-Analog Converter，DAC）。DAC 的转换过程称为解码。

由此可见，A/D 转换器和 D/A 转换器已经成为以计算机、单片机为控制核心的智能化测量、控制系统中不可缺少的接口电路，在现代信息技术中具有举足轻重的作用。

D/A 和 A/D 转换器的分类如图 8-2 所示。

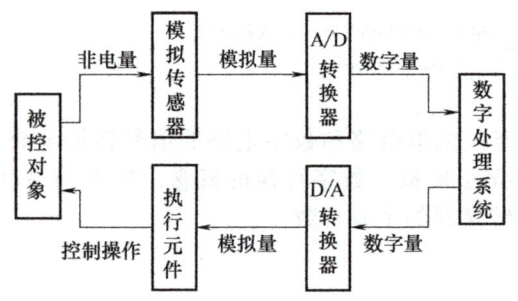

图 8-1　典型的计算机闭环自动控制系统

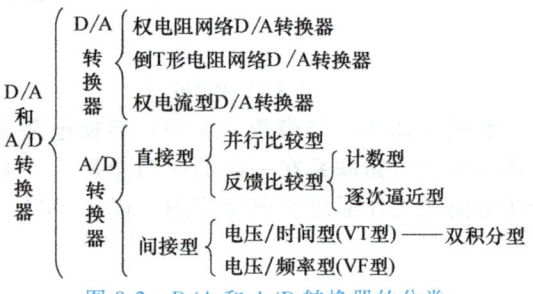

图 8-2　D/A 和 A/D 转换器的分类

为了保证数据处理结果的准确性，A/D 转换器和 D/A 转换器必须有足够的转换精度。同时，为了适应快速过程的控制和检测的需要，A/D 转换器和 D/A 转换器还必须有足够快的转换速度。因此，转换精度和转换速度是衡量 A/D 转换器和 D/A 转换器性能优劣的主要标志。

思考与练习

8.1-1　为什么要进行 A/D 和 D/A 转换？

8.1-2　怎样将模拟量转换为数字量？

8.1-3　怎样将数字量转换为模拟量？

8.1-4　试举出 A/D 或 D/A 转换的例子。

8.2　D/A 转换器

8.2.1　D/A 转换器的基本概念

1. D/A 转换器的基本原理及转换特性

D/A 转换器是指将以数字代码形式表示的数字量转换为与输入数字量成比例的输出电压

或电流的过程。D/A 转换器输入的数字量,可以是二进制码或 BCD 等编码形式。

设 D/A 转换器的输入数字量为一个 n 位的二进制数 D,输出模拟量为 u_o(或 i_o),如图 8-3a 所示。

二进制数 D 的按权展开式为

$$D = D_{n-1} \times 2^{n-1} + D_{n-2} \times 2^{n-2} + \cdots + D_1 \times 2^1 + D_0 \times 2^0 \tag{8-1}$$

输出模拟量 u_o(或 i_o)与输入数字量 D 之间的一般关系为

$$u_o(\text{或 } i_o) = KD = K(D_{n-1} \times 2^{n-1} + D_{n-2} \times 2^{n-2} + \cdots + D_1 \times 2^1 + D_0 \times 2^0) \tag{8-2}$$

式中,K 为 u_o(或 i_o)的转换比例系数;2^{n-1}、2^{n-2}、$\cdots$、2^1、2^0 是 n 位二进制数 D 从高位到低位的权。

其转换过程是把输入的二进制数中为 1 的每一位代码,按每位权的大小,转换成相应的模拟量,然后将各位转换以后的模拟量,经求和运算放大器相加,其和便是与被转换数字量成正比的模拟量,从而实现了 D/A 转换。一般的 D/A 转换器输出 u_o(或 i_o)是正比于输入数字量 D 的模拟电压(或电流)量。图 8-3a 所示是 D/A 转换器的输入、输出关系示意图,$D_{n-1} \sim D_0$ 是输入的 n 位二进制数,u_o(或 i_o)是与输入二进制数成比例的输出电压(或电流)。图 8-3b 所示是一个输入为 3 位二进制数时 D/A 转换器的转换特性,它具体而形象地反映了 D/A 转换器的基本功能。

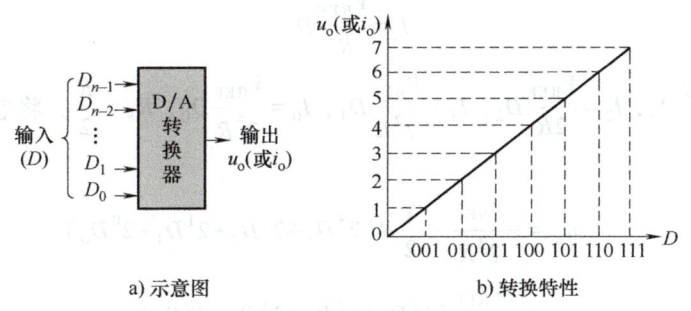

图 8-3 D/A 转换器示意图及转换特性

2. D/A 转换器的基本结构组成及功能

D/A 转换器通常由数码寄存器、基准电压、n 位模拟开关、解码网络、求和运算放大电路等部分组成,其基本结构组成框图如图 8-4 所示。数码寄存器用来暂时存放输入的 n 位数字量 D_{n-1}、D_{n-2}、$\cdots$、D_1、D_0,这些数字量用来分别控制对应各位的模拟电子开关,使数码为 1 的位在解码网络上产生与其权值成正比的 u_o(或 i_o)量,然后经求和运算放大电路求和,即可输出与输入数字量成正比的模拟量,将 D/A 转换器称为解码器。

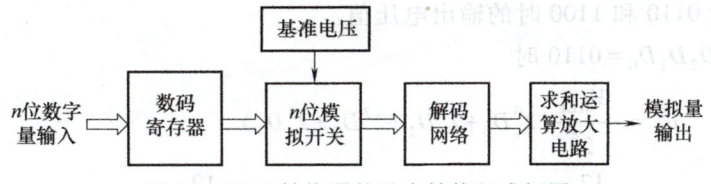

图 8-4 D/A 转换器的基本结构组成框图

8.2.2 典型的 D/A 转换器

按照解码网络的不同,可以构成多种 D/A 转换电路,如权电阻网络 D/A 转换器、倒 T 形电阻网络 D/A 转换器、权电流型 D/A 转换器等。

1. 权电阻网络 D/A 转换器

扫一扫
看视频

一个 4 位权电阻网络 D/A 转换器的基本原理图如图 8-5 所示。它由权电阻网络（2^3R、2^2R、2^1R、2^0R）、模拟电子开关（S_0、S_1、S_2、S_3）、基准电压 V_{REF} 和求和运算放大器等四个部分组成。输入数字量 D（二进制表示为 $D_3D_2D_1D_0$），输出模拟电压 u_o。

权电阻网络和运算放大器 A 组成求和电路。电子开关 S_0、S_1、S_2、S_3 的状态分别受输入代码 D_0、D_1、D_2、D_3 的取值控制，当输入代码 $D_i=1$ 时开关接到基准电压 V_{REF} 上，有支路电流 I_i 流向求和运算放大器；当输入代码 $D_i=0$ 时开关接地，支路电流为 0。

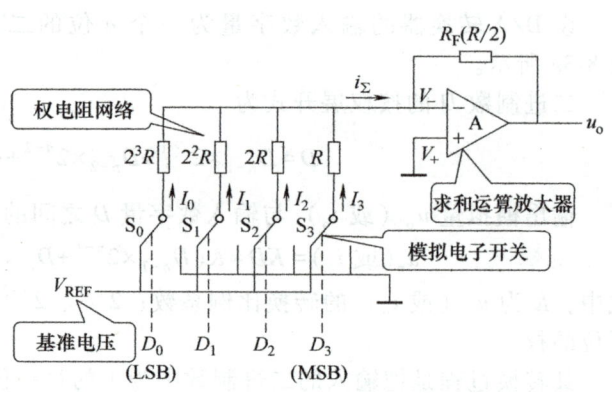

图 8-5 权电阻网络 D/A 转换器

根据理想运算放大器"虚短""虚断"的特点，运算放大器输出电压为

$$u_o = -R_F i_F = -R_F i_\Sigma = -R_F(I_3+I_2+I_1+I_0) \tag{8-3}$$

电阻 R_i 上的电流为

$$I_i = \frac{V_{REF}}{R_i}D_i$$

电路中 $I_3=\frac{V_{REF}}{R}D_3$，$I_2=\frac{V_{REF}}{2R}D_2$，$I_1=\frac{V_{REF}}{2^2R}D_1$，$I_0=\frac{V_{REF}}{2^3R}D_0$，$R_F=\frac{R}{2}$，将它们代入式（8-3），可得

$$\begin{aligned}u_o &= -\frac{V_{REF}}{2^3R}\cdot\frac{1}{2}R(2^3D_3+2^2D_2+2^1D_1+2^0D_0)\\ &=-\frac{V_{REF}}{2^4}(2^3D_3+2^2D_2+2^1D_1+2^0D_0)\end{aligned} \tag{8-4}$$

将上述结论推广到 n 位权电阻网络的 D/A 转换器，输出电压的公式可写成：

$$u_o=-\frac{V_{REF}}{2^n}(2^{n-1}D_{n-1}+2^{n-2}D_{n-2}+\cdots+2^1D_1+2^0D_0) \tag{8-5}$$

从式（8-5）可见，输出模拟电压 u_o 的大小与输入二进制数的大小成正比，实现了数字量到模拟量的转换。

【例 8-1】 如图 8-5 所示的 4 位权电阻网络 D/A 转换器电路，若 $V_{REF}=12V$，求对应 $D_3D_2D_1D_0$ 分别为 0110 和 1100 时的输出电压值。

解：（1） $D_3D_2D_1D_0=0110$ 时

$$\begin{aligned}u_o &= -\frac{V_{REF}}{2^4}(2^0D_0+2^1D_1+2^2D_2+2^3D_3)\\ &=-\frac{12}{2^4}(2^0\times 0+2^1\times 1+2^2\times 1+2^3\times 0)=-\frac{12}{2^4}(2^1+2^2)=-4.5V\end{aligned}$$

（2）同理，当 $D_3D_2D_1D_0=1100$ 时

$$u_o=-\frac{V_{REF}}{2^4}(2^0D_0+2^1D_1+2^2D_2+2^3D_3)=-\frac{12}{2^4}(2^2+2^3)=-9V$$

在式（8-5）中，当 $D_{n-1}D_{n-2}\cdots D_1D_0 = 0$ 时，n 位权电阻网络 D/A 转换器的模拟输出电压 $u_o = 0$；当 $D_{n-1}D_{n-2}\cdots D_1D_0 = 11\cdots 11$ 时，输出电压 $u_o = -\dfrac{V_{REF}}{2^n}(2^n - 1)$，所以 n 位权电阻网络 D/A 转换器的模拟输出电压 u_o 的变化范围是 $0 \sim -\dfrac{V_{REF}}{2^n}(2^n - 1)$。

权电阻网络 D/A 转换器的优点是结构比较简单、直观，所用的电阻元件数很少，且因组成数字量的各位同时进行转换，转换速度较快，转换原理容易掌握；缺点是所用电阻依次相差一半，当需要转换的位数越多时，电阻差别就越大，尤其在输入信号的位数较多时，这个问题就更加突出。这样大范围的阻值，要保证每个都有很高的精度是极其困难的，不利于集成电路的制造，难以批量生产，因此实际应用很少，仅应用于位数 n 较少的场合。为了克服这个缺点，D/A 转换器广泛采用倒 T 形电阻网络 D/A 转换器。

2. 倒 T 形电阻网络 D/A 转换器

在单片集成 D/A 转换器中，使用最多的是倒 T 形电阻网络 D/A 转换器。图 8-6 所示的 4 位倒 T 形电阻网络 D/A 转换器由电阻网络、电子模拟开关、基准电压 V_{REF} 和求和运算放大器等 4 个部分组成。倒 T 形电阻网络 D/A 转换器的电阻只有 R 和 $2R$，与权电阻网络 D/A 转换器不同。

当输入数字信号的任何一位是"1"时，对应开关便将 $2R$ 电阻接到运算放大器反相输入端，而当其为"0"时，则将电阻 $2R$ 接地。由图 8-6 可知，按照虚短、虚断的近似计算方法，求和运算放大器反相输入端的电位为虚地，所以无论开关合到哪一边，都相当于接到了"地"电位上。在图示开关状态下，从最左侧将电阻折算到最右侧，先是 $2R//2R$ 并联，电阻值为 R，再和 R 串联，又是 $2R$，一直折算到最右侧，电阻仍为 R，分析

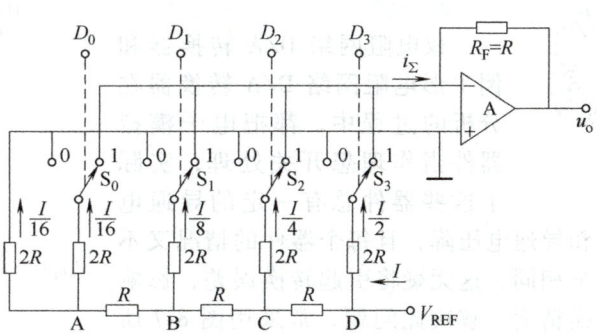

图 8-6 倒 T 形电阻网络 D/A 转换器

R-$2R$ 电阻解码网络不难发现，从每个节点向左看的二端网络等效电阻均为 R，流入每个 $2R$ 电阻的电流从高位到低位按 2 的整倍数递减。设由基准电压源提供的总电流为 I（$I = V_{REF}/R$），则流过各开关支路（从右到左）的电流分别为

$$I_3 = \frac{1}{2}I,\ I_2 = \frac{1}{4}I,\ I_1 = \frac{1}{8}I,\ I_0 = \frac{1}{16}I$$

在输入数字量的作用下，流入集成运算放大器反相输入端的电流为

$$i_\Sigma = \frac{I}{2}D_3 + \frac{I}{4}D_2 + \frac{I}{8}D_1 + \frac{I}{16}D_0$$

当 $R_F = R$ 时，集成运算放大器的输出电压为

$$\begin{aligned}
u_o &= -i_\Sigma R_F = -\left(\frac{V_{REF}}{2R}D_3 + \frac{V_{REF}}{4R}D_2 + \frac{V_{REF}}{8R}D_1 + \frac{V_{REF}}{16R}D_0\right)R_F \\
&= -\frac{R_F V_{REF}}{R \cdot 2^4}(D_3 \cdot 2^3 + D_2 \cdot 2^2 + D_1 \cdot 2^1 + D_0 \cdot 2^0) \\
&= -\frac{V_{REF}}{2^4}(D_3 \cdot 2^3 + D_2 \cdot 2^2 + D_1 \cdot 2^1 + D_0 \cdot 2^0)
\end{aligned} \quad (8-6)$$

倒 T 形电阻网络 D/A 转换器的特点如下：

1）电阻网络取值品种少，只有 R 和 $2R$ 两种，易提高精度，便于制造和扩展位数。

2）各支路电流始终存在，且恒定不变，不存在传输上的时间差，不会引起输出端动态误差，不仅提高了转换速度，而且也减少了动态过程中输出端可能出现的尖脉冲。

3）模拟开关在地和虚地之间转换，不论开关状态如何，各支路的电流始终不变，因此不需要电流建立时间。

【例 8-2】 电路如图 8-6 所示，已知 $R_F = 20\text{k}\Omega$，$V_{REF} = 10\text{V}$，其余电阻 R 的阻值均为 $10\text{k}\Omega$，试求：（1）输出的关系式；（2）当 $u_o = -10\text{V}$ 时，该电路输入的数字量 $D_3D_2D_1D_0$ 为多少？

解：（1） $u_o = -V_{REF}R_F\left(\dfrac{1}{2R}D_3 + \dfrac{1}{4R}D_2 + \dfrac{1}{8R}D_1 + \dfrac{1}{16R}D_0\right)$

$= -10 \times \dfrac{20}{10} \times \left(\dfrac{1}{2}D_3 + \dfrac{1}{4}D_2 + \dfrac{1}{8}D_1 + \dfrac{1}{16}D_0\right)$

$= -\dfrac{20}{16}(8D_3 + 4D_2 + 2D_1 + D_0)\text{V}$

（2）当 $u_o = -10\text{V}$ 时，代入关系式得 $D_3D_2D_1D_0 = 1000$。

扫一扫
看视频

3. 权电流型 D/A 转换器

权电阻网络 D/A 转换器和倒 T 形电阻网络 D/A 转换器在分析的过程中，都把电子模拟器件当作理想开关处理，实际上这些器件总有一定的导通电阻和导通电压降，且每个器件的情况又不完全相同，这无疑将引起转换误差，影响转换精度。解决此问题，常采用图 8-7 所示的权电流型 D/A 转换器。

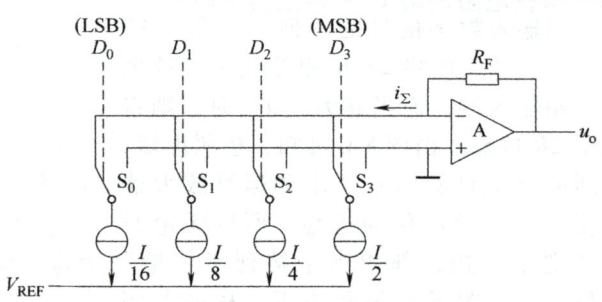

图 8-7　4 位权电流型 D/A 转换器电路

这组恒流源从高位到低位电流的大小依次为 $I/2$、$I/4$、$I/8$、$I/16$。当输入数字量的某一位代码 $D_i = 1$ 时，对应的开关 S_i 将恒流源接至运算放大器的反相输入端；当 $D_i = 0$ 时，对应的开关 S_i 接地，故输出电压 u_o 为

$$u_o = i_\Sigma R_F = R_F\left(\dfrac{I}{2}D_3 + \dfrac{I}{4}D_2 + \dfrac{I}{8}D_1 + \dfrac{I}{16}D_0\right) = \dfrac{R_F I}{2^4}(2^3 D_3 + 2^2 D_2 + 2^1 D_1 + 2^0 D_0) \qquad (8-7)$$

可见，输出电压 u_o 正比于输入的数字量，实现了数字量到模拟量的转换。权电流型 D/A 转换器各支路电流的叠加方法和传输方式与 R-$2R$ 倒 T 形电阻网络 D/A 转换器相同，因而也具有转换速度快的特点。此外，由于采用了恒流源，每个支路电流的大小不再受开关内阻和压降的影响，从而降低了对开关电路的要求。

由于在这种权电流型 D/A 转换器中采用了高速电子开关，电路还具有较高的转换速度。采用这种权电流型 D/A 转换电路生产的单片集成 D/A 转换器有 DAC0806、DAC0808 等。这些器件都采用双极型工艺制作，工作速度较高。

8.2.3　集成 D/A 转换器

单片集成 D/A 转换器产品的种类多，性能指标各异。CDA7524 是 CMOS 单片低功耗 8 位 D/A 转换器，电源电压 V_{DD} 可在 $+5 \sim +15\text{V}$ 之间选择，其原理电路如图 8-8 所示。

CDA7524 采用 R-$2R$ 倒 T 形电阻网络、CMOS 模拟电子开关，并含有一个数据锁存器。其

基准电压 V_{REF} 可正可负，当 V_{REF} 为正时，输出电压为负；反之，当 V_{REF} 为负时，输出为正。$\overline{CS}$ 为片选信号，$\overline{WR}$ 为写信号，都是低电平有效；当片选信号 $\overline{CS}$ 与写入命令 $\overline{WR}$ 为低电平时，处于写入状态，可将 $D_0 \sim D_7$ 的数据写入寄存器并转换成模拟电压输出。$D_0 \sim D_7$ 为 8 位数据输入端，其电平与 TTL 电平兼容。V_{REF} 为参考电源，可正、可负。OUT_1 和 OUT_2 为输出端，内部已包含了反馈电阻 R_{FB}。

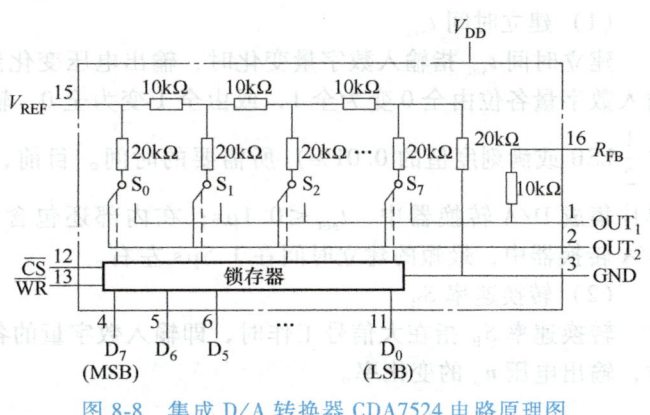

图 8-8　集成 D/A 转换器 CDA7524 电路原理图

一般的集成 D/A 转换器都不包含求和运算放大器，使用时需要外接。

8.2.4　D/A 转换器的主要技术指标

1. 转换精度

转换精度表示转换的准确程度，用来保证处理结果的准确性。D/A 转换器的转换精度通常用分辨率和转换误差来描述。

（1）分辨率

分辨率是用以说明 D/A 转换器在理论上可达到的精度。分辨率用于表征 D/A 转换器对输入微小量变化的敏感程度，显然输入数字量位数越多，输出电压可分离的等级越多，即分辨率越高。所以实际应用中，往往用输入数字量的位数表示 D/A 转换器的分辨率。此外，D/A 转换器的分辨率也定义为电路所能分辨的最小输出电压 U_{LSB} 与最大输出电压 U_m 之比，即

$$分辨率 = \frac{U_{LSB}}{U_m} = \frac{-\dfrac{V_{REF}}{2^n}}{-\dfrac{V_{REF}}{2^n}(2^n-1)} = \frac{1}{2^n-1} \tag{8-8}$$

式（8-8）说明，输入数字代码的位数 n 越多，分辨率越小，分辨能力越高，例如，集成 DAC5G7520 十位 D/A 转换器的分辨率为

$$\frac{1}{2^{10}-1} = \frac{1}{1023} \approx 0.000978$$

（2）转换误差

转换误差用以说明 D/A 转换器实际上能达到的转换精度。转换误差可用输出电压满度值的百分数表示，D/A 转换器的绝对误差（或绝对精度）是指输入端加入最大数字量（全1）时，D/A 转换器的理论值与实际值之差。通常要求 D/A 转换器的误差小于 $U_{LSB}/2$。转换误差又分静态误差和动态误差。产生静态误差的原因有基准电源 V_{REF} 的不稳定、运算放大器的零点漂移、模拟开关导通时的内阻和压降以及电阻网络中阻值的偏差等。动态误差则是在转换的动态过程中产生的附加误差，它是由于电路中的分布参数的影响，使各位的电压信号到达解码网络输出端的时间不同所致。

2. 转换速度

D/A 转换器的转换速度有两个衡量指标。

(1) 建立时间 t_{set}

建立时间 t_{set} 指输入数字量变化时，输出电压变化到相应稳定电压值所需的时间。它是在输入数字量各位由全0变为全1，或由全1变为全0，输出电压达到某一规定值（例如最小值取 $\frac{1}{2}$LSB 或满刻度值的 0.01%）所需要的时间。目前，在内部只含有解码网络和模拟开关的单片集成 D/A 转换器中，$t_{set} \leqslant 0.1\mu s$；在内部还包含有基准电源和求和运算放大器的集成 D/A 转换器中，最短的建立时间在 $1.5\mu s$ 左右。

(2) 转换速率 S_R

转换速率 S_R 指在大信号工作时，即输入数字量的各位由全0变为全1，或由全1变为全0时，输出电压 u_o 的变化率。

3. 温度系数

温度系数指在输入不变的情况下，输出模拟电压随温度变化产生的变化量。一般用满刻度输出条件下温度每升高1℃，输出电压变化的百分数作为温度系数。

4. 转换时间

转换时间指 D/A 转换器在输入数字信号开始转换，到输出的模拟电压或电流达到稳定值所需的时间。即转换器的输入变化为满刻度值（输入由全0变为全1或由全1变为全0）时，其输出达到稳定值所需的时间，也称为建立时间。它是反映 D/A 转换器工作速度的指标。转换时间越小，工作速度就越高。

思考与练习

8.2-1 D/A 转换器可能存在哪几种转换误差？试分析误差的特点及其产生误差的原因。

8.2-2 如何定义 D/A 转换器的分辨率？8 位 D/A 转换器的分辨率是多少？

8.2-3 试比较权电阻网络 D/A 转换器、倒 T 形电阻网络 D/A 转换器、权电流型 D/A 转换器的特点。

8.2-4 与权电阻网络 D/A 转换器相比，倒 T 形电阻网络 D/A 转换器有何优点？

8.3 A/D 转换器

8.3.1 A/D 转换器的基本概念

A/D 转换器的功能是将输入的模拟信号转换为输出的数字信号，即将模拟量转换成与其成比例的数字量。实质上，A/D 转换器是模拟系统到数字系统的接口电路。一个完整的 A/D 转换过程，将模拟量转换为数字量一般需经过采样、保持、量化与编码等4个步骤完成，在具体实施时，常把这4个步骤合并进行。例如，采样和保持是利用采样保持电路连续完成的。量化和编码是在 A/D 转换中同步实现的，而且所用的时间又是保持的一部分。A/D 转换器转换示意图如图8-9所示。

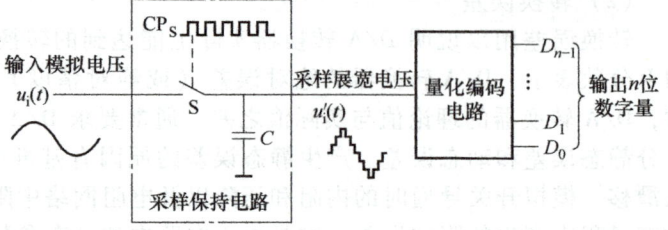

图 8-9 A/D 转换器转换示意图

1. 采样定理

采样（又称取样）就是对连续变化的模拟信号定时进行测量，抽取样值。通过采样，一个在时间上连续变化的模拟信号就转换为随时间断续变化的脉冲信号，脉冲信号的幅度取决于输入模拟量的振幅。

图 8-10 所示是某一输入模拟信号经采样后得出的波形。为了保证能从采样信号中将原信号恢复，必须满足条件

$$f_s \geq 2f_{i(\max)} \quad (8-9)$$

式中，f_s 为采样频率；$f_{i(\max)}$ 为信号 u_i 中最高次谐波分量的频率。这一关系称为采样定理。

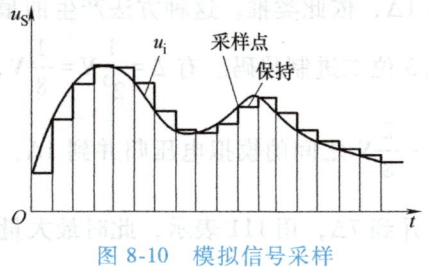

图 8-10 模拟信号采样

A/D 转换器工作时的采样频率只有满足式（8-9）所规定的频率要求，才能做到不失真地恢复出原模拟信号。这就像用照相机拍摄世界级运动员跨栏瞬间的镜头一样，如果照相机的速度太慢，是无法留住那精彩瞬间的。采样频率越高，留给每次进行转换的时间就越短，这就要求 A/D 转换电路必须具有更高的工作速度。因此，采样频率通常取 $f_s = (3 \sim 5)f_{i(\max)}$ 就能满足要求。有关采样定理的证明将在"数字信号处理"课程中讲解。

2. 采样保持电路

由于每次把采样电压转换成数字量都需要一定的时间，因此在每次采样后必须将所采得的电压保持一段时间。完成这种功能的便是采样保持电路。图 8-11 给出了基本采样保持电路的原理电路。其中运算放大器 A 接成电压跟随器的目的是提高输入阻抗，减小输入电流。C 是保持电容。V 是由场效应晶体管组成的模拟开关，并受采样脉冲 u_s 控制。当控制脉冲 u_s 为采样电平（高电平 1）时，开关导通，保持电容 C 充电，则输出电压 u_o 随输入电压 u_i 变化而变化。而当 u_s 为保持电平（低电平 0）时，开关 S 断开，保持电容 C 保存输

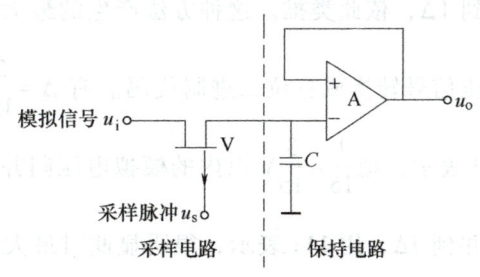

图 8-11 采样保持电路

入电压 u_i 值，使放大器输出电压 u_o 等于开关断开瞬间时的输入电压值，使采样结果 u_o 保持下来。

3. 量化与编码

为了使采样得到的离散的模拟量与 n 位二进制码的 2^n 个数字量一一对应，还必须将采样后离散的模拟量归并到 2^n 个离散电平中的某一个电平上，这样的过程称为量化。量化后的值再按数制要求进行编码，以作为转换完成后输出的数字代码。量化和编码是所有 A/D 转换器不可缺少的核心部分之一。

数字信号具有在时间上离散和幅度上断续变化的特点。这就是说，在进行 A/D 转换时，任何一个被采样的模拟量只能表示成某个规定最小数量单位的整数倍，所取的最小数量单位叫做量化单位，用 Δ 表示。若数字信号最低有效位用 LSB 表示，1LSB 所代表的数量大小就等于 Δ，即模拟量量化后的一个最小分度值。把量化的结果用二进制码，或是其他数制的代码表示出来，称为编码。这些代码就是 A/D 转换的结果。

既然模拟电压是连续的，那么它就不一定是 Δ 的整数倍，在数值上只能取接近的整数倍，因而量化过程不可避免地会引入误差。这种误差称为量化误差。在把模拟信号划分为不同的量化等级时，用不同的划分方法可以得到不同的量化误差。对采样保持后的模拟电压进行量化的方法一般有只舍不入法和四舍五入法两种，如图 8-12 所示。

（1）只舍不入法

只舍不入法如图 8-12a 所示。方法是，取最小量化单位 $\Delta = U_m/2^n$，其中 U_m 为模拟电压最大值，n 为数字代码位数，将 $0 \sim \Delta$ 之间的模拟电压归并到 0Δ，把 $\Delta \sim 2\Delta$ 之间的模拟电压归并

到 1Δ，依此类推。这种方法产生的最大量化误差为 Δ。比如，将 $0\sim 1V$ 的模拟电压信号转换成 3 位二进制代码。有 $\Delta=\frac{1}{2^3}V=\frac{1}{8}V$，那么 $0\sim\frac{1}{8}V$ 之间的模拟电压归并到 0Δ，用 000 表示，$\frac{1}{8}\sim\frac{2}{8}V$ 之间的模拟电压归并到 1Δ，用 001 表示，依此类推，直到将 $\frac{7}{8}\sim 1V$ 之间的模拟电压归并到 7Δ，用 111 表示，此时最大量化误差为 $\frac{1}{8}V$。该方法简单易行，但量化误差比较大，为了减小量化误差，通常采用另一种量化编码方法，即四舍五入法。

(2) 四舍五入法

四舍五入法如图 8-12b 所示。方法是，取最小量化单位 $\Delta=\frac{2U_m}{2^{n+1}-1}$，其中 U_m 仍为模拟电压最大值，n 为数字代码位数，将 $0\sim\frac{\Delta}{2}$ 之间的模拟电压归并到 0Δ，把 $\frac{\Delta}{2}\sim\frac{3\Delta}{2}$ 之间的模拟电压归并到 1Δ，依此类推。这种方法产生的最大量化误差为 $\frac{\Delta}{2}$。用此法重做上例，将 $0\sim 1V$ 的模拟电压信号转换成三位二进制代码。有 $\Delta=\frac{2}{15}V$，那么将 $0\sim\frac{1}{15}V$ 之间的模拟电压归并到 0Δ，用 000 表示，把 $\frac{1}{15}\sim\frac{3}{15}V$ 以内的模拟电压归并到 1Δ，用 001 表示，直到将 $\frac{13}{15}\sim 1V$ 之间的模拟电压归并到 7Δ，用 111 表示，很明显此时最大量化误差为 $\frac{1}{15}V$。比前述只舍不入方法的最大量化误差 $\frac{1}{8}V$ 明显减小了（减小了近一半）。因而实际中广泛采用四舍五入法。当然，无论采用何种划分量化电平的方法都不可避免地存在量化误差，量化级分得越多（即 A/D 转换器的位数越多），量化误差就越小，但同时输出二进制数的位数就越多，实现这种量化的电路也将更加复杂。因而在实际工作中，并不是量化级分得越多越好，而是根据实际要求，合理地选择 A/D 转换器的位数。图 8-12 表示了两种不同的量化编码方法。

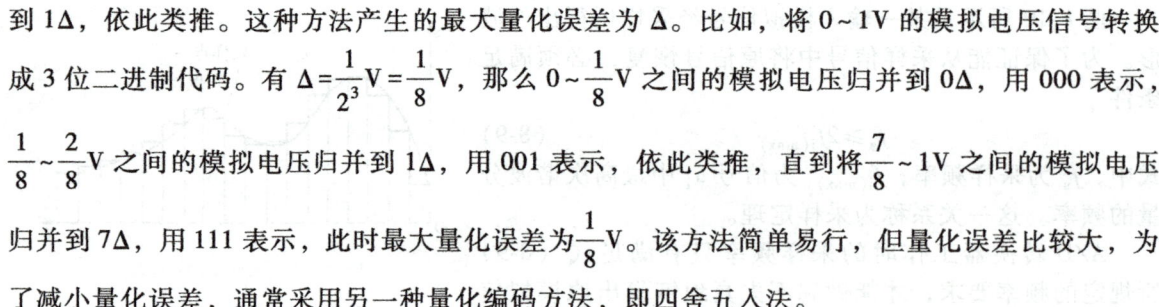

图 8-12 划分量化电平的两种方法

4. A/D 转换器的分类

A/D 转换器的种类很多，按其转换过程，大致可以分为直接型 A/D 转换器和间接型 A/D

转换器两种，如图 8-13 所示。

直接型 A/D 转换器能把输入的模拟电压直接转换为输出的数字代码，不需要通过中间变量。常用的电路有反馈比较型和并行比较型两种。直接型 A/D 转换器具有工作速度快，转换精度容易保证，调准也比较方便的优点。间接型 A/D 转换器是把待转换的输入模拟电压转换成与其采样保

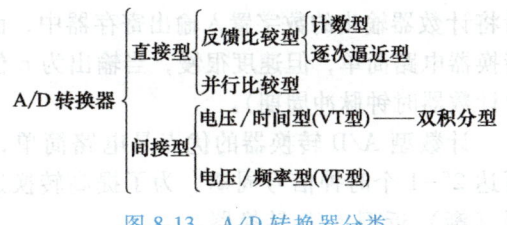

图 8-13　A/D 转换器分类

持电压成正比的、容易测量的时间或频率等物理量，最后再把这些物理量转换成数字量。即把输入的模拟电压先转换为一个中间变量，然后再对中间变量进行量化编码得出转换结果。其特点是工作速度较低，但转换精度可以做得较高，且抗干扰性能强，一般在测试仪表中用得较多。常用的电路有 VT 型和 VF 型。

8.3.2　典型的 A/D 转换器

1. 反馈比较型 A/D 转换器

反馈比较型 A/D 转换器的构成电路思路如图 8-14 所示，基本思路是取一个数字量加到 D/A 转换器上，于是在 D/A 转换器的输出端得到一个对应的输出模拟电压 u_i'。将这个模拟电压 u_i' 和输入的模拟信号电压 u_i 经电压比较器进行比较，如果两者不相等，则调整所取的数字

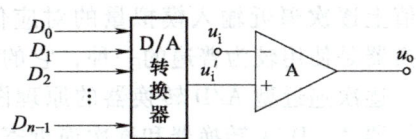

图 8-14　反馈比较型 A/D 转换器

量，并不断改变数字信号，直到两个模拟电压 u_i' 和 u_i 相等为止，最后所取的数字量就是所求的转换结果。根据以上思路，反馈比较型 A/D 转换器经常采用的电路有计数型和逐次逼近型 A/D 转换器。

（1）计数型 A/D 转换器

计数型 A/D 转换器的原理图如图 8-15 所示，由比较器 C、D/A 转换器、计数器、门 G 和输出寄存器组成。基本原理是计数器对脉冲源计数，其输出为数字量，该数字量送入 D/A 转换器，转换为模拟信号 u_o，与 u_i 比较，若 $u_o < u_i$，则计数器继续计数，u_o 增加，直至 $u_o \geq u_i$，计数停止，此时的计数值就是 A/D 转换结果。

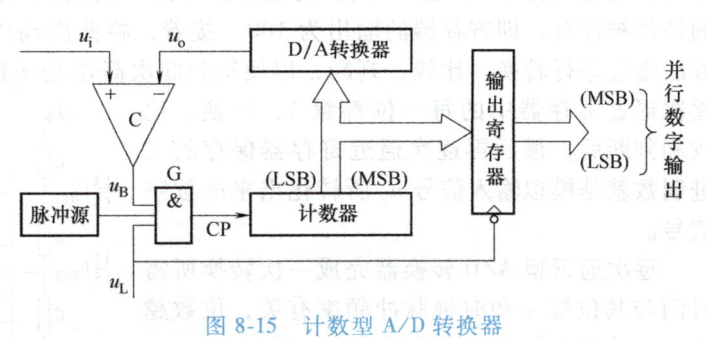

图 8-15　计数型 A/D 转换器

工作过程：转换开始前先用复位信号将计数器置零，而且转换控制信号应停留在 $u_L = 0$ 的状态。这时逻辑门被封锁，计数器不工作。计数器加给 D/A 转换器的是全 0 信号，因此 D/A 转换器输出的模拟电压 $u_o = 0$。如果 u_i 为正电压信号，则 $u_i > u_o$，比较器的输出电压 $u_B = 1$。当 u_L 变成高电平时开始转换，脉冲源发出的脉冲经过逻辑门 G 加到计数器的时钟信号输入端 CP，计数器开始做加法计数。随着计数的进行，D/A 转换器输出的模拟电压 u_o 也不断增加。当 u_o 增至 $u_o = u_i$ 时，比较器的输出电压变成 $u_B = 0$，将逻辑门 G 封锁，计数器停止计数。这时计数器中所存的数字就是所求的输出信号。

由于在转换过程中，计数器中的数字不停地变化，因此不宜将计数器的状态直接作为输出信号。为此，在输出端设置了输出寄存器。在每次转换完成以后，用转换控制信号 u_L 的下降

沿将计数器输出的数字置入输出寄存器中，而以寄存器的状态作为最终的输出信号。计数型 A/D 转换器电路简单，但速度很慢，当输出为 n 位二进制数码时，最大转换时间为 $(2^n-1)T_{CP}$ (T_{CP} 为计数器时钟脉冲周期)。

计数型 A/D 转换器的优点是电路简单，缺点是速度慢，转换时间比较长，最长转换时间可达 2^n-1 个时钟信号周期。为了提高转换速度，在计数型 A/D 转换器的基础上又产生了逐次逼（渐）近型 A/D 转换器。

（2）逐次逼近型 A/D 转换器

扫一扫
看视频

逐次逼近型 A/D 转换器属于直接型 A/D 转换器，它能把输入的模拟电压直接转换为输出的数字代码，而不需要经过中间变量。转换过程相当于一架天平称量物体的过程。按照天平称重的思路，逐次逼近型 A/D 转换器就是将输入模拟信号与不同的参考电压做多次比较，使转换所得的数字量在数值上逐次逼近输入模拟量的对应值。逐次逼近型 A/D 转换器是使用较为普遍的一种，它的显著特点是转换速度快。逐次逼近型 A/D 转换器的原理图如图 8-16 所示。由比较器 A、D/A 转换器和逐次逼近寄存器组成。

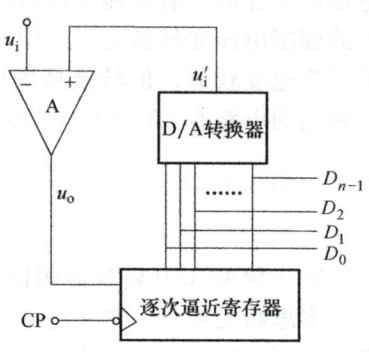

图 8-16 逐次逼近型 A/D 转换器

基本原理：假设寄存器开始时置 0，时钟脉冲 CP 到来时，先将寄存器的最高位 MSB 置成 1，而其余位均为 0，逐次逼近寄存器在 CP 的控制下先输出 100（以三位为例），这个数字信号同时也被加到 D/A 转换器的输入端，经 D/A 转换后转换成对应的模拟电压 u'_i，与模拟输入电压 u_i 进行比较。若 $u'_i>u_i$，则电压比较器 A 的输出 $u_o=1$（高电平），逐次逼近寄存器中的该位被复位，即寄存器的输出为 000；若 $u'_i<u_i$，则电压比较器 A 的输出 $u_o=0$（低电平），逐次逼近寄存器中的该位被保存，即寄存器的输出为 100。接着，将此次高位置 1，低位全部置 0，按上面所述方法逐位进行转换、比较、判断，以便得到此次高位是该保留（置 1）还是复位（置 0）。把逐次逼近寄存器中的每一位都置 1，转换、比较和判断后，最后再逐次逼近寄存器保存的二进制数就是模拟输入信号 u_i 所转化出来的数字信号。

逐次逼近型 A/D 转换器完成一次转换所需时间与其位数 n 和时钟脉冲频率有关，位数越少，时钟频率越高，转换所需时间越短。

2. 并行比较型 A/D 转换器

扫一扫
看视频

3 位并行比较型 A/D 转换器原理电路如图 8-17 所示。它由电阻分压器、电压比较器、寄存器及优先编码器组成。图中的 8 个电阻将参考电压 V_{REF} 分成 8 个等级，参考电压 V_{REF} 通过分压电阻 R 加到电压比较器的反相端，输入的模拟电压经比较器的同相端与对应的参考电压进行比较，电压比较器的输出端得到的高低电平作为优先编码器的输入信号，而优先编码器只对每

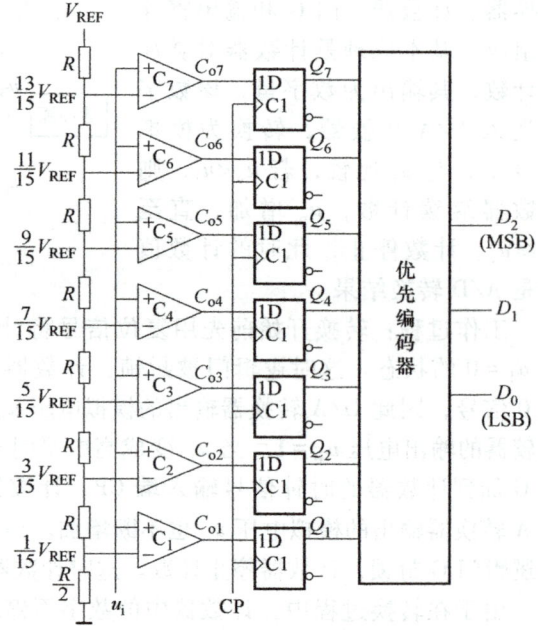

图 8-17 3 位并行比较型 A/D 转换器

次比较结果输出的高低电平中最高位的高电平编码。其中 7 个等级的电压分别作为 7 个比较器 $C_1 \sim C_7$ 的参考电压，其数值分别为 $\frac{1}{15}V_{REF}$、$\frac{3}{15}V_{REF}$、…、$\frac{13}{15}V_{REF}$。

输入电压为 u_i，它的大小决定各比较器的输出状态，当 $0 \leq u_i < \frac{1}{15}V_{REF}$ 时，$C_1 \sim C_7$ 的输出状态都为 0，即 $C_{o1} \sim C_{o7} = 0$，编码器数字量输出 $D_2D_1D_0 = 000$；当 $\frac{1}{15}V_{REF} \leq u_i < \frac{3}{15}V_{REF}$ 时，$C_{o2} \sim C_{o7} = 0$，$C_{o1} = 1$，编码器数字量输出 $D_2D_1D_0 = 001$；当 $\frac{3}{15}V_{REF} \leq u_i < \frac{5}{15}V_{REF}$ 时，比较器 C_{o1} 和 C_{o2} 的输出 $C_{o1} = C_{o2} = 1$，其余各比较器的输出状态都为 0，编码器数字量输出 $D_2D_1D_0 = 010$；依此类推，根据各比较器的参考电压值，可以确定输入模拟电压值与各比较器输出状态之间的关系。比较器的输出状态由 D 触发器存储，CP 作用后，D 触发器的输出状态 $Q_7 \sim Q_1$ 与对应的比较器的输出状态 $C_{o7} \sim C_{o1}$ 相同。经优先编码器输出数字量 $D_2D_1D_0$。优先编码器 Q_7 的优先级别最高，Q_1 最低。

并行 A/D 转换器的优点是转换时间短，可短到几十纳秒，但所用元器件较多，如一个 n 位转换器，所用比较器的个数为 $2^n - 1$ 个。但它的缺点是随着输出位数 n 的增大，所需的电压比较器的数量会很大。例如输出要求为 8 位二进制数，则需要的比较器的数量为 $2^8 - 1 = 255$ 个。设输入模拟电压 u_i 的变化范围是 $0 \sim 1V_{REF}$，输出的 3 位数字量为 $D_2D_1D_0$，则 3 位并行比较型 A/D 转换器的输入、输出关系见表 8-1。

表 8-1 3 位并行比较型 A/D 转换器的输入、输出关系

输入模拟电压 u_i	寄存器状态（代码转换器输入）						数字量输出		
	Q_7	Q_6	Q_5	Q_4	Q_3	Q_2	Q_1	D_2	D_1	D_0
$0 \leq u_i < \frac{1}{15}V_{REF}$	0	0	0	0	0	0	0	0	0	0
$\frac{1}{15}V_{REF} \leq u_i < \frac{3}{15}V_{REF}$	0	0	0	0	0	0	1	0	0	1
$\frac{3}{15}V_{REF} \leq u_i < \frac{5}{15}V_{REF}$	0	0	0	0	0	1	1	0	1	0
$\frac{5}{15}V_{REF} \leq u_i < \frac{7}{15}V_{REF}$	0	0	0	0	1	1	1	0	1	1
$\frac{7}{15}V_{REF} \leq u_i < \frac{9}{15}V_{REF}$	0	0	0	1	1	1	1	1	0	0
$\frac{9}{15}V_{REF} \leq u_i < \frac{11}{15}V_{REF}$	0	0	1	1	1	1	1	1	0	1
$\frac{11}{15}V_{REF} \leq u_i < \frac{13}{15}V_{REF}$	0	1	1	1	1	1	1	1	1	0
$\frac{13}{15}V_{REF} \leq u_i < V_{REF}$	1	1	1	1	1	1	1	1	1	1

可见，并行比较型 A/D 转换器的特点如下：
1) 不需中间变量就能将输入的模拟信号直接转换成数字信号，属于直接型 A/D 转换器。
2) 转换速度快。因是并行转换，其速度仅被比较器及门电路的延迟时间所限，与转换的

位数无关,是各种 A/D 转换器电路中转换速度最快的电路,转换时间仅数十纳秒。

3) n 位数字量,需用 2^n-1 个比较器、2^n-1 个 D 触发器。当位数增加时,运算放大器、D 触发器等器件数量将剧增。

【例 8-3】 3 位并行比较 A/D 转换器,采用四舍五入方法量化,已知基准电压 V_{REF} = 10V,求输入模拟电压 u_i = 6.28V 时相应的输出数字量 $D_2D_1D_0$ = ?

解:量化单位 $\Delta = \frac{2}{15}V_{REF} = \frac{2}{15} \times 10 = \frac{4}{3}V$,$\frac{u_i}{\Delta} = \frac{6.28}{4} \times 3 = 4.71$,0.71>0.5,即电压量化后的值为 $u_i = 4.71\Delta \approx 5\Delta$,相应的输出数字量 $D_2D_1D_0 = 101$。

3. 双积分型 A/D 转换器

双积分型 A/D 转换器属于间接型 A/D 转换器,它是把待转换的输入模拟电压先转换为一个中间变量,例如时间 T,然后再对中间变量量化编码,得出转换结果,这种 A/D 转换器多称为电压-时间变换型(简称 VT 型)。图 8-18 给出的是 VT 型双积分型 A/D 转换器的原理图。双积分型 A/D 转换器由积分器 A_1、比较器 A_2、计数器、控制逻辑、锁存器等组成。该电路的工作过程如下。

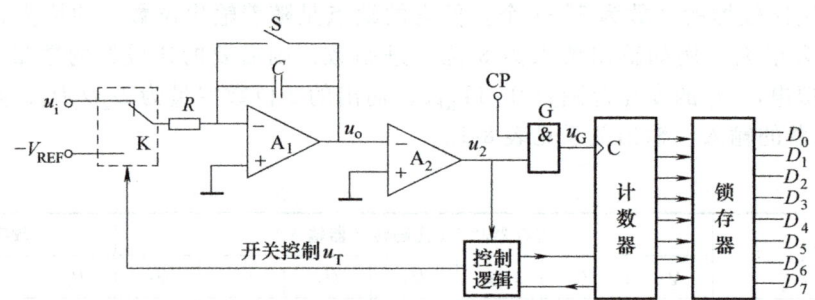

图 8-18 双积分型 A/D 转换器的原理图

(1) 第一次积分阶段

转换开始前,先将计数器清零,使得计数器复位,并接通开关 S,让电容 C 放电,从而使得积分器 A_1 输出电压 u_o = 0,然后再断开。当控制逻辑发出控制信号 u_C 时,使控制开关 K 接入模拟输入信号 u_i。由于积分器 A_1 的反相端是"虚地",所以电容 C 的充电电压 u_o 按照某个负斜率方向变化,则有

$$u_o = -\frac{1}{RC}\int_0^{T_1} u_i dt = -\frac{T_1}{RC}u_i \tag{8-10}$$

可见积分电路的输出 u_o 与 u_i 成正比。这一过程称为转换电路对输入模拟电压的取样过程。在取样开始时,逻辑控制电路将计数门打开,计数器计数。当计数器达到满量程 N 时,计数器由全"1"复位到全"0",这个复位时间正好等于固定的积分时间 T_1。在计数器复位到全"0"的同时,输出一个进位脉冲向逻辑控制电路发出信号,令开关 K 转换至参考电压 $-V_{REF}$ 一侧,取样过程结束。

(2) 第二次积分阶段

第二次积分阶段称为定时积分过程,这个过程就是把 u_o 转换为成比例的时间间隔。采样过程结束时,一方面因参考电压 $-V_{REF}$ 的极性与 u_i 相反,积分电路向相反方向积分。计数器由 0 开始计数,经过 T_2 时间,积分电路的输出电压回升为零,过零比较器输出低电平,关闭计数门,计数器停止计数,同时通过逻辑控制电路使开关 K 与 u_i 接通,则有

$$u_o = \frac{1}{C}\int_0^{T_2} \frac{V_{REF}}{R}dt - \frac{T_1}{RC}u_i = 0$$

$$\frac{T_2}{RC}V_{REF} = \frac{T_1}{RC}u_i$$

即
$$T_2 = \frac{T_1}{V_{REF}}u_i \tag{8-11}$$

式（8-11）表明，反向积分时间 T_2 与输入模拟电压 u_i 成正比。在 T_2 期间，计数门 G 打开，标准频率为 f_{CP} 的时钟通过计数门 G，计数器对 u_G 计数，计数结果为 D，由于 $T_1 = 2^n T_{CP}$，$T_2 = DT_{CP}$，则计数的脉冲数为

$$D = \frac{T_1}{T_{CP}V_{REF}}u_i = \frac{2^n}{V_{REF}}u_i \tag{8-12}$$

双积分型 A/D 转换器若与逐次逼近型 A/D 转换器相比较，因为积分器的存在，积分器的输出只对输入信号的平均值有所响应，所以其突出优点是工作性能比较稳定且抗干扰能力强。由以上分析可以看出，只要两次积分过程中积分器的时间常数相等，计数器的计数结果与 RC 无关，所以，该电路对 RC 精度的要求不高，而且电路的结构也比较简单，因此，双积分型 A/D 转换器大量用于工业控制系统中的许多场合。

【例 8-4】 VT 型双积分型 A/D 转换器的 $V_{REF} = -10V$，计数器为 12 位二进制加法计数器。已知时钟频率 $f_{CP} = 1MHz$。求：（1）该 A/D 转换器允许输入的最大模拟电压是多少？（2）当 $u_i = 6V$ 时，求输出的数字量。（3）已知输出的数字量为 $(4FF)_{16}$，求对应的输入电压 u_i。

解：（1）因为只要 $u_i < V_{REF}$，转换器就能将输入电压 u_i 转换为数字量从寄存器中输出，所以允许输入的最大模拟电压 u_{imax} 为

$$u_{imax} = |V_{REF}| = |-10V| = 10V$$

（2）因为输入模拟电压与数字量成正比，是最小量化单位（LSB）的 N 倍，N 所对应的数字量即为转换结果。

$$u_{LSB} = \frac{V_{REF}}{2^n} = \frac{10}{2^{12}}V$$

当 $u_i = 6V$ 时，有

$$N = \frac{u_i}{u_{LSB}} = \frac{6}{\frac{10}{2^{12}}} \approx (2458)_{10} = (100110011010)_2$$

（3）输出的数字量为 $(4FF)_{16}$ 时，对应的输入电压 u_i 为

$$(4FF)_{16} = (1279)_{10} = (10011111111)_2$$

$$u_i = Nu_{LSB} = \sum_{i=0}^{11}D_i 2^i \times \frac{10}{2^{12}} = \sum_{i=0}^{11}(2^0 D_0 + 2^1 D_1 + \cdots + 2^{11}D_{11}) \times \frac{10}{2^{12}} \approx 3.12V$$

8.3.3 集成 A/D 转换器

在单片集成 A/D 转换器中，逐次逼近型使用较多，下面我们以 ADC0809 为例介绍 A/D 转换器及其应用。ADC0809 是采用 CMOS 工艺制成的单片 8 位 8 通道逐次逼近型 A/D 转换器，由 8 位模拟开关、地址锁存与译码、8 位 A/D 转换器、三态输出锁存缓冲器等组成。逻辑框图如图 8-19 所示。

8位模拟开关用于从8路模拟输入信号中选择1路进行A/D转换；地址锁存与译码部分存放地址码并进行译码实现对8路模拟输入信号的选择；8位A/D转换器为逐次逼近型A/D转换器；三态输出锁存缓冲器用于锁存转换后的数字量并控制三态输出。ADC0809采用双列直插式封装，共有28个引脚，作用如下：

CLOCK(CP)：时钟信号输入端，允许范围为10~1280kHz，用于为ADC0809提供逐次逼近所需的640kHz时钟脉冲。

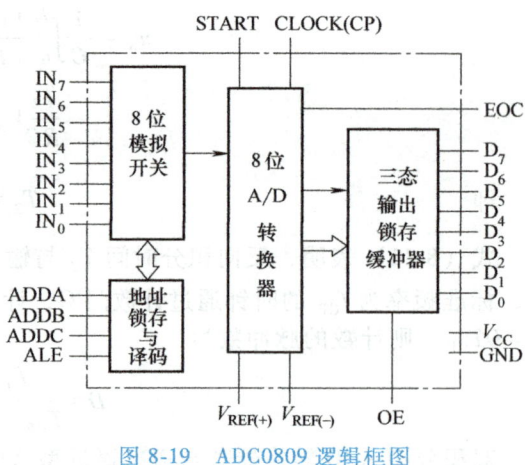

图8-19 ADC0809逻辑框图

$V_{REF(+)}$与$V_{REF(-)}$：参考电压输入线，用于给A/D转换器供给标准电压。$+V_{REF}$常和V_{CC}相连，为+5V。$-V_{REF}$常接地，为0V。

IN_0~IN_7：8路模拟信号输入端，加在模拟开关上，轮流进行A/D转换。输入模拟电压范围为$V_{REF(+)}$~$V_{REF(-)}$。

ADDC、ADDB、ADDA：地址输入线（Address），用于选择IN_0~IN_7上哪一路模拟电压送给比较器进行A/D转换。

D_7~D_0：数字量输出端，D_0为最低有效位（LSB），D_7为最高有效位（MSB）。

ALE：地址锁存允许输入线，高电平有效。当ALE线为高电平时，ADDA、ADDB和ADDC三条地址线上地址信号得以锁存，经译码器控制8路模拟开关工作。

START：启动脉冲信号输入端，有效信号为一个正脉冲，该线的正脉冲由CPU送来，宽度应大于100ns，脉冲的上升沿将寄存器清零，在其下降沿开始A/D转换。

OE：输出允许信号，高电平有效，高电平时可输出转换后的数字量。

EOC：转换结束信号，当A/D转换完毕之后发出一个正脉冲。高电平表示A/D转换已结束，数字量已锁入"三态输出锁存器"。

V_{CC}：+5V电源输入线。

GND：接地端，地线。

工作过程：首先，地址码输入端ADDC、ADDB、ADDA输入稳定模拟输入通道地址后，地址码锁存输入端ALE有效并将通道地址锁存，译码输出后选定输入模拟通道。其次，转换启动信号START有效启动A/D转换。转换完成后，由EOC发出转换结束指令，同时发送输出使能控制信号OE，进行数据输出。

8.3.4 A/D转换器的主要技术指标和选用原则

1. A/D转换器的主要技术指标

A/D转换器的主要技术指标有转换精度、转换速度等。

（1）转换精度

A/D转换器的转换精度通常用分辨率和转换误差来描述。

1) 分辨率：A/D转换器的分辨率是指引起输出二进制（或十进制）数字量最低有效位变动一个数码时，对应输入模拟量的最小变化量。它反映了A/D转换器对输入模拟量微小变化的分辨能力，由它确定能被A/D转换器辨别的最小模拟量变化。显然，它与输出的二进制数的位数有关，在A/D转换器分辨率的有效值范围内，输出二进制数的位数越多，分辨率越小，分辨能力就越高。但超出了A/D转换器分辨率的极限值，再增加位数，也不会提高分辨率。实际的A/D转换器通常为8、10、12、16位等。

从理论上讲，n 位输出的 A/D 转换器能区分 2^n 个不同等级的输入模拟电压，能区分输入电压的最小值为满量程输入的 $1/2^n$。在最大输入电压一定时，输出位数越多，量化单位越小，分辨率越高。例如，A/D 转换器输出为 8 位二进制数，输入信号最大值为 2V，那么这个转换器应能区分输入信号的最小电压为 $\dfrac{2}{2^8}=7.81\mathrm{mV}$。

2）转换误差：转换误差是指 A/D 转换器实际输出的数字量与理论输出数字量之间的差值，并用最低有效位（LSB）的倍数来表示。转换误差通常以相对误差的形式给出。例如，相对误差≤±LSB/2，就表明实际输出的数字量和理论上应得到的输出数字量之间的误差小于最低位的一半。

（2）转换速度

A/D 转换器转换速度的快慢通常用转换时间和转换速率两个指标来描述。转换时间指完成一次 A/D 转换所需要的时间；转换速率指单位时间内能够完成的 A/D 转换次数。根据两者的定义可知，转换时间和转换速率互为倒数。

A/D 转换器的转换速度与转换电路的类型有关，不同类型的转换器转换速度相差甚远。并行比较型 A/D 转换器的转换速度最快，为纳秒量级，价格通常比较昂贵，多用于对转换速度要求较高的场合；逐次逼近型 A/D 转换器速度次之，转换时间为微秒量级，价格低廉，能够满足大多数场合的应用要求；双积分型 A/D 转换器的转换速度最慢，为毫秒量级，但是具有抗干扰能力强、价格低的优点，可应用在一些对转换速度要求不高的工业场合。

在实际应用中，应从系统数据总的位数、精度要求、输入模拟信号的范围及输入信号极性等方面综合考虑 A/D 转换器的选用。

2. A/D 转换器的选用原则

（1）类型合理

根据 A/D 转换器在系统中的作用以及与系统中其他电路的关系进行选择，不但可以减少电路的辅助环节，还可以避免出现一些不易发现的逻辑与时序错误。

（2）转换速度

三种应用最广泛的产品中，并行比较型 A/D 转换器的速度最高；逐次逼近型 A/D 转换器的速度次之；双积分型 A/D 转换器的速度最慢。要根据系统的要求选取。

（3）精度选择

在精度要求不高的场合，选用 8 位 A/D 转换器即可满足要求，而不必选用更高分辨率的产品。

（4）功能选择

尽量选用恰好符合要求的产品。多余的功能不但无用，还有可能造成意想不到的故障。

总之，转换精度、转换速度、功能类型、功耗等特性要综合考虑，全面衡量。

【例 8-5】 某信号采集系统要求用一片 A/D 转换器集成芯片在 1s 内对 16 个热电偶的输出电压分时进行 A/D 转换。已知热电偶输出电压范围为 0~0.025V（对应于 0~450℃ 温度范围），需要分辨的温度为 0.1℃，试问应选择多少位的 A/D 转换器，其转换时间是多少？

解： 对于 0~450℃ 温度范围，信号电压为 0~0.025V，分辨温度为 0.1℃，这相当于 $\dfrac{0.1}{450}=\dfrac{1}{4500}$ 的分辨率。而 12 位 A/D 转换器的分辨率为 $\dfrac{1}{2^{12}}=\dfrac{1}{4096}$，因 $\dfrac{1}{4500}<\dfrac{1}{4096}$，所以必须选用 13 位的 A/D 转换器。取样速率为 16 次/s，取样时间为 $\dfrac{1}{16}=62.5\mathrm{ms}$。对于这样慢速的取样，任何一个 A/D 转换器都可达到。

8.3-1　直接型 A/D 转换器与间接型 A/D 转换器各有什么优缺点？举例说明。

8.3-2　A/D 转换的主要步骤是什么？

8.3-3　什么叫量化、量化单位和转换误差？

8.3-4　影响 A/D 转换器转换精度的主要因素有哪些？

8.4　应用案例

在现代过程控制及各种智能仪器和仪表中，为采集被控（被测）对象数据以达到由计算机进行实时检测、控制的目的，常用微处理器和 A/D 转换器组成数据采集系统。单通道微机化数据采集系统的示意图如图 8-20 所示。采集数据时，微处理器产生 $\overline{CS}$、$\overline{WR}$ 低电平信号，启动 A/D 转换器工作。ADC0804 经 100μs 后将输入模拟信号转换为数字信号存于输出锁存器，并在 $\overline{INTR}$ 端产生低电平表示转换结束。微处理器利用 $\overline{RD}$、$\overline{CS}$ 信号读取 A/D 转换器的输出数据。

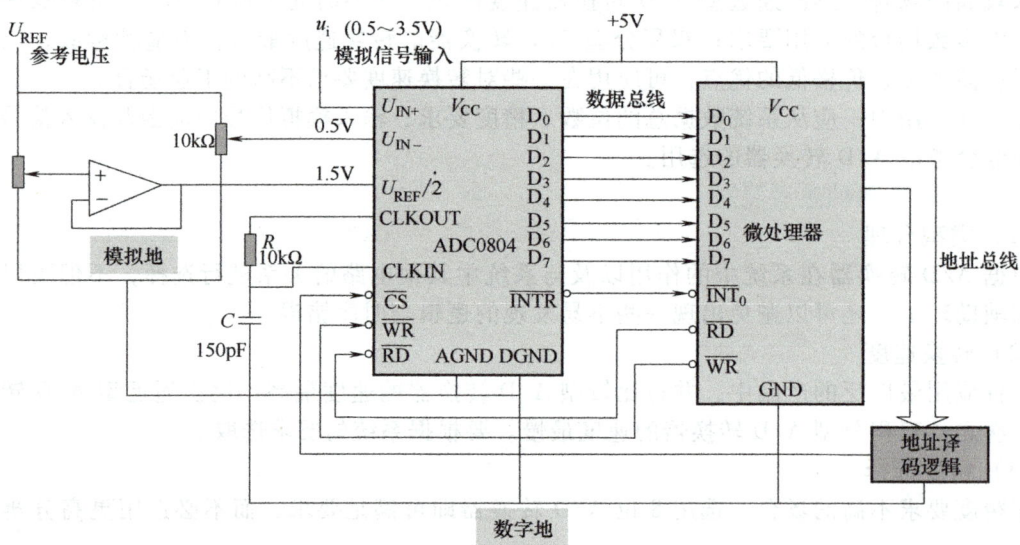

图 8-20　单通道微机化数据采集系统示意图

本 章 小 结

1）A/D 和 D/A 转换器是现代数字系统的重要部件，应用日益广泛。

2）D/A 转换器将输入的二进制数字量转换成与之成正比的模拟量。实现 D/A 转换有多种方式，常用的有权电阻网络 D/A 转换器、倒 T 形电阻网络 D/A 转换器、权电流网络 D/A 转换器等。

3）A/D 转换能将输入的模拟量转换成与之成正比的二进制数字量。A/D 转换分直接转换型和间接转换型。A/D 转换器的转换步骤是，采样、保持、量化、编码。采样保持电路对输入模拟信号抽取样值并保持，量化是对样值脉冲进行分级，编码是将分级后的信号转换成二进制代码。在对模拟信号采样时，必须满足采样定理，即 $f_s \geq 2f_{i(\max)}$。这样才能做到不失真地恢复出原模拟信号。

典型的 A/D 转换器有逐次逼近型、并行比较型、双积分型等。不同的 A/D 转换方式具有各自的特点：高速场合下，可选用并行比较型 A/D 转换器，但受位数限制，精度不高，且价格贵；在低速场合，可选用双积分型 A/D 转换器，它精度高，抗干扰能力强；逐次逼近型 A/D 转换器兼顾了上述两种 A/D 转换器的优点，速度较快、精度较高、价格适中,因此应用比较普遍。

4)常用的集成 A/D 和 D/A 转换器种类很多,其发展趋势是高速度、高分辨率、易与计算机接口,以满足各个领域对信息处理的要求。

5)A/D 和 D/A 转换器的主要技术参数是转换精度和转换速度。

能力检测题

扫一扫
看答案

一、单选题

1. 对电压、频率、电流等模拟量进行数字处理之前,必须将其进行( )。
   A. D/A 转换　　　B. A/D 转换　　　C. 直接输入　　　D. 随意

2. A/D 转换过程的四个步骤的顺序是( )。
   A. 采样、保持、量化、编码　　　B. 编码、量化、保持、采样
   C. 采样、编码、量化、保持　　　D. 量化、编码、保持、采样

3. D/A 转换器实质上相当于一个( )。
   A. 电阻网络　　　　　　　　　　B. 受数字量控制的二进制电阻网络
   C. 权电阻网络　　　　　　　　　D. 受模拟量控制的二进制电阻网络

4. 一个输入为十位二进制($n=10$)的倒 T 形电阻网络 D/A 转换器电路中,基准电压 V_{REF} 提供电流为( )。
   A. $\dfrac{V_{REF}}{2^{10}R}$　　B. $\dfrac{V_{REF}}{2\times 2^{10}R}$　　C. $\dfrac{V_{REF}}{R}$　　D. $\dfrac{V_{REF}}{(\sum 2^i)R}$

5. 双积分型 A/D 转换器的缺点是( )。
   A. 转换速度较慢　　　　　　　　B. 转换时间不固定
   C. 对元件稳定性要求较高　　　　D. 电路较复杂

6. 8 位 D/A 转换器当输入数字量只有最低位为 1 时,输出电压为 0.02V,当输入数字量只有最高位为 1 时,则输出电压为( )V。
   A. 0.039　　　B. 2.56　　　C. 1.27　　　D. 都不是

7. D/A 转换器的主要参数有( )、转换精度和转换速度。
   A. 分辨率　　　B. 输入电阻　　　C. 输出电阻　　　D. 参考电压

8. 权电阻网络 D/A 转换器电路最小输出电压是( )。
   A. $\dfrac{1}{2}V_{LSB}$　　B. V_{LSB}　　C. V_{MSB}　　D. $\dfrac{1}{2}V_{MSB}$

9. A/D 转换器的量化单位为 S,用只舍不入法对采样值量化,则其量化误差 $\varepsilon_{max}=$( )。
   A. 0.5S　　　B. 1S　　　C. 1.5S　　　D. 2S

10. 一个无符号 8 位数字量输入的 D/A 转换器,其分辨率为( )位。
    A. 1　　　B. 3　　　C. 4　　　D. 8

二、判断题(正确的打√,错误的打×)

1. 权电阻网络 D/A 转换器的电路简单且便于集成工艺制造,因此被广泛使用。( )
2. D/A 转换器的位数越多,能够分辨的最小输出电压变化量就越小。( )
3. 一般 D/A 转换器由电子开关、电阻网络、求和放大器、标准电压组成。( )
4. D/A 转换器的最大输出电压的绝对值可达到基准电压 V_{REF}。( )
5. D/A 转换器的位数越多,转换精度越高。( )
6. 模拟电量送入数字电路之前,须经 A/D 转换。( )
7. A/D 转换过程中,必然会出现量化误差。( )
8. A/D 转换中的采样、保持、量化、编码必须分开单独进行。( )
9. 最小量化单位是指最低数据位变化所对应的模拟量变化。( )
10. 采样定理的规定,是为了能不失真地恢复模拟信号,又不使电路过于复杂。( )

三、填空题

1. 将数字信号转换为模拟信号应采用( )转换器。

2. 将模拟信号转换为数字信号应采用（　　）转换器。
3. 计数型 A/D 转换器比逐次逼近型 A/D 转换器的转换速度（　　）。
4. （　　）和（　　）是衡量 A/D、D/A 转换器性能优劣的主要指标。
5. 就逐次逼近型和双积分型两种 A/D 转换器而言，（　　）的抗干扰能力强，（　　）的转换速度快。
6. 由于数字电路只能（　　）数字信号，所以要将模拟信号转换为（　　）。
7. 就实质而言，（　　）类似于译码器，（　　）类似于编码器。
8. 电压比较器相当于 1 位（　　）。
9. A/D 转换的过程可分为（　　）、保持、量化、编码 4 个步骤。
10. A/D 转换电路的量化单位为 s，用四舍五入法对采样值量化，则其 ε_{max} =（　　）。

四、综合题

1. 一个 8 位 D/A 转换器的单位量化电压为 0.02V，当输入代码分别为 01011001、10100100 时，输出电压 u_o 为多少伏？

2. n 位权电阻型 D/A 转换器如图 8-21 所示。(1) 试推导输出电压 u_o 与输入数字量的关系式；(2) 当 n = 8，V_{REF} = -10V 时，如输入数码为 20H，试求输出电压值。

3. 10 位 R-2R 网络型 D/A 转换器如图 8-22 所示。(1) 求输出电压的取值范围；(2) 当要求输入数字量为 200H 时输出电压 u_o = 5V，试问 V_{REF} 应取何值？

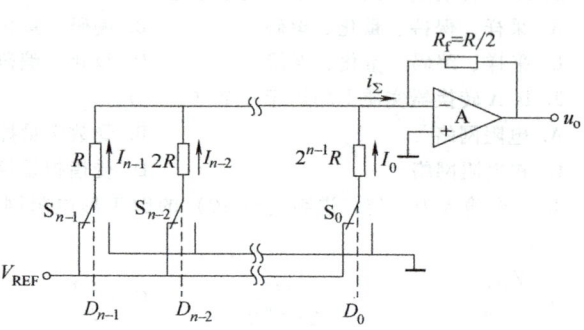

图 8-21　综合题 2 图

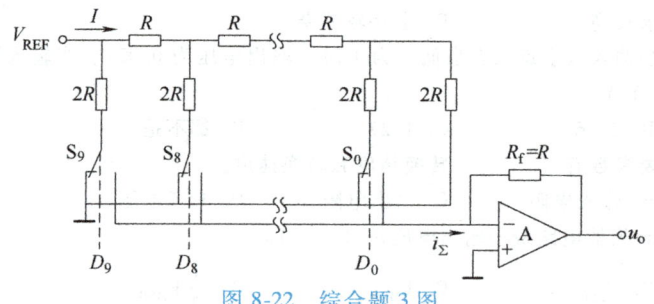

图 8-22　综合题 3 图

4. 已知 R-2R 网络型 D/A 转换器 V_{REF} = +5V，试分别求出 4 位 D/A 转换器和 8 位 D/A 转换器的最大输出电压，并说明这种 D/A 转换器最大输出电压与位数的关系。

5. 对于一个 8 位 D/A 转换器，(1) 若最小输出电压增量 V_{LSB} 为 0.02V，试问当输入代码为 01001101 时，输出电压 u_o 为多少伏？(2) 假设 D/A 转换器的转换误差为 1/2LSB，若某一系统中要求 D/A 转换器的精度小于 0.25%，试问这个 D/A 转换器能否应用？

6. A/D 转换器中取量化单位为 Δ，把 0~10V 的模拟电压信号转换为 3 位二进制代码，若最大量化误差为 Δ，要求列表表示模拟电平与二进制代码的关系，并指出 Δ 的值。

模拟电平	二进制代码	模拟电平	二进制代码
	000		100
	001		101
	010		110
	011		111

7. 一个 6 位并行比较型 A/D 变换器，为量化 0~5V 电压，问量化值 Δ 应为多少？共需多少比较器？工作时是否要采样保持电路？为什么？

8. 图 8-23a 所示为一个 4 位逐次逼近型 A/D 转换器，其 4 位 D/A 输出波形 u_o 与输入电压 u_i 分别如

图 8-23b 和 c 所示。(1) 转换结束时,图 8-23b 和 c 的输出数字量各为多少?(2) 若 4 位 A/D 转换器的输入满量程电压 $V_{FS} = 5V$,估计两种情况下的输入电压范围各为多少?

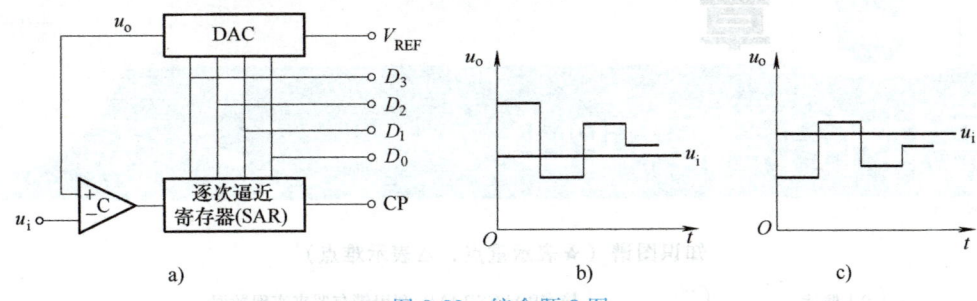

图 8-23 综合题 8 图

9. 10 位双积分型 D/A 转换器的基准电压 $V_{REF} = 8V$,时钟频率 f_{CP} 为 1MHz,则当输入电压 $u_i = 2V$ 时,求完成 A/D 转换器所需要的时间。

10. 已知某 D/A 转换器,最小分辨电压为 6mV,满刻度输出电压为 12V,试求该电路输入数字量的位数应是多少?基准电压应是多少?

11. 要求某 D/A 转换器电路输出的最小分辨电压 V_{LSB} 约为 5mV,最大满刻度输出电压 $U_m = 10V$,试求该电路输入二进制数字量的位数 N 应是多少?

12. 已知某 D/A 转换器电路输入 10 位二进制数,最大满刻度输出电压 $U_m = 5V$,试求分辨率和最小分辨电压。

13. 已知 10 位 R-$2R$ 倒 T 形电阻网络 D/A 转换器的 $R_F = R$,$V_{REF} = 10V$,试分别求出数字量为 0000000001 和 1111111111 时,输出电压 u_o。

第 9 章 半导体存储器和PLD

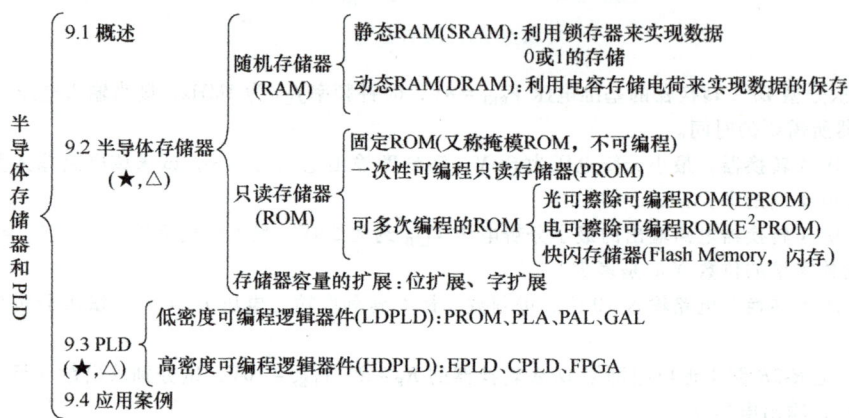

知识图谱（★表示重点，△表示难点）

半导体存储器和PLD
- 9.1 概述
- 9.2 半导体存储器（★，△）
  - 随机存储器(RAM)
    - 静态RAM(SRAM)：利用锁存器来实现数据0或1的存储
    - 动态RAM(DRAM)：利用电容存储电荷来实现数据的保存
  - 只读存储器(ROM)
    - 固定ROM(又称掩模ROM，不可编程)
    - 一次性可编程只读存储器(PROM)
    - 可多次编程的ROM
      - 光可擦除可编程ROM(EPROM)
      - 电可擦除可编程ROM(E^2PROM)
      - 快闪存储器(Flash Memory，闪存)
  - 存储器容量的扩展：位扩展、字扩展
- 9.3 PLD（★，△）
  - 低密度可编程逻辑器件(LDPLD)：PROM、PLA、PAL、GAL
  - 高密度可编程逻辑器件(HDPLD)：EPLD、CPLD、FPGA
- 9.4 应用案例

半导体存储器和可编程逻辑器件属于大规模集成电路，既是一个逻辑器件，又能成为一个具有复杂逻辑功能的数字系统。本章主要介绍半导体存储器和可编程逻辑器件的基本结构、工作原理、特点和分类、功能、应用，以及对存储器容量进行扩展的方法。

【学习目标】

1. 知识目标

1）了解半导体存储器和可编程逻辑器件的功能、分类及特点。
2）理解各种半导体存储器和可编程逻辑器件的基本结构和工作原理。
3）熟悉掌握用半导体存储器和可编程逻辑器件设计组合逻辑电路的原理和方法，以及对存储器容量进行扩展的方法。

2. 能力目标

1）具有对半导体存储器进行容量扩展的能力。
2）具有用半导体存储器和可编程逻辑器件设计组合逻辑电路的能力。

3. 素质目标

1）通过学习我国集成电路产业的现状及半导体存储器和可编程逻辑器件的变革等内容，结合国内外数字电子技术发展现状，我们要认识到实现我国芯片自主可控的时代重任，厚植科技报国、人才强国的价值观和人生观。自觉接受爱国主义教育，传承自力更生、艰苦奋斗的精神，传递正能量，激发对数字电子技术学习的热情，树立自强自主的信心，为实现中华民族伟大复兴的中国梦而努力。

2）将执着专注、作风严谨、精益求精、敬业守信、推陈出新的大国工匠精神贯穿整个学习过程，树立胸怀祖国、服务人民的爱国精神；勇攀高峰、敢为人先的创新精神；追求真理、严谨治学的求实精神；淡泊名利、潜心研究的奉献精神。我们应认识创新在我国现代化建设全局中的核心地位，为实现"中国智造"做出自己的贡献。

9.1 概述

数字逻辑器件的发展经历了几个阶段，早期是以电子管、晶体管为代表的分立元件，之后出现了集成电路，从小规模集成电路（SSI）到中规模集成电路（MSI），中小规模集成电路是常用的标准产品，内部通常集成一些典型的通用逻辑器件，如逻辑门、触发器、译码器、计数器、寄存器等，后又逐步发展为专用集成电路（ASIC），可以在单芯片上实现存储器、微处理器或可编程逻辑器件等更加复杂的数字系统，片上系统（SOC）是未来集成电路发展的必然趋势。目前应用较多、发展较为迅速的大规模和超大规模集成电路有以下几种。

（1）半导体存储器

随着社会的发展与科技的进步，需要记录大量的数字信息，以前学习的寄存器无法完成巨大的存储任务。半导体存储器（简称存储器）是一种以二极管、晶体管或MOS管等半导体器件为基本存储单元，能够存储大量二值数据、程序等信息的通用型标准化、系列化大规模集成电路。随着半导体集成技术的发展，半导体存储器已取代了穿孔卡片、纸带、磁芯存储器等旧的存储手段，并具有集成度高、存储容量大、存取速度快、品种多、功耗低、耗电省、体积小、操作方便、维护容易等优点，在数字设备中得到广泛应用。它是计算机等大型数字系统重要的组成部分，广泛用于数码相机、智能手机等小型、便携式数码产品中。

（2）可编程逻辑器件

可编程逻辑器件（Programmable Logic Device，PLD）是20世纪70年代发展起来的一种功能特殊的大规模集成电路，由用户借助计算机和编程设备对集成电路进行编程，而且可在任何时间改变，使之具有预定的所需逻辑功能，成为用户设计的专用集成电路（ASIC）芯片，是电子设计自动化（EDA）软件得以实现的硬件基础。PLD具有通用标准器件和半定制电路兼具的结构灵活、集成度高、处理速度快和可靠性高等优点。EDA技术是指以计算机为工作平台，融合应用电子技术、计算机技术、智能化技术最新成果而研制成的电子CAD通用软件包。近十年来，PLD和EDA技术发展十分迅速，PLD的出现，使设计观念发生了改变。PLD已在国内外的计算机硬件、工业控制、智能仪表、家用电器等各个领域得到广泛应用，并已成为20世纪90年代以来电子产品设计变革的主流器件。当前任何一种具有竞争力的电子产品，多数都采用了PLD，掌握PLD和EDA技术已成为当今硬件系统设计的重要手段。

（3）微处理器

20世纪70年代初，微处理器随着大规模集成电路（LSI）的诞生而出现并开始商品化，已将原来体积很大的中央处理器（CPU）电路集成在一个面积仅为十几平方毫米的半导体芯片上，所以一般也将微处理器称为CPU。微处理器主要指通用的微处理机芯片，如Z80、8080、80386、M6800等。微处理器的功能由汇编语言编写的程序来确定，其结构由用户自己设置，具有一定的灵活性。但运行速度太低，很难与其他类型的器件直接配合，而且这类器件开发费用高，还需要设计相应的接口电路。目前除用作CPU外，多用于实时处理系统。

微处理器是构成计算机的主要部件，在计算机类的相关课程中有详细的介绍，本章将主要介绍半导体存储器和可编程逻辑器件。

思考与练习

9.1-1 大规模和超大规模集成电路主要有哪几种？

9.1-2 可编程逻辑器件有什么优点？

9.1-3 什么是EDA技术？

9.2 半导体存储器

半导体存储器是一种能存储大量二值信息的半导体器件，属于通用型的标准化、系列化大规模集成电路，按照内部信息的存取方式不同分为随机存储器和只读存储器两大类。光盘、软盘以及计算机中的硬盘等传统的外存设备因为它们并不是半导体器件，存储原理和本章要探讨的完全不同。

9.2.1 RAM

随机存储器（Random Access Memory，RAM）又称随机读写存储器，可以随时从任意一个指定的存储单元写入（存入）或读出（取出）信息。其优点是读写方便，使用灵活，缺点是一旦断电，所存储的信息就会全部丢失，具有易失性。

1. RAM 的结构和读写原理

RAM 的结构框图如图 9-1 所示（双箭头是因为数据既可读出，也可写入），一般由地址译码器、存储矩阵、片选和读写控制电路等几部分组成。

二进制信息存放在存储矩阵中，如何寻址来找到信息的位置呢？利用了地址译码器。通常 RAM 的二维地址译码器分为行地址译码器和列地址译码器，它们都是线译码器。在给定地址码后，行地址译码器输出线（称为行选择线，用 X 表示，又称字线）中有一条为有效电平，它选中一行信

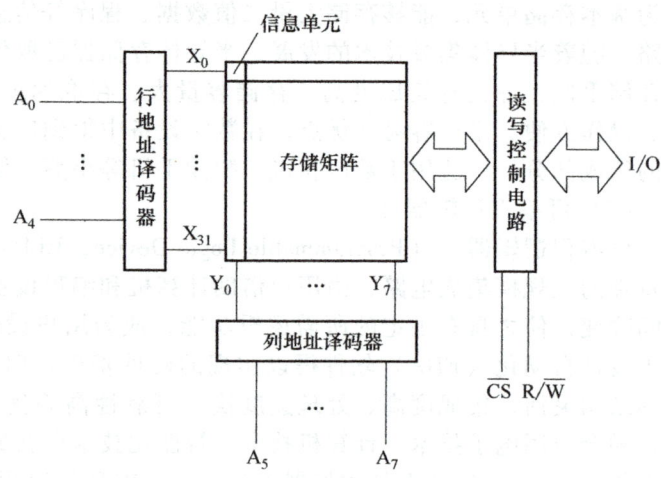

图 9-1 RAM 的结构框图

息单元，同时列地址译码器的输出线（称为列选择线，用 Y 表示，又称位线）中也有一条为有效电平，选中一列信息单元，这两条输出线（行与列）交叉点处的信息单元便被选中（可以是一位或几位存储单元），半导体存储器中用来存放一位二进制信息"0"或"1"的单元称为存储单元。这些被选中的存储单元在片选信号（$\overline{CS}$）和读写（$R/\overline{W}$）控制电路控制下，与输入/输出（I/O）端接通，实现对这些存储单元的读或写操作。在片选信号（$\overline{CS}$）= 0 有效时，RAM 进行读写操作。当 $R/\overline{W}=1$ 时，执行读操作，将存储单元里的信息送到 I/O 端上；当 $R/\overline{W}=0$ 时，执行写操作，加到 I/O 端上的数据被写入存储单元中。当 $\overline{CS}=1$ 时，所有的 I/O 端均为高阻状态，与数据总线脱离，RAM 不工作。

为了表述清楚，图 9-2 是 32×8×4 位（256 个字，每个字 4 位存储单元）RAM 存储矩阵的示意图。如果行、列地址译码器译出 X_0 和 Y_0 均为 1，则选中了第一个信息单元，而第一个信息单元有 4 个存储单元，即这 4 个存储单元被选中，可以对这 4 个存储单元进行读出或写入。

2. RAM 的存储单元

RAM 的存储单元是存储器的核心部分。按工作方式不同可分为静态 RAM（SRAM）和动态 RAM（DRAM）两类。

（1）SRAM 的存储单元

SRAM 的存储单元由锁存器构成，因此 SRAM 属于时序逻辑电路。由 6 个 MOS 管构成的

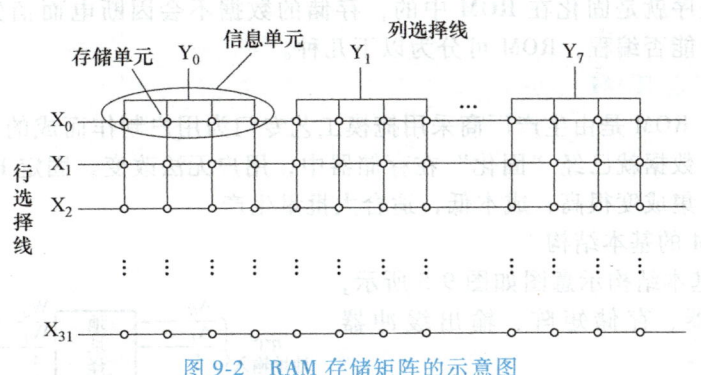

图 9-2 RAM 存储矩阵的示意图

SRAM 存储单元如图 9-3 所示。

点画线框内为 6 管 SRAM 存储单元,其中 $T_1 \sim T_4$ 构成基本 RS 触发器。T_5、T_6 为存储单元的控制门,由行选择线 X_i 控制。$X_i = 1$,T_5、T_6 导通,存储单元与位线接通;$X_i = 0$,T_5、T_6 截止,存储单元与位线隔离。T_7、T_8 是一列存储单元的公共控制门,用于控制位线和数据线的连接状态,由列选择线 Y_j 控制。显然,当行选择线 X_i 和列选择线 Y_j 都为高电平时,$T_5 \sim T_8$ 均导通,触发器与数据线接通,存储单元才能进行数据的读或写操作。SRAM 依靠触发器保存数据,只要不断电,数据就能长久保存。

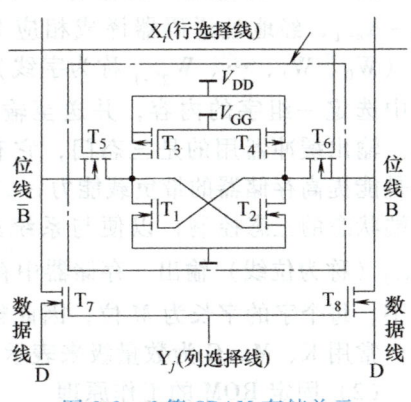

图 9-3 6 管 SRAM 存储单元

(2) DRAM 的存储单元

SRAM 的基本存储单元由 6 个 MOS 管构成,芯片的面积较大,是靠触发器来存储数据的,功耗较大,大大地限制了 RAM 芯片的集成度。为了提高存储器的集成度、减小芯片尺寸、降低功耗,常利用 MOS 管栅极电容的电荷存储效应存储信息。

图 9-4 是单管 DRAM 存储单元的电路结构图,由一个 MOS 管和一个小电容构成。它利用电容器的电荷存储效应来存储数据 0 或 1。写入信息时,行选择线 X 为高电平 1,T 导通,对电容 C 充电,写入 1。当写入的数据为 0 时,若存储单元中原来的数据为 0,则电容上的电荷不变;若原来的数据为 1,则电容放电。读出信息时,行选择线 X 为高电平 1,T 导通,电容 C 与位线连通,数据通过位线输出。由于读出数据会消耗电容 C 中的电荷,并逐渐泄漏,因而对 DRAM 必须定时进行刷新,使泄漏的电荷得到补充。

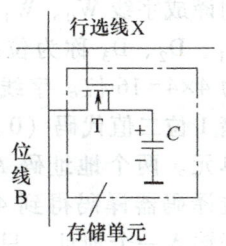

图 9-4 单管 DRAM 存储单元

与 SRAM 相比,DRAM 基本存储单元所用的 MOS 管少,从而可以提高存储器的存储密度并降低功耗。DRAM 的缺点是存取速度比 SRAM 慢,需要定时刷新,因此须增加相应的刷新支持电路。但由于 DRAM 的存储密度高、功耗低及价格便宜等突出优点,使之非常适用于在需要大容量的系统中作为主存储器。现代计算机均采用各种类型的 DRAM 作为可读写主存储器。

9.2.2 ROM

只读存储器(Read Only Memory,ROM)因初期工作时其内容只能读出而得名,常用于存储数字系统及计算机中不需改写的数据,例如数据转换表及计算机操作系统程序等。计算机中的自检程序就是固化在 ROM 中的，存储的数据不会因断电而消失，即具有非易失性。根据能否编程，ROM 可分为以下几种。

1. 固定 ROM

固定 ROM 是由生产厂商采用掩模工艺专门为用户制作而成的，因此在出厂时内部存储的数据就已经"固化"在存储器中，用户无法改变。固定 ROM 结构简单，性能可靠，集成度很高，成本低，适合大批量生产。

（1）固定 ROM 的基本结构

固定 ROM 的基本结构示意图如图 9-5 所示，一般由地址译码器、存储矩阵、输出缓冲器组成。

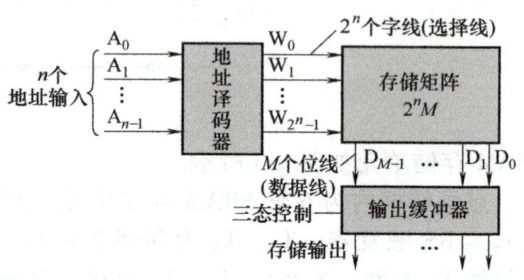

图 9-5　固定 ROM 的基本结构示意图

图 9-5 中的地址译码器有 n 个地址输入线 $A_0 \sim A_{n-1}$，经地址译码器译成相应 2^n 个控制信号（W_0、W_1、…、W_{2^n-1} 称为字线），从存储矩阵中选定一组字的内容，并送至输出缓冲器输出。输出缓冲器用的是三态门，它有两个作用：一是能提高存储器的带负载能力；二是实现对输出端状态的三态控制，以便与系统的总线连接。每个字有 M 位，每位对应从 D_0、D_1、…、D_{M-1}（称为位线）输出。存储器中存储单元的数量称为存储容量。图 9-5 中的存储矩阵有 2^n 个字，每个字的字长为 M 位，因此整个存储器的存储容量为 $2^n M$ 位。现代计算机存储容量很大，常用 K、M、G 为数量级来表示。$1K = 2^{10} = 1024$；$1M = 2^{20} = 1024K$；$1G = 2^{30} = 1024M$。

（2）固定 ROM 的工作原理

图 9-6 所示为一个用二极管（也可用晶体管和 MOS 管）作为存储阵列的 ROM 的电路结构图，它的地址译码器将 2 个地址输入代码 $A_1 A_0$ 分别译成字线 W_0、W_1、W_2、W_3，D_0、D_1、D_2、D_3 称为位线，其存储容量为 4×4 = 16 位。字线和位线交叉处存储 1 位二值代码（0 或 1），叫做存储单元。两个地址码 $A_1 A_0$ 经过 2 线-4 线译码器译码得到 4 个不同的地址，每输入一个地址，只有一条字线为低电平。例如，当 $A_1 A_0 = 00$ 时，$W_0 = 0$，即字线 W_0 为低电平 0。此时，与 W_0 相连的二极管导通，将相应的位

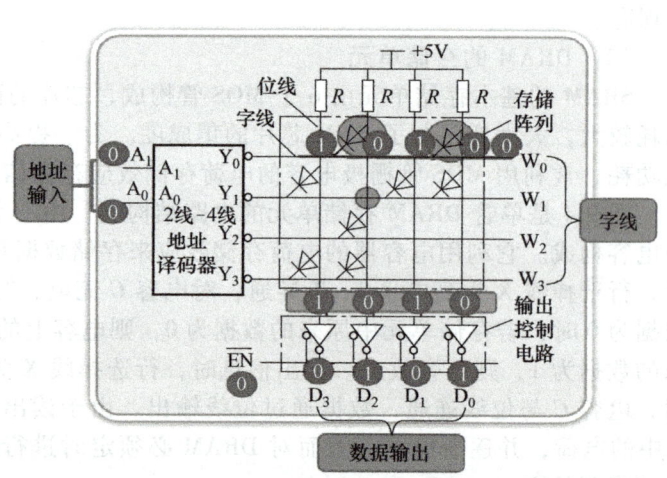

图 9-6　4×4 位二极管掩模 ROM 结构图

线变为低电平 0，而交叉处没有二极管的位线仍保持高电平 1。此时，若使能输出控制信号 $\overline{EN} = 0$，则位线电平经反相输出缓冲器，使 $D_3 D_2 D_1 D_0 = 0101$，由以上分析可知，字线和位线交叉处有二极管相当存 1，无二极管相当存 0。它就是该矩阵第一行的输出。当地址码 $A_1 A_0 = 01$ 时，在位线输出端 $D_3 D_2 D_1 D_0$ 读到字 1011，对应矩阵第二行的字输出。同理分析地址码 $A_1 A_0$ 为 10 和 11 时，输出端将读到矩阵第三、第四行的字输出，分别为 0100、1100。由此可看出，在对应的存储单元内存入的是 1 还是 0，是由接入或不接入相应的二极管来决定的。这就是以二极管为存储阵列的 ROM 存储数据的原理。表 9-1 给出了 4 组地址下对应的数据输出。

表 9-1　图 9-6 所示 ROM 输出信号真值表

输出使能控制 $\overline{EN}$	地址 $A_1\ A_0$	数据输出 $D_3\ D_2\ D_1\ D_0$
0	0　0	0　1　0　1
0	0　1	1　0　1　1
0	1　0	0　1　0　0
0	1　1	1　1　0　0
1	×　×	高阻

由表 9-1 所示的 ROM 输出信号真值表可以得到输出数据与地址输入变量之间的逻辑关系如下：

$D_0 = W_0 + W_1 = m_0 + m_1 = \overline{A_1}\,\overline{A_0} + \overline{A_1}A_0 = \overline{A_1}$

$D_1 = W_1 = m_1 = \overline{A_1}A_0$

$D_2 = W_0 + W_2 + W_3 = m_0 + m_2 + m_3 = \overline{A_1}\,\overline{A_0} + A_1\overline{A_0} + A_1A_0 = \overline{A_0} + A_1$

$D_3 = W_1 + W_3 = m_1 + m_3 = \overline{A_1}A_0 + A_1A_0 = A_0$

显然，输出数据是地址输入变量的最小项之和。ROM 中的地址译码器形成了地址输入变量的最小项，即实现了地址输入变量的与运算；ROM 中的存储矩阵实现了最小项的或运算，即形成了各个组合逻辑函数。因此，利用 ROM 可以实现组合逻辑函数。为了便于表达和设计，通常将图 9-6 简化成图 9-7。一般不再画出电源、电阻、二极管等元器件，只把接有二极管的存储单元画成实心"·"，无二极管的交叉点保持不变，这种简化图又称为"ROM 阵列逻辑图"。由以上可知，用固定 ROM 实现逻辑函数时，需列出真值表或最小项表达式，然后画出固定 ROM 的符号矩阵。根据用户提供的符号矩阵，厂商便可生产所需的固定 ROM。

2. 可编程 ROM

（1）一次性可编程只读存储器（PROM）

固定 ROM 在出厂前已经写好了内容，使用时只能根据需要选用某一电路，限制了用户的灵活性。图 9-8 所示是 PROM 的一种存储单元，由低熔点合金制成的熔丝和二极管构成，PROM 封装出厂前，存储矩阵中的全部存储单元的熔丝都是连通的，即每个存储单元都是 1。用户使用时，只需按自己的需要，借助一定的编程工具，将某些存储单元上的熔丝用大电压产生大电流烧断，该单元存储的内容就变为 0。熔丝烧断后不能再接上，是不可逆的，所以只能编程一次。可多次编程的 ROM 则克服了这一缺点。

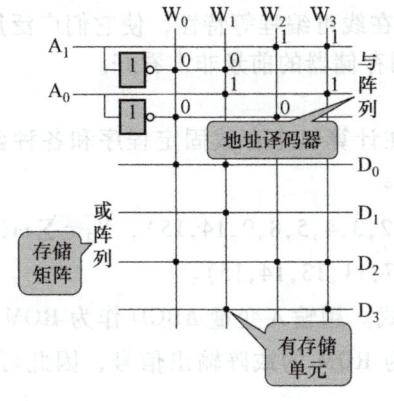

图 9-7　简化的 ROM 阵列逻辑图

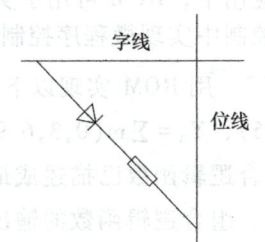

图 9-8　熔丝型 PROM 存储单元

（2）可多次编程的只读存储器

1）光可擦除可编程 ROM（EPROM）：PROM 虽然可以编程，但只能编程一次。而 EPROM 克服了 PROM 的缺点，当所存数据需要更新时，可以用特定的强紫外线照射来擦除并重写。图 9-9a 所示为浮置栅 MOS 管 EPROM 的结构图。从图中不难看出，浮置栅 MOS 管（简称 FAMOS 管）是一个 P 沟道增强型 MOS 管，栅极被 SiO_2 绝缘层隔离，呈浮置状态，故称浮置栅。出厂时，所有存储单元的浮置栅都不带电荷，FAMOS 管处于截止状态。源极-漏极间可视为开路，所存信息是 1。写入信息时，在对应单元的漏

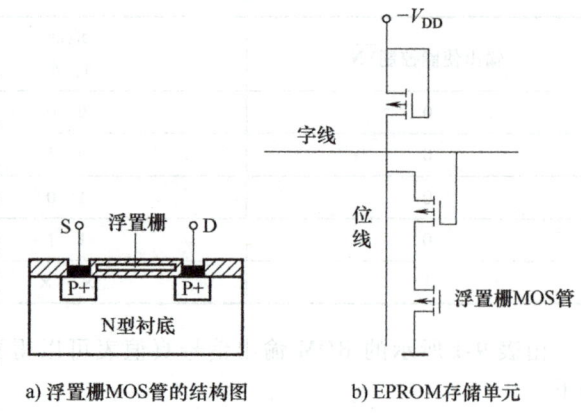

a) 浮置 MOS 管的结构图　　b) EPROM 存储单元

图 9-9　浮置栅 EPROM

极与衬底之间加足够高的反向电压，漏极与衬底之间的 PN 结雪崩击穿产生的高能电子堆积在浮置栅上，当浮置栅带负电荷时，FAMOS 管处于导通状态，源极-漏极可看成短路，所存信息是 0。当去掉外加反向电压后，由于浮置栅上的电子没有放电回路能长期保存下来，在 125℃ 的环境温度下，70% 以上的电荷能保存 10 年以上。用强紫外线照射 FAMOS 管 10~30min，浮置栅上积累的电子形成光电流而泄放，使导电沟道消失，FAMOS 管又恢复为截止状态。可以多次擦除内部整体信息，为便于擦除，编程前必须先从系统中取下芯片。芯片的封装外壳装有透明的石英盖板。编程后 EPROM 芯片的"石英玻璃窗"需要用黑胶带密封，防止其被光照后信息丢失。

2）电可擦除可编程 ROM（E^2PROM）：虽然 EPROM 具备可擦除重写的功能，但它只能整体擦除，且擦除操作复杂，速度较慢。为了缩短擦除时间，又研制出了可用电气方法在线擦除和编程的 E^2PROM，非常方便。其擦除方式灵活，可一次全部擦除，也可按位擦除。它既有 RAM 在联机操作中可读可改写的特点，又具有非易失性存储器 ROM 在掉电后仍然能保持所存储数据的优点。写入的数据在常温下至少可以保存十年，擦除/写入次数为 1 万~10 万次。由此可见，这种存储器无论是擦除还是写入的速度均较 EPROM 快，且操作更加简单方便，这为数字系统的设计和在线调试提供了极大方便。

3）快闪存储器（Flash Memory）：快闪存储器简称闪存，是新一代的高性能 E^2PROM。从理论上看，快闪存储器属于 ROM 型存储器，具有 ROM 在掉电后不丢失信息的特点，但它可以随时改写信息，其可重写编程的次数已经达到 100 万次，从功能上看，它又相当于 RAM，既不需要存储电容，具有 RAM 读写的灵活性和较快的访问速度，由于闪存集成度高、成本低、非易失性、密度高、快速、性价比高、使用方便和在线可编程等特性，使它们广泛用于手机、数码相机的存储卡和 U 盘、MP4 中。可以说，快闪存储器的前景非常看好。

3. ROM 的应用

在实际应用中，ROM 可用于实现组合逻辑函数，在计算机中存放固定程序和各种函数表以及在自动控制中实现微程序控制器等。下面举例说明。

【例 9-1】　用 ROM 实现以下逻辑函数：$Y_1 = \sum m(2,3,4,5,8,9,14,15)$，$Y_2 = \sum m(6,7,10,11,14,15)$，$Y_3 = \sum m(0,3,6,9,12,15)$，$Y_4 = \sum m(7,11,13,14,15)$。

解：组合逻辑函数已描述成最小项之和 $\sum m_i$ 的形式。用输入变量 ABCD 作为 ROM 的地址输入信号，组合逻辑函数的输出变量 $Y_4 Y_3 Y_2 Y_1$ 作为 ROM 的或阵输出信号，因此可得到图 9-10 的 ROM 简化矩阵。

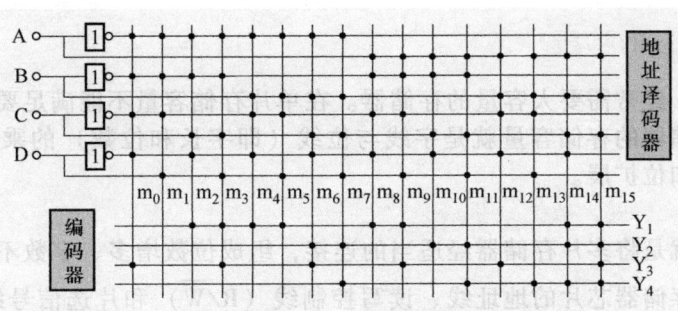

图 9-10 例 9-1 的 ROM 简化矩阵

【例 9-2】 试用 ROM 设计实现下列组合逻辑函数：$Y_1 = A\overline{C}+\overline{B}C$，$Y_2 = AB+AC+BC$。

解：(1) 将组合逻辑函数化为标准与或式，描述成最小项之和 $\sum m_i$ 的形式：

$$\begin{cases} Y_1 = A\overline{C}+\overline{B}C = A(B+\overline{B})\overline{C}+(A+\overline{A})\overline{B}C = \sum m(1,4,5,6) \\ Y_2 = AB+AC+BC = AB(C+\overline{C})+A(B+\overline{B})C+(A+\overline{A})BC = \sum m(3,5,6,7) \end{cases}$$

(2) 画阵列图：用待设计的组合逻辑函数的输入变量 ABC 作为 ROM 的地址输入信号，组合逻辑函数的输出变量 Y_2Y_1 作为 ROM 的或阵输出信号，在 Y_1 相应的字线与位线 m_1、m_4、m_5、m_6 的交叉点对应的存储单元应为 1，分别画一个"．"；在 Y_2 相应的字线与位线 m_3、m_5、m_6、m_7 的交叉点对应的存储单元分别画一个"．"，因此可得到图 9-11 的 ROM 简化矩阵。

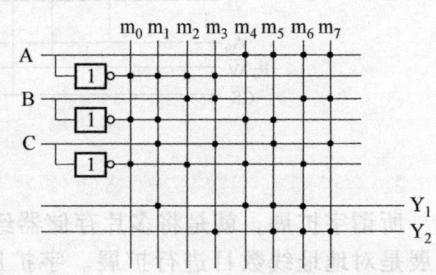

图 9-11 例 9-2 的 ROM 简化矩阵

【例 9-3】 试用 ROM 实现两个两位二进制数的乘法运算。

解：(1) 设这两个乘数为 A_1A_0 和 B_1B_0，积为 $L_3L_2L_1L_0$，列出乘法表，见表 9-2。

(2) 画出实现两位二进制数乘法的简化矩阵图，如图 9-12 所示。

表 9-2 两位二进制数的乘法表

A_1	A_0	B_1	B_0	L_3	L_2	L_1	L_0
0	0	0	0	0	0	0	0
0	0	0	1	0	0	0	0
0	0	1	0	0	0	0	0
0	0	1	1	0	0	0	0
0	1	0	0	0	0	0	0
0	1	0	1	0	0	0	1
0	1	1	0	0	0	1	0
0	1	1	1	0	0	1	1
1	0	0	0	0	0	0	0
1	0	0	1	0	0	1	0
1	0	1	0	0	1	0	0
1	0	1	1	0	1	1	0
1	1	0	0	0	0	0	0
1	1	0	1	0	0	1	1
1	1	1	0	0	1	1	0
1	1	1	1	1	0	0	1

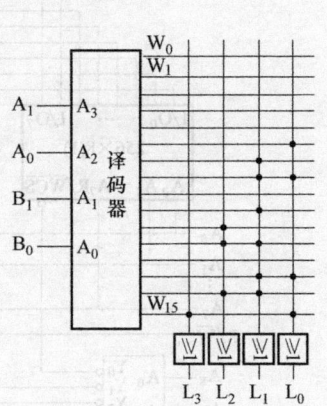

图 9-12 例 9-3 的 ROM 简化矩阵

9.2.3 存储器容量的扩展

在实际应用中，经常需要大容量的存储器。在单片存储容量不能满足要求时，就需要进行容量扩展，一个存储器的存储容量就是字线与位线（即字长和位数）的乘积。存储器的容量扩展又分为字扩展和位扩展。

1. 位扩展（字长扩展，数据线扩展）

所谓位扩展，就是将多片存储器经适当的连接，组成位数增多、字数不变的存储器。位扩展的方法是将多片存储器芯片的地址线、读写控制线（R/$\overline{W}$）和片选信号线（$\overline{CS}$）全部并联在一起，将数据线分别引出接到存储器不同位的数据总线上。位扩展是对数据线数目进行扩展。例如，用 8 片 1024（1K）×1 位的 RAM 可构成 1024×8 位的 RAM 的电路，如图 9-13 所示。

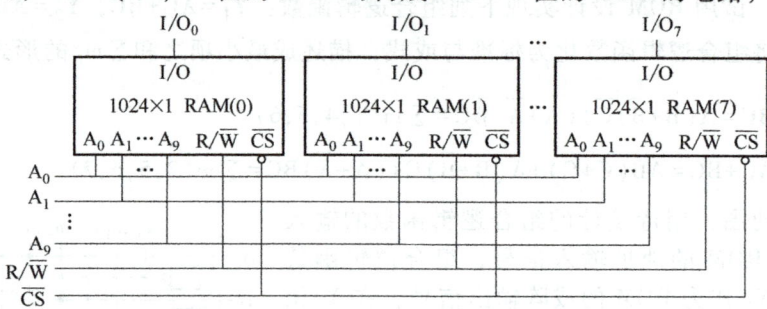

图 9-13　1K×1 位 RAM 扩展成 1K×8 位 RAM

2. 字扩展（字数扩展，地址码扩展）

所谓字扩展，就是将多片存储器经适当的连接，组成字数更多，而位数不变的存储器。字扩展是对地址线数目进行扩展。字扩展的方法是，将低位地址线、输出数据线、读写控制线（R/$\overline{W}$）分别并联在一起，以便选中芯片内部的一个存储单元进行读写操作，用增加的高位地址线经译码器译码或反相器取反后高位地址变量控制各存储芯片的 $\overline{CS}$ 端，即片选线分别与译码器或反相器的输出相连。

由 4 片 256×8 位的 RAM 扩展为 1024×8 位的 RAM。因为 $2^8=256$，每片 RAM 有 8 根地址输入线 $A_0 \sim A_7$，扩展后因为 $2^{10}=1024$，有 10 位地址输入线 $A_0 \sim A_9$，扩展时需增加 2 个高位地址 A_8、A_9，附加一个 2 线-4 线译码器连接 4 片 RAM 的片选端，将 4 片 RAM 芯片的其余低位地址线 $A_0 \sim A_7$、读写控制线、输入/输出线分别对应并联，画出连接线图如图 9-14 所示。这些

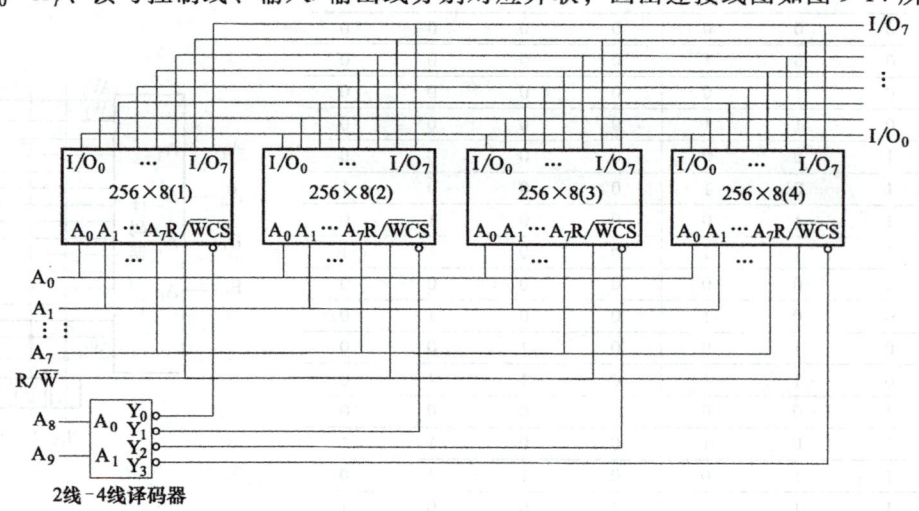

图 9-14　由 4 片 256×8 位的 RAM 扩展为 1024×8 位的 RAM

RAM 均有片选端。当其为低电平时，该片被选中工作；为高电平时，对应的 RAM 不工作，各片 RAM 的片选端由 2 线-4 线译码器控制。译码器的输入是系统的高位地址 A_9、A_8，其输出是各片 RAM 的片选信号。若 $A_9A_8=00$，则第 1 片的 $\overline{CS}$ 为 0 有效，其余各片 RAM 的片选信号无效，为 1，故选中第 1 片，只有该片的信息可以读出，送到位线上，读出的内容则由低位地址 $A_7 \sim A_0$ 决定。同理，若 $A_9A_8=$ 分别为 01、10、11，则分别选中第 2、3、4 片，4 片存储器轮流工作，完成字扩展。

【例 9-4】 用 1024×4 位的 RAM 组成一个 2048×4 位的 RAM。

解：2048×4 位存储器需 1024×4 位的芯片数

$$C = \frac{总存储容量}{一片的存储容量} = \frac{2048 \times 4}{1024 \times 4} = 2$$

扩展后 RAM 的容量为 2048×4 位，因 $2^{11}=2048$，有 11 位地址 $A_0 \sim A_{10}$；单片 RAM 的容量为 1024×4 位，因 $2^{10}=1024$，有 10 位地址 $A_0 \sim A_9$。扩展时需增加一个高位地址 A_{10}，附加一个非门反相器连接 2 个芯片的片选端，将 2 个芯片的其余地址线、读写控制线、输入/输出线分别并联，连接图如图 9-15 所示。

当然，若一个存储器的字数和位数都不够用，可对其同时进行字、位的扩展。也可以这样说，字的扩展是对存储器的输入端口的扩展，位的扩展是对存储器的输出端口的扩展。

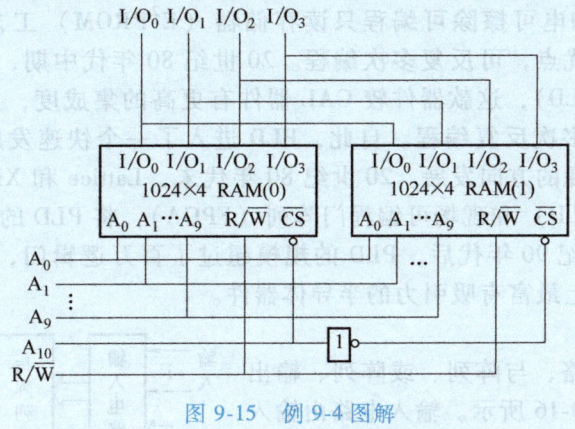

图 9-15 例 9-4 图解

思考与练习

9.2-1 说出 PROM、EPROM、E^2PROM、Flash Memory 只读存储器各自的特点。

9.2-2 ROM 和 RAM 有什么相同和不同之处？它们各适用于哪些场合？

9.2-3 DRAM 为什么需要经常刷新？

9.2-4 在什么情况下需要扩展内存？扩展内存需要注意哪些问题？

9.3 PLD

9.3.1 PLD 概述

从逻辑功能的特点出发可将数字集成电路分为通用型和专用型两大类。从理论上讲，用通用型的中、小规模集成电路可以组成任何复杂的数字系统，但如果能把所设计的数字系统做成一片大规模集成电路，则不仅能减小电路的体积、重量、功耗，而且会使电路的可靠性大为提高。这种为某种专门用途而设计的集成电路叫做专用集成电路（Application Specific Integrated Circuit，ASIC）。然而，在用量不大的情况下，设计和制造这样的 ASIC 不仅成本高，而且设计、制造的周期也太长，这是一个很大的矛盾。

可编程逻辑器件（Programmable Logic Devices，PLD）的研制成功解决了这个矛盾。它是厂商作为一种通用型器件生产的半定制集成电路芯片，由用户通过编程定义其逻辑功能，从而实现各种设计要求。PLD 可以缩短设计周期，降低设计风险，减少系统的硬件规模，增强逻辑设计的灵活性，简化系统设计，提高系统速度，降低系统成本，还可以加密和重新编程，其编程次数可达万次以上，而且几乎能随心所欲完成所定义的逻辑功能，是目前数字系统设计的主要硬件基础。自 20 世纪 70 年代发展至今已广泛应用于计算机系统、工业控制、智能仪表、通信设备、消费电子等多个领域。

1. PLD 的发展

20 世纪 70 年代初，可编程只读存储器（PROM）和可编程逻辑阵列（PLA）的出现，标志着 PLD 的诞生。20 世纪 70 年代末，AMD 公司对 PLA 进行了改进，推出了可编程阵列逻辑（PAL）。PAL 由可编程的与阵列和不可编程的或阵列构成，采用熔丝编程的方式，设计较 PLA 灵活，器件速度快，是第一种得到普遍应用的 PLD 器件。20 世纪 80 年代初，Lattice 公司在 PAL 的基础上，又发展了一种使用更灵活的通用阵列逻辑（GAL）。GAL 采用了输出逻辑宏单元（OLMC）的结构和电可擦除可编程只读存储器（E^2PROM）工艺，具有可编程、可擦除、可长期保存数据的优点，可反复多次编程。20 世纪 80 年代中期，Altera 公司推出了可擦除可编程逻辑器件（EPLD），这款器件较 GAL 器件有更高的集成度，且设计灵活，可以用紫外线或电擦除，因此可多次反复编程。自此，PLD 进入了一个快速发展的阶段，不断地向着大规模、高速度、低功耗的方向发展。20 世纪 80 年代末，Lattice 和 Xilinx 公司分别推出了复杂可编程逻辑器件（CPLD）和现场可编程门阵列（FPGA），将 PLD 的性能和应用技术推向了一个全新的高度。20 世纪 90 年代后，PLD 的规模超过了百万逻辑门，并且出现了片上系统，目前已经成为当今世界上最富有吸引力的半导体器件。

2. PLD 的基本结构

PLD 一般由输入电路、与阵列、或阵列、输出电路等部分组成，如图 9-16 所示。输入电路由输入缓冲器构成，以增强输入信号的驱动能力，为与阵列提供互补的原变量和反变量；与阵列由若干与门组成，其作用是选择输入信号，并进行与操作，生成乘积项；或阵列由若干或门组成，其作用是选择

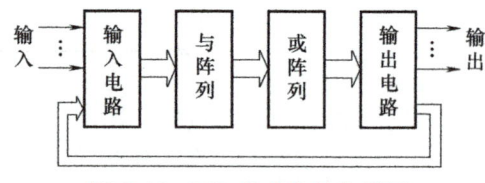

图 9-16　PLD 的基本结构框图

乘积项，并进行或操作，生成与-或表达式；与阵列和或阵列是 PLD 的主体，以实现各种逻辑函数与或表达式；输出电路一般通过三态门控制数据直接输出或反馈到输入端，从而实现组合逻辑电路或时序逻辑电路。PLD 对实现数字电路具有普遍的意义。

3. PLD 的表示法

为了便于绘制，PLD 采用一些简化的表示方法如图 9-17 所示。其中图 9-17a 为输入缓冲器，给与阵列提供互补的原变量和反变量，且有一定的驱动能力。图 9-17b、c 分别为与门和或门，为 PLD 构成与阵列和或阵列。图 9-17d 给出了 PLD 阵列交叉点上的 3 种连接方式。"×"表示可编程连接，可以通过编程将其断开；实心点"·"表示固定连接，不可编程；没有"×"和"·"表示两线不连接，对应于熔丝熔断或一个基本开关单元的截止状态。

4. PLD 的分类

PLD 按集成度可分为两大类，如图 9-18 所示。低密度可编程逻辑器件（LDPLD）是早期

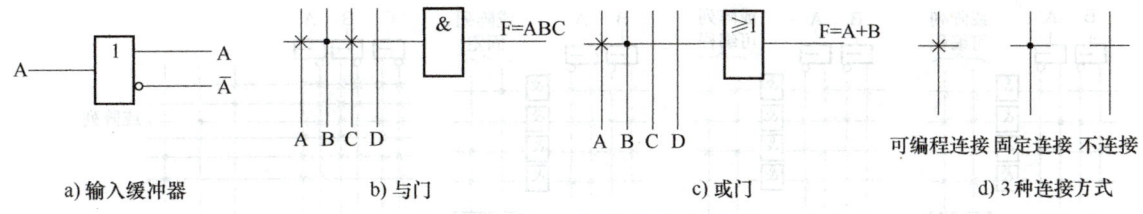

图 9-17 PLD 逻辑符号表示方法

开发的器件，通常集成规模小于 1000 逻辑门，主要产品有 PROM、PLA、PAL、GAL 等器件。这些器件结构简单，具有成本低、速度高、设计简便等优点，但其规模小，难以实现复杂的逻辑电路。高密度可编程逻辑器件（HDPLD）是 20 世纪 80 年代中期发展起来的 PLD，芯片集成度高，逻辑门数在 1000 门以上，包括 EPLD、CPLD 和 FPGA。

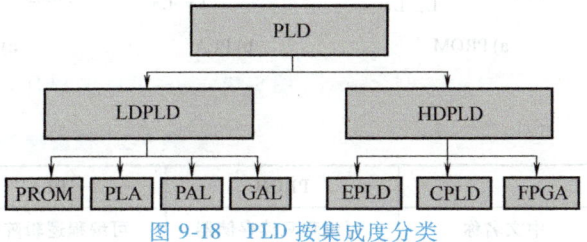

图 9-18 PLD 按集成度分类

9.3.2 LDPLD

1. PROM

PROM 诞生于 20 世纪 70 年代初期，是最先问世的 PLD，由固定的输入全译码与阵列和可编程的或阵列组成，如图 9-19a 所示，阵列规模大、速度低，常用作存储器存储计算机程序和数据。

2. PLA

PROM 的与阵列为全译码阵列，提供输入变量的全部可能的组合，因为存储单元不能得到充分利用，损耗大，集成度低，造成硬件的浪费，故实际应用时并不需要。由 PLA 实现的逻辑表达式是最简"与或"表达式，电路结构示意图如图 9-19b 所示，其与阵列和或阵列均可编程。PLA 中与阵列编程产生变量最少的与项，或阵列编程完成相应最简与项之间的或运算并产生输出，节省了与项线数，提高了芯片面积有效利用率，工作速度快，节省硬件，有极大的灵活性，然而这种结构编程困难，且造价昂贵。

3. PAL

PAL 是 20 世纪 70 年代末推出的。PAL 结合了 PLA 的灵活性和 PROM 的廉价且易于编程的特点。其基本结构包括一个可编程的与阵列、不可编程的或阵列和输出电路，如图 9-19c 所示。在其输出端一般有反馈和寄存器，因此 PAL 可以扩展时序功能。由于 PAL 采用与阵列的"熔丝"，虽然工作速度较高，但只能在专门的编程器上进行一次编程，所以其应用仍受到限制。

4. GAL

GAL 器件是 1985 年由 Lattice 公司推出的 PLD，GAL 采用电可擦除的 CMOS（E^2CMOS）制作，可以用电压信号擦除并可以重新编程。GAL 器件的输出设置了可编程的输出逻辑宏单元（Output Logic Macro Cell，OLMC），通过编程可以将 OLMC 设置成不同的工作状态。

GAL 器件的基本结构与 PAL 相同，与阵列可编程，或阵列固定。但它和 PAL 的不同在于 GAL 的器件的输出端设置了可编程的 OLMC，通过编程可以将 OLMC 设置成不同的输出方式。另外，它采用了电擦除、电可编程的 E^2PROM 工艺制作，可以用电信号擦除并反复编程上百次。这样 GAL 取代了大部分 PAL 器件，因此称为通用阵列逻辑，如图 9-19d 所示。

表 9-3 列出了四种低密度 PLD 的特点。

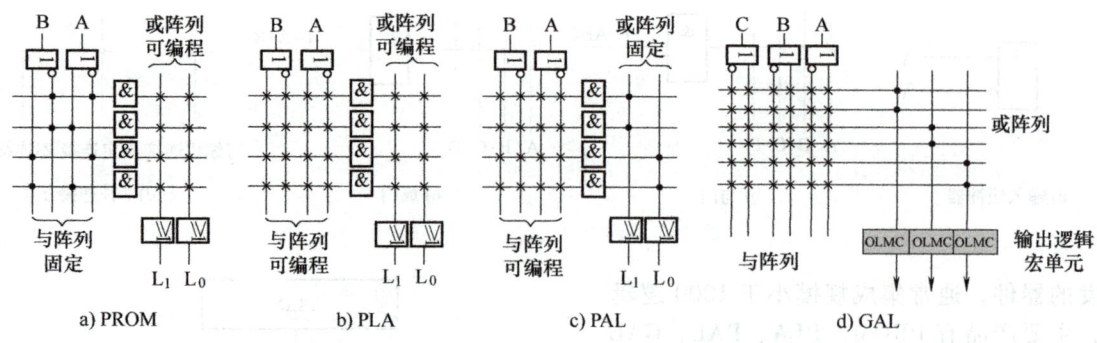

图 9-19 四种低密度 PLD 的与或阵列结构示意图

表 9-3 低密度 PLD 的特点

	PROM	PLA	PAL	GAL
中文名称	可编程只读存储器	可编程逻辑阵列	可编程阵列逻辑	通用阵列逻辑
结构特征	与阵列固定或阵列可编程	与、或阵列都可编程	与阵列可编程或阵列固定	改进了 PAL 的 I/O，通用性好
主要应用	组合逻辑电路	组合逻辑电路	组合、时序电路，但 I/O 通用性差	组合、时序逻辑电路
优点	"与-或式"表达的函数易实现	阵列利用率高	允许反馈及互连，便于实现多个乘积项	先进的 OLMC，可多次重复编程
缺点	阵列利用率低，不适合编程表达多输入变量的组合电路函数，只能一次编程	软件算法复杂，工作速度低，只能一次编程	不同功能电路，要采用不同 I/O 结构的 PAL，只能一次编程	相比于复杂 PLD，单元容量小，不易实现大规模逻辑电路

【例 9-5】 用 PLA 实现下列一组逻辑表达式：$Y_0 = \overline{A}C$，$Y_1 = AB\overline{C}$，$Y_2 = A\overline{B}CD + \overline{A}BCD + BC\overline{D}$。

解：(1) 由于 PLA 的 "与" 阵列和 "或" 阵列均可编程。因此，需将 $Y_0 \sim Y_2$ 的 "与-或" 逻辑表达式化简，然后分别对其 "与" 阵列和 "或" 阵列进行编程。

$Y_2 = A\overline{B}CD + \overline{A}BCD + BCD(A+\overline{A}) = A\overline{B}CD + \overline{A}BCD + ABCD + \overline{A}BC\overline{D} = ACD + \overline{A}BC$

(2) 画出化简后的 PLA 阵列图，如图 9-20 所示。与 PROM 阵列的编程相比，PLA 的编程简洁得多。

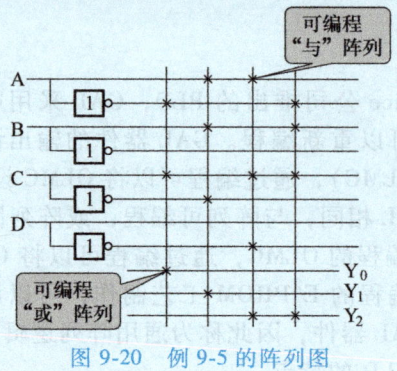

图 9-20 例 9-5 的阵列图

9.3.3 HDPLD

1. EPLD

20世纪80年代中期由Altera公司推出第一代高密度PLD产品,采用CMOS工艺制作,其集成度比PAL、GAL高得多,达到1万门以上。EPLD可看成高集成度的GAL,与GAL相比,大量增加了OLMC的数目,并且增加了对OLMC中寄存器的异步复位和异步置位功能,因此使用更灵活,不仅可靠性更高,可以改写,而且集成度更高,造价更便宜,缺点是内部互连性较差,FPGA出现后它曾受到冲击,直到CPLD出现后才有所改变。

2. CPLD

CPLD是在EPLD基础上发展起来的器件。与EPLD相比,它增加了内部连线,对逻辑宏单元和I/O单元都做了重大改进,将若干个类似于PAL的功能模块和实现互连的开关矩阵集成于同一芯片上,就形成了所谓的CPLD。CPLD结构示意图如图9-21所示。一般由逻辑阵列块(LAB)、可编程互连阵列(PIA)和I/O控制块组成。

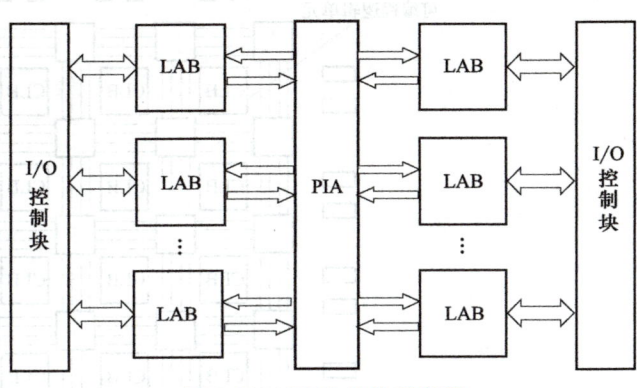

图 9-21 CPLD 结构示意图

(1) LAB

每个PAL/GAL组都称为一个逻辑阵列块(Logic Array Block,LAB)。LAB中包含32个到几百个宏单元。每个宏单元由逻辑阵列、与项选择矩阵和可编程寄存器3个功能块组成。每个功能块可以被单独地配置为时序逻辑或组合逻辑工作方式。如果每个宏单元中的与项不够用,还可以利用结构中的共享和并联扩展与项,用尽可能小的逻辑资源,得到尽可能快的工作速度。

(2) I/O控制块

每个LAB都可以交互连接于其他I/O控制块,可编程I/O控制块允许每个I/O引脚单独被配置为输入/输出和双向工作、寄存器输入等各种不同的工作方式,因此使I/O端的使用更为方便、灵活。所有I/O引脚都有一个三态缓冲器。它的控制端信号来自一个多路选择器,可以选择用全局输出使能信号其中之一进行控制,或者直接连到地端或电源端。

(3) PIA

使用可编程互连阵列(Programmable Interconnect Array,PIA)来形成大逻辑功能。PIA可在LAB之间以及各LAB和I/O单元之间提供互连网络。通过使用PIA,各PLA通过PIA接受来自专用输入/输出端的信号,并将宏单元的信号反馈到其需要到达的目的地。这种互连机制有很大的灵活性,它允许在不影响引脚分配的情况下改变内部的设计。

3. FPGA

现场可编程门阵列(Field Programmable Gate Array,FPGA)是基于SRAM结构的。FPGA与前面讨论的PAL和GAL等与或阵列型可编程逻辑器件不同,FPGA采用类似于掩模编程门阵列的通用结构,其内部由许多独立的可编程逻辑模块组成,用户可通过编程将这些模块连接成所需要的数字系统。其具有高密度、高速率、系列化、标准化、小型化、多功能、低功耗、低成本、设计灵活方便、可无限次反复编程并可现场模拟调试验证等优点,但是一旦断电就会丢失所有的功能。因此,每一次上电时都要进行数据加载。FPGA比较适合用在以时序逻辑电路为主的需要存储大容量数据的数字系统中。目前,FPGA已成为设计数字电路的首选器件之一。FPGA 不仅应用于接口逻辑控制器，也应用于高速数字信号处理（DSP），还广泛应用于无线通信领域、视频图像处理领域、军事和航空航天领域、测试和测量领域、医疗领域等。使用 FPGA 器件，一般可在几天到几周内完成一个电子系统的设计和制作，可以缩短研制周期，达到快速上市和进一步降低成本的要求。据统计 1993 年 FPGA 的产量已占整个 PLD 产量的 30%，并在逐年提高，FPGA 在我国也得到了较广泛的应用。它主要由可编程逻辑单元（CLB）、可编程输入/输出（I/O）和互连资源（IR）组成，如图 9-22 所示。

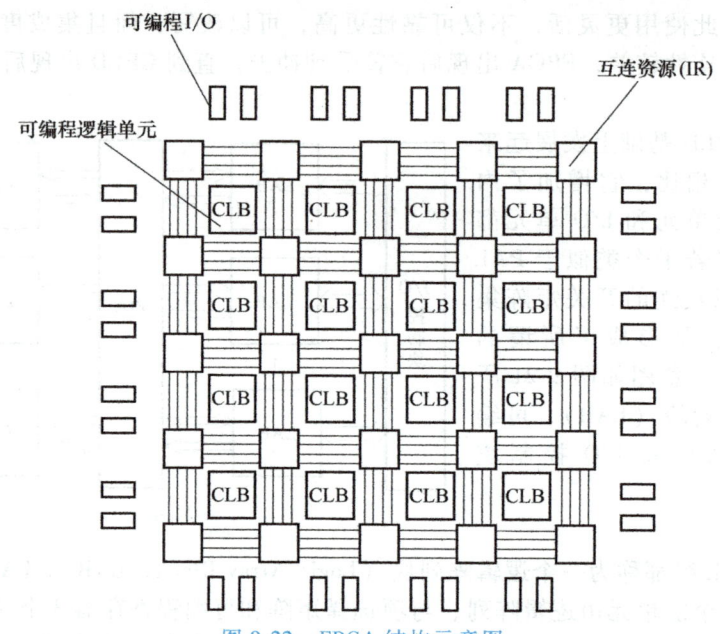

图 9-22　FPGA 结构示意图

（1）CLB

CLB 是实现逻辑功能的基本单元，它们通常规则地排列成一个阵列，分布在集成芯片的中间，一般有 3 种结构形式：查找表结构、多路开关结构和多级与非门结构。它主要由逻辑函数发生器、触发器、数据选择器和信号变换电路组成。功能强大的 CLB 通过编程不仅可实现组合逻辑电路和时序逻辑电路，还可以配置成 RAM 等复杂形式。

（2）可编程 I/O

可编程 I/O 提供了芯片内部逻辑电路和芯片外引脚之间的编程接口。它通常排列在芯片的四周，每一个可编程 I/O 控制一个引脚（除电源线和地线引脚外），可将它们定义为输入、输出或者双向传输信号端。

（3）IR

IR 又叫做可编程互连资源，包括各种长度的连线线段和一些可编程连接开关，通过自动布线实现 CLB 之间、CLB 与 I/O 之间的连接，以构成特定功能的电路。连线通路的数量与器件内部阵列的规模有关，阵列规模越大，连线数量越多。互连线按相对长度分为单线、双线和长线三种。

思考与练习

9.3-1　GAL 和 PAL 的相同点是什么？最大的不同是什么？

9.3-2　GAL 和 EPLD 之间的根本区别是什么？

9.3-3　FPGA 主要由哪几部分组成？简述各部分的主要功能和相互关系。

9.3-4　就编程原理而言，FPGA 与 PAL 和 GAL 有什么不同？

9.4　应用案例

字符发生器常用于显示终端、打印机以及其他一些数字装置。用 ROM 构成字符发生器的原理是将各种字母、数字等所需字符事先存储在 ROM 的存储矩阵中，再以适当的方式给出地址码，再按地址码逐行输出字符点阵的信息，某个字符就能读出来，并驱动显示器显示。

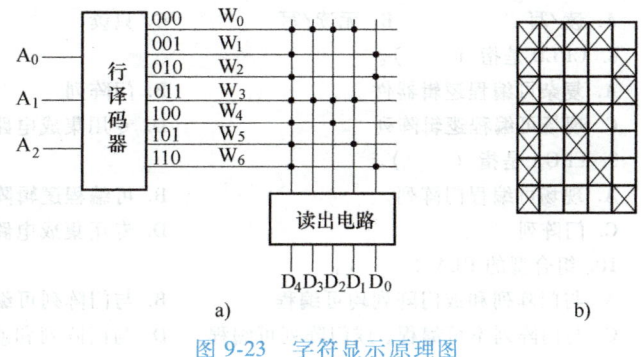

由图 9-23a 可看出，该字符显示器由 7 行 5 列构成存储矩阵，将字母 R 的形状分割成若干部分并在相应的单元存入信息 "1"。当地址输入由 000 ~ 110 周期地循环变化时，即可逐行扫描各字线，把字线 $W_0 \sim W_6$ 所存储的字母 "R" 的字形信息从位线 $D_0 \sim D_4$ 读出，使显示设备一行一行地显示出图 9-23b 所示的字形。

图 9-23　字符显示原理图

本 章 小 结

1）存储器是现代数字系统中重要的组成部分，它是由许多存储单元组成的，每个存储单元可以存储一位二值逻辑（二进制数 0 或 1）。主要分为 ROM 和 RAM 两大类。这两类的存储单元结构不同。ROM 属于大规模组合逻辑电路，而 RAM 属于大规模时序逻辑电路。

2）RAM 是随机存储器，由存储矩阵、地址译码器和读写控制电路组成。其可以随时、快速地读或写数据，但其存储的信息随电源断电而消失，是一种易失性的读写存储器，因此多用于需要频繁更换数据的场合。其存储单元主要有静态和动态两大类，静态 RAM 的信息可以长久保持，而动态 RAM 必须定期刷新。

3）ROM 是一种非易失性的存储器，它存储的是固定信息，只能被读出，不能随意更改。ROM 工作可靠，断电后数据不会丢失。常见的有固定 ROM、PROM、EPROM、E^2PROM、闪存等，而 EPROM、E^2PROM 更为常见，但可编程 ROM 要用专用编程器进行编程。

4）单片随机存储器芯片的容量比较小，往往不能满足需要，实际使用时，一般都需要进行扩展。RAM 的扩展有位扩展和字扩展。通过扩展可以得到大容量的存储器，以满足实际需要。

5）PLD 是由输入电路、与阵列、或阵列、输出电路等部分组成。LDPLD 是早期开发的器件，通常集成规模小于 1000 逻辑门，主要产品有 PROM、PLA、PAL、GAL 等器件。HDPLD 通常集成规模大于 1000 逻辑门，主要产品有 EPLD、CPLD 和 FPGA 等器件。

能力检测题

一、单选题

1. 断电后，下列说法中，正确的是（　　）。
A. ROM 中的数据仍然存在　　　　B. DRAM 中的数据仍然存在
C. SRAM 中的数据仍然存在　　　　D. ROM 中的数据会丢失

2. 存储器是计算机系统的记忆设备，主要用于（　　）。
A. 存放程序　　B. 存放软件　　C. 存放微程序　　D. 存放程序和数据

3. 需要进行刷新处理的存储器是（　　）。
A. ROM　　B. EPROM　　C. DRAM　　D. SRAM

4. SRAM 芯片，存储容量为 64K×16 位，该芯片的地址线和数据线数量为（　　）。
A. 64, 16　　B. 16, 16　　C. 64, 8　　D. 16, 64

扫一扫
看答案

5. 要构成容量为 4K×8 位的 RAM，需要（　　）片容量为 256×4 位的 RAM。
   A. 2　　　　　　　B. 4　　　　　　　C. 8　　　　　　　D. 32
6. 一个容量为 512×1 位的静态 RAM 具有（　　）。
   A. 地址线 9 根，数据线 1 根　　　　　B. 地址线 1 根，数据线 9 根
   C. 地址线 512 根，数据线 9 根　　　　D. 地址线 9 根，数据线 512 根
7. 随机存储器具有（　　）功能。
   A. 读/写　　　　　B. 无读/写　　　　C. 只读　　　　　D. 只写
8. CPLD 是指（　　）。
   A. 复杂可编程逻辑器件　　　　　　　B. 门阵列
   C. 现场可编程逻辑阵列　　　　　　　D. 专用集成电路
9. FPGA 是指（　　）。
   A. 现场可编程门阵列　　　　　　　　B. 可编程逻辑阵列
   C. 门阵列　　　　　　　　　　　　　D. 专用集成电路
10. 组合型的 PLA（　　）。
   A. 与门阵列和或门阵列均可编程　　　B. 与门阵列可编程，或门阵列不可编程
   C. 与门阵列不可编程，或门阵列可编程　D. 与门阵列和或门阵列均不可编程

二、判断题（正确的打√，错误的打×）

1. ROM 在工作时常用来存放中间数据。（　　）
2. ROM 和 RAM 中存入的信息在断电后都不会丢失。（　　）
3. 一个容量为 256×4 位的 RAM 有 4 条数据线。（　　）
4. DRAM 需要不断地刷新，以防止电容上存储的信息丢失。（　　）
5. RAM 的存储内容能随时从指定地址写入或读出，但一旦断电所有存储数据立即丢失。（　　）
6. EPROM 是采用浮栅技术工作的可编程存储器。（　　）
7. PAL 的每个与项都一定是最小项。（　　）
8. PAL 和 GAL 都是与阵列可编程、或阵列固定。（　　）
9. LDPLD 通常集成规模大于 1000 逻辑门。（　　）
10. GAL 可实现时序逻辑电路的功能，也可实现组合逻辑电路的功能。（　　）

三、填空题

1. 一个包含有 32768 个基本存储单元的存储电路设计成 4096 个字节的 RAM，该 RAM 有（　　）根数据线，有（　　）根地址线。
2. 存储固定数据一般用（　　）存储器，（　　）存储器中的数据容易丢失。
3. 寻址容量为 16K×8 位的 RAM 需要（　　）根地址线。
4. 一个 10 位地址码、8 位输出的 ROM，其存储容量为（　　）或（　　）。
5. 组成 32M×8 位的存储器，需要 1M×4 位的存储芯片共（　　）片。
6. 动态 MOS 存储单元是利用（　　）存储信息的，为了不丢失信息，必须（　　）。
7. 存储器容量的扩展方法通常有（　　）扩展、（　　）扩展。
8. GAL 器件由（　　）、（　　）和（　　）三个主要部分组成。
9. PLD 的基本结构包括（　　）和（　　）两部分。
10. 基于 SRAM 结构的 HDPLD 是（　　）。

四、综合题

1. 设有一个具有 14 位地址和 8 位字长的存储器，试回答下列问题。
   （1）该存储器能存储多少字节的信息？
   （2）如果存储器由 2K×8 位 SRAM 芯片组成，需要多少块？
2. 将 1K×4 位 RAM 扩展成 2K×8 位 RAM。
3. 下列 RAM 各有多少条地址线？
   （1）512×2 位　（2）1K×8 位　（3）2K×1 位　（4）16K×1 位　（5）256×4 位　（6）64K×1 位
4. 如果要用 ROM 设计一个 5 线-32 线译码器，试计算需要多大的存储容量。设计一个 8 线-3 线优先编码器需要多大容量？

5. 用 ROM 设计一个组合逻辑电路，实现以下逻辑表达式。

$$\begin{cases} Y_3 = AB + \overline{A}C \\ Y_2 = A + \overline{B}\,\overline{C} + \overline{A}B \\ Y_1 = A\overline{C} + BC \\ Y_0 = AB + AC + BC \end{cases}$$

6. 用 ROM 设计一个组合逻辑电路，用来产生下列一组逻辑表达式。画出存储矩阵的点阵图。

$$\begin{cases} Y_1 = \overline{A} \cdot \overline{B} \cdot \overline{C} \cdot D + \overline{A} \cdot B \cdot \overline{C} \cdot D + A \cdot \overline{B} \cdot C \cdot \overline{D} + A \cdot B \cdot C \cdot D \\ Y_2 = \overline{A} \cdot \overline{B} \cdot C \cdot \overline{D} + \overline{A} \cdot B \cdot C \cdot D + A \cdot \overline{B} \cdot \overline{C} \cdot \overline{D} + A \cdot B \cdot \overline{C} \cdot D \\ Y_3 = \overline{A} \cdot B \cdot \overline{D} + \overline{B} \cdot C \cdot \overline{D} \\ Y_4 = B \cdot D + \overline{B} \cdot \overline{D} \end{cases}$$

7. 某台计算机系统的内存储器设置有 20 位的地址线，16 位的并行输入/输出端，试计算其最大存储容量。

8. 试用 ROM 实现 8421 BCD 码到余 3 码的转换。要求选择 EPROM，画出简化矩阵图。

9. 用 PLA 实现以下逻辑表达式，并画出编程后的阵列图。

$$\begin{cases} Y_2 = A\overline{B}C + \overline{A}B + AB\overline{C} \\ Y_1 = \overline{A} + B\overline{C} \\ Y_0 = A\overline{B} + \overline{A}\,\overline{C} \end{cases}$$

10. 用 PLA 实现下列一组逻辑表达式：

$$\begin{cases} Y_1 = A\overline{B} + AB + ABC\overline{D} + ABCD \\ Y_2 = \overline{A}B + B\overline{C} + AC \\ Y_3 = AB\overline{D} + A\overline{C}D + AC + AD \\ Y_4 = \overline{A}\,\overline{B}C + \overline{A}BC + AB\overline{C} + ABC \end{cases}$$

参 考 文 献

[1] 阎石. 数字电子技术基础 [M]. 6 版. 北京：高等教育出版社，2016.
[2] 徐惠民，安德宁. 数字逻辑设计与 VHDL 描述 [M]. 北京：机械工业出版社，2005.
[3] 于俊清. 数字电路与逻辑设计（微课版）[M]. 北京：人民邮电出版社，2023.
[4] 罗杰，秦臻. 数字电子技术基础 [M]. 北京：人民邮电出版社，2023.
[5] 康华光. 电子技术基础（数字部分）[M]. 北京：高等教育出版社，2000.
[6] 王建珍. 电子技术 [M]. 北京：人民邮电出版社，2012.
[7] 俞阿龙. 数字电子技术 [M]. 南京：南京大学出版社，2011.
[8] 何玉钧. 数字电子技术基础 [M]. 北京：中国电力出版社，2023.
[9] 李震梅，房永刚. 电子技术实验与课程设计 [M]. 北京：机械工业出版社，2011.
[10] 高吉祥. 电子技术基础实验与课程设计 [M]. 北京：电子工业出版社，2005.
[11] 贾秀美，张文爱，武培雄. 数字电路硬件设计实践 [M]. 北京：高等教育出版社，2008.